Bestsellers

BRUNO TACCONI

LO SCHIAVO HANIS

ARNOLDO MONDADORI EDITORE

I edizione Omnibus settembre 1976
I edizione Oscar Mondadori aprile 1981
I edizione Bestsellers Oscar Mondadori marzo 1988
III ristampa Bestsellers Oscar Mondadori maggio 1992

ISBN 88-04-31061-8

Lo schiavo Hanis

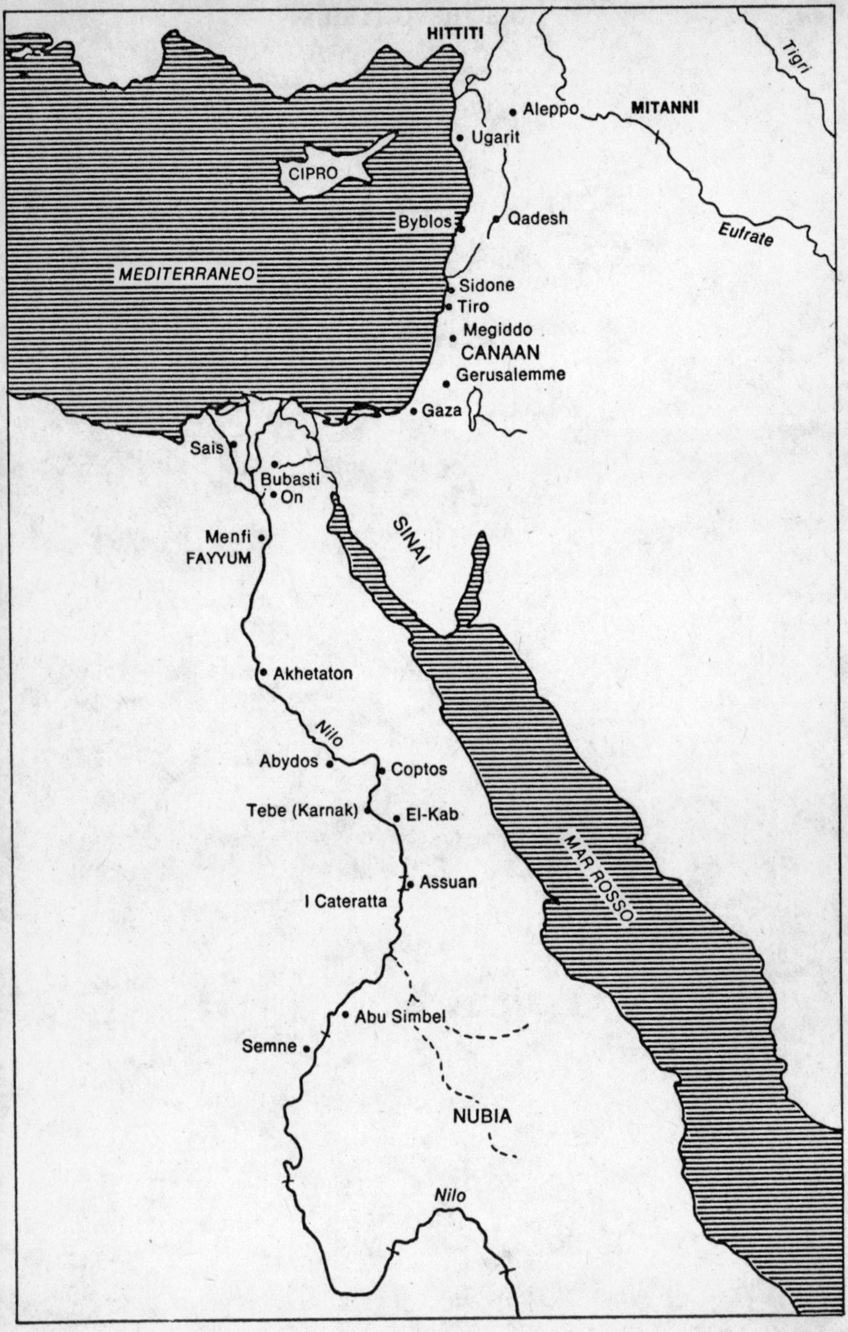
HITTITI
Tigri
Aleppo
MITANNI
Ugarit
CIPRO
Byblos
Qadesh
Eufrate
MEDITERRANEO
Sidone
Tiro
Megiddo
CANAAN
Gerusalemme
Gaza
Sais
Bubasti
On
SINAI
Menfi
FAYYUM
Akhetaton
Nilo
Abydos
Coptos
Tebe (Karnak)
El-Kab
MAR ROSSO
Assuan
I Cateratta
Abu Simbel
Semne
NUBIA
Nilo

AVVERTENZA

Come *La verità perduta*, *Lo schiavo Hanis* è un romanzo ambientato nell'Antico Egitto. Mentre nella prima opera narro una storia immaginaria ai tempi del faraone Ekhnaton, XVIII Dinastia (1350 a.C. circa), nella seconda ho cercato di far rivivere un periodo alquanto turbolento nel cammino di questa civiltà. L'opera è ambientata ai tempi della VI Dinastia, faraone Pepi II (2300 a.C.).

Sotto questo monarca, alla fine del suo regno, scoppiò nella valle del Nilo quella che fu definita la prima rivoluzione democratica. Le fonti che ci hanno tramandato notizie su questa guerra fratricida non sono molte. Per fabbricare il tessuto su cui svolgere la trama del romanzo, mi sono servito del Papiro di Leida 344r (*Le lamentazioni di Ipu-Wer*), delle notizie che Manetone, sacerdote e storico egiziano, ci ha tramandato, delle *Storie* di Erodoto e, naturalmente, delle scoperte archeologiche. Hanis, Itis, Nefer, Kati, ecc. sono personaggi di pura fantasia, che danno vita alle vicende immaginarie da me narrate accanto ad altri realmente vissuti come i già citati Pepi II e Ipu-Wer, Pepinakht, Sebni, Merenrè, Ti-teti. Nonostante le difficoltà incontrate, spero di essere riuscito a mettere in evidenza le cause che spinsero il popolo egiziano a sovvertire gli ordinamenti sociali e gli effetti che questa rivolta ebbe sul futuro del paese. Con la rivoluzione finisce l'Antico Regno e inizia il primo periodo intermedio, oltre due secoli di storia alquanto oscura. Secondo Manetone da Sebennito, durante la VII Dinastia vi furono settanta faraoni in settanta giorni.

I

I colpi di mazzuolo sul disco di bronzo, ritmati da un roccioso nubiano, penetravano fin nelle ossa come aculei. Era dall'alba che il suono metallico ci scuoteva sotto un sole feroce, tant'è che dai nostri corpi rinsecchiti non usciva ormai una sola goccia di sudore. Nonostante fosse quasi sera, le voci dei guardiani erano ancora alte e le fruste fendevano l'aria con sibili sinistri.

Il blocco di calcare che stavamo trainando, giunto il giorno prima a Eliopoli su una chiatta, avanzava a ogni strappo di un solo palmo, malgrado gli sforzi di ben trecento schiavi incollati alle corde. L'architetto capo, ritto sul monolito rappresentante il ritratto ufficiale di Pepi II, faraone vivente ed eterno, alzava di tanto in tanto il bastone di comando per diramare ordini, e la sosta era per noi tutti un dono degli dèi. Vecchi inabili alle funi spargevano allora un impasto di sabbia e gesso lubrificante davanti alla slitta; altri distribuivano acqua e frasi d'incoraggiamento; altri ancora allontanavano, tirandoli per i piedi, gli schiavi stroncati dalla fatica e dalle percosse. Poi il bronzeo suono ci vibrava dentro, così ancoravamo di nuovo i piedi nella polvere e tendevamo i muscoli allo spasimo.

Il caldo eccessivo e il lavoro inumano avevano ridotto in fin di vita due nostri compagni appena prima di mezzodì. Più tardi altri tre erano impazziti. Con il capo ormai zeppo di spiriti maligni, uno s'era messo ad abbaiare camminando a quattro gambe e le guardie l'avevano finito a colpi di lancia; un libico, colpito brutalmente dalla frusta, s'era buttato nel Nilo scomparendo tra i gorghi e il terzo, salito sul monolito, aveva insultato l'ispettore capo annunciando altresì di essere il faraone Cheope rinato a nuova vita. Fulminato da alcune frecce, era volato giù come un inerte pupazzo.

Era ormai sera. Il cielo aveva perso da tempo la trasparenza di una giornata particolarmente carica di luce, tuttavia si lavorava ancora e il canto degli uccelli contrastava sempre più con i gemiti provocati dallo sforzo, le urla d'incitamento e le bestemmie scurrili. Finalmente dalla turba si levò un mormorìo di sollievo. Dall'alto del monolito l'architetto capo annunciò che il lavoro era terminato. Aggiunse però che non era soddisfatto del tragitto percorso, per cui l'indomani avremmo dovuto lavorare con più lena, feccia maledetta. La statua di sua maestà Pepi II, nostro faraone, doveva essere collocata di fronte al tempio di Ra entro quindici giorni. Un ritardo di poche ore poteva costargli il posto, perciò ci avvertì che avrebbe fatto spezzare le vertebre ai fannulloni.

« Ora andate a rifocillare le vostre carogne e che non senta voci più alte di un sussurro » concluse rabbioso.

Poiché erano le solite minacce, nessuno di noi pronunciò frasi di scongiuro, ma solo insulti a fior di labbra. Giorno più giorno meno, per noi schiavi non c'era scampo. Specialmente nella stagione calda, a ogni tramonto spettava a noi giovani portare i moribondi nel deserto. Sorvegliati dalle guardie, li buttavamo giù a comando, come sacchi d'immondizie, con i predoni del cielo che planavano su di noi a spirali sempre più strette. Le loro suppliche stringevano il cuore.

Lasciata la corda, mi strofinai le mani nel lurido perizoma e crollai bocconi nascondendo il viso tra le braccia. Anche se da qualche tempo il mio lavoro non era più gravoso come prima, lo scoramento e i cupi pensieri mi annientavano lentamente. La gente libera che dall'argine o lungo le case ci stava a guardare mi riempiva di angoscioso raccapriccio per la mia avvilente condizione. Perché quegli uomini erano liberi e noi legati a catene che solo una fatalità poteva spezzare? Non eravamo tutti esseri umani creati dal Modellatore, il dio Ptah di Menfi? Avevo ventiquattro anni e gli occhi delle vecchie mi parevano carichi di affetto materno. Quelli delle fanciulle, poi, mi rendevano le guance di fiamma, sicché giravo loro la schiena ormai rigata dallo staffile. Pochi giorni prima una di esse, durante una sosta, si era avvicinata e mi aveva chiesto, con una voce di straordinaria morbidezza, perché ero schiavo: una domanda di sapore amaro. Perché ero schiavo! Forse per mia volontà? No di certo. Indubbiamente la fanciulla voleva sapere come mai ero caduto tanto in basso. Non le risposi, in quanto avrei dovuto farle un lungo discorso e non ci era permesso parlare con estranei, pena la frusta. Mi limitai quindi a sorriderle e a fissarle gli occhi scuri e la bocca piegata a pietoso rammarico. Ero al traino di una colonna di calcare e forse da tempo ella mi seguiva tra la folla di curiosi. La cercai il giorno dopo perché mi parlasse ancora, ma non la vidi più. La sua immagine mi rimase però viva e nitida nella memoria come quella di una dea apparsa in sogno. D'altra parte cosa avrei potuto risponderle? La lunga e dolorosa storia che mi ero lasciato alle spalle non interessava nessuno e mi avrebbe indotto a maledire ancora una volta il ventre che mi aveva partorito. A otto anni, quando avevo lasciato la mia casa per seguire il mercante che mi aveva comperato per due sacchi di grano, mia madre era ridotta ad una vecchia scrofa, in quanto, come prostituta, doveva ormai accontentarsi dei servi di stalla e dei guardiani di porci. Il racconto della sua vita, fattomi da un vecchio schiavo di nome Ula, addetto alla pulizia del nostro campo, mi aveva riempito di vergognoso ribrezzo. Nonostante la sua titubanza nel riferirmi notizie che mi ferivano più dello staffile, e la bontà che lo spingeva a sviare certe domande ed a giustificare il mestiere di una donna rimasta per due decenni la prostituta più frequentata di Sais, avevo potuto ricostruire con una certa fedeltà la sua infame esistenza. Da giovane era una magnifica donna, che sapeva fare l'amore come nessun'altra, sicché in pochi anni aveva accumulato una fortuna. Con sottile intuizione e con un'arte adescatrice maturata con l'esperienza, aveva spennato clienti di un certo rango, riducendo alcuni scribi a mendicare come pidocchiosi poveracci. Tuttavia, quando cominciò ad avere il seno pendulo e la pelle appassita, s'innamorò pazzamente di un giovane amante dell'ozio e della vita fastosa, che giunse a farsi donare da lei una barca con otto schiavi ai remi. In poco tempo il favoloso patrimonio se ne andò in fumo, il giovane sparì e mia madre tornò a vivere nella vecchia capanna. Un anno dopo nacqui io.

« Ebbe molti figli, almeno dieci, » mi confidò una sera Ula « ma li odiava come se fossero vermi. Ai primi, appena nati, aveva spezzato le ossa delle gambe affinché crescessero sciancati. Così ridotti li allontanava da casa, in quanto avevano il privilegio di sopravvivere stendendo la mano. Di loro non s'è più saputo nulla. Più tardi, ridotta alla fame, vendette gli ultimi due a mercanti di schiavi. La tua fortuna, caro Hanis, sta nel fatto che le autorità, sia pure con notevole ritardo, l'hanno condannata a cento colpi di bastone e a due anni di carcere duro per avere ridotto i figli a esseri deformi. In caso contrario non saresti qui alto e diritto. »

Ingenuamente un giorno gli chiesi se sapesse dirmi chi era mio padre. L'imbarazzo gli strappò un riso sottile che mi ferì le orecchie. Mi raccontò che quando nacqui mia madre era già in disarmo. Era stato quindi l'ultimo sforzo del suo ventre perché infatti non riuscì più a concepire. Mio padre? Allora Ula lavorava in una taverna di fronte al mio tugurio, da "Iput lo Sporcaccione", piena di ladri e di farabutti. A quei tempi lui aveva l'occhio con la coda lunga e conosceva tutti i clienti di mia madre. Ebbene, a pensarci potevo essere figlio di un anziano funzionario che s'era fatto mangiare anche il perizoma, di un servo di stalla abituato a trascorrere parte della notte tra le pareti di paglia e fango, o anche di uno scriba del catasto che ella soddisfaceva senza fare questione di prezzo, perché le piacevano i suoi guaiti di gioia. I clienti di Iput? Be', sì, poteva essere stato anche uno di loro a fecondarla, di uomini validi ce n'erano. Comunque si erano messi a frequentare in massa la mia casa quando io ero già nato: la tariffa era scesa a un pugno di grano. Si mettevano in colonna sul tardi e io mi rifugiavo nel recinto dei conigli, appena fuori.

Le parole di Ula non aggiunsero granché al disprezzo che già provavo per mia madre. A volte, poi, il vecchio si divertiva a raccontarmi scorci della mia infanzia. Nella Strada delle Prostitute, dov'ero nato, tutti mi chiamavano Zanzara perché infastidivo anche i cani pur di avere qualcosa da mangiare. I più generosi erano Iput e la meretrice Merah, ottantenne, la nonna del rione. In cambio di piccoli servigi il primo non mi lesinava una ciotola di brodaglia e la seconda proverbi e un pezzo di pane.

Con la mente avvelenata da questi pensieri non udii i colpi di mazzuolo che ci ordinavano di incolonnarci per due. Fu Kati che mi scosse, aiutandomi altresì ad alzarmi. Fummo condotti come le altre sere verso i nostri miseri abituri, sudicie capanne che sorgevano in un campo recintato alla periferia della città di Eliopoli. Ci sedemmo a gruppi negli spazi antistanti le nostre dimore, in attesa che altri schiavi, meno validi di noi, distribuissero la cena, di solito pane, ravanelli, cipolle e acqua di fiume.

Distrutti dalla fatica e dalle privazioni avevo attorno a me uomini senza volto. Erano tutti uguali, giovani e vecchi, ombre spigolose abituate alla rinuncia e al silenzio. Solo Kati serbava quasi intatta la possente muscolatura donatagli dagli dèi. Sui cinquant'anni, gigantesco, nel suo sguardo c'era il bagliore di un metallo investito dal sole. Anche se da tempo era per me un padre premuroso, non osavo guardarlo in viso, se non vi ero costretto. In questo caso lo fissavo diritto negli occhi, perché, come tanti altri infelici del nostro gruppo, mi faceva ribrezzo: era senza naso e senza orecchie. Il suo viso era sempre contratto in atteggiamento pensoso, quasi cattivo, solcato da rughe che parevano le spaccature di una rupe.

Di modesta famiglia, Kati aveva studiato a Menfi ed aveva avuto più tardi dal faraone il permesso di portare la "canna" per l'abilità dimostrata come primo scriba presso l'amministrazione del grano. Eletto "nomarca", e cioè governatore, fu inviato nell'inquieto distretto di Elefantina, all'estremo sud del paese, luogo che rappresentava la porta meridionale dell'Egitto. Indubbiamente si trattava di uno dei distretti che aveva bisogno di un "nomarca" abile e deciso, in quanto si trattava di arginare le infiltrazioni dei nomadi dalla Nubia, piaga che durava da secoli e aveva ultimamente assunto proporzioni allarmanti, e di proteggere i cavatori di pietre che procuravano al paese i graniti rosa e grigi. In più Elefantina era una sosta obbligata per le carovane che trasportavano in Egitto oro, diaspro rosso, zanne d'ippopotamo, prodotti esotici.

In poco tempo questo distretto, chiamato Terra di Satis, diventò uno dei più ricchi e tranquilli della valle del Nilo.

Kati tenne questa carica per dodici anni, nonostante fosse malvisto dalla classe nobile. Allora per la società egiziana i tempi stavano diventando duri e minacciosi. La vetusta età di Pepi II e la schiera di sicofanti che oziava tra le mura della reggia avevano evitato di affrontare problemi sociali di estrema urgenza. Il popolo minuto, ormai logorato dall'attesa e da tributi insostenibili, dava segni d'inquietudine allarmanti. Più volte era sceso nelle strade protestando, altre aveva invaso i templi per reclamare il diritto alla vita eterna. Perché solo il notabile e il sacerdote potevano godersi un glorioso al di là nei luminosi Campi di Yalu? Perché al poveraccio e allo schiavo veniva negata l'anima immortale?

« La tua vita finisce su questa terra » ripetevano alla noia gli amministratori del culto divino al popolo gregge. « Tu non possiedi il "ba", la sostanza immateriale indistruttibile, destinata alla vita eterna. Tornerai quindi ad essere fango, sparirai nella polvere spazzata dal vento. »

La figura del faraone, tragica nel pur dorato isolamento, era ormai solo rappresentativa. Quasi novantenne, Pepi si disinteressava di tutto e il governo era praticamente nelle mani del Consiglio dei Dieci, alti notabili che si contendevano con cannibalesca ferocia i posti di comando. In questo torbido clima,

Kati aveva avuto il coraggio di raggiungere Menfi e di presentarsi a Sua Maestà. Incurante delle minacce di cui era stato oggetto, aveva illustrato al faraone e ai suoi consiglieri il vero volto dell'Egitto. Accusò la principessa Nitocri e suo fratello Neferkharè di ostacolare il processo sociale e la democratizzazione dell'al di là, il potere centrale di inerzia amministrativa, i capi dei vari distretti di cercare l'autonomia con grave danno per l'unità politica e sociale, il generale Pepinakht di inettitudine, in quanto i beduini stavano invadendo il paese con i libi e le abominevoli genti orientali. Paga della tradizione antica e della superiorità culturale, la nobiltà era purtroppo estranea ai problemi del paese, tant'è che viveva passiva nei fastosi ozi di Palazzo. Tra il popolo e la classe dirigente c'era perciò un vuoto spaventoso, che doveva essere colmato. Solo Merenrè II, erede legittimo al trono per diritto di matrimonio, godeva di un certo credito presso le genti d'Egitto. Viveva però succube della cricca di Palazzo e del tempio di Ra, quello dei ricchi.

Dopo queste coraggiose rivelazioni, che tra l'altro non cambiarono nulla, la sua vita di "nomarca" e di uomo libero finì tragicamente. Una cricca di alti dignitari, capeggiati dal visir Issi, per paura che venisse a conoscenza di altri misfatti e offrisse quindi la sua autorità al popolo, lo aveva accusato di omicidio, violenza carnale e concussione, delitti che comportavano la pena di morte. Tuttavia il tribunale menfita preferì fargli vivere la vita di quei miserabili che egli aveva difeso e lo condannò alla schiavitù perpetua con il taglio del naso e delle orecchie. Fu un grosso errore. Inviato in Nubia ad estrarre oro nelle miniere, una circostanza fortuita gli aveva permesso di tornare in Egitto con una colonna di schiavi acquistati dal tempio di Ra.

Kati era con me da sette anni. Il giorno del suo arrivo mi aveva subito soccorso lavandomi le ferite della sferza. Da allora non aveva esitato ad essermi di aiuto anche in circostanze difficili. Con pazienza e abilità mi aveva insegnato a scrivere, fare di calcolo, misurare i campi e la cubatura delle case, mi aveva raccontato la storia del nostro paese da re Menes in poi e istruito in mille altre cose. Di tanto in tanto mi rasava il capo pidocchioso e me lo ungeva con olio medicato che riusciva ad avere da un sacerdote amico. Era orgoglioso di me. Più volte si era tolto il pane di bocca perché, magro com'ero, non mi reggevo più. Inoltre mi aveva sempre infuso la speranza che un giorno avrei riacquistato la libertà. Secondo lui, avevo ormai acquisito una preparazione teorica tale che, con un minimo di pratica, avrei avuto la possibilità di diventare scriba o funzionario in qualche amministrazione importante, magari statale.

« Com'è possibile? » gli chiedevo ogni volta incredulo.

« Non sono un profeta, Hanis, » mi rispondeva deciso « però sono certo che diventerai un uomo importante. Hai solo bisogno di raffinare il tuo talento e di toglierti di dosso la timidezza che ti inibisce. »

Queste affermazioni mi lasciavano perplesso, in quanto avevo ormai nel sangue la cupa rassegnazione dei miei compagni di sventura. D'altra parte, anche se la libertà era un sogno che accarezzavo da anni, essa mi faceva paura. Ormai abituato alla rinuncia e a ignorare i problemi della vita, evitavo di spingermi con la mente sui sinuosi sentieri di una esistenza non legata alla squallida classe degli schiavi. Qui, anche se dovevo curvare le spalle e ingoiare fiele per evitare lo scudiscio, avevo una capanna, un pezzo di pane e il veterinario che mi visitava quando veniva per le bestie. E poi, grazie a ciò che l'ex "nomarca" di Elefantina mi aveva insegnato, dovevo essere sottratto alle corde o, comunque, ai lavori manuali. L'ispettore della mia squadra mi aveva infatti promesso che, sistemato il monolito, mi avrebbe tenuto nella sua baracca come contabile. La notizia mi aveva riempito di comprensibile orgoglio, anche se il timore di non essere all'altezza di un compito di cui ignoravo le difficoltà mi faceva indugiare in tormentosi pensieri. Kati, però, ormai non più legato ai lavori gravosi, perché eletto sovrintendente alla pulizia del campo, mi scuoteva con energia, assicurandomi che ero più preparato dello stesso ispettore capo.

Comunque la notizia che ero stato eletto aiutante di uno dei nostri aguzzini, il più severo, s'era diffusa in un baleno e i miei compagni di sventura non mi avevano risparmiato motteggi e insulti, minacce e sguardi ostili.

« Ehi, schiavo di lusso » mi dicevano con sarcasmo « chi ti ha raccomandato, il primo Profeta di Ra? » E ancora: « Se ci fai dei torti scavati la fossa, figlio di una scrofa. Gli schiavi che finora hai portato nel deserto non sono tutti morti di malattia o di vecchiaia. Ciò ti sia di avvertimento ».

Kati, però, sapeva anche mantenere l'ordine. Ricordavo ancora il giorno in cui era giunto. Uno schiavo sulla trentina che da tempo spadroneggiava in virtù del fisico eccezionale e della sua cattiveria, gli si era piazzato davanti autoritario e l'aveva avvertito che doveva piegarsi senza fiatare a certe direttive emanate dal consiglio del campo, da lui presieduto. Poiché costui era un ruffiano al servizio degli ispettori e pretendeva altresì che la massa versasse alla sua cricca parte della razione di pane del pasto serale, Kati fu molto spiccio. Invece di rispondergli lo stese con una scarica di pugni che fu per tutti un avvertimento. Da quel giorno non fu più molestato e il sedicente consiglio finì per sciogliersi. Il suo capo, inoltre, fu trovato morto nella sua baracca. Qualcuno l'aveva strozzato.

Anche quella sera io e l'ex "nomarca" ci sedemmo ai bordi del campo in attesa che servissero la cena. Ricevemmo quasi subito pane, pesci secchi, un fico di sicomoro e due bacche di carrubo più una ciotola d'acqua attinta dal fiume. Kati mi lasciò divorare la poca roba e ancora una volta mi offrì la sua, in quanto più tardi avrebbe cenato con un ispettore. Da oltre un anno infatti si assentava spesso, specie nelle ore notturne, e nel campo circolava la voce che la sua schiavitù fosse pressoché finita.

« Com'è possibile? » si chiedevano i più vecchi, quelli che conoscevano la sua storia. « A Palazzo ci sono ancora il visir Issi e il prefetto Ti-teti, e cioè i notabili che l'hanno mutilato e poi spedito a morire nelle miniere nubiane. » Comunque gli schiavi di una certa età affermavano che mai nessuno aveva avuto un trattamento come il suo. C'era chi era sicuro che fosse una spia; chi era certo che gl'ispettori gli lasciavano molta libertà perché li aiutava a fare di calcolo; chi infine giurava che stesse preparando un colpo grosso, forse d'accordo con alcuni sorveglianti. Anch'io mi ero accorto che Kati era il solo a non essere molestato, tant'è che aveva la possibilità di oziare e di allontanarsi dal campo senza che le guardie glielo impedissero.

In attesa dei successivi colpi di mazzuolo, che ci avrebbero costretti al silenzio e a buttarci sulla paglia, Kati fu chiamato in disparte da un ispettore, appena giunto in compagnia di un funzionario e di due guardie. Li vidi conversare a lungo in un clima di perfetta cordialità, senza tuttavia che mi giungesse una sola frase decifrabile, poi Kati venne a sedersi di fronte a me, mentre i quattro uomini si allontanavano.

Pensieroso e a capo chino, l'ex "nomarca" rimase a lungo in silenzio. Mi sembrava preoccupato e lo guardai di sfuggita per paura che mi scappasse l'occhio sulle orrende cicatrici che gli deturpavano il naso, due fori pieni d'ombra, come in un teschio. Poi Kati mi sorrise, ridiventò cupo e si guardò attorno prima di parlarmi con voce bassa e misteriosa. Per la prima volta dopo sette anni mi descrisse la sua famiglia, dilungandosi in una storia quanto mai dolorosa, sicuramente peggiore della mia. Mentre mi chiedevo perché mi avesse sorriso prima di raccontarmi fatti che sconfinavano nella tragedia e come mai si fosse deciso dopo il colloquio avuto poco prima, mi fece presente che, quando fu sottoposto a giudizio per essere eliminato dalla società, sua figlia aveva sei anni e sua moglie Mereset era da tempo malata. Inviato nella Nubia del sud con la certezza che avrebbe chiuso la sua esistenza nelle miniere, ignorò per tre anni la sorte dei suoi cari. Allorché giunse a Eliopoli, nel campo di Ra, il suo caso commosse anche l'ispettore capo, reduce da una severa punizione inflittagli proprio dal visir Issi per non avere infierito su un gruppo di schiavi che avevano inscenato una manifestazione di protesta per il vitto scarso e pessimo. Kati fu quindi tenuto in alta cosiderazione, anche perché era coltissimo. D'altra parte le cose in Egitto stavano cambiando. C'era ormai aria di burrasca e il timore di feroci rappresaglie aveva indotto chi occupava posti di comando periferici a essere più umano, specie con gli schiavi. Fu poi il sacerdote amico, recatosi in missione a Elefantina, che s'interessò della sua famiglia. Venne a sapere che si era trasferita a Menfi, nella casa di un certo Peror, scultore. E il mio maestro quasi pianse dalla gioia, perché Peror era suo fratello di sangue. Successivamente, informazioni giunte proprio dalla capitale dopo parecchi anni di silenzio, sollevarono ancor più l'animo angosciato di Kati: sua moglie Mereset era ancora viva e sua figlia Nefer, ormai quindicenne, frequentava la scuola del tempio di Ptah per conseguire il titolo di aiuto scriba. Tutto qui, ma non era poco per uno schiavo che lo stesso visir credeva morto da tempo.

Kati indugiò un istante per ridare tono alla voce. Aggiunse, riempendomi di tristezza:

« Hanis, un giorno ho avuto il coraggio di specchiarmi in uno stagno e sono rimasto inorridito. Sono stati il visir Issi e il prefetto di Palazzo Ti-teti a sobillare la cricca con menzogne ben retribuite, per ridurmi in questo stato. La mente demoniaca che li ha indotti a condannarmi, pur essendo innocente, è stata però di una donna, una certa Itis, che per tua sventura un giorno conoscerai. Maledetta! Ahimè, il mio viso è ormai una maschera ripugnante che non mi darà mai più la forza di comparire al cospetto della mia famiglia. È quindi meglio che Mereset e Nefer mi ricordino com'ero. »

Il crepuscolo era ormai fondo, però mi lasciò vedere alcune lacrime che gl'imperlarono le ciglia, per poi scivolare sulle guance e sul petto villoso.

Scosso dal lungo racconto, trovai mille difficoltà a imbastire quattro parole d'incoraggiamento. Gli feci presente che erano tante le sue virtù da indurre chiunque a dimenticare le mutilazioni che gli deturpavano il viso. Sicuramente fece finta di credermi, perché scosse il capo e sorrise.

« È già qualcosa » mi disse. « Se però per virtù intendi la

disposizione che ha l'animo umano a non opporsi a certi doveri e a seguire il bene... non sono un virtuoso. C'è in me odio e disprezzo verso una classe corrotta che da quasi trent'anni fa i propri interessi e non quelli della comunità, che sono poi dello stato. Così la Terra di Kemet sta andando alla deriva come una barca senza governo. Il pensiero che mi strugge è però quello dell'avvenire di mia figlia. Che ne sarà di lei? Il fatto che viva a Menfi, anche se mio fratello Peror le fa da padre, non mi lascia tranquillo. I notabili che mi hanno distrutto vivono in questa città, a Palazzo, e sicuramente conoscono i rapporti di parentela che mi legano a Nefer. Come abbia fatto a frequentare la scuola della Casa della Vita è un mistero. »

In certe situazioni anche le parole sono inutili. In più io contavo meno di uno sciacallo, in quanto quest'ultimo era sacro e godeva di completa libertà nel deserto sconfinato. Gli feci comunque presente che Nefer, adottata dallo zio, aveva ormai un avvenire assicurato. Che interesse avevano i notabili a colpire pure lei?

Kati non fece commenti. Mi si fece più accosto e mi parlò sottovoce.

« Ho bisogno di te, Hanis, » mi sussurrò. « Domani partirai per Menfi come dono del sommo Hornifer, primo Profeta di Ra, al nobile Ipu-Wer. Avrai un padrone molto generoso e sicuramente dimenticherai questo campo maledetto. »

L'inattesa notizia, buttata lì come se riguardasse un aumento della razione di cibo, mi lasciò incredulo, riempendomi altresì di ansie e di timori. Dono del sommo Hornifer al nobile Ipu-Wer! Già, ero una "cosa", un oggetto o una bestia che si poteva vendere o regalare, non un uomo. Perché avevano scelto proprio me? Il posto di contabile nella baracca dell'ispettore era stato un sogno?

« Ne sei sicuro, Kati? Non verrai con me? Fa' in modo di seguirmi » lo supplicai, ben sapendo che l'ultimo posto in cui poteva mettere i piedi era proprio Menfi, la capitale d'Egitto.

Infatti non poteva seguirmi ed era inutile che glielo avessi chiesto. Mi raccontò, dopo questa premessa, che il mese prima il nostro architetto capo era stato chiamato d'urgenza dal primo Profeta di Ra, Hornifer, in quanto era giunto da Menfi, inaspettatamente, il saggio Ipu-Wer, capo della nobiltà e custode del Sigillo Reale, e cioè una delle personalità più potenti d'Egitto. Poiché rivestiva anche la carica di capo di tutti i cantieri di Sua Maestà, la sua visita aveva lo scopo di prendere accordi per la sistemazione del monolito rappresentante Pepi II, faraone vivente ed eterno. Come omaggio per il viaggio a Eliopoli, Hornifer gli aveva regalato uno schiavo. Infatti la voce era subito circolata per il campo, ma non ero giunto a pensare che quelló schiavo potessi essere io; lo stesso Kati, nonostante avesse fatto il mio nome all'ispettore, l'aveva appreso poco prima.

Per il divino Thot, creatore del Verbo! La notizia finì per mozzarmi il fiato e non trovai le parole per rispondergli. Ipu-Wer, un nome che in Egitto era familiare come quello di Imhotep, il celebre medico-architetto di re Dioser, o del visir Ptahotep, saggio dei saggi, le cui massime ci venivano recitate nei giorni festivi dal sacerdote del nostro campo. Chi poteva pensare che sarebbe diventato il mio padrone? Aveva ragione Kati. Lavorare nelle terre di un nobile come Ipu-Wer era come essere un uomo libero. Tuttavia il pensiero di separarmi dal mio maestro mi spaventava, in quanto mi ero affezionato a lui come a un padre. Quando pensavo alla pazienza con cui mi aveva tracciato i primi geroglifici su una pietra levigata o mi aveva spiegato e fatto ripetere fino alla noia numeri e formule, mi commuovevo ancora.

Mi attendevo da Kati un cenno di amarezza per doversi separare da me, invece nei suoi occhi, che vedevo appena, si accese una luce metallica. Guardò lontano, oltre le misere capanne e il campo, verso sogni che sperava di tradurre in realtà. Infatti le labbra gli si erano piegate in un sorriso beffardo, quasi cattivo. Mi rispose:

« Sto costruendo qualcosa che, tra un paio d'anni al massimo, farà tremare la terra d'Egitto dal mare alle cateratte. Allora vedrò i semidei, che ora spadroneggiano a Palazzo, strisciare ai miei piedi come vermi. Prima di questo giorno sicuramente ci vedremo ancora, perché conosco Menfi, Ipu-Wer, sua moglie Itis e so dove hanno le terre, la villa e tutto il resto. »

Ormai non avevo più dubbi. Kati era in contatto con elementi sovversivi che stavano preparando, si sussurrava da anni, un colpo di stato. Chi era il capo e l'animatore della rivolta? Lui? Ne aveva le capacità e la grinta. Certamente il desiderio di vendicarsi non l'aveva mai abbandonato e il clima di ribellione che stava dilagando nel paese aveva trovato nel mio maestro un valido profeta. Per il divino Thot, sposo di Maat! Non avrei voluto averlo nemico.

Mentre alcuni schiavi stavano accendendo i fuochi ai bordi del campo, Kati mi posò una mano sulla spalla. Era umida e callosa. Me la batté a lungo sulla pelle cotta dal sole, com'era solito fare quando mi vedeva depresso. La sentii carica di affetto e di tristezza.

« Sicuramente non rimarrai schiavo » mormorò deciso. « Con l'arte che hai appreso diventerai qualcuno, magari un funzionario importante. »

Fece una lunga pausa guardandosi attorno con sospetto. Già una decina di fuochi crepitavano di faville e i contorni degli schiavi seduti a gruppi facevano pensare a una comunità di scheletri in misteriosa conversazione. Una lieve brezza accarezzava le chiome piumate dei papiri e scivolava via con un lamento che rendeva più lugubri i rumori della notte.

Kati lasciò allontanare un vecchietto carico di legna e mi piantò l'indice nel petto per meglio indurmi all'ascolto.

« Se, quando il popolo insorgerà, » mi disse come se conoscesse già il giorno e l'ora « ti troverai dall'altra parte, scriba o funzionario di Palazzo, non indugiare a metterti in salvo, perché la turba inferocita non avrà pietà per nessuno, anche se i suoi capi stanno preparando una rivoluzione incruenta. Con l'esercito dalla sua parte, penso che al popolo oppresso basterà incrociare le braccia. Comunque, se gl'insorti dovessero catturarti, dovrai fare presente ai tuoi guardiani che lavoravi a Palazzo come spia e che hai un messaggio urgente per Sitra, la donna che capeggerà la rivolta. Ricorda bene: Sitra. Sarà lei a dare un volto nuovo all'Egitto. »

Per la prima volta ebbi l'impressione che il mio maestro e compagno di sventura stesse vaneggiando. Era pur vero che di questa rivoluzione si sentiva parlare spesso, ma era altrettanto vero che il generale Pepinakht, uomo deciso e spietato, aveva spento nel sangue alcuni focolai insurrezionali ancora in gestazione. Come poteva quindi Kati pensare ad un esercito che avrebbe fatto causa con il popolo oppresso? Com'era giunto a vedermi funzionario proprio a Palazzo, e cioè nella reggia di Sua Maestà il faraone regnante? Già, credeva ciecamente alle profezie del saggio Neferohu, sommo sacerdote di Ptah. L'anno prima, durante il periodo della semina, il vetusto Profeta aveva avuto il coraggio di raggiungere Eliopoli a dorso d'asino per dimostrare la sua umiltà. Si era intrattenuto nel campo un paio di mesi per studiare la vita degli schiavi di Ra, i quali, secondo i nostri ispettori e lo stesso Hornifer, godevano di privilegi negati a quelli degli altri templi. Alloggiato in una baracca isolata, aveva seguito ora per ora le nostre fatiche.

Per noi tutti erano stati giorni di estrema tranquillità perché i nostri aguzzini avevano sensibilmente ridotto le ore lavorative, aumentato le razioni di cibo includendovi carne di porco e birra, nascosto gli scudisci e limitato il linguaggio a blandi incitamenti.

Neferohu non s'era però lasciato ingannare. Dopo avere interrogato tutti gli schiavi, ne aveva tratto la conclusione che i nostri guardiani erano miserabili cani resi mansueti dalla sua presenza. A Kati, che s'era trattenuto a lungo nella baracca, aveva profetizzato la libertà e un posto di comando in un Egitto sconvolto dalla bufera; a me, poiché ero nato nel primo mese di Perit, e cioè all'inizio della stagione in cui i contadini mettono le sementi a dimora, aveva sentenziato che sarei morto di vecchiaia dopo avere occupato un posto importante nell'amministrazione statale.

« Vivrai nel rispetto e anche nel benessere » mi aveva annunciato la sua voce sapiente « perciò non dovrai dimenticare cos'eri in passato. Sappi che la verità e la rettitudine sono beni eterni. Cerca quindi di rimanere semplice e educato come sei ora. Se ti capiterà di passare per Menfi vienimi a trovare. Chiedi di Neferohu, primo Profeta del Ded Venerabile. Il tempio di Ptah è la mia dimora. Che dio possa guidare i tuoi passi affinché tu non inciampi! Puoi andare. »

Ricordo che avevo tentennato a lungo sulle gambe, spinto dal desiderio di farmi ripetere parole scivolate via tra incredulità e gioia, ma mi ero limitato a guardargli il viso antico, semisommerso da una folta parrucca. Solo quando il suo indice mi aveva indicato con autorità la porta, mi ero inchinato per poi uscire senza girargli la schiena. Lasciata la baracca, avevo passato la notte a guardare le stelle, confuso e scettico non solo sulla possibilità di fare una simile carriera, ma anche e soprattutto di liberarmi dal basto della schiavitù.

Comunque le sue parole, subito riferite a Kati, mi avevano tenuto la mente occupata per parecchi mesi, poi l'infame vita si era fatta talmente dura da indurmi a considerare le profezie di Neferohu frutto di aberrazioni mentali dovute alla senescenza. Ora, invece, l'ex "nomarca" mi dimostrava che qualcosa stava avverandosi: la partenza per Menfi.

« A parte questa Sitra, » dissi al mio maestro « e la carriera profetizzata da un saggio, hai affermato poco fa che hai bisogno di me. Dimmi cosa debbo fare. Mi sei stato padre e insegnante, per cui se mi dai la possibilità di sdebitarmi mi renderai felice. »

Mi parve molto indeciso. Indugiò in un inspiegabile silenzio, come se si fossero avvicinate orecchie indiscrete, poi si guardò attorno, lasciò allontanare il vecchietto addetto ai fuochi, mi posò ancora la mano sulla spalla e mi parlò commosso. Se mi fosse stato possibile, avrei dovuto interessarmi di sua figlia Nefer e di sua moglie. Dovevo dire loro che l'avevo conosciuto in Nubia e che era morto senza soffrire. Suo fratello Peror non era ricco. Un tempo possedeva una modesta casa in riva al Nilo, a sud di Menfi, tre spanne di terra, un cane, un gregge di pecore, alcuni asini ed una barca. Taciturno, amante della solitudine e della natura, era sempre vissuto solo. Come scultore era molto bravo. « Se appena ti sarà possibile, aiutale entrambe » soggiunse. « Io non avrò il coraggio di mostrarmi con un volto così ripugnante. »

Ero anch'io commosso. Gli feci presente che una buona parrucca come quella portata da Neferohu gli avrebbe coperto le cicatrici delle orecchie; per quella del naso sarebbe bastato un tampone di lino incollato alle guance. In tal modo si sarebbe potuto presentare ai suoi cari, senza contare che non era poi un disonore mostrare amputazioni subite per mano di criminali, come lui stesso aveva definito il visir Issi e il prefetto Ti-teti.

Il mio consiglio non smosse Kati dai suoi propositi. Se per la società egiziana era più vivo che mai, per la sua famiglia era morto da tempo. Il suo sguardo era ormai proteso oltre gli affetti familiari e quelle capanne che sapevano di rinuncia e di sudore. Spaziava lungo la valle del Nilo, tra i fastosi palazzi della nobiltà ed i miseri abituri della povera gente. La rivoluzione era alle porte. Il mito Sitra era un soffio di rinnovamento sociale che già scuoteva il popolo minuto. Dal giorno in cui il faraone Menes aveva unificato il paese, circa mille anni prima, anche il bifolco era maturato e si poneva, mentre colava sudore, le quotidiane domande: "Perché solo il faraone e la nobiltà possono vantare il beneficio della vita eterna? Perché al poveraccio vengono negati i riti dell'immortalità?". Il suo cadavere, buttato nel deserto o sepolto sotto una spanna di sabbia, diventava concime. Ecco quindi la prima concessione da strappare ai nobili e alla casta sacerdotale: il rito magico-religioso, condizione unica e indispensabile perché il ciclo della vita eterna non si spegnesse in un tragico tramonto.

La sicurezza di Kati era sconcertante. Secondo lui, Pepinakht sarebbe rimasto un generale senza esercito; i criminali che spadroneggiavano a Palazzo, Issi per primo, sarebbero stati puniti in modo esemplare; certi privilegi soppressi con decisione. Ipu-Wer? Non era un criminale. L'unica sua colpa era di essere un fantoccio nelle mani della moglie Itis, una donna scaltra e intrigante, che a Corte spadroneggiava.

« Non rendertela nemica se vuoi fare carriera » mi avvertì. « Neferohu ha detto che la verità e la rettitudine sono beni eterni. Ebbene, io ho sempre fatto tesoro di questi beni eterni. Vedi come sono ridotto? Se, quando avrai davanti persone umili, non dovrai dimenticare che hai razzolato in un campo di schiavi, cerca di non chinare il capo di fronte ai potenti. L'uomo servile e ingenuo è destinato al naufragio. »

Gli accennai di sì, senza comunque illudermi troppo. Ero tanto abituato a subire l'autorità altrui, che forse mi sarebbe stato difficile imbastire quattro parole di mia iniziativa.

Mentre altri colpi di mazzuolo ci ordinavano di raggiungere i nostri giacigli, sentii la mano di Kati stringermi la spalla. Il suo calore mi penetrò fino alle ossa, trasmettendomi l'ottimismo di un uomo che non era certo abituato a sognare. Combattere per la libertà e la giustizia sociale, considerare la vita terrena e il lavoro una lotta in cui non bisognava soccombere neppure con il naso mozzo: ecco il suo testamento. La speranza era poi una forma di vita nascosta che stimolava noi stessi a migliorare, e la fede negli dèi una luce che lasciava nell'ombra le brutture della vita.

Improvvisamente dimenticai la mia avvilente condizione e sentii una gran voglia di fare, di raggiungere mete che mi avrebbero tolto il basto della schiavitù. Uno spiraglio s'era ormai aperto. Spettava alla mia tenacia e al mio acume farne un varco.

Ora il viso di Kati non si vedeva più. Solo un nuovo fuoco, appena acceso, gli balenò negli occhi come una lama di luce. Erano felini.

« Addio Hanis » mi disse all'improvviso. « Stanotte non dormirò nella capanna e domani all'alba te ne andrai. Ricordati del "senza naso", Kati, l'uomo che ti ha accolto come un figlio. Potrai fare molto per lui. Comportati bene. »

Se ne andò curvo, perché il buio l'ingoiasse prima.

Non riuscii a dormire. Sdraiato sulla paglia con altri schiavi che parevano in letargo, mi posi mille domande senza trovare una sola risposta. Sitra, la rivoluzione, il nobile Ipu-Wer, sua moglie Itis, la schiavitù affrancata, funzionario di Palazzo... povero me, a quale dio avrei dovuto rivolgermi? Al saggio Thot, controllore della Sacra Bilancia? O forse al potente Ra, l'ex sovrano che aveva regnato sugli dèi quand'erano sulla terra? Poiché il tempo passava lento, accompagnato dal fruscio delle palme e dei papiri, cercai di immaginarmi Ipu-Wer, il mio futuro padrone. Me lo raffigurai curvo e sapiente, vecchio come Neferohu, molto umano. E Itis, sua moglie? Una donna scaltra e severa, piena di sussiego, intrigante e autoritaria. Sitra? Non poteva essere che una guerriera dai capelli sparsi al vento e dal viso perennemente procelloso. Basta così. Non osai spingermi oltre con la fantasia, perché non ero certo che la mia vita futura fosse davvero quella preannunciata dal saggio Neferohu, Profeta del Ded Venerabile. Ammesso che lasciassi la schiavitù, quel giorno doveva essere ancora molto lontano, perché non riuscivo neppure a scorgerne il mattino cinereo. In piena notte, però, mentre i miei compagni dormivano, mi sentii penetrato da un insolito ottimismo. Mi avevano detto che parecchi schiavi, in possesso di privati, erano diventati uomini liberi e alcuni erano giunti a sposare la figlia del loro padrone. Naturalmente si trattava di giovani che avevano speso le ore di riposo nello studio per formarsi una cultura. Grazie a Kati, io avevo fatto altrettanto. Alla luce guizzante dei fuochi, con il permesso dell'ispettore di turno, avevo visto più volte le stelle impallidire pur di soddisfare l'insaziabile sete di sapere che mi rubava il pensiero, anche quando ero incollato alle corde. Per Thot, patrono degli scribi! E se un giorno avessi incontrato la donna che mentalmente mi ero modellato sull'immagine di una dea? Sei mesi prima era giunta proprio da Menfi una statua di Iside, la grande Maga dei Misteri, figlia di Nut e di Geb, sposa e sorella di Osiride. Era di calcare, alta tre cubiti reali[1], un tutto tondo meraviglioso. L'avevano

[1] Cubiti reali = 523 mm.

lasciata a lungo nel campo prima di trasferirla al tempietto in costruzione. Poiché l'architetto capo, con un gesto d'insperata generosità, ci aveva permesso di posarla su un blocco di granito, ogni sera ci prostravamo ai suoi piedi, bruciandole resina di terebinto che due "senza naso" andavano a raccogliere nel deserto. Io, però, le rimanevo accanto finché potevo, fissandole estasiato il viso dai tratti purissimi, l'espressione piena di mistero, il corpo snello e il seno acerbo, che le incurvava dolcemente il marmoreo velo che lo copriva. Perfino le mani, dalle dita sottili da scriba di sacre scritture, mi tenevano occupato lo sguardo. Era Iside, una dea, e non poteva essere che di una bellezza raffinata. Chi l'aveva scolpita? Era forse apparsa in sogno all'ignoto artigiano dello scalpello? O esisteva in Egitto una fanciulla che s'era offerta come modella?

Quando Iside fu portata via, la mia mente vagò spesso oltre i confini della mia miserabile condizione, alla ricerca di una vita che solo un pazzo poteva sperare di costruire: la libertà, una casa, una moglie che fosse l'immagine di Iside, una famiglia. Sogni, soltanto sogni che mi tenevano sveglio finché i lumi delle stelle si facevano remoti. La realtà riappariva al levar del sole e già la luce tremula del mattino si portava via speranze e illusioni. Eppure la nuova alba che stavo attendendo doveva spuntare con una luce nuova, naturalmente se Kati non mi aveva mentito.

Da uno squarcio del tetto, da cui pendevano ciuffi di stoppie cotte dal sole, vidi finalmente gli astri notturni impallidire, mentre l'alito del mattino mi accarezzava la pelle. Tuttavia mi parve strano che gli uccelli canori salutassero il sole nascente senza che i colpi di mazzuolo ordinassero la sveglia. Finalmente udii vibrare il disco di bronzo e in un baleno la miserabile fauna umana popolò il campo. Sgusciai fuori dal tugurio con il cuore in gola. Cercai invano Kati, poi dovetti mettermi in fila con gli altri per essere condotto alle funi. Ci fu consegnato un pezzo di pane, che regalai al mio vicino, perché la delusione stava annientandomi. Avevo paura, mi pareva un'alba come le altre, con la rituale razione d'insulti e il solito moribondo da portare nel deserto. Infatti toccai con un piede Amu, un vecchio schiavo che non bestemmiava mai. Non si mosse. Il calcio di un ispettore non ebbe migliore fortuna e tre colpi di frusta colpirono un corpo ormai senza vita. Amareggiato, non attesi ordini, in quanto il becchino del mio gruppo ero io. Me lo caricai in spalla. Era secco e leggero, pareva cavo, e già puzzava.

« Lo porto nel deserto, al solito posto? » chiesi all'ispettore.

« Non ti ho ordinato niente, buttalo giù e aspetta accanto alla tùa capanna » mi disse brusco.

Il cadavere di Amu cadde da solo, tanta fu la mia sorpresa. Aveva gli occhi aperti e le labbra secche, tese in una smorfia di dolore. Era un brav'uomo, di poche parole, molto religioso. Mai mi aveva negato un sorriso. Avrei voluto seppellirlo e non lasciarlo in pasto agli spazzini del deserto, invece l'ispettore impartì l'ordine ad un altro e m'indicò la capanna. Ancora incredulo, vidi i miei compagni incamminarsi verso il fiume, una marea di gambe stecchite e di piedi coriacei che si tuffavano già stanchi nella polvere gialla.

Rimasi per molto tempo con l'animo sospeso tra la volontà di sapere se le profezie di Neferohu stessero davvero avverandosi e il desiderio di vivere ancora nel dubbio, per paura che la verità fosse un'altra.

Il sole aveva già percorso un quarto del tragitto, quando il solito ispettore mi ordinò di seguirlo. Mi condusse nella baracca grande, fuori dal recinto. Seduti su panche imbottite di cuscini c'erano il sacerdote del nostro campo, un funzionario di mezz'età e due guardie che non avevo mai visto.

« Si chiama Hanis » disse il sacerdote al funzionario, additandomi. « Come vedi è sano, molto alto e muscoloso nonostante la magrezza. Come età facciamo venticinque. È coltissimo... sì, un vero pozzo di scienza, non esagero. Era nelle grazie di un "senza naso" che aveva rivestito alte cariche prima di cadere in disgrazia. Così è stato educato come se avesse frequentato, con raccomandazioni faraoniche, la migliore scuola di una Casa della Vita. In più è volenteroso e ubbidiente. Se riuscirai a togliergli di dosso la timidezza che lo inibisce, potrà rivestire qualsiasi carica nella casa del tuo nobile padrone. Posso dirti che ha subito la frusta per colpa degli altri e mai per mancanze sue. Qui da noi è sciupato, anche se era in procinto di lasciare i lavori manuali. »

Kati non mi aveva quindi mentito. Ero davvero uno schiavo sapiente e pieno di virtù? Era ancora presto per dirlo. Comunque, se gli elogi mi avevano confuso, anche perché l'ispettore presente, un cane di uomo dalla frusta facile, aveva assentito con decisi cenni del capo, sentivo affiorare piano piano una vaga felicità.

Poco dopo attraversai il campo al seguito del funzionario di mezz'età e delle due guardie. C'erano solo vecchi che stavano scopando. Cercai affannosamente Kati. Fu lui che mi vide. Mi seguì per un breve tratto. Aveva il viso asciutto e malinconico.

« Hanis, ricordati di mia figlia Nefer » mi disse sottovoce. « È una supplica. Itis, la moglie di Ipu-Wer, può essere la tua fortuna o la tua rovina. Sappi che è pazza, la peggior criminale che vesta abiti immacolati. Se hai bisogno di consigli, a Menfi c'è Neferohu, Profeta del Ded Venerabile. Portati bene. »

Ebbi la tentazione di abbracciarlo, ma l'ex "nomarca" si girò di scatto e si allontanò a lunghi passi tra gli effusi raggi del sole che già ferivano gli occhi.

Ricordarmi di Nefer! Già, durante la notte non mi ero ricordato di lei. Sedici anni, quasi una donna. Com'era? Non potevo certo raffigurarmi il suo viso prendendo come modello quello del padre. Mentre camminavo verso il fiume non faticai a darle un volto: pelle vellutata, lineamenti morbidi, sorriso velato di mistero, sopracciglia arcuate, seno acerbo. Che pazzo! Quello era il viso di Iside, una dea. Ma sì, era la gioia di lasciare quel campo di sofferenze a indurmi a sognare!

Salimmo su una grande barca con otto vogatori e il timoniere. Mentre il natante scivolava rapido sulle acque del Fiume Sacro, i colpi di mazzuolo che ritmavano il lavoro dei miei compagni diventarono fiochi, poi non udii che il tuffare dei remi e l'ansimare dei marinai. La città di Eliopoli scomparve tra i boschi di papiri e il sole, alto sul capo, prese a dardeggiare raggi infuocati. Una tenda, stesa dalle guardie, ci donò una piacevole ombra.

Seduto a poppa, tra due sacchi di orzo, cercai di pensare al mio avvenire, ma non riuscii a creare che immagini più cupe di una notte di pece. Senza Kati mi sentivo orfano.

II

Il funzionario di mezza età non era altro che uno dei tanti amministratori di Ipu-Wer, il più importante. Si chiamava Paniamon ed era nato a Uast, una cittadina del sud che più tardi fu chiamata Tebe. Il suo viso sembrava estremamente duro. A ben studiarlo era però semplicemente severo.

Paniamon rimase a lungo nella cabina, mentre i marinai vogavano cantando. Per ore ed ore non udii che le pale tuffarsi nell'acqua, un coro piacevole e di tanto in tanto l'incitamento ritmico del timoniere. Quando le voci diventarono roche dalla stanchezza e i remi si mossero fiacchi e scomposti, Paniamon ordinò di infilare la barca in un boschetto di papiri. La sosta ci permise di consumare una frugale colazione. Si ripartì poco dopo. Con il pensiero ancorato al campo di Ra e a Kati, vidi gli argini correre indietro e il sole solcare il cielo senza che nessuno mi rivolgesse la parola o mi degnasse di uno sguardo. Solo verso sera una delle guardie mi si avvicinò e mi chiese il nome, l'età esatta, da quanto tempo ero schiavo, se avevo contratto malattie. Le mie risposte indecise non lo convinsero. Rimase per qualche tempo a guardarmi, grattandosi il collo, poi fece per andarsene, tenendosi ad una corda. Rimase però sulle gambe divaricate e mi chiese ancora:

« Tu saresti quindi un pozzo di scienza? »

« L'hanno detto gli altri. Che ne so? Può darsi che non sia vero. »

« Sai, te l'ho chiesto perché non vorrei che ti avessero regalato per buono senza esserlo. Faresti andare su tutte le furie la mia nobile padrona » si giustificò.

« Caso mai dovrebbe inveire con l'ispettore del campo o con il sommo Hornifer, Profeta di Ra. »

« Lo so, lo so, ma quando ti affibbiano un oggetto di bronzo per oro la prima cosa che fai è quella di buttarlo dalla finestra. »

Mi allarmò. La signora Itis era davvero pazza? Non potevo certo chiederlo alla guardia. Speravo comunque che mi parlasse ancora, invece lo vidi allontanarsi, sedersi accanto al suo collega, confabulare sottovoce e scuotere il capo con gravità. Al termine di uno scambio di opinioni, i due uomini mi guardarono con aria lugubre, come se fossi davvero destinato a volare dalla finestra. Dovevo far loro molta pena e in me affiorarono problemi nuovi.

Poco dopo il timoniere, udita la mia storia, si curvò e mi fece invece presente che ero uno dei pochi schiavi fortunati, in quanto sia l'ispettore Paniamon sia il nobile Ipu-Wer erano persone comprensive e generose. Itis, poi, non era la belva che mi avevano descritto. Anche se disprezzava la gente di umile condizione e definiva gli schiavi escremento di porco, aveva dei lati lodevoli e un fisico talmente perfetto, da indurre anche il servo appena punito a perdonarle le pecche.

Facemmo scalo presso un gruppo di capanne sparse lungo il fiume, ancora lontano da Menfi. Vi erano altre barche cariche di fieno e derrate alimentari, piante di papiro e anfore di olio. Mi avvertì il timoniere, con gradita sorpresa, che eravamo approdati ad una delle tante proprietà del nobile Ipu-Wer e che saremmo giunti a Menfi quattro giorni dopo, sia perché dovevamo risalire la corrente, e in quel tratto era molto rapida, sia perché Paniamon desiderava avere uno scambio d'idee con i suoi colleghi a proposito della semina. Di solito si alternavano grano, sorgo, lino, orzo. L'inondazione che ogni anno deponeva il fertile limo era terminata e le acque stavano ritirandosi nell'alveo del fiume. Entro venti giorni bisognava mettere le sementi a dimora.

Mangiai con le due guardie e gli schiavi addetti ai remi. Quasi non credetti ai miei occhi quando alcune contadine distribuirono pesci in salamoia, montone rosolato su legni odorosi, pane a forma di chiocciola, frutta secca e birra. Nella penombra della capanna, seduto su paglia che sapeva di pulito, succhiai anche le lische dei pesci, mentre le guardie stavano discutendo con il timoniere su una sommossa popolare scoppiata a Tanis il mese prima. I pareri erano discordi. Uno diceva che il "nomarca" e i funzionari dell'amministrazione locale erano stati massacrati con le loro famiglie; un altro che il furore degl'insorti era stato represso dal generale Pepinakht con una ferocia che solo truppe mercenarie come quelle da lui impiegate potevano vantare. Il timoniere era invece sicuro che la misteriosa Sitra era rimasta padrona della città per alcuni giorni, poi era scomparsa con documenti sottratti dagli archivi, molto compromettenti per le autorità di Palazzo.

Più tardi entrò un servo e parlò sottovoce con le guardie, che finirono in fretta di mangiare e mi ordinarono di seguirle. Mi condussero poco lontano, in una casa sul cui portale di pietra c'era una scritta in geroglifico che riuscii a decifrare nonostante l'incipiente oscurità. "Prendi consiglio dall'ignorante come dal saggio," diceva "perché i limiti del sapere non possono mai essere raggiunti e nessun artista possiede appieno la sua arte."

Era una massima del Profeta Ptahotep, una delle tante che Kati mi aveva costretto ad imparare a memoria. Incisa sul portale, doveva servire di monito agli ispettori ed ai capisquadra che sapevano leggere. Senza dubbio era stato il nobile Ipu-Wer a dettarla allo scalpellino e ciò rispecchiava fedelmente le dicerie sul rispetto che egli aveva per l'umile e l'offeso.

Mentre entravo nell'ufficio dell'amministratore responsabile del podere, mi sentii smarrito e il timore mi rese faticoso il coordinamento dei passi: la mancanza di Kati cominciava a pesare.

Due torce appaiate bruciavano grasso, illuminando di scorcio il viso sempre preoccupato di Paniamon e quello roseo di un uomo tondo, che pareva uno di quei sacerdoti di campagna abituati ad alzare il gomito. Mai avevo visto ossa umane così imbottite di lardo. Erano ambedue seduti su panche molto basse, la schiena appoggiata alla parete di assi, le gambe distese. Su un tavolino di legno greggio c'erano due ciotole con un dito di birra.

Paniamon doveva avere già illustrato la mia vita al suo collega, perché mi puntò l'indice annunciandogli:

« Eccolo. Si chiama Hanis. Bel regalo, no? »

Il grassone mugugnò una frase di assenso e mi squadrò con cipiglio, tant'è che ebbi l'impressione di essere giunto a destinazione. Per Thot, creatore dei giorni epagomeni! Così lontano da Menfi? Perché il timoniere mi aveva detto che saremmo giunti dopo quattro giorni per via della semina? Peccato! Il viso di Paniamon mi era ormai simpatico e familiare. Per fortuna la mia delusione fu di breve durata.

« Sai dove stiamo andando? » mi chiese costui.

« Mi hanno detto a Menfi... se ho ben capito. »

« Proprio alla capitale. Hai già sentito parlare del nobile Ipu-Wer e delle sue cariche? »

« Vagamente, signore, ma abbastanza per giudicarlo una delle personalità più potenti della Terra di Kemet... dell'intero Egitto, insomma. »

« Esatto. Da oggi è il tuo nuovo padrone. Ti avverto che è molto generoso solo con chi fa il proprio dovere » mi annunciò, mentre il suo collega assentiva con buffi cenni del capo. « Sai qual è la pena per lo schiavo che fugge? »

« Certo, signore: la morte. »

« Ciò ti sia di avvertimento. Anche se sei poco sorvegliato, non approfittarne, Hanis, perché non avresti abbastanza lacrime da versare. »

Con i dovuti modi gli chiesi in quale proprietà avrei dovuto lavorare e se sapesse dirmi chi era il mio capo. Sorrise. Ero diretto al Papireto, un appezzamento di terreno fertilissimo, che si estendeva per un lungo tratto a nord della capitale, sulla riva orientale del fiume. Si trattava del podere più grande di Ipu-Wer. Il mio capo era lui, Paniamon. Gli avevano parlato tanto bene di me da lasciarlo perplesso. Se era vero ciò che gli avevano riferito, in pochi anni sarei diventato qualcuno, perché il suo nobile padrone era molto sensibile verso i giovani che cercavano di migliorare la propria posizione sociale studiando e accettando i consigli dei saggi. « Come saprai, nelle migliori famiglie egiziane si usa affrancare almeno uno schiavo meritevole e portarlo ad assumere incarichi importanti » aggiunse. « È un mezzo efficace per rendere felici gli dèi e guadagnarsi quindi i Campi di Yalu, e cioè una gloriosa vita eterna. »

Non glielo dissi, ma era tanta la sofferenza provata nel campo di Ra, specialmente prima che mi offrissero il posto di contabile, da ritenere un mestiere di tutto riposo anche la costruzione di canali irrigui con un lavoro ininterrotto dall'alba al tramonto. L'interessamento di Paniamon, poi, mi commuoveva. Ad eccezione del buon Kati, mai avevo visto accanto a me un viso pieno di comprensione come quello del mio futuro ispettore. Il suo collega, invece, era cupo e fisso come se avesse giudicato con molte riserve le dichiarazioni di Paniamon.

« Sei mal ridotto, Hanis » mormorò quest'ultimo, facendo scorrere gli occhi sul mio corpo secco e piagato. « Si dice che gli schiavi del tempio di Ra siano i meglio trattati. Per Montu, il dio della mia piccola città! Ho visto solo facce patibolari e larve umane incollate alle funi. »

Paniamon doveva essere veramente un brav'uomo. Aveva una voce piana e tranquilla, il viso piuttosto melanconico, i gesti cauti. Ad un giudizio sommario mi parve timido e infelice. Non mi sbagliai. Spiegò al suo collega le cortesie che il nobile Ipu-Wer aveva ricevuto dal primo Profeta di Ra, Hornifer, e del lavoro che noi schiavi stavamo facendo, tre tiri di corda, trecento scheletri tesi allo spasimo, un monolito che aveva bisogno di almeno mille braccia per essere mosso. Gli annunciò inoltre di avere visto proprio ad Eliopoli la più bella statua di Iside che i suoi occhi avessero potuto ammirare. « Mai ho gustato forme scolpite con tanta morbidezza » aggiunse, mentre un fremito di piacere lo scuoteva tutto. « Non penso che l'artigiano dello scalpello si sia ispirato ad una sola modella, perché sicuramente in terra d'Egitto non esiste, che io sappia, una fanciulla così pura e luminosa. Che stolto sono stato! Perché non ho chiesto il nome di chi l'ha scolpita? »

Iside e Kati erano le sole immagini che mi facevano rimpiangere il famigerato campo di Ra. Comunque la dea sapevo dove trovarla, ammesso che fossi riuscito a raggiungere il suo tempietto, ad Eliopoli; l'ex "nomarca", poi, non poteva sfuggirmi, in quanto, anche se si fosse unito a Sitra, avevamo ambedue un posto comune di ritrovo: la casa di Peror e di Nefer. Nonostante Kati fosse fermamente deciso a considerarsi morto per la sua famiglia, mi avrebbe sicuramente cercato per sapere di sua figlia ed io l'avrei condotto da lei, ne ero certo.

Paniamon, dopo avere guardato le pareti ondulate della baracca, si scosse e mi sorrise ancora. Avvertii un senso di piacere e di commozione insieme. Mai nessuno mi aveva sorriso così apertamente, neppure Kati, maestro e giudice severo.

« L'hai vista anche tu la statua della dea? » mi chiese.

« Più che vista l'ho ammirata. Le ho bruciato resina di terebinto ed erbe aromatiche. Mentre i miei compagni dormivano, studiavo ai suoi piedi, alla luce di un fuoco vigoroso, un giuoco di luci e di ombre che rendeva la pietra viva e vitale. Quando alzavo gli occhi vedevo Iside muoversi, donna o dea, e allora la guardavo estasiato, sognando... e forse sto sognando ancora. »

Per qualche tempo i due uomini si limitarono a guardarmi, sorpresi dalle mie risposte pronte e forse un po' fantasiose. Poi Paniamon mi disse:

« Ai piedi della dea c'era una scritta che non sono riuscito a decifrare, un geroglifico pessimo, da scudiscio. L'hai letta? »

« Sì, con molta fatica » gli mentii per dargli ragione. « Comunque diceva: "Io sono lo ieri, l'oggi, il domani. Mai nessun mortale ha sollevato il mio velo. Il mio nome è Mistero". »

In realtà il geroglifico era perfetto. Ebbi perciò il dubbio che Paniamon non fosse molto abile nel decifrarlo, tanto più che mi guardò con stupore. Dopo una fugace incertezza, m'indicò con decisione la porta, ordinandomi di raggiungere gli schiavi rematori.

Tra le capanne c'erano silenzio, una luce di luna e macchie d'ombra informi. A metà strada mi accorsi che le guardie non mi avevano seguito. Provai gioia e disagio, perché mai mi ero mosso oltre il recinto del campo di Ra senza un sorvegliante alle calcagna. Perché Paniamon mi lasciava tanta libertà? Come poteva essere certo che non ne avrei approfittato? Apprezzai comunque l'inattesa fiducia e giurai su Thot che mai avrei tradito le sue aspettative.

Ripartimmo alla luce rosata del mattino. Quattro giorni dopo approdammo alla proprietà chiamata Papireto per via di interminabili filari di papiri che facevano ala ai canali d'irrigazione. Tra schiavi e contadini vi lavoravano più di cento uomini ed erano pochi, perché gli animali cornuti si contavano a migliaia e la terra coltivabile si estendeva fino ai margini del deserto, che in quel tratto di fiume erano molto distanti. Un superbo palazzo, abbellito da pilastri di calcare, era stato eretto da pochi anni su una modesta altura e serviva da residenza di campagna ai padroni. Altre case e capanne per la servitù erano sparse ovunque con stalle, recinti, capannoni.

La prima impressione fu disarmante. Mi attendevo un ordine perfetto, invece vidi una grande confusione di uomini e fanciulli chiassosi, di donne querule e di cani ringhiosi, di capre che rosicchiavano piante e oche che dondolavano sulle gambe, lanciando rauche grida di gruppo. Parte delle terre erano ancora allagate e grossi ibis planavano bassi in cerca di preda.

All'apparire dell'ispettore il disordine rimase tale finché Paniamon, accumulata la collera necessaria, si mise a sbraitare, per poi redarguire un vecchio guercio, il quale, da quel poco che capii, doveva averlo sostituito durante la sua assenza.

« Sei un buono a nulla, Tensi » gli urlò paonazzo. « Se la signora Itis venisse a sapere di questo disordine tu perderesti le orecchie e io dovrei camminare sulle ginocchia fino a mostrare le ossa. Suvvia, che ognuno si rimetta al lavoro con lena. »

La gazzarra si quietò e tutti si diedero da fare, senza fretta. Allora Paniamon strappò la scopa a un giovane contadino, gli fece vedere con che ritmo doveva usarla, poi gliela riconsegnò madido di sudore e si ricordò di me.

« Ah, certo, ci sei anche tu, dovrai ambientarti senza prendere esempio dai fannulloni. Ora vediamo... vediamo dove possiamo sistemarti. »

Si guardò attorno indeciso. Non trovò di meglio che affidarmi a Tensi, che mi ordinò rudemente di seguirlo.

« Dormirai qui dentro » mi annunciò, indicandomi una capanna di fango e paglia. « C'è posto anche per te. Cosa sai fare? »

Una simile domanda, rivolta a uno schiavo, era semplicemente sciocca. Allargai le braccia deluso, per fargli capire che almeno per ora ero semplicemente un animale da soma. Non parve convinto. Tuttavia mi indicò una scopa e mi ordinò di pulire lo spiazzo antistante la mia capanna. Era un mezzo valido per farmi ben volere dai miei compagni. L'indomani avrei aiutato le donne a fabbricare la birra.

Mi aveva messo con otto contadini e due schiavi piuttosto anziani, che mi accolsero dapprima con diffidenza, poi con una certa simpatia, sicché passai la serata senza eccessive delusioni. Mi rivolsero decine di domande, mi diedero consigli e mi parlarono a lungo di Ipu-Wer, un padrone che si faceva vivo sì e no una volta all'anno. Di Paniamon non dissero cose che già non avessi intuito. Era un brav'uomo, molto generoso, sempre indeciso e preoccupato. Anche se non aveva l'autorità del capo, sapeva farsi ubbidire con la persuasione.

Lavorai per più di un mese con un gruppo di donne addette alla fabbricazione della birra. Dapprima la mia mansione non fu molto impegnativa. Mi limitavo a macinare l'orzo e ad impastare la farina con acqua di pozzo. Poi cominciai a mettere la pasta negli stampi e a farla cuocere. A metà cottura la lasciavo macerare in una soluzione di datteri maturi. Il tutto veniva poi mescolato da alcune schiave, finché iniziava la fermentazione. Il liquido, successivamente filtrato dentro giare, era pronto da bere. Tuttavia la quasi totalità della nostra produzione veniva venduta a commercianti egiziani e stranieri.

Terminai la stagione di Akhit a travasare birra. Quella di Perit, o della semina, mi vide invece impegnato nella lavorazione della terra e in parte ad accudire alle bestie da pascolo, una mansione di tutto riposo che m'indusse a dimenticare la schiavitù. La vita al Papireto era piacevole e avevo imparato a farmi volere bene. La mietitura ci tenne occupati tutti quanti per più di un mese, poi il grano, fatto trebbiare dagli zoccoli dei buoi, costretti a calpestarlo, sulle aie, fu pronto da spulare. Mentre stavo buttandolo in alto, perché il vento si portasse via la pula, Paniamon mi mandò a chiamare. Entrai nel suo ufficio bianco di polvere e mi scusai, ma il brav'uomo m'indicò uno sgabello e mi versò tre dita di birra, chiedendomi se nel campo di Ra mi trovavo meglio. Era una domanda assurda. Sarebbe bastato che mi guardasse le mani, non più piagate, o le costole, un tempo completamente spolpate. Se poi mi avesse seguito durante la giornata si sarebbe accorto che il mio carattere chiuso s'era sbloccato, facendomi trovare inaspettate vene di buon umore. La vita che stavo conducendo valeva la pena di essere vissuta anche nelle vesti di schiavo. Tensi era più severo di Paniamon. Tuttavia gli ordini che ricevevo da lui erano pochi e dati a guisa di consigli, nessuno mi aveva ancora redarguito o insultato, il vitto era ottimo e il riposo più che sufficiente, tant'è che a volte mi pareva di oziare come i vecchi, sempre pronti a brontolare consigli sull'uscio di casa.

« Ispettore Paniamon, » gli confessai « dal giorno in cui sono giunto mi sembra di appartenere alla nobiltà. »

Rise soddisfatto. « Bene, bene, ottimamente » disse. « Ti ho seguito ed ho chiesto di te ai contadini del podere. Ebbene, ti giudico capace di condurre una proprietà vasta e complessa come il Papireto. Oh, non esagero, Hanis, proprio no. L'ispettore del campo di Ra aveva ragione... Per Montu, se aveva ragione! »

Paniamon indugiò, insolitamente impacciato. Doveva avere qualcosa di estremamente importante da dirmi. Pensai di chiedergli la ragione dell'improvviso turbamento, invece mi precedé. Seduto su uno sgabello, di fronte all'unica finestra, aveva accavallato le gambe e muoveva nervosamente le mani come se gli fossero di troppo. Poi il suo sguardo, che da tempo faceva la spola dai miei occhi al pavimento, mi fissò diritto. Aveva una luce strana, difficile da sondare fino in fondo. Ormai conoscevo molto bene il mio ispettore. Non mi era mai capitato di vederlo con il viso di un vecchio briccone. Mi pareva felice e preoccupato nel medesimo tempo, incerto e desideroso di svelarmi qualcosa che esulava dalla vita tranquilla del Papireto.

« Cos'hai da dirmi, Paniamon? » gli chiesi con tutta tranquillità. Ormai avevo con lui una certa confidenza. Si decise.

« Hanis, sai dirmi ogni quanti anni gli scribi del catasto usano fare il censimento delle terre, del bestiame, degli schiavi e di tutti i beni posseduti dai sudditi di Sua Maestà? »

La domanda, strana e inattesa, mi lasciò perplesso. Tuttavia non ebbi difficoltà a rispondergli.

« Ogni due, signore, e le relative imposte vengono pagate in natura, preferibilmente in grano o rapportando il valore degli altri beni in misure di questo cereale. »

Sorrise soddisfatto e mi guardò ancora fisso, a lungo, con fare misterioso, poi abbassò gli occhi e si dondolò sul tronco. Ormai non avevo più dubbi: non era il solito Paniamon. Infatti insisté, con il tono didattico da Maestro Templare:

« Sai dirmi a che cosa equivale il cubito reale? »

« A sette palmi, ovverosia a ventotto dita, signore. »

« E quello corto? »

« Be', a sei palmi, equivalenti a ventiquattro dita. »

« Conosci bene la misura di superficie comunemente usata? In altre parole, sapresti misurare un campo? »

« Misurare un campo? Non è difficile, signore, anche se la sua forma non è geometrica. Comunque la misura di superficie è lo "stat", equivalente a cento cubiti quadrati. »

« Bene, bene, ottimamente bene » si lasciò sfuggire soddisfatto. Poi rimase a lungo pensieroso, guardandomi sottecchi, mentre io, a testa bassa, osavo pensare a un posto di contabile nel suo ufficio. Perché mi aveva rivolto domande così sciocche? La risposta mi giunse più tardi. Nel frattempo insisté:

« In una contrattazione per concludere un baratto, a che unità di misura ideale stimeresti la tua merce e quella altrui? Ad esempio io ho un asino da vendere e tu alcune capre... »

« Semplicissimo, signore » lo interruppi. « Tu vieni al mercato con l'asino e me lo stimi venti "shat"[1]. Io contesto la tua stima, ritenendola esosa, e discutiamo fino a raggiungere un accordo. Da parte mia, allora, stimo le mie capre sempre in "shat". Se ambedue siamo soddisfatti tu mi dai l'asino e io ti cedo un certo numero di capre. Non so se ho reso l'idea. »

Le mie risposte pronte ed esaurienti indussero Paniamon a sorridere, indubbiamente di soddisfazione. Si alzò e mi fece risolvere alcuni problemi su una rudimentale lavagna, roba da primi anni di scuola, poi mi ordinò di risedermi. Mi offrì altra birra con la cordialità di un amico e si strofinò le mani, lasciandosi sfuggire un "bene, bene, ottimamente bene" che sembrava seppellire tutti i guai, che erano sempre molti.

Paniamon aveva sul capo la parrucca da lavoro, un ammasso di crine polveroso, che certamente non gli donava come ispettore. Lisciandosi i riccioli disfatti, mi parlò a lungo di Ipu-Wer, uomo trattabile e generoso, che si limitava a controlli superficiali, e di sua moglie Itis, meticolosa fino alla pignoleria. Di fronte ai servi ella teneva da conto le briciole, per poi scialare a piene mani. Non per nulla era stimata la donna più elegante di Menfi.

Incautamente gli chiesi se, quando era venuta al Papireto, aveva contestato il lavoro della comunità agricola o se era rimasta soddisfatta del raccolto e del bestiame.

Paniamon cambiò umore. Lo vidi desolato e mi spiacque. Curvo e pallido, tre giri di crine attorno a un dito, il poveretto allontanò con l'altra mano la ciotola di birra, un gesto di rinuncia che gli strappò una frase di scongiuro. Non mi rispose. Cambiò argomento, con la voce che faticava ad assumere un

[1] Shat = grammi 7,5 (sistema duodecimale).

timbro. Mi fece presente che bisognava preparare il bilancio dell'annata e fare altresì il censimento della intera proprietà chiamata Papireto. Per alcuni anni, pochi in verità, aveva avuto alle sue dipendenze due ottimi scribi, Panef e Weni, della mia stessa età. Purtroppo la nobil donna Itis se li era portati a Menfi prima uno e poi l'altro come amministratori generali di tutti i beni di Ipu-Wer. L'anno prima del mio arrivo lui ne aveva assunto un terzo, una spanna d'uomo malaticcio e scontroso, tuttavia molto bravo. Ebbene, costui era rimasto al Papireto solo pochi mesi, poi si era licenziato ed era sparito senza neppure chiedere la paga. Purtroppo la signora Itis, dopo averlo insultato, chiamandolo escremento di porco e furfante di fronte ai contadini, gli aveva centrato la fronte con una statuetta d'oro di Bes, la divinità che portava sempre con sé. « Per Montu, il dio della mia piccola città! » terminò con un sospiro. « Penso che tu, Hanis, possa risolvere i miei guai. Sì, tutti, perché sei preparato e molto sveglio. »

Ero piuttosto scettico sul fatto che uno schiavo potesse risolvere i guai di un ispettore come Paniamon, uomo ben visto e accorto, di una età che gli assicurava una notevole esperienza. Lo guardai quindi incredulo, obbligandolo ad aggiungere:

« Hanis, ti sentiresti di prepararmi, su fogli di papiro, resoconto dell'annata e censimento del Papireto? Hai un mese di tempo. Medita un istante e... dimmi di sì. »

Mi agitai confuso sotto lo sguardo insistente dell'ispettore. Capivo che stavo giocandomi l'avvenire profetizzato da Neferohu. Frugai con una certa fretta nei recessi della mia mente, nel tentativo di far riaffiorare la pletora di nozioni che il buon Kati mi aveva propinato, ma ebbi l'impressione che tutto fosse ormai sepolto nell'oblio e tremai. Non sarebbe stato meglio attendere qualche giorno, prima di dare una risposta così impegnativa? Così, su due piedi, non mi sentivo né di accettare un lavoro che avrebbe messo in evidenza le mie reali capacità né di rinunciare alla prima e forse ultima occasione che mi si presentava per cambiare volto alla mia travagliata esistenza.

Il silenzio d'attesa pareva avesse fatto calare la notte. Fissavo il pavimento di assi nodose, ma il pensiero era altrove, frugava nel buio di un passato che sembrava non avere altra storia che le funi, il sole feroce, la sete, lo scudiscio, la fame, il lavoro di becchino come supplemento. Eppure Kati si era prodigato con pazienza e chiarezza d'idee. In più si era dimostrato non solo soddisfatto, ma entusiasta del suo allievo Hanis.

« Allora accetti? » sentii la voce di Paniamon quasi implorante.

« Dovrei prima studiare il lavoro che devo fare e le mie reali capacità, ispettore. A parole sembra tutto facile. Se però premetti che la nostra padrona... »

Non mi lasciò finire. Il solo accenno a Itis gli aveva fatto perdere colore e il capo gli si era incassato tra le spalle. « Suvvia, Hanis » mormorò con affanno « se non mi dai una mano, rischio di perdere il posto. Io... io non sono scriba. »

Mi raccontò che era giunto a occupare l'ambita carica di ispettore per la gran pratica accumulata a fianco di valenti amministratori. Da Panef e da Weni aveva appreso molto. Tuttavia si rendeva conto che non era in grado di soddisfare le esigenze a volte assurde di una donna instabile e sospettosa, dalle reazioni imprevedibili. Tale era la nostra padrona. Anche se Ipu-Wer gli aveva detto di arrangiarsi da solo, si sentiva incapace di superare certe difficoltà, perché si trattava, specie per il censimento, di lavori estremamente complessi. « Paniamon, per quest'anno chiuderò un occhio, dal momento che non ho trovato uno scriba disposto a lavorare al Papireto » gli aveva assicurato il nobil uomo. Sua moglie, però, li avrebbe aperti tutti e due, e non era una donna da perdonargli il minimo errore, in quanto lo giudicava una testa di legno, capace solo di comandare i bifolchi che lavoravano a giornata. « Per Montu, il dio della mia città! » squittì. « Perché il buon Osiride non se la prende con sé? »

Che strano! Ora la nobil donna faceva paura anche a me. Me l'avevano descritta a tinte talmente fosche, che mai avrei osato alzare il capo davanti a lei. Che cos'aveva nel sangue, la malvagità del dio Set? A conti fatti, comunque, io avevo poco da perdere. Tutt'al più sarei rimasto lo schiavo Hanis.

La frusta? La ricordavo ancora con terrore. Quando colpiva, il dolore lancinante irrigidiva le membra e strappava un solo urlo, perché gli altri erano lamenti. No, sicuramente la signora Itis non l'avrebbe usata. Perché quindi rinunciare? Dovevo tentare, sicuro, ne avevo le capacità. Improvvisamente mi sentii penetrato da un cauto ottimismo. Ma sì che ricordavo! Nel geroglifico, il sacro linguaggio dei saggi, la figura di un recipiente da cui traboccavano i chicchi di grano rappresentava la "hekat", ossia la misura comune dei cereali. Quali erano le frazioni? Già, il frammento dell'occhio di Horus... il sopracciglio valeva un ottavo, la pupilla un quarto... che confusione! Eppure dovevo accettare.

« Proverò, signore » gli risposi con voce malferma per l'emozione. « Se mi troverò in difficoltà, te lo farò sapere. »

« Me lo farai sapere? E se poi non faccio in tempo a presentare i conti? C'è una scadenza fissa, Hanis. Piuttosto vado a chiamare uno scriba del catasto e lo pago io. »

Mi affrettai a rassicurarlo. Rinunciando, la mia vita sarebbe rimasta piatta e incolore, perché sicuramente Paniamon non mi avrebbe più fatto un'offerta del genere.

« Accetto. Vedrai che porterò tutto a termine nel migliore dei modi, facendoti fare bella figura » azzardai, senza prevedere che questa frase avrebbe indotto l'ispettore a studiare una variante inedita del mio impegnativo lavoro, conti e censimento del Papireto nell'anno ottantasettesimo di regno del faraone Pepi II, figlio prediletto di Ra. « Ti preparerò una stesura completa in scrittura ieratica del consuntivo, una in geroglifico per il censimento, la pianta della proprietà e tutto ciò che ti potrà essere utile. »

« Bene, bene, ottimamente » esclamò, lasciandosi sfuggire un mugolio di gioia. Mi vuotò altra birra e ne tracannò un'intera ciotola. L'ultima boccata gli andò però di traverso, quando gli annunciai che mi sarei messo subito al lavoro, per evitare critiche dalla signora Itis. Paniamon tossicchiò a lungo, posò la ciotola con mano malferma e mi guardò contrariato. La sua gioia si era dileguata in un baleno.

« Hanis » mi redarguì, puntando l'indice arcuato « non pronunciare mai il nome di questa donna all'improvviso, se non vuoi vedermi morire d'un colpo. Guarda! » E mi mostrò una cicatrice sulla fronte e una sul labbro inferiore in corrispondenza di due denti fratturati al colletto. Itis, l'anno prima, era andata su tutte le furie per una banale contestazione, gli aveva dato della testa di legno in presenza di Tensi e l'aveva poi centrato con la statuetta di Bes, un palmo d'oro massiccio. Tre mesi più tardi s'era preso dell'escremento di porco a Menfi e il temibile proiettile gli aveva segnato il viso e demolito due incisivi.

Cercai di consolarlo. Fu inutile. Rannicchiato su se stesso come se il soffitto minacciasse di crollare, il poveretto era cupo e afflitto.

Cos'era questa Itis, una belva? O era il carattere timido ed emotivo del mio ispettore a vederla spregiudicata ed aggressiva più di quanto non fosse in realtà? Se le cicatrici erano di Bes, usato come proiettile, ella doveva essere pazza. Nonostante temessi di diventare il bersaglio delle sue ire, avevo voglia di vederla, anche perché si sussurrava che fosse una gran bella donna.

Un'ora dopo lasciai Paniamon pieno di fiduciosa speranza e mangiai in silenzio con i miei compagni, tra cui vi era Tensi. Li lasciai chiacchierare seduto in disparte. Avevo la mente frastornata da gioie e timori che si soffocavano a vicenda. Ahimè, e se avessi fallito la prova? Avrei messo Paniamon nei guai e sarei rimasto per sempre lo schiavo Hanis, o tutt'al più, un contadino come tanti altri. Capivo che dovevo passare notti e notti insonni per rispolverare nozioni di matematica e di geometria. Alla luce del sole avevo altro da fare, e poi non mi conveniva studiare, in quanto avrei insospettito l'ispettore. Con il suo carattere, pieno di dubbi e di timori, era meglio ostentare sicurezza.

Dopo un alternarsi di pensieri ottimisti e di preoccupazioni che mi inumidivano la schiena, prevalse in me l'orgoglio di essere diventato uno schiavo diverso dai miserabili che grondavano sudore e lacrime. Non dissi nulla ai miei compagni, mi limitai ad ascoltare i loro pettegolezzi, che ad ogni calare del sole riempivano la serata. Come marito stimavano Ipu-Wer un poveretto che stava scontando l'errore di avere steso un inspiegabile velo sul passato piuttosto burrascoso di Itis e l'ambizione di sposare una donna stupenda, ma troppo giovane. A quei tempi lui aveva sessantasette anni, lei trentadue, un bel salto.

La sera dopo parlarono a lungo dello scriba Panef, un giovane alto e simpatico, pieno di entusiasmo per il suo lavoro. Aveva qualche anno più di me. Era rimasto al Papireto il tempo necessario per fare i consuntivi di due annate generose, poi Itis se l'era portato a Menfi, nella sua villa, come amministratore generale dei beni di Ipu-Wer. Dopo avere fatto carriera anche a Palazzo, ricoprendo la carica di amministratore capo delle imposte, era misteriosamente sparito.

Il commento era di Tensi, il guercio che era stato per molti anni a servizio nella villa menfita. Lo scriba Weni aveva sostituito Panef al Papireto. Giovane meticoloso, aperto e ben preparato, finì per trasferirsi anche lui a Menfi, sempre per volontà di Itis. Fece carriera. L'ufficio dell'amministrazione delle imposte lo vide capo indiscusso, di buon talento. Purtroppo, come Panef, anche Weni scomparve, all'improvviso.

« Vuoi dire che ora sia la volta di Hanis? » chiese una voce. « Sa fare di conto molto bene. Mica male come fisico! »

Una ventina di occhi mi guardarono. Eravamo seduti nello spiazzo antistante la nostra capanna, illuminati a giorno da una luna tonda, d'un luccichìo stellare. Il silenzio mi fece capire che dovevo dire qualcosa. Fu invece Tensi a parlare.

« Non glielo auguro » disse grave. « Sapete perché la nostra padrona mi ha mandato qui a mungere le vacche? Perché ho visto troppo. È già una fortuna che non mi abbia spedito a curare i maiali nel suo porcile a sud di Menfi, uno schifo di mestiere che non avrei fatto, perché sono un servo libero. Io so dove sono finiti Panef e Weni. »

« Dove sono finiti? Racconta » chiesero alcuni.

Vi fu un imbarazzante silenzio. Poi Tensi dovette per forza dire qualcosa. « Non posso parlare, amici. Non vorrei cadere in disgrazia. La signora Itis mi ha cacciato da Menfi con un avvertimento. »

Nonostante la sua giustificazione, si discusse ancora a lungo sulla misteriosa storia dei due scribi. La mia impressione fu che Tensi ne sapesse quanto me sulla loro sorte. Il discorso cadde poi di nuovo su Ipu-Wer. Secondo il guercio il nostro padrone aveva raggiunto le alte cariche statali dopo che sua moglie s'era data da fare a Corte. Si sussurrava, tra la servitù, che ella se la intendesse contemporaneamente con il visir Issi, il generale Pepinakht e il prefetto di Palazzo Ti-teti. In più non trascurava il principe Merenrè II, figlio e successore al trono di Sua Maestà Pepi.

Con molta audacia, Tensi ebbe poi parole pesanti per Itis, definendola una cagna in calore, una prostituta, una serva da bassifondi. Lo considerai uno stolto. Come poteva fidarsi di me, ultimo arrivato? Se qualcuno avesse fatto la spia, avrebbe perso, a brandelli, la pelle sotto lo scudiscio, oltre all'ambito posto di vice capo.

Le accuse rivolte alla nobil donna mi parvero comunque frutto di un vano desiderio di vendetta, in quanto, a differenza di suo marito, abituato a fermarsi a conversare anche con lo schiavo, il suo sussiego non era incrinabile e la sua autorità rifiutava il compromesso.

Si discusse ancora a lungo in un clima di scarsa generosità, perché nessuno spese una sola parola per mitigare affermazioni che infangavano Itis, finché lo stesso Tensi, forse accortosi di avere commesso una pericolosa imprudenza, confessò quella che doveva essere la verità. Itis era una donna dal fascino irresistibile, spregiudicata e intelligente, scaltra come una volpe, qualche volta generosa. Entrata a Corte come moglie di uno dei notabili più stimati d'Egitto, ella aveva demolito, con un lavorìo abile e accorto, l'affascinante Sena, sacerdotessa di Hathor, favorita del faraone. In un paio d'anni ne aveva fatto una figura incolore. Caduta in disgrazia anche presso l'alta nobiltà, cui aveva fatto molti torti, Sena si era ritirata nel tempio della sua dea e s'era tolta la vita.

« Magari tu Hanis sarai curioso di vedere la nostra nobile padrona » mi disse Tensi.

« Ne ho sentite tante sul suo conto che non so se avrò il coraggio di guardarla in viso. »

« Sta' attento, perché hai messo carne e sei un bel pezzo d'uomo. Se ti punterà gli occhi addosso e ti stimerà valido per soddisfare i suoi capricci, ne subirai la sete di possesso e le ire. Quando ne troverà uno migliore di te, ti farà sparire, come ha fatto con gli altri. »

« Intendi parlare di Panef e di Weni? »

« I soli che abbia conosciuto. Purtroppo ne ho seguito la rapida carriera e l'annientamento totale. La villa di Menfi è una casa di gente misteriosa, dal servo di stalla che non fiata mai una parola di troppo al lungo Digiau, un ruffiano che finirà i suoi giorni malamente. »

« E le autorità? Non c'è stata un'inchiesta? »

Tensi rise. « La maggior autorità è il visir Issi, un uomo che, a detta dei servi, è innamoratissimo della nostra padrona. »

Il guercio non aveva peli sulla lingua. Accusato da un contadino di lavorare troppo di fantasia, si decise a dare alcune versioni sulla scomparsa dei due scribi. C'era chi giurava sulla loro morte; chi era sicuro che erano fuggiti per liberarsi di Itis e non subire la sua vendetta; chi infine dava per certa la loro condanna alla schiavitù con il taglio del naso e delle orecchie. Nella villa menfita si parlava anche di un "nomarca" del sud che era stato condannato a quest'ultima pena molti anni prima dal visir Issi, con il concorso della nobil donna Itis. Era entrato a Corte con idee rivoluzionarie, aveva frequentato per qualche tempo la casa di Ipu-Wer, poi s'era saputo di un processo segreto, della sua condanna, della partenza per la Nubia come schiavo.

« L'hai conosciuto? » chiesi a Tensi, che tutte le sere parlava per ore, dimostrando di avere due polmoni atletici e poca prudenza, proprio ora che occupava il posto di vice capo.

« Altro che. L'ho condotto più di una volta nell'appartamento privato della signora » confessò con qualche incertezza.

« Vi si fermava fino a tardi senza che riuscissi ad orecchiare, perché Digiau facevà buona guardia. Una notte è scoppiata la tragedia. Lei s'è messa ad urlare chiamando le guardie, i servi, il marito, le schiave degli unguenti, tutti, insomma. Accorsi anch'io. La trovammo sulla porta d'entrata, quasi nuda, svenuta. Il "nomarca" le era accanto, furibondo. Digiau ci allontanò con il bastone. »

« Questo "nomarca" si chiamava Kati? » mi sfuggì.

« Certo, si chiamava proprio così. L'hai conosciuto? »

« No. Ne ho solo sentito parlare » mi affrettai a correggermi.

III

Un mese dopo il Papireto era disegnato su alcuni fogli di papiro con le case, la superficie coltivabile e a boscaglia meticolosamente espresse in "stat", ovvero in cubiti quadrati Con l'aiuto di due ragazzini e di un vecchio claudicante, contai le piante da frutto, di papiro, da giardino, i capi di bestiame, i servi, i contadini, gli schiavi, gli animali da cortile. Nessuno dei miei aiutanti sapeva contare, tuttavia si disimpegnarono con bravura, mettendo un sassolino in un cestello per ogni unità, così i conti risultarono esatti. Calcolai poi la cubatura delle case, i cereali stipati nei silos, la birra e il vino e descrissi tutto ciò che avevo stimato necessario far conoscere a due padroni molto pignoli.

Paniamon, sempre pieno di problemi insoluti, s'interessò saltuariamente del mio lavoro, poi, preso da mille scrupoli, vi ficcò il naso e rimase esterrefatto. Mi chiamò nel suo ufficio, stese i fogli su una panca e v'indugiò con gli occhi, accesi da insaziabile curiosità. Dopo un attento esame, articolò poche frasi, con sussurri da tempio. Mi parve di capire che né Panef né Weni erano stati così precisi.

« Hanis, sei un genio » mi disse infine, mal celando la sua incredulità. Continuò a far scorrere un dito sui fogli e si fece spiegare qualcosa. Purtroppo mi resi conto che non aveva grande dimestichezza con i numeri e le figure. Anzi, al termine di lunghe discussioni, lo stimai un semplice caposquadra pratico di allevamenti e di colture. Conosceva poco il geroglifico, meno ancora la scrittura ieratica e con la geometria aveva scarsa familiarità. Tuttavia sorrideva di soddisfazione. Poi, all'improvviso, diventò cupo. Si prese il labbro inferiore con due dita e lo tirò lungo mostrando i monconi dei denti che Itis, a suo dire, gli aveva demolito. Lo vidi serio e indeciso come se stesse elaborando qualcosa di geniale, perché girava gli occhi di scatto su di me e sui fogli, e di tanto in tanto si lasciava sfuggire un sorrisetto astuto. Ormai lo conoscevo tanto bene da bastarmi un'occhiata per capire la gravità del conflitto che lo travagliava. Qualcosa di nuovo stava ora agitandosi in lui, un problema di facile soluzione. Forse dentro di sé il buon Paniamon stava dicendosi: "Bene, bene, ottimamente bene. Finalmente ho a portata di mano il mezzo per acquisire prestigio e autorità".

« Che c'è, Paniamon, qualcosa che non va? Se hai qualche suggerimento da darmi, sono pronto a seguirlo » gli dissi incuriosito.

« Sei un genio, Hanis. Va tutto bene, bene, ottimamente bene. Vorrei però farti una proposta. Se facessi... » S'inceppò indeciso, con gli occhi ridenti.

« Suvvia, spiegati a parole e non con la mimica del viso. Cos'hai da dirmi? »

Mi parlò con una dolcezza infinita. « Non avertene a male, Hanis, ma se facessi... credere ai nostri padroni che l'artefice di questi capolavori sono stato io... ti spiacerebbe? Oh, naturalmente come ricompensa ti dedicherai d'ora in poi al solo lavoro d'ufficio. »

Non avevo nulla in contrario, perché i calcoli potevano essere sbagliati e gli occhi sapienti di Ipu-Wer se ne sarebbero accorti. Sua moglie, poi, se era proprio la donna che mi avevano descritto, avrebbe fatto cadere strali e tempesta sul povero ispettore. Tardo com'era, si sarebbe fatto centrare per la terza volta con la famigerata statuetta di Bes.

Ebbi la tentazione di fargli presente a quale pericolo si esponeva, per indurlo a fidarsi meno delle mie capacità; invece gli dissi, per non annegargli il sogno in una delusione che nel suo animo avrebbe assunto le proporzioni di una tragedia:

« Fa' come vuoi. Non ho nulla in contrario. Il solo consiglio che ti do è quello di verificare conti e misure. »

Ormai sapevo che Paniamon non sarebbe stato in grado di scoprire neppure errori madornali. D'altra parte, anche se il rincrescimento di non poter dimostrare ai miei padroni le mie reali capacità mi amareggiava, non potevo certo negare al mio ispettore questo favore. Già gli dovevo molto. Mi aveva poi promesso che avrebbe fatto pressione su Ipu-Wer perché mi liberasse dal basto della schiavitù. In più ero certo che un giorno o l'altro mi avrebbe lasciato partire per Menfi su una delle nostre barche: Kati e Nefer erano più vivi che mai nella mia mente.

Felice quindi di poter dimostrare a Ipu-Wer e a sua moglie che da solo era riuscito a fare meglio di Panef e di Weni, gli scribi più prestigiosi che il Papireto avesse avuto, Paniamon mi regalò un perizoma, un gonnellino, due sandali in fibra di papiro e molti sorrisi, che però gl'illuminarono solo in parte il viso perennemente preoccupato. Inoltre mi fece costruire un ufficio accanto al suo e me lo arredò con mobili rozzi, ma funzionali, tant'è che il giorno in cui ne presi possesso mi sentii davvero qualcuno. Per Thot, padre dei geroglifici! Quasi non credevo ai miei occhi. Le mie mani erano ormai senza calli e me le guardavo incredulo; mi palpavo il petto e i fianchi, non più scarni e legnosi; mi specchiavo in una sorgente e vedevo il mio viso pieno e disteso, illuminato da un sorriso nato al Papireto. Il canto degli uccelli non mi sembrava più insolente e beffardo come quello che echeggiava nell'aria torrida del campo di Ra. Laggiù, sotto un cielo tutto sole, esso mi giungeva dalle palme che ombravano la mia dimora o dalla barriera di papiri sparsi lungo il Nilo. Lo sentivo nei momenti di sosta o al mattino, appena il cielo orientale si staccava dalla terra, ma era un insulto a volti scavati dalla sofferenza e quindi negati al riso. Qui invece era piacevole, un inno alla vita, simbolo della libertà che quasi toccavo con mano. Ormai guardavo il futuro con animo sereno: al Papireto stavo per occupare un posto di primo piano. Infatti tre giorni dopo la stesura definitiva dei due lavori, il mio compito ufficiale fu quello di amministratore agli ordini di Paniamon. Tensi rimase caposquadra, addetto ai lavori manuali.

La notizia del mio incarico, diffusasi per il podere, non suscitò invidie, perché tutti mi volevano bene e mi stimavano.

Allorché il Nilo stava ingrossandosi per deporre il nuovo limo, dono degli dèi, Paniamon ebbe la notizia che i nostri padroni erano in viaggio per il Papireto. Nei pochi giorni d'attesa il poveretto perse qualche giara di sudore. Nonostante ostentasse una serena tranquillità, era nervoso, incerto sul da farsi, pieno di lugubri presagi. Mi confidò che era felice di dare il benvenuto al nobile Ipu-Wer. Purtroppo non riusciva a vincere il terrore per l'arrivo di Itis.

« Questa donna sarà la mia rovina, Hanis » mi ripeteva desolato. « Lo sento. Mi ha centrato due volte con la statuetta di Bes. Ha uno scatto felino e una mira infallibile. La prossima mi spacca il cranio e mi ammazza. Sì, mi ammazza. »

« Suvvia, Paniamon, non essere infantile. Cos'è, una belva? »

« Peggio, peggio di una belva. Speravo che rimanesse a Menfi, invece... la vedrai. Ne ha per tutti, Hanis. Il suo carattere è contorto, insopportabile, provocatorio, una calamità. Con suo marito fa la gattina: incredibile! Lo credi che quando la vedo mi viene da urinare e il cuore mi salta i colpi? »

« Perché allora non ti cerchi un altro podere da amministrare? »

« Al Papireto guadagno bene e ho molta venerazione per Ipu-Wer. Chi lavora per lui è invidiato e acquisisce prestigio. Tutto qui. »

Mi raccontò che sei anni prima s'era deciso a mettere su casa. Aveva quindi condotto al Papireto la futura consorte per farla conoscere ai padroni. Era di Tanis, una donna sui trent'anni, graziosa e alla buona. Il lavoro non la infastidiva. Itis s'era però dimostrata poco soddisfatta della decisione. « Con una famiglia sulle spalle non potrai certo accudire ai tuoi compiti con la dovuta cura e serenità. Comunque fa' come vuoi. »

Per non perdere il posto non s'era sposato.

In attesa che giungesse la nobil donna, mi godei quindi gli affanni di Paniamon, che si dava da fare perché la pulizia fosse capillare, la cucina ben fornita e la servitù linda e scattante. A tratti era però anche fiducioso e perfino impaziente. Il rotolo di fogli custoditi nello scrigno gli avrebbe sicuramente permesso di presentarsi alla sua padrona con altre credenziali. Poiché questo pensiero lo inorgogliva, era giunto a promettermi ogni bene, naturalmente se le cose fossero andate come lui sperava.

« Ti parrà strano » si sfogò, mentre stavamo cenando nel mio ufficio, « che un uomo della mia età, cinquant'anni suonati, sia preoccupato dall'arrivo di questa donna. Se ti passerà accanto abbassa gli occhi e china il capo in segno di rispetto. In caso contrario prepara la schiena allo scudiscio. Se invece uno riesce a fare breccia nel suo animo torbido, ne rischia una decina se non la guarda. Hanis, è un consiglio: parla poco se sei interrogato e non prenderti confidenze anche se lei ti mette in condizione di dimenticare che è la tua padrona. Potresti pentirtene. Quando se ne andrà ti lascerò partire per Menfi. »

Dal giorno in cui Paniamon mi aveva affidato l'incarico di aiuto amministratore, forse mai svolto da uno schiavo, avevo pensato con più frequenza a Nefer e il desiderio di conoscerla era diventato vivo e inderogabile. Più volte l'ispettore mi aveva promesso alcuni giorni di libertà per visitare la capitale. Tuttavia, ora che avevo aspettato tanto, mi pareva più saggio presentarmi a Peror, lo scultore, vestito degnamente e magari affrancato da schiavitù. Era poi indubbio che né a Mereset né a sua figlia avrei raccontato le menzogne che Kati mi aveva suggerito. Perché annunciare che era morto? Avevo preparato un racconto credibile in tutti i particolari. Kati era contabile in un campo di schiavi situato tra Tebe ed El Kab, in riva al fiume. Stava bene, era felice di sapere la sua famiglia sistemata presso il fratello. Entro due o tre anni avrebbe riacquistato la libertà. Fisicamente non aveva sofferto granché. Presentava solo alcune cicatrici al volto. Tutto qui.

La vigilia di una giornata festiva, mentre stavo distribuendo la paga in misure di grano ai numerosi lavoratori a giornata, giunse una piccola imbarcazione con due servi che si affannarono ad avvertire Paniamon dell'imminente arrivo di Ipu-Wer.

« Il nostro nobile padrone sarà al Papireto nel tardo pomeriggio di domani » ansimarono insieme. « Che tutto sia in ordine, signore, perché c'è anche la nobil donna Itis. È lei che ci ha inviati. »

I lineamenti già tesi di Paniamon s'irrigidirono in una maschera di cupa preoccupazione. Lì per lì non chiese dettagli, e cioè se Ipu-Wer aveva intenzione di intrattenersi a lungo, se con lui c'erano amici o gli scribi del catasto, se sua moglie era seguita dalle schiave addette alla sua persona.

Mentre stavo per suggerirgli che era necessario conoscere questi dettagli, si lasciò andare ad un eccesso di collera, imprecando con i due servi, perché non si erano fatti vivi prima. Poi si chiuse nel suo ufficio a meditare.

Per fortuna i nostri padroni erano senza ospiti, così il nostro lavoro fu meno impegnativo. Scosso da me e da Tensi, Paniamon parve trovare calma e serenità. Chiamò gli uomini a raccolta e ordinò che si lavorasse anche al lume delle torce, affinché la pulizia e l'ordine fossero esemplari. A me il compito di sistemare la casa residenziale con l'aiuto di sei schiavi. Si trattava di una splendida villa con stanze spaziose, arredata senza economia. Anche nei locali secondari si camminava su tappeti di Sippar e di Babilonia, e i bronzi e le ceramiche abbellivano ogni angolo. Dieci stanze, tra cui un soggiorno vastissimo, dal soffitto sostenuto da due pilastri di calcare, erano disposte lungo il perimetro di un rettangolo che aveva nel mezzo porticato, giardino, laghetto.

Chiusi da quasi un anno, i locali sapevano di muffa e i ragni avevano lavorato indisturbati. Dopo un accurato sopralluogo stimai insufficiente il lavoro di sei schiavi, per cui chiesi l'aiuto di dieci donne. Feci lavare i pavimenti con soluzione di natron, per allontanare gl'insetti, e ordinai che si applicassero ai cardini delle porte spessori di cuoio perché non cigolassero. Dopo avere lucidato mobili e suppellettili, pulito tappeti e vasi da salotto, preparammo lampade a olio, torce e candele, bracieri per le conclusive fumigazioni di incenso, terebinto e aromi vari.

Lavorammo con lena fino all'alba, riempimmo i vasi di fiori e, con Tensi, feci il giro della villa: era lucidata a specchio. Di primo mattino, quando avevo già inviato altrove schiavi e donne, giunse Paniamon e dovetti rifare il giro. Mentre l'ispettore roteava gli occhi alla ricerca di ragni sfuggiti alla pena capitale, di tracce di polvere o di oggetti fuori posto, osservai in silenzio la sua metamorfosi. I piacevoli sprazzi di gioia quasi infantile erano scomparsi. Curvo e rugoso, era un vecchio pieno di affanno. Per darsi un contegno mi mostrò alcuni mobili costruiti con legno del Libano, gli scaffali zeppi di statuette e di vasi rarissimi. Quando fummo davanti al letto di Itis quasi gli mancò la voce. Era incrostato d'avorio, un tesoro degno di ben figurare in una villa menfita e non al Papireto. Il divano del soggiorno, poi, con fregi d'oro, era un gioiello che pareva sottratto alla corte faraonica.

Paniamon, guardandomi di sfuggita, allargò le pinne del naso e fiutò a lungo. L'aria gli parve ancora pesante, odorosa di muffa nonostante fosse abbondantemente satura di profumo e di luce.

« No, no, Hanis » mi disse con la fronte aggrottata « le pareti emánano ancora odore di chiuso. Lei vive nel soggiorno e ha il fiuto di un animale selvatico. Su, su, da bravo, se vuoi che ti lasci partire per Menfi! Usa tutto il profumo che c'è nel magazzino. Sistema poi per bene, tu che sei preciso, le anfore di vino sepolte nella sabbia e ispeziona il giardino. Se vedi dei buchi, buttaci dentro semi di cipolla, perché possono celare serpi. Ahimè! Proprio stanotte ho sognato che mangiavo cocomeri, una scorpacciata da star male. Avrò quindi una disputa. Con chi? Non ci vuole l'intuizione di un genio. »

Con l'opprimente Paniamon che sorvegliava ogni mio gesto, spruzzai due anforette di profumo sui tappeti, uno spreco, perché si trattava di essenza di loto, costosissima. Il risultato fu deludente: l'aria diventò quasi irrespirabile. Tuttavia l'ispettore fu contento. Insieme controllammo le anfore di vino. Erano a posto, in un sotterraneo, semisepolte nella sabbia. Sulle anfore c'era la scritta: "Prodotto nell'anno ottantacinquesimo di regno del faraone Pepi II, nei vigneti del sud, sulla riva orientale del fiume".

Il giorno dopo, a metà pomeriggio, due uomini di vedetta annunciarono che la splendida barca di Ipu-Wer stava fendendo le acque a non più di duecento colpi di remo. Voci d'avvertimento s'incrociarono e tra le case vi fu un affannoso sciamare di gente, finché Tensi, che non aveva perso la calma, sbraitò:

« Per la malora! Volete subito sentirla strillare? Mettetevi in fila come vuole l'usanza e inchinatevi con garbo, zoticoni. Se il nobile Ipu-Wer v'interroga, misurate le parole. Per vostra fortuna lei non si degna di rivolgervi una sillaba. »

Tutti corsero al pontile e si schierarono agli ordini di Tensi, gli schiavi da una parte, i contadini dall'altra. Paniamon, vestito da cerimonia, con un bastone dal pomo d'argento e una vistosa parrucca, giunse poco dopo. Pareva tranquillo. In fondo non aveva nulla da rimproverarsi. Il raccolto era stato ottimo, il bestiame aveva avuto un incremento di trecentoventi unità, i recinti erano pieni di animali da cortile in buona salute, tra i contadini erano nati sei maschi e una femmina, c'era stato un solo morto per vecchiaia. Nello scrigno c'erano poi il censimento e il consuntivo stesi con caparbia pignoleria.

Malgrado i duecento colpi di remo, la barca attraccò poco dopo. Scesero due marinai saltando oltre il bordo; altri calarono una scaletta che fu posata sulla rena, quasi ai miei piedi. Ero tutt'occhi, ansioso di conoscere il capo della nobiltà d'Egitto, un uomo che era venerato come un dio anche dalla povera gente. All'ansia si aggiungeva poi la curiosità di vedere una donna tanto discussa come sua moglie Itis.

Dalla dorata cabina apparve Ipu-Wer e il silenzio calò assoluto. Perfino il canto degli uccelli si fece remoto, ovattato dal fatto che i nostri sensi erano persi altrove.

Il nobil uomo sostò un istante sul ponte, parlando sottovoce con un servo sottile e diritto come il bastone di Paniamon.

Una voce alle mie spalle disse che si chiamava Digiau; un'altra vi aggiunse gli attributi: « È un ruffiano, una sporca figura di uomo, un cane rognoso ». Comunque il suo viso di civetta induceva a pensare a cose funeste.

Ipu-Wer non era affatto curvo e secco, incerto nei movimenti come me l'ero immaginato. Alto e ancora valido, scese da solo, sostò su un tappeto di fibre e si guardò attorno, mentre il servile Paniamon gli dava un enfatico benvenuto a nome di tutti.

Il nostro padrone portava una splendida parrucca dai riflessi azzurri, una tunica ricamata a maniche svasate e molti monili. Due profonde rughe verticali, le sole che gli solcavano il viso glabro e bianchiccio, erano saldamente incollate agli zigomi e gli sostenevano due manciate di pelle cascante.

Poiché tutti curvarono il capo con le mani sul petto, li imitai. Subito la mia attenzione fu però attratta dalla signora Itis, ferma sul ponte con la tunica giallo-dorato ondeggiante alla brezza. Di un'eleganza ardita, era scalza, carica di gioielli, con un vistoso diadema sulla fronte. Di statura superiore alla media, possedeva un corpo snello, lo sguardo fiero e selvaggio, la cute di uno splendore ambrato.

Non avevo nessuna esperienza in fatto di bellezza femminile, perché anche al Papireto, già a vent'anni, le fanciulle erano cotte dal sole e consumate dal lavoro. Tuttavia, prendendo come prototipo la statua di Iside del campo di Ra, la giudicai una donna dall'espressione troppo dura, autoritaria, dal sussiego metallico. Forse non aveva mai sorriso.

Gli occhi di Itis dominarono dall'alto i lavoratori schierati come se facessero ala a una processione di sommi ierofanti. Si fermarono severi su un vecchio, novant'anni suonati, che s'era portato uno sgabello. Lo fissarono finché il poveretto, impacciato, si alzò e si mise in fila con gli altri, curvo su un bastone nodoso. Vistosamente truccata, non seppi definire l'età della nobil donna, ma giudicai che avesse di poco superato i quarant'anni.

Itis porse i piedi a una schiava, che le infilò due sandali dorati, poi scese con una certa fretta e inciampò. Non cadde distesa, perché fui lesto a sostenerla. Indubbiamente non doveva avere un carattere mite, perché nei suoi occhi si accese un lampo di collera. Invece di ringraziarmi, mi guardò con l'innato disprezzo che il potente sente per il debole e si pulì il braccio che le avevo afferrato deciso. Ferma accanto alla scaletta e scossa dall'improvviso contrattempo, si rivolse all'ispettore:

« Allora, Paniamon, hai reso accogliente la villa o l'hai lasciata ancora piena di ragnatele come l'ultima volta? Lo sai che i ragni mi fanno schifo e i topi molta paura. Spero che tu abbia anche sterminato la formica bianca che mi rovinava la mobilia. »

« Certo, certo, mia signora, è accogliente, lucida come uno specchio » squittì il poveretto. « Vi hanno lavorato molte donne al comando di Hanis. »

« Hanis? Chi è? »

« Lo schiavo che ti ha sorretta, mia signora. È il regalo che il sommo Hornifer ha fatto al tuo nobile marito. » E m'indicò con il bastone.

Lo sguardo di Itis fu rapido, ma completo. Lo fece scorrere sul mio corpo, dai piedi ai capelli, con il capo leggermente piegato all'indietro e l'espressione ermetica. Si rivolse ancora a Paniamon per chiedergli se era vero che sapevo leggere e fare di calcolo con la rapidità del primo scriba di Corte.

L'ispettore, che forse vedeva il suo piano diventare lacunoso, dovette ingoiare amaro, perché indugiò, facendosi richiamare con autorità.

« Leggere e fare di calcolo? » ansimò allora con sollecitudine. « Sembra l'incarnazione del dio Thot, mia signora. Lo scriba Weni era un somaro nei suoi confronti. »

Il nome del mio predecessore dovette giungere sgradito alla nostra padrona, perché la vidi soffocare una smorfia di disappunto, girare le spalle all'ispettore e raggiungere suo marito, il quale, dimenticando cariche e origini, stava parlando con Tensi. Itis, con un'autorevole pressione su un braccio, lo indusse a interrompere il colloquio e ad incamminarsi con lei. Mentre il cielo stava riempiendosi di nembi sanguigni e la brezza turbinava nell'aria veli di sabbia, la nobile coppia entrò nella villa preceduta dal confuso Paniamon. A loro si accodarono due servi venuti da Menfi, tre damigelle, due eunuchi addetti al guardaroba, quattro schiave degli unguenti e il medico di famiglia, un omarino tutto cranio e superbia.

Ormai al Papireto avevo acquistato una certa autorità, così ordinai ad alcuni schiavi di scaricare i bagagli. Sei casse contenevano i vestiti di Itis, una quelli di Ipu-Wer. C'erano poi cestelli con cosmetici, cofanetti con parrucche, gioielli e ventagli.

Per tre giorni la vita al Papireto non subì variazioni, perché la nobile coppia rimase nella villa, usufruendo, da ciò che venni a sapere, del giardino privato. Poi vidi Ipu-Wer, seguito dal medico, girare per le capanne, interessarsi dei silos, del raccolto e del bestiame. Volle conoscermi. Ascoltò da Paniamon alcuni scorci della mia vita legata al campo di Ra e si limitò a chiedermi se nel suo podere mi trovavo bene e se al mondo avevo parenti. Alla risposta positiva ne seguì una negativa, perché mi ripugnava parlargli di mia madre, ormai morta, o dei miei fratelli, finiti chissà dove. Non fece commenti. Si complimentò perché ero stato in grado di... aiutare Paniamon nella stesura del censimento e del consuntivo. Mi consigliò di non abbandonare la strada che avevo intrapreso e visitò il mio ufficio. Purtroppo c'erano dei conteggi complessi stesi su fogli fissi a una parete. Il nobil uomo li esaminò a lungo, mentre Paniamon, alle sue spalle, era sbiancato. Ebbi la tentazione di fargli presente che i conteggi erano del mio ispettore. Non ne ebbi il tempo.

« Sei molto profondo e preciso, schiavo Hanis » mi disse. « Secondo te quindi converrebbe incrementare l'allevamento del bestiame e comperare l'orzo nell'Alto Egitto? »

« Sì, mio signore. I pascoli e la carne rendono di più in questa zona. Vendendo le bestie puoi comperare orzo a prezzi vantaggiosi. »

« Molto bene » mi rispose soddisfatto. « Ne parleremo in seguito. Ricordati che l'uomo volenteroso non dovrà mai prostrarsi o battersi il petto in sterili lamentazioni. Chi è in armonia con Maat, patrona della verità e della giustizia, acquisisce virtù e vive nel rispetto. Vero Paniamon? »

Impacciato, costui assentì con aria lugubre. Per lui le cose stavano complicandosi.

Li vidi allontanarsi tutti e due in direzione del recinto in cui si fabbricava la birra e provai un senso di pena per il mio ispettore. Se davvero Itis era la donna scaltra e meticolosa che mi avevano descritto (e non avevo motivo di dubbio, dopo aver visto il suo sguardo indugiare sul vecchio che aveva "osato" riceverla seduto su uno sgabello), sicuramente avrebbe fiutato l'inganno anche senza l'aiuto del marito. A Paniamon quindi il compito di incassare accuse umilianti e subire pesanti sanzioni.

Nel tardo pomeriggio di due giorni dopo vidi un'ancella uscire dalla villa e incamminarsi verso il mio ufficio. Mi avvertì che dovevo presentarmi subito alla nobil donna Itis e mi consigliò di indossare il migliore gonnellino in mio possesso e due sandali puliti; di rendermi, insomma, presentabile. « Non farla attendere, schiavo Hanis. È un ordine. »

Mezz'ora più tardi, ben lavato e non certo a mio agio per tanta fretta, il servo Digiau m'introdusse nella villa e mi guidò verso il soggiorno. Prima di aprirmi l'uscio mi diede alcuni consigli, ostentando autorità.

La scena che mi si presentò non fu certo confortante. Paniamon, a testa china, era ritto di fronte alla nostra padrona, sdraiata sul divano in atteggiamento scomposto. Era scalza e con una mano stava stringendosi nervosamente un alluce. Aveva gli occhi carichi di collera. Quando mi guardarono avvertii un senso di freddo che mi paralizzò. Sicuramente ero nei guai.

Itis mi fece un cenno autoritario perché mi avvicinassi e puntò l'indice armato di unghia a punteruolo su alcuni fogli sparsi ai piedi dell'ispettore. Erano aperti e non faticai a riconoscerli. Si trattava proprio dei miei, sicuro, quelli che mi avevano tenuto occupato giorno e notte per più di un mese. Ancora frastornato dalla sorpresa, mi mancò il tempo per studiare un atteggiamento valido che discolpasse Paniamon da eventuali accuse.

« Schiavo Hanis » mi chiese Itis « sei stato tu ad eseguire questo lavoro di contabilità? Non so se ti hanno avvertito che non tollero le menzogne e le affermazioni ambigue. »

Povero me! La sua voce mi era parsa quella maschia dell'ispettore capo del campo di Ra, quando gli usciva dai denti bagnati di bile. Il tono era poi di accusa e non di semplice curiosità e tantomeno di elogio. Guardai il povero Paniamon, che fumava sudore, e i miei fogli. Che tragedia! Mi sentivo svuotato di energia e l'ombra di un'interminabile schiavitù mi apparve davanti in tutta la sua gravità. Certamente il mio ispettore, accusato di avere eseguito un lavoro da scudiscio, si era affrettato a confessare che l'autore ero stato io. Che colpa ne avevo? Non ero mica scriba! Eppure mi era parso tutto facile, perfino elementare.

« Ti ho chiesto se sei stato tu Hanis a compilare questi fogli » mi ripeté con tale autorità che mi lasciai sfuggire un pietoso sì.

« Ti sei arrangiato da solo o Paniamon ti ha dato una mano? »

Indugiai ancora a rispondere. Aveva ragione Tensi. Era una donna difficile e decisa. Ma era poi una donna o un generale di fanteria? No, il generale non c'entrava, perché bastava guardarle il seno o la curva di una coscia, quasi scoperta.

« Ho fatto tutto da solo, mia signora » le risposi infine, contento di discolpare il mio capo. « Paniamon non ha avuto il tempo di controllare il complesso lavoro di conteggio, per cui ti chiedo scusa se vi avrai trovato errori madornali. Ho studiato in qualche modo, mentre ero nel campo di Ra, ad Eliopoli, usufruendo dell'aiuto di un compagno di schiavitù. Aggiungo che la mia presunzione era tanta che ho finito per ingannare anche il meticoloso Paniamon. »

Una secca, squillante risata echeggiò nella stanza, poi il viso di Itis diventò più buio di prima.

« Ero certa che tu avessi lavorato da solo » disse, soffiando le parole con cattiveria. « In caso contrario la testa di legno di Paniamon ti avrebbe costretto a presentarmi lavori da pena capitale. Che ne pensi, Hanis, di un ispettore che si professa autore di questi complicati lavori e poi non sa spiegarti cos'ha scritto? Che si scusa infine degli errori commessi, mentre i conti sono esatti e le misure perfette? Rispondimi, prima che vada in bestia. »

« Non so proprio cosa pensare, mia signora » mi affrettai, per paura che andasse in bestia.

Itis mi ignorò. Con la mano sempre stretta attorno all'alluce, fissò a lungo l'ispettore. La bocca era tesa in un sorriso astuto e sarcastico insieme.

« Come ti sei permesso di ingannarmi, Paniamon? » gli chiese infine.

Il poveretto non fiatò. Si ridusse solo di proporzioni. Forse sapeva che in simili casi il silenzio era salutare.

« Insomma mi hai presa per un'imbecille » insisté Itis. « Avrai pensato che dallo scorso anno la vecchiaia mi ha resa rimbambita o che il tempo ti ha trasformato in genio. Sbaglio? Quanto sei ingenuo! »

Con il mento incollato sul petto e lo sguardo vuoto, Paniamon rimase muto. Trepidavo per lui. Mi attendevo una sfuriata da parte della nobil donna, invece ella urlò un nome, Digiau. Subito entrò, come se fosse in attesa accanto all'uscio, il servo dal viso di civetta che mi aveva accompagnato. Gli ordinò di condurre fuori Paniamon e di chiudere bene il battente. L'ispettore s'inchinò e scomparve: era distrutto. Sentii i passi cupi risuonare nel corridoio e poi una porta chiudersi sbattendo. Allora Itis mi ordinò di consegnarle i fogli e li esaminò con cura, sempre coricata sul divano. Ne approfittai per scrutarla attentamente. I contadini con cui avevo diviso la capanna, Tensi compreso, non avevano detto eresie, e Kati neppure. Itis era una donna spregiudicata, di una bellezza ancora attraente. Sul suo viso molte rughette erano velate dai cosmetici, altre no. Sotto il mento e sul collo, poi, la pelle cominciava a smagliarsi, nonostante gli accorgimenti delle estetiste. Da vicino mi pareva più vecchia. Stimai la sua età prossima ai cinquanta. Mi sbagliai di poco.

Mentre Itis indugiava sui fogli, pensai che, con la mia inesperienza, se fossi finito nelle sue mani, avrei fatto una pessima figura. Ma oltre ad essere una donna autoritaria, era davvero di facili costumi come l'avevano descritta Tensi e compagni? O erano dicerie, una banale vendetta per la sua severità? Certamente era una donna ancora in possesso di doti fisiche eccezionali, se giudicata sul piano sessuale.

« Schiavo Hanis » m'irrigidì la sua voce « ieri ho fatto controllare questi lavori anche da mio marito e insieme li abbiamo confrontati con quelli elaborati a suo tempo da un valente scriba che amministrava anni or sono i beni del Papireto con quell'imbecille di Paniamon... »

« Stai parlando di Panef o di Weni? » mi sfuggì.

Mi scrutò, gli occhi negli occhi, accigliata. Cercai di sostenere con fermezza il suo sguardo e ci riuscii. Era pungente e sospettoso, e mi anticipò la domanda.

« Come mai hai fatto questi nomi? » mi chiese infatti.

« Me ne ha parlato vagamente l'ispettore, mia signora. Erano stati suoi collaboratori e me ne ha accennato brevemente, elogiandoli. »

« E poi, che cosa ti ha detto di loro? »

« Oh, nulla! Solo che avevano lavorato a Menfi e poi erano emigrati altrove, attratti da offerte vantaggiose. »

« Non è stato Tensi il guercio, per caso, a parlarti dei due scribi? »

« Tensi? Assolutamente no. Mi ha trattato con molta autorità, mia signora, finché sono passato al lavoro d'ufficio. Purtroppo con me è sempre stato molto asciutto e avaro di parole. »

Non mi parve troppo convinta. Tuttavia lasciò cadere i fogli sul tappeto e stirò le labbra in un sorriso amaro. Attesi con trepidazione altre domande, invece rimanemmo a lungo in silenzio, io con le braccia cascanti e la mente confusa, lei con gli occhi socchiusi, tormentandosi l'alluce. Poi si allungò completamente sul divano e sospirò. L'aria parve infiltrarsi nel seno, perché si gonfiò e le tese il vestito di lino, due curve perfette. Per le grazie di Hathor, dea dell'amore! Sentii un gran caldo e un fiume di saliva mi costrinse a ingoiare. Certe affermazioni di Tensi diventarono vive e stimolanti, una mezza tragedia.

Stavo osservandola con troppo interesse e con un'insistenza negata a uno schiavo. Itis se ne accorse e mi costrinse a girare lo sguardo altrove con un'occhiata che mi mise in imbarazzo: le mie guance diventarono di fiamma. Tuttavia ella non mi redarguì. Mi chiese invece come si chiamava lo schiavo del campo di Ra che mi aveva insegnato il segreto degli scribi. Per fortuna le bugie mi uscivano con facilità ed erano immediate e attendibili. Il suo nome era Ula, le raccontai, un vecchio claudicante, inabile al lavoro. Vegetava tutto il giorno accanto alla mia capanna ed era felice solo quando mi accoccolavo accanto a lui con il gesso e una lastra di pietra. Era stato primo contabile nel tempio di Nekhbet, a El Kab. Purtroppo, tre mesi prima che lasciassi il campo, ebbi il triste compito di portare il suo cadavere nella Terra d'Occidente: Ula si era spinto fino al Nilo ad attingere acqua e il caldo l'aveva fulminato.

Riuscii a ingannarla. Infatti non insisté. Mi ordinò invece di ricomporre i fogli, di scostare le tende e di sistemarle i cuscini sotto il capo: un lavoro da servo personale.

« Preferisco che tu non dica nulla di ciò che è successo oggi » mi disse fissando il soffitto.

« Lo ritengo un ordine, mia signora. »

« Meglio. Penso che ci rivedremo molto presto, Hanis. E... complimenti per il tuo lavoro di contabile. Ora puoi andare. »

IV

Malgrado il mio impegno non riuscii a quietare Paniamon. Temeva un trasferimento, una punizione esemplare, il licenziamento. Di colpo aveva perso il suo timbro di voce ed era appassito come un vecchio.

« Cos'ho mai fatto! » ripeteva desolato. « Quella donna è capace di farmi ammazzare. Ti rendi conto che non è il tipo da sopportare una simile beffa? Male, male, malissimo. Mi merito l'amputazione della lingua e della mano destra. D'altra parte ero preparato al peggio. Chi sogna cocomeri ha una disputa. Io ne ho fatto una scorpacciata. Povero me! »

« Ma no, Paniamon, la signora ha già dimenticato tutto » gli mentivo. « Più tardi ha avuto parole di elogio per te, facendomi rilevare che ti eri addossato la responsabilità del lavoro per non mettermi nei guai. La soddisfazione di avere risolto il problema dello scriba mancante le ha fatto dimenticare le tue bugie. »

Il poveretto conosceva troppo bene la sua padrona, per cui le mie menzogne quasi lo irritavano. Per lui era più facile vedere il grano maturare con la spiga sotto terra che Itis perdonare una colpa, anche se lieve. Figuriamoci una beffa di quelle dimensioni!

Passarono alcuni giorni senza che vedessimo nemmeno l'ombra dei nostri padroni. Dei menfiti, così i contadini chiamavano Ipu-Wer e il suo seguito, soltanto il servo Digiau apparve con una certa insistenza. Io lavoravo ormai nel mio ufficio e mi accorsi che quando uscivo mi seguiva a distanza. Lugubre e silenzioso, sgusciava via se m'interessavo di lui, per ricomparire subito con aria distratta. Anche Tensi se ne accorse e mi consigliò di ignorarlo, perché era una spia al servizio di Itis.

Mentre stavo ascoltando la voce materna di una vecchia contadina, la stessa che mi lavava i panni in cambio di un ringraziamento, sentii dietro di me la voce della solita ancella, che mi ordinava di presentarmi alla signora nel minor tempo possibile. « È un ordine, schiavo Hanis » terminò correndo via.

Vagando con il pensiero alla ricerca di un motivo che giustificasse il viso teso dell'ancella e la mia presenza davanti alla dama menfita, corsi nel mio ufficio, mi lavai in fretta, indossai gonnellino e sandali puliti, mi diressi di buon passo verso la villa. Fu Digiau, in attesa, che mi condusse ancora di fronte all'uscio del soggiorno.

« Ha bisogno di me... la signora? » gli chiesi, con la speranza che mi anticipasse il motivo di tanta fretta.

« Se ti ha mandato a chiamare è perché ha bisogno di te. Muoviti, schiavo, e non fare domande sciocche » mi rispose con alterigia, spingendomi avanti.

Entrai solo, pieno di timori e di grigi pensieri. Mi fermai appena dentro. Il colpo del battente che si chiudeva alle mie spalle mi fece sussultare.

Sullo splendido divano di stoffa gialla, c'era la nobile consorte di Ipu-Wer. Semisdraiata, aveva il seno che era lì lì per balzare fuori dalla generosa scollatura, i capelli sparsi che le cadevano in parte sulle spalle, i piedi scalzi con la solita mano, la destra, che maneggiava nervosamente l'alluce, indubbiamente un vizio inconscio che ella stimava lecito anche in presenza di estranei. L'ambiente era saturo di profumo.

Itis mi scrutò ogni lembo di pelle. Cosa desiderava da me? Voleva contestare le mie bugie a proposito dello schiavo Ula e degli scribi Panef e Weni? Per la profonda saggezza di Thot! Aveva una cinquantina d'anni, eppure mi eccitava da farmi soffrire. Cercai i miei fogli. Li vidi arrotolati in uno scaffale. Mi parvero già polverosi, roba passata che però aveva distrutto le illusioni di Paniamon e fatto nascere in me tante speranze. Quel "muoviti, schiavo, e non fare domande sciocche", ordine pronunciato con disprezzo e completato da uno spintone, mi aveva però ricordato il famigerato campo di Ra. Per fortuna la voce di Itis, quasi dolce, mi tolse ogni dubbio: la vita di schiavitù era davvero un triste ricordo.

« Vieni avanti, Hanis, non voglio mica mangiarti! Non sono la dea Sekhmet, divoratrice di uomini. Allora, ti muovi? »

Avanzai lentamente fino a due passi dal divano e le sfiorai con gli occhi le gambe ben tornite e le curve del seno. Non feci in tempo a girarli altrove che una squillante risata m'indusse a guardarmi i piedi.

« Capisco, Hanis, in venticinque anni non hai fatto che digiunare. Parlo di sesso, intendi? Basta poco quindi per farti venire le guance rubizze e gli occhi sanguigni. Porta pazienza. Non ti sarà difficile accoppiarti con qualche donnetta del popolo. Sei giovane, ben messo ed intelligente. »

Non azzardai a risponderle, perché la sua voce aveva il tono canzonatorio usato alcuni giorni prima per demolire l'incauto Paniamon. D'altra parte il suo sorriso astuto rendeva inutile qualsiasi ipotesi. Sicuramente non mi aveva chiamato per mostrarmi le gambe. La sosta fu di breve durata.

« Schiavo Hanis » mi disse, facendo ora scivolare la mano dall'alluce alla coscia « ti piacerebbe lavorare nella mia villa di Menfi? Sto parlando di un lavoro impegnativo e di prestigio, quello di primo scriba contabile dei nostri beni. Naturalmente ne trarrai indiscutibili vantaggi, non ultimo quello di riacquistare la libertà. »

La domanda mi colse di sorpresa. Nonostante mi trovassi a mio agio con Paniamon, Menfi era la mia meta. La promessa che avevo fatto a Kati doveva essere mantenuta e, dal luogo dove mi trovavo, mi sarebbe stato difficile se non impossibile raggiungere la casa di Peror. Era ubicata a sud della capitale, ma dove? Ci volevano forse giorni e giorni di ricerca.

« Sono di tua proprietà, mia signora » le risposi deciso « e puoi quindi disporre di me come meglio credi. Lavorare a Menfi, nella tua villa? Mi riempirebbe di comprensibile orgoglio.»

Il sorriso che tese le labbra della mia padrona era indubbiamente di soddisfazione. Anch'io ero soddisfatto, perché avrebbe potuto impormi una simile trasferta, invece mi aveva posto la domanda lasciandomi libertà di scelta. Ora una profonda ruga le solcava la fronte.

Senza guardarmi, Itis mi disse che suo marito era un po' fissato. La stima che aveva per Paniamon era ridicola e ingiustificata, riposta in una testa di legno incapace di contarsi una sola volta le dita dei piedi con la certezza di non avere sbagliato. E pensare che Ipu-Wer era partito da Menfi con l'idea di promuoverlo primo scriba contabile, se avesse trovato consuntivo e censimento appena passabili! Avuti i fogli, li aveva studiati con cura ed era balzato dalla gioia: Paniamon era un genio. Voleva chiamarlo all'istante per annunciargli la promozione, ma lei, fiutato l'inganno, aveva indotto l'incauto ispettore a confessare, roba da scudiscio. La delusione di Ipu-Wer non era stata grande, perché, appena prima che ella gli annunciasse la beffa, lui aveva visto nel mio ufficio altri conteggi e la verità s'era fatta strada. Comunque Menfi aveva bisogno urgente di un amministratore che raccogliesse e controllasse i consuntivi che giungevano dalle altre terre. Ce n'era uno, un tempo valido. Ora era vecchio e sordo, quasi svanito. La nobil donna aveva quindi pensato a me. «Sei contento?» mi chiese.

Non ero solo contento, ero euforico. Le profezie del saggio Neferohu avevano del prodigioso.

«Hai avuto un valido e paziente maestro» affermò Itis, con la mano ferma, le dita a ventaglio, a mezza coscia. «Si chiamava Tai, mi hai detto. Era vecchio e malato? Scriba del catasto, dove? In quanti anni ti ha insegnato l'arte dello scriba? Perché è stato relegato tra gli schiavi, se era così sapiente?»

Sudai freddo. Itis doveva avere la memoria buona. Se aveva alterato il nome e gli attributi era per cogliermi in fallo. Mi accorsi quindi che a Menfi avrei dovuto prevenire le domande, perché voleva le risposte precise e scattanti, a viso aperto. Guai se mi fosse sfuggito il nome di Kati! Costui, a Corte, aveva fatto scoppiare una mezza rivoluzione e la mia padrona era stata, a suo dire, la mente che l'aveva distrutto. Come suo allievo ne condividevo in parte le idee miranti a scalzare l'ereditarietà delle cariche, l'egemonia incontrastata di molti funzionari, le prerogative nobiliari, certi privilegi templari.

« Certo, mia signora » le risposi con fermezza. « Era proprio un valido e paziente maestro. Tuttavia non si chiamava Tai, ma Ula, non era scriba del catasto, ma del tempio di Nekhbet, a El Kab, come ti ho detto giorni or sono. Sorpreso a rubare, uccise un suo collega e la pena di morte gli fu commutata nella schiavitù a vita. Qualche mese prima che partissi si ammalò e il veterinario non gli prescrisse nulla perché era incurabile. Ula volle recarsi al Nilo ad attingere acqua. Morì per strada. »

Itis non insisté e sospirai. Cambiò posizione e mi ordinò di assestarle ancora i cuscini. Girata su un fianco, le areole del seno erano quasi scoperte.

Forse indugiai troppo con i cuscini o forse ella si accorse che con gli occhi cercavo un'angolazione che mi consentisse di penetrare certe ombre, perché si coprì alla meglio seno e gambe e mi guardò con un sorriso malizioso, di donna navigata.

« Schiavo Hanis » mi redarguì senza cipiglio « sei troppo curioso per appartenere all'ultimo gradino della specie umana o, se vogliamo usare meno severità, per essere un servo dalla mente geniale. Immagino che il giorno in cui mio marito ti avrà affrancato, poiché tale è la sua volontà, dovrò tenerti alla larga o riceverti protetta dalle ancelle. Purtroppo come amministratore dovrò riceverti spesso, perché sono io che m'interesso dei beni, essendo Ipu-Wer impegnatissimo a Corte. Ho forse esagerato? Puoi parlare con franchezza. »

Stranamente le sue affermazioni non m'inibirono né mi misero in imbarazzo. D'altra parte mi ero macchiato di una colpa troppo innocente per dichiararmi pentito. Cosa avrei dovuto guardare, le gambe del tavolino? Perché Itis mi mostrava certe nudità in pose provocanti? Eh, sì, faticavo a soffocare gl'istinti. Era una sofferenza che m'induceva a pensare a lei anche di notte. Per le grazie di Hathor, dea dell'amore! Con tante fanciulle che avevo conosciuto al Papireto mi ero innamorato della mia padrona. Negare una simile affermazione non aveva senso.

« Ti confesso che i miei sguardi non sono affatto innocenti » le dissi sincero e convinto di non sbagliare. « Se Tensi il guercio ha avuto la fortuna di vedere certe curve e il velluto di una pelle non sempre ben nascosta, si sarà rammaricato di avere un occhio solo. »

Rise divertita, mostrando un arco di denti saldi e ben allineati. Buttò lontano i cuscini e si allungò supina, i piedi accavallati, le mani dietro la nuca. Pieni di malizia, i suoi occhi guardavano il soffitto. Ma forse non lo vedevano nemmeno, fissi com'erano.

Che strana donna! Tensi non aveva affatto mentito affermando che, nonostante gli anni di Merenrè II, quasi settanta, Itis gli aveva fatto venire le caldane.

« Secondo te, quindi, mi scopro troppo? » mi chiese all'improvviso.

« Poco, mia signora, poco. »

« Mi piace la tua sincerità e il coraggio, schiavo Hanis, perché potrei punirti. Ti hanno avvertito gli zoticoni del Papireto che ho la mano pesante e molta decisione nel colpire chi sbaglia? »

« No. Mi hanno solo detto che eri una donna stupenda, mia signora. Null'altro. »

« E tu cosa ne pensi ora che mi hai vista? »

« Che avevano ragione. »

« Se è così guardami pure, ma senza fantasticare troppo. Se mi scopro perché ho caldo ti consiglio di guardarmi negli occhi, senza però ingoiare vani desideri, perché mi danno fastidio. Ti avverto inoltre che i miei umori non sono sempre quelli che stai sperimentando ora. »

« Farò del mio meglio. »

« Non lo ritieni un ordine? »

« No, mia signora, perché alla prima occasione dovrei trasgredirlo e mi sentirei redarguire. »

« E se invece ti facessi frustare? » disse a mezza voce, sempre immobile, con gli occhi rivolti al soffitto, pieni di malizia.

« Sarebbe un insulto al buon senso e al mio gusto estetico. Se girassi gli occhi altrove saresti contenta? »

Non mi rispose. Si rizzò a sedere e con le dita a pettine si ravviò i capelli. Mi guardò fissa, gli occhi sbarrati, due cristalli resi ancor più luminosi dal bistro che le allungava le rime palpebrali sulle tempie. Che sguardo bruciante! Mi trafiggeva e il cuore mi scuoteva tutto. Capivo che stavo affrontando un'esperienza nuova, piena di rischi. Dovevo quindi fare molta attenzione, perché la donna che avevo davanti era un essere da studiare a fondo prima di lasciarsi sfuggire affermazioni compromettenti o di compiere atti condannevoli. Il dubbio che ella stesse prendendosi giuoco di me era pari a quello che mi facesse percorrere la stessa strada di Panef e di Weni. Forse con me avrebbe usato più cautele, perché le mie origini erano diverse. E ciò era un bene, perché avrei avuto il tempo di acquisire esperienza. Mi avrebbe costretto a soddisfare certi istinti? E perché no! Come schiavo ero un oggetto vivente ed ella poteva obbligarmi a sostituire il vecchio Ipu-Wer in particolari funzioni. Una cosa però era certa. Il giorno in cui fossi caduto in disgrazia, dal momento che questa era la fine dei suoi amanti, non sarebbe riuscita a farmi fare la fine dei miei predecessori. Presunzione? Forse.

« Posso andare? » le chiesi con un lieve inchino.

Sì, potevo andare. L'indomani, nel primo pomeriggio, mi avrebbe fatto richiamare perché ascoltassi suo marito a proposito del lavoro che mi attendeva a Menfi.

« Cerca di essere all'altezza della situazione, schiavo Hanis » mi disse. « Ricordati inoltre che la responsabilità della carica di capo amministratore dei nostri beni è tutta mia. Sappiti quindi regolare. Ora puoi recarti al lavoro... senza fantasticare troppo. »

Uscii in parte perplesso e in parte orgoglioso della mia rapida carriera. Itis aveva fiducia nelle mie capacità? Ebbene, ero certo di non deluderla. In quanto a non fantasticare era un altro discorso: la mia strana padrona mi piaceva. Condizionato dalle dicerie, la sognavo a occhi chiusi, anche di giorno.

Stava scendendo la sera e i contadini erano riuniti a gruppi, in attesa della cena. I pochi che ancora stavano tornando dai campi cantavano, con i cani che saltellavano lanciando guaiti di gioia. Il cielo era terso, sfumato a oriente, ancora rosso oltre la Terra dei Morti. Bianchi ibis planavano nell'aria afosa e il cicaleccio dei passeri era querulo, tra il fogliame. Già i pipistrelli s'erano levati e saettavano veloci, con brusche impennate, dominatori incontrastati dello spazio notturno. Era una sera come tante altre, con la sola differenza che sul tardi non si pettegolava più su Panef e su Weni, sulla veneranda età di Ipu-Wer o sulla enigmatica personalità di Itis. Digiau era ovunque, un serpe silenzioso che strisciava nell'ombra. Si parlava del bestiame e del raccolto, si scherzava e si rideva, le donne da una parte, gli uomini dall'altra.

Salutai con un sorriso alcune fanciulle e con un cenno Tensi, che però mi raggiunse. Era curioso di sapere cos'era successo a Paniamon, perché da alcuni giorni era cadaverico, sfuggente, curvo ad arco come se gli mancasse la colonna vertebrale. Fui evasivo. C'erano stati dei contrasti sui lavori di conteggio e la signora Itis aveva alzato la voce, le solite parole poco edificanti, finché era intervenuto Ipu-Wer. L'ispettore, emotivo com'era, ne aveva fatto una tragedia. Tutto qui.

Lasciai Tensi poco convinto e tornai nel mio ufficio, in attesa di vedere Paniamon. Che cosa avrei potuto dirgli? Che andavo via? Sarebbe stato il colpo di grazia. Da parte mia stavo assaporando una vaga felicità, in quanto mi pareva di essere già seduto su un trono. Il mio avvenire? Faticavo a dargli un volto, perché dipendeva da troppi fattori, purtroppo quasi tutti legati agli umori di una stranissima donna. Dietro di me mi ero comunque lasciato un ammasso informe di anni che ricordavo con disgusto. Che ne era del miserabile campo di Ra? E di Kati, il mio maestro? Sarei riuscito a trovare la sua famiglia? E Nefer, com'era? Sicuramente una fanciulla dall'intelligenza molto viva e anche molto bella, perché suo padre, amputazioni a parte, aveva ancora dei lineamenti e un fisico di tutto rispetto.

Indugiai parecchio su queste immagini e osai guardare davanti a me. Oltre la figura spregiudicata di Itis mi parve di vedere il Palazzo di Sua Maestà Pepi II immerso nella penombra dorata, odoroso di aromi ed echeggiante di voci sapienti, proprio come me l'aveva descritto l'ex "nomarca" Kati. Povero me! Come poteva il saggio Thot indurmi a volare con il pensiero addirittura alla Corte faraonica? Era ridicolo e pazzesco che uno schiavo, figlio di una prostituta di bassa lega, potesse posare i piedi sui marmi policromi della reggia. Un volo della fantasia? Certo, il sogno di una mente che per anni era stata incapace di librarsi oltre i confini di un campo maledetto in cui si gemeva, si urlava, si moriva. Solo allora si riacquistava la libertà. A dorso d'asino o sulle spalle, il cadavere veniva portato nel deserto con stormi di corvi in festa. A volte però il veterinario, d'accordo con l'ispettore capo, non attendeva che l'ammalato morisse. Io stesso mi ero caricato un vecchietto che supplicava pietà. Seguito da quattro guardie armate di lancia, l'avevo adagiato sulla sabbia riarsa sussurrandogli parole vaghe, di conforto e di commiato: morire era una liberazione. Mi scongiurò di non abbandonarlo e allungò le braccia stecchite quando, per ordine degli sgherri, mi accinsi ad abbandonarlo. I suoi gemiti mi strinsero il cuore. « Vorrei essere al tuo posto, Mata » gli dissi. « Purtroppo non ho il coraggio di suicidarmi. Cerca di dormire. La morte ti parrà dolce e riposante. »

Fui percosso con il manico delle lance e me ne andai tappandomi le orecchie. Quattro giorni dopo ne scaricai un altro nello stesso posto. Di Mata non rimanevano che le ossa, già calcinate dal sole.

In quel campo di sofferenza avevo passato molti anni, troppi, proprio quelli che per dinamicità e forza creativa invitano a sognare.

Più tardi giunse Paniamon, una maschera di tristezza. Cenammo insieme e gli annunciai a piccole dosi che sarei partito per Menfi come amministratore capo. Poiché i consuntivi del Papireto sarebbero passati per le mie mani prima di giungere in quelle di Itis, poteva d'ora in poi dormire sonni tranquilli.

Chino sulla ciotola piena di carne e fave, il povero uomo sembrava senza favella. Mugugnò qualcosa, semplici congratulazioni; imprecò contro la nobil donna e mi ricordò, con aria funerea, che Panef e Weni avevano fatto una brutta fine. Io stavo percorrendo la loro stessa strada. Non m'invidiava, proprio no. Se era vero che Itis mi aveva lasciato libertà di scelta, avevo fatto male ad abbandonare il Papireto.

« Qui saresti vissuto tranquillo per la maggior parte dell'anno, sicuro, e un giorno avresti preso il mio posto » aggiunse, forse con la speranza che cambiassi parere. « Vivere accanto alla signora Itis dall'alba al tramonto è una sciagura che non auguro a nessuno. Perché Ipu-Wer ha decine e decine d'incarichi? Semplicemente per potersi allontanare da casa. Non dovevi accettare, Hanis. Da Abu, scriba tutto fare che lavora nella villa menfita da decenni e decenni, fatti raccontare anche di Theri. Sono sicuro che rimpiangerai il Papireto. »

Paniamon, dopo essersi sfogato, trangugiò tre dita di birra e se ne andò curvo, si chiuse in casa e non lo rividi che l'indomani, quando la solita ancella mi venne a chiamare perché mi recassi dalla nostra padrona. L'ordine valeva anche per lui, sicché mi seguì, tremante e afflitto, ripetendomi che quando una persona cadeva in disgrazia con quella donna non aveva più nulla da sperare nella vita.

« È come una mosca di stalla, Hanis » mi disse con il capo all'altezza dell'ombelico. « Quando comincia a tormentarti non ti molla più. Per fortuna non ho ancora visto la famigerata statuetta di Bes, una spacca crani che lei lancia con maestria. Penso che si alleni, sai? Non fallisce un colpo. »

Trovai le sue affermazioni esagerate. Qualche anno più tardi dovetti constatare che Paniamon aveva avuto ragione.

Trovammo Ipu-Wer e sua moglie nel soggiorno. Itis non aveva l'atteggiamento scomposto del giorno prima. Seduta su una poltrona a bracciuoli, con la veste che le giungeva alle caviglie, aveva le spalle coperte da un velo artistico e i piedi protetti da sandali dorati. Al suo fianco, Ipu-Wer era una veneranda figura di tutto rispetto. Una folta parrucca gli copriva il cranio e i boccoli a spirale gli scendevano oltre le spalle, su una tunica di bisso. Insieme, i due coniugi dovevano avere rivisto i miei conteggi, perché i fogli giacevano su un tavolino, a portata di mano.

Dopo averci mostrato due sgabelli, il nostro padrone iniziò un lungo discorso per spiegarci cose di estrema importanza, almeno per lui. Come alto funzionario statale era esente da imposte, com'erano esenti i beni dei templi, gli appezzamenti agricoli che misuravano meno di uno "stat" di superficie, i cortigiani, i sacerdoti. Gli scribi pagavano le tasse scrivendo. Gli altri sudditi versavano invece da dieci a quindici misure di grano per "stat" di terreno posseduto, e cioè quasi tre quarti di sacco oppure, se non erano agricoltori, potevano pagare con merce il cui valore veniva rapportato al prezzo di questo cereale. L'imposta era dovuta ai templi e alla Corona, più qualcosa per gli scribi esattori, che si presentavano puntualmente armati di bastone. Una simile tassazione, già esosa per le terre fertili, diventava insostenibile per quelle aride. La tragedia stava però nel fatto che gli scribi delle imposte non si basavano su ciò che la terra realmente dava, bensì sulla portata dell'inondazione che iniziava puntualmente a Capodanno, e cioè il giorno in cui la stella Shotis attendeva il levare del sole nel cielo orientale. A seconda della superficie allagata e dello strato di limo fertile depositato dalle acque, essi facevano la stima del raccolto ancora prima della semina. Se poi per eccessiva siccità o per avverse condizioni climatiche la terra era poco generosa, il contadino doveva pagare lo stesso, pena la bastonatura, la prigione, la confisca del terreno. Questa era una delle cause che avevano seminato il malcontento nel popolo.

Il lungo discorso di Ipu-Wer aveva uno scopo ben preciso. Poiché l'annata, grazie a un insieme di circostanze favorevoli e alla profonda esperienza di Paniamon, era stata eccezionale, sarebbe stato opportuno preparare un altro consuntivo che ricalcasse grosso modo le rendite dei tre anni precedenti, del tutto normali. Il motivo era semplice. Il popolo chiedeva riforme con maggiore insistenza, i tempi erano calamitosi, il faraone ormai vecchio e assente, il Consiglio dei Dieci sordo a qualsiasi concessione. Se quindi per ipotesi si fosse giunti a togliere l'immunità fiscale agli alti funzionari, costoro avrebbero dovuto pagare e sicuramente le annate migliori erano quelle che facevano testo.

« Mai le messi sono state generose come quest'anno. Il bestiame ha poi avuto un incremento eccezionale » aggiunse. « Non vorrei quindi pagare una simile tassa anche per le annate di magra, che sono state parecchie. »

Mentre Paniamon si affrettava a elogiare la saggia precauzione del suo padrone, Itis intervenne d'autorità.

« Basta, Paniamon, con quel bene, bene, ottimamente bene. Se ti ho soprannominato Testa di Legno ho avuto le mie buone ragioni. »

« Mia signora, » belò « l'idea mi pare saggia e... »

« Basta. Vedo che sei rimbambito come il tuo padrone. »

Aveva usato una voce talmente calibrata nel pronunciare l'ultima frase, che essa non penetrò oltre i peli che affioravano dalle orecchie fesse del suo consorte. Costui infatti, a testa china, doveva aver udito solo l'ordine rivolto all'ispettore, perché aveva allargato le braccia desolato e aveva fatto tromba all'orecchio quando Itis aveva già chiuso la bocca. Rimase quindi in vana attesa, poi chiese:

« Perché, mia cara, il fedele Paniamon non può parlare? Ho forse torto? Se tu fossi al corrente del fermento... »

Non lo lasciò finire. « Sono io che vivo a Menfi e non Paniamon » disse seccata. « La proprietà è ricchezza e aumenta il prestigio di una persona. Credi che mi faccia piacere sentire la moglie di Issi o la megera che ha sposato Ti-teti vantarsi dei loro beni? Se ci sarà tassazione voglio essere la capofila. E tu, Paniamon, non sei capace di meditare, prima di avallare una proposta che non sa affatto di ordine? In fondo mio marito ti aveva chiesto un parere. »

Il poveretto non si raccapezzava più. Ormai rassegnato al peggio, allargò le braccia desolato e cercò di correggere le sue affermazioni, ma non gli uscì che fiato senza suono. Allora girò gli occhi imploranti su Ipu-Wer, che mormorò, dopo avere liberato un sospiro amaro:

« Ah, la mia diletta è un tesoro! Purtroppo ha le sue idee e il capo pieno di capricci. È l'età, Paniamon, è l'età. È ancora giovane e ci tiene al prestigio. »

Il nobil uomo sorrise alla moglie e allungò una mano per accarezzarle i capelli. Lo lasciò fare, povero vecchietto, con un viso talmente ambiguo che ripugnava, poi gliel'afferrò e se la strinse al seno. Allora Ipu-Wer socchiuse gli occhi in preda a un'estasi che lo scuoteva tutto. Mi faceva pena, e lei nausea. Quando il poveretto ritrasse la mano, doveva essere convinto di avere assaporato un calore puro, perché rimase a lungo in silenzio guardando con amore la sua diletta: che perla di donna! Poi rinvenne.

« Allora, mia cara, dobbiamo concludere? » chiese. « Se sei d'accordo lo schiavo Hanis verrà a Menfi e Paniamon rimarrà al Papireto sempre in qualità di ispettore. Il consuntivo va bene così. Se poi ci sarà la riforma saranno guai. Comunque, contenta tu... »

Itis sbuffò. Come si poteva parlare di riforma quando i posti di comando erano tenuti dal visir Issi, dal generale Pepinakht, dal nobile Ahi e da Bunkhaf, direttore delle truppe? Essi erano tenaci conservatori come Ti-teti e Khui, amministratore delle frontiere. E poi il capo della nobiltà era lui, Ipu-Wer. Che capo sarebbe stato con un reddito da nobiluccio? No, la riforma era un vano desiderio del popolo gregge, si affannò a spiegare Itis con fare battagliero. Se per assurdo qualcosa si fosse fatto per indurre al silenzio una massa di escrementi di porco che si lamentava a torto, era necessario non perdere il prestigio. Che vergogna se nella graduatoria dei redditi avesse ceduto il posto a Ti-teti, notoriamente molto ricco! Non si sarebbe più fatta vedere in società.

Ipu-Wer non fece obiezioni, perché doveva essere abituato

a dire sempre di sì. Si fece invece raccontare la mia vita di schiavo, con Itis tutt'orecchi, e segnò ai margini di un foglio il nome di Ula, il mio presunto maestro. Volle anche sapere che cosa pensavo del Papireto e dei suoi padroni. Mi bastò rispondere con sincerità perché Ipu-Wer diventasse paterno. La mia schiavitù aveva i giorni contati. Mi avrebbe aiutato usando tutto il suo prestigio, in quanto nella società meritavo il posto che mi ero guadagnato con anni di studio sottratti al riposo.

Ero commosso e balbettai poche parole di ringraziamento, subito soffocate dalla voce di Itis. Ella mi precisò che suo marito era deciso a togliermi di dosso l'infamante peso della schiavitù. In seguito mi avrebbe fatto sostenere alcuni esami presso i Maestri Templari di Ptah, per conseguire il titolo di scriba reale. Si rivolse quindi al suo consorte e lo esortò a dare le ultime istruzioni a Paniamon: l'indomani avremmo lasciato il Papireto.

Ipu-Wer, una potenza a Corte e una nullità di fronte alla moglie, non si fece ripetere l'invito, perché sicuramente lo riteneva un ordine. Con un cenno indusse l'ispettore a seguirlo.

« Nel frattempo io spiegherò allo schiavo Hanis quale sarà la sua esatta occupazione a Menfi, caro » gli disse, accompagnandolo fino alla porta. « Ti raggiungerò più tardi in giardino. »

Appena i passi dei due uomini si furono spenti oltre il corridoio, Itis si sfilò i sandali usando i piedi, li agganciò con gli alluci e li fece volare lontano, uno su una poltrona, l'altro in un angolo, poi si mise a camminare su e giù a testa china. Sottecchi, la vidi muoversi con passi leggeri e guardinghi, da bestia selvatica in cerca di preda. Cautamente mi alzai e rimasi immobile, in attesa di ordini. Invece ella mi si fece accosto, a tre palmi dal petto, e mi fissò intensamente. Per la testa di ibis del divino Thot! Che strana luce avevano quegli occhi! Mi paralizzava. Che cosa voleva Itis da me? Ero con le braccia cascanti, le mascelle scostate, da ebete, lo sguardo appannato. Che stranissima donna! Stranissima? Avevo dimenticato che ella era stata la mente che aveva distrutto Kati, uomo abile e coraggioso, intelligente e spregiudicato. Quale sarebbe stata la mia fine, se Itis avesse saputo di lui, di sua figlia Nefer, delle mie menzogne? Tremai. La nobil donna se ne accorse ed esplose in una scomposta risata, mi girò la schiena e ricominciò a camminare.

Ne ebbe per un po'. Dall'esterno giungevano voci lontane e il mugghiare di alcuni buoi, che inspiegabilmente si erano spinti ai bordi del giardino. Itis guardò dalla finestra, lasciò cadere la tenda e si appoggiò allo schienale di una poltrona. Un istante dopo esplose in una seconda risata, che mi dipinse sul viso una smorfia di disappunto. Ero proprio tanto buffo da divertirla?

« Che uomo! » esclamò con tono canzonatorio. « Ma lo sei, poi, un uomo? Se tutte le volte che ti guardo diventi curvo e ansimante come Pepi, che cosa farai quando mi siederò gomito a gomito per verificare i conti? Cadrai stecchito. Ti avverto che ti lascerò lungo e disteso, perché non ho la forza di buttarti sul divano. »

Con due passi da pantera afferrò un ventaglio e si rinfrescò il viso, mi raggiunse e si avvicinò più di prima, scura come se fosse piena di collera. Invece mi sussurrò, con una dolcezza che mi era ignota:

« Hanis, sei mai stato a Menfi? »

« No, mia signora. Sono nato a Sais e ricordo solo qualcosa di questa città, la stradicciuola maleodorante dove sono nato e vissuto fino a otto anni, le vecchie che indugiavano sull'uscio di casa, la taverna di Iput, un omaccione burbero a parole. Null'altro. »

« Tua madre era una donna libera? »

« Forse troppo, mia signora. »

« Capisco. E... tuo padre? »

Non le sfuggì il mio imbarazzo. Era molto intuitiva.

« Non ha importanza, Hanis. Nella vita contano le capacità che uno acquisisce. Le origini? Pesano se uno rimane un verme di terra. »

Mi sorrise apertamente, qualcosa di gentile e di misterioso che mi colpì. Ridiventò seria e mi fece scivolare lentamente il ventaglio su una guancia, sul collo, sul petto nudo; lo chiuse e con il mignolo della stessa mano mi sfiorò un capezzolo, su e giù, fissandolo con gli occhi ardenti. Che cosa potevo fare? Nulla. Era una sevizia peggiore della frusta. Per la prima volta mi accorsi che il respiro non aveva una meccanica sua, spontanea. Ora mi creava disagio, dovevo aiutare i polmoni a distendersi. Immobile, seguii passivo la danza del mignolo finché Itis riaprì il ventaglio, me lo mosse a tre dita dal viso, lo lasciò cadere ai miei piedi, si buttò sul divano e si afferrò saldamente l'alluce preferito: il sinistro.

« Schiavo Hanis, » mi disse, ora autoritaria « Menfi è una città di furfanti, fannulloni, spie, prostitute... e di fanciulle in cerca di marito. Tu dovrai mantenere un comportamento austero, se non vorrai tornare al Papireto o, magari, al campo di Ra. La serietà è d'obbligo in casa Ipu-Wer. Mi sono spiegata? »

« Perfettamente, signora » le risposi desideroso di andarmene. « Spero di non deludere le tue aspettative. »

« Inoltre nella nostra villa vi sono ancelle giovani e carine. Dovrai ignorarle, schiavo Hanis. »

« Farò del mio meglio. »

« Farai del tuo meglio? Allora non sei certo di resistere alle tentazioni? »

« Se non sbaglio, mia signora, giorni fa hai affermato che mi sarà facile accoppiarmi con qualche donnetta... »

« Basta, Hanis » mi ordinò. « Era solo una frase buttata giù per studiare la tua reazione. »

« Allora puoi stare tranquilla » la rassicurai. « Ignorerò le donnette e mi lascerò guidare da te... che hai più esperienza. »

Sorrise soddisfatta, mi guardò di sfuggita e m'indicò il ventaglio, ai miei piedi. Lo raccolsi e glielo portai, ma ella lo buttò su un tavolino: preferiva l'alluce.

Con la speranza che mi accennasse di sì, le chiesi se potevo andare. La sua risposta mi tolse ogni dubbio. Compresi che a

Menfi, oltre ad amministrare tutti i beni di Ipu-Wer, mi attendeva una occupazione ben più impegnativa.

« Perché tanta fretta? » mi sussurrò con gli occhi pieni di malizia. « Ti trovi a disagio con me? Intendo come donna... non come padrona. Puoi parlare con la massima libertà... Hanis. »

Mi resi conto che era giunto il momento di essere meno servile. Sicuramente Itis mi voleva così. Tuttavia fui incerto nella risposta. Dovevo proprio dirle ciò che pensavo? Forse era ancora troppo presto. Decisi quindi di cavarmela con una frase ambigua, invece sentii la mia voce che diceva:

« Forse un giorno, se potrò considerarti solo donna e non padrona, dovrai farmi buttar fuori da una tribù di servi, mia signora. Ai margini del campo di Ra indugiavano, curiose, nobili dame e graziose fanciulle con anfore e ceste sul capo. Le sognavo tutte... ma tu sei un'altra cosa, forse l'incarnazione di Hathor, dea dell'amore e della danza. »

Subito mi sentii ridicolo e imbarazzato, invece avevo colto nel segno: era la risposta che Itis si attendeva. Ci guardammo. I suoi occhi erano acuti, invitanti, e il suo petto si sollevava a tratti, con la fatica che accompagna l'ansia di chi intende appagare un desiderio impellente.

« Hanis, » la sentii sussurrare « se non verrai meno alle mie aspettative, mi sarà facile inserirti in una società che ti è perfino difficile sognare. Non tradire quindi la mia attesa. Puoi andare. »

Uscii più frastornato che commosso. In un anno circa, avevo lasciato il campo di Ra, sostituito con profitto lo scriba Weni, riscosso la simpatia dei miei padroni. Ora stavo per raggiungere Menfi. Lo strano comportamento della nobil donna mi suscitava però tormentosi pensieri. In pochi giorni avevo conosciuto due Itis, una astuta e senza scrupoli, l'altra che, almeno a livello dell'epidermide, pareva piena di umana comprensione. Ce n'era una terza? Forse sì, e doveva essere la peggiore. Comunque davanti a me avevo una vita tutta da edificare, un avvenire condizionato dalle mie capacità, dalla fortuna, dagli umori di Itis. L'incognita di Menfi quasi mi eccitava. Capivo però che il mio destino era nelle mani della consorte di Ipu-Wer, una donna che poteva essere la mia fortuna o la mia rovina, proprio come mi aveva avvertito Kati.

V

Il viaggio dal Papireto a Menfi non ebbe storia. Su un piccolo natante, in compagnia del servo Digiau e di quattro marinai, seguii la sontuosa barca del nobile menfita, sfavillante di oro e di colori.

Sui quarant'anni, Digiau era un uomo che non godeva certo le mie simpatie. A parte il fatto che era stato definito un'autentica spia al servizio di Itis, il suo naso a becco, gli occhi di uccello notturno e la voce cavernosa inducevano a pensare a cose tristi. Lungo il tragitto, un'intera giornata, non smise di fissarmi e mi rivolse una sola volta la parola, facendomi tre domande che non erano di pura curiosità: se Ula era davvero morto, se a Menfi avevo parenti o conoscenti, se tra gli schiavi di Ra c'era qualche figura di rilievo.

Appena giunti fu lo stesso Digiau che mi condusse in una casetta addossata alle mura di cinta, dove un vecchio scriba, accoccolato su una stuoia con il rituale calamo di scorta sull'orecchio destro, stava tracciando geroglifici su un foglio di papiro. Si trattava di due modeste stanze, una uso ufficio, l'altra per la notte.

Digiau mi fece alcune raccomandazioni, alzando il dito con fare autoritario. Non potevo entrare nella villa di mia volontà; di fronte ai padroni non dovevo ridere o assumere atteggiamenti scomposti, parlare se non ero interrogato, allontanarmi girando loro le spalle. Mi ricordò che ero un semplice schiavo, ora di esclusiva proprietà del nobile Ipu-Wer, e come tale mi era vietato mettere i piedi fuori dalle mura di cinta. Quando Digiau se ne andò sospirai.

Abu, il vecchio con cui dovevo dividere la minuscola casa, lo lasciò allontanare e mi avvertì che era un ruffiano degno di essere sepolto a testa in giù. « Finirà ammazzato e la sua carogna avvelenerà vermi, corvi e sciacalli. »

Vissi giornate tranquille con Abu, che aveva il compito di illustrarmi i segreti amministrativi di casa Ipu-Wer. Ormai debole di vista, egli serviva poco come scriba, ma aveva alle spalle una notevole esperienza. Come doveroso preambolo mi parlò della villa e me la fece vedere, limitatamente alla parte non abitata dai padroni. Poiché la reggia di Pepi mi era stata descritta da Kati, stimai la casa di Itis degna di un principe. Era bianca, in riva al Nilo, interamente sepolta da una vegetazione lussureggiante. Il giardino era vastissimo, ci si perdeva tra le acacie, i tassi, i tamarindi, le persee e le piante del cuculo. Tutto il complesso era poi solidamente cintato da alte mura e, sotto tre stupendi sicomori, un artistico chioschetto serviva per le cene estive. A levante c'erano poi le cucine, le abitazioni dei servi, il forno, il cortile grande con i silos e i magazzini. Le stalle e i canili erano invece a nord. In una casa così ricca di penombra e di quiete non potevano mancare tappeti di fiori, l'uccelliera, il tempietto.

Sempre da Abu venni a sapere che i nostri padroni possedevano oltre centomila capi di bestiame sparsi lungo il Nilo, terre fertili coltivate a vigna, a foraggio e a cereali, vere e proprie industrie del miele e della birra, del lino e del cuoio. In più potevano vantare una flotta degna di un tempio, sessantadue schiavi, allevamenti di cani, maiali e animali da cortile. Una favolosa ricchezza che pochi, in terra d'Egitto, potevano vantare.

Alla mia domanda, se avesse conosciuto Panef e Weni, lo vidi trasalire. Mi chiese chi mi aveva parlato di loro. Be', al Papireto i loro nomi erano sulla bocca di tutti. Si diceva che fossero finiti male. C'era del vero in questa affermazione?

Abu tardò a rispondere. Eravamo seduti su una rozza panca posta contro il muro di casa e l'ultimo sole ci sfarfallava sul viso le fragili ombre delle palme.

« Certo, certo, sono finiti male... così dicono » si decise infine, non del tutto a suo agio.

« Che intendi dire? Sono forse morti? Tu che sei vissuto con loro dovresti saperlo » insistei curioso.

L'argomento non doveva essere gradito al vecchio, perché il suo viso roseo di neonato rimase cupo e impenetrabile. Fu il mio prolungato silenzio che lo indusse a dire qualcosa. Si doveva vivere insieme forse per anni e Abu mi aveva accolto con paterna generosità. Non era quindi un uomo da tenermi nascosto cose che potevano essere preziose per la mia carriera e la mia stessa incolumità. Curvo sulle braccia posate sulle cosce, alzò gli occhi ed increspò la fronte. Parlò quindi lentamente, a mezza voce. Sì, certo, ambedue avevano fatto una brillante carriera. Erano ragazzi educati e molto svegli, più Weni che Panef. Nelle mani della nobil donna Itis sarebbero diventati visir, sicuro, proprio visir, invece furono introdotti a Corte, diventarono funzionari stimati... e si fermarono lì. Tutti e due erano un po' più vecchi di me, mica tanto, e si divertivano con le fanciulle di Palazzo. « Non hanno seguito i miei consigli, Hanis. Sono stati degli stolti. »

Sicuramente era un argomento scottante perché Abu cambiò abilmente discorso. Mi parlò di un carico di grano in arrivo, del pontile privato e di un giardiniere morto due giorni prima di malattia. Io però insistei per sapere qualcosa di più sui due scribi: la loro sorte non mi spaventava, m'incuriosiva.

« Insomma Panef e Weni sono morti in circostanze misteriose » dissi come se questa fine fosse scontata. « Hai conosciuto anche un certo Theri? »

Abu articolò le parole con fatica. Morti? Poteva anche darsi. Si erano dette tante cose, ma l'una valeva l'altra, un miscuglio di ipotesi e di bugie. Una cosa sola era certa: i due giovani erano scomparsi senza lasciare tracce. Nell'ufficio dell'amministratore capo delle imposte aleggiava la maledizione.

Lì avevano lavorato i due scribi. Theri? Sì, anche lui se n'era andato, forse nella Terra di Canaan o forse in quella d'Occidente, che ospitava i defunti d'Egitto. Prima che sparisse Weni, una giovane scriba era stata soccorsa dopo essere stata gravemente ferita nell'archivio, porta a porta con quest'ufficio nefasto. Chi l'aveva colpita? Perché? Il mistero era rimasto.

Abu fece una pausa. Mi posò quindi una mano sulla spalla e scosse gravemente il capo. Mi avvertì, paterno, che se intendevo campare a lungo era necessario ignorare queste cose. La vita di Palazzo era caotica e misteriosa, vi giuocavano forze occulte che colpivano senza pietà.

« Spero che tu rimanga con me, Hanis » mi disse infine. « Con l'aiuto di Ipu-Wer puoi fare carriera. Se ti viene offerto il posto di amministratore capo delle imposte non accettarlo, evita quell'ufficio... e ignora Panef e Weni. Io non ho altro da dirti. »

I consigli dei vecchi contengono sempre molta saggezza. D'altra parte, poiché avevo intenzione di vivere a lungo, ignorai i due scribi, i loro tragici amori e mi diedi da fare per valorizzare gli insegnamenti di Kati.

Lavorai con Abu un paio di mesi e mi accorsi che era un gran pasticcione. Andava sempre lui dalla nobil donna perché esaminasse i conteggi, e ogni volta tornava cupo e afflitto. Da servo fedele si limitava però a dirmi che Itis lo investiva con epiteti volgari, da donna di strada. In più lo minacciava di licenziamento, ora che era vecchio e sofferente.

Un giorno più triste degli altri, Abu chinò il capo sulle ginocchia e si lasciò sfuggire alcune lacrime. Era meglio mangiare pane e cipolla in pieno deserto, mi confidò, che ingoiare tante amarezze. Itis non era mai stata molto tenera con lui. Da qualche tempo, però, aveva perso il senso della misura. Oltre a redarguirlo perché, sofferente di occhi, adottava una scrittura troppo grossa, era giunta a chiamarlo vecchio puzzolente, escremento di porco, uomo non idoneo a entrare in una villa perché si lavava poco. Tutte volgarità, bugie indegne di una signora che pretendeva di essere una dea. E pensare che poco più di vent'anni prima ella mangiava pane e saliva in uno squallido abituro. A Denderah, nella Taverna del Grillo, sapevano di lei. « Sotto la vernice che la ricopre ha ancora il fetore di miseria che cerca di farsi strada... fetore morale, Hanis » terminò amareggiato.

Poiché Abu una volta tanto era in vena di confidenze ne approfittai. Venni a sapere che Itis era una trovatella, figlia di un amore adulterino tra due servi. Sua madre aveva finito i suoi giorni decapitata nella piazza principale di Denderah e suo padre era stato evirato, perché tali erano le leggi. Itis era cresciuta nella Taverna del Grillo come sguattera, prima di essere adottata da un oscuro funzionario del catasto. A trentadue anni aveva sposato Ipu-Wer, vedovo da sei, senza prole. Avevano avuto un figlio, morto per infezione. Successivamente Itis aveva messo in luce un particolare talento negli affari di stato. Abilissima negli intrighi e nelle tresche, favorita da un fisico stupendo, in breve tempo diventò una potenza. Da molti anni ormai nessuno riusciva a farle fare cose contrarie al suo modo di pensare. Se poi ella trovava ostacoli alle mete che intendeva raggiungere, demoliva il potente e seppelliva il debole. Una vera calamità, insomma, per chi non era nelle sue grazie. Si sussurrava inoltre, tra la servitù, che ella avesse avuto due figli dall'uomo che l'aveva adottata. Il primo, nato anzitempo, era spirato quasi subito; il secondo era stato venduto a una tribù di nomadi.

Pochi giorni dopo queste gravi rivelazioni, il servo Digiau ci condusse nel soggiorno della villa, di fronte a Ipu-Wer e alla sua consorte. Carica di bistro e di monili, Itis pareva assisa su un trono, mentre il vecchio marito si affannava a decifrare la scrittura di Abu. Ci provò la nobil donna e il mio collega ingoiò amaro.

Quando la nostra padrona posò il foglio non si perse in parole. Fece capire ad Abu che ormai aveva gli occhi opachi e la mano tremante, per cui consumava preziosi fogli di papiro con una scrittura grossolana, una pietà. In più aveva una memoria lacunosa e commetteva errori di calcolo infantili. Non era tutto. Ogni volta che entrava nella villa vi lasciava un lezzo di sudore che induceva l'accorto Digiau a purificare l'ambiente con suffumigi di costo elevato, perché si trattava di incenso, terebinto, resine esotiche.

Itis, anche se parlò con un tono più convincente che ostile, non ebbe pietà per il vecchio scriba, che finì per rannicchiarsi su se stesso, limitandosi ad assentire con misurati cenni del capo.

Un po' perché ci sentiva poco e le accuse della moglie gli giungevano frammentarie, un po' perché come marito era un vero signore, Ipu-Wer non ebbe il coraggio di richiamare la consorte per certe affermazioni che vituperavano l'onestà e l'operoso lavoro di un servo fedele. Attese con impazienza che Itis terminasse, ed elogiò il lavoro svolto dall'amareggiato Abu. Gli fece capire che la vecchiaia era una calamità accettabile se chi la raggiungeva si limitava a meditare sull'uscio di casa e a dare consigli ai giovani. Lo elesse quindi mio consigliere e gli regalò un bracciale d'oro e una statuetta di Thot, dio degli scribi, che gli strapparono un sorriso.

« La tua opera di scriba è sempre stata fattiva e oculata » gli disse il nobil uomo come commiato. « Perfino Panef e Weni sono rimasti in sottordine prima di essere assunti a Corte come funzionari. Ora però gli anni sono troppi, » aggiunse, senza pensare che lui ne aveva qualcuno di più « per cui devi cedere il passo ai giovani. La mia diletta consorte si è forse espressa male, perché poco prima mi aveva confidato che con la tua profonda saggezza dovrai raffinare le già pregevoli doti in possesso di Hanis. »

Quando uscimmo, Abu era quasi felice. Forse non si era neppure accorto che era stato freddamente eliminato da Itis perché non le serviva più e che Ipu-Wer l'aveva salvato da un licenziamento immediato.

Con Abu ormai fuori causa, il mio lavoro si fece gravoso. Dovevo vagliare i rapporti che giungevano dagli ispettori, le paghe in misure di grano distribuite a più di trecento contadini, tenere l'amministrazione della villa con i servi, le guardie private, le barche, i fornitori. Scrupoloso per natura e per pagare un debito di riconoscenza al mio nobile padrone, accentrai il lavoro che da anni veniva svolto da scribi privati, assunti di volta in volta, per cui le mie giornate ebbero un solo volto: il lavoro senza soste, dall'alba al tramonto e poi ancora.

Un giorno dovetti recarmi al grosso allevamento di maiali che Ipu-Wer aveva a sud di Menfi, in un terreno paludoso. I conti di quell'amministratore erano frammentari, non certo attendibili. Anche se la carne di porco non veniva mangiata da nobili, sacerdoti o persone di riguardo, ma solo dai poveracci e dagli schiavi, vi lavoravano una quarantina di ceffi che puzzavano più dei mummificatori. Abu, che mi aveva accompagnato, mi raccontò che si trattava di volgari delinquenti in debito con la giustizia. Come allevatori di porci essi non venivano molestati, in quanto si stimava il loro mestiere valido come condanna. Mi trovai quindi nella necessità di contestare blandamente al capo i conti zoppicanti e però di ritirare in fretta le accuse, perché mi trovai circondato da una turba di visi truci, uomini che brandivano nodosi randelli. Poiché sapevano di essere immuni da rappresaglie, si scagliarono contro Itis, definendola una lurida scrofa.

« Che venga lei a criticare il nostro lavoro » mi urlò il capo, tra brontolii di assenso. « Anche se affonda i piedi in questa melma, non ha nulla da perdere. E tu, scriba Hanis, vattene in fretta, se non vuoi fare un bagno nel fiume. »

Tornato a casa dovetti sbarazzarmi del gonnellino e dei sandali, tanto puzzavano, e lavarmi abbondantemente con acqua e cenere. Alla mia padrona riferii che c'era stata una morìa di maialini, per cui l'annata in quel porcile s'era chiusa con un faticoso pareggio.

VI

Itis mi ricevette dapprima con fredda autorità, poi con sorrisi sempre più cordiali, finché giunse a trattenermi a lungo nel principesco soggiorno, saturo di fiori e di profumi. Indossava magnifici vestiti di bisso, gli uni annodati sulla spalla sinistra per scendere sul fianco opposto lasciando scoperto parte del seno, gli altri con scollatura lineare, sostenuti da spalline. A volte portava la parrucca, a volte no, e i capelli, con ciocche rese bionde da vapori di zolfo, le scendevano allora sulle spalle brunite.

Più il tempo passava e più mi accorgevo che Itis era ancora una donna piacente, ricca di fascino e di personalità. Solo dieci anni prima doveva essere stupenda. Ormai sulla china, discendeva adagio, a passettini minuti. Per rallentare l'impronta del tempo si sottoponeva ai trattamenti intensivi delle schiave degli unguenti. Il rituale quotidiano iniziava con impacchi di latte d'asina sulla cute smagliata, cui facevano seguito massaggi, ginnastica, applicazione di balsami odorosi. Il nero galena, il verde malachite e il rosso henné, usati da mani esperte, le toglievano altri anni di dosso, anche se, a conti fatti, aveva da tempo superato la cinquantina, giusto come aveva affermato Tensi.

Ipu-Wer, al contrario, non lo vedevo che a fine mese per i rendiconti parziali. Il suo interessamento era però alquanto superficiale sia perché si fidava della moglie, e faceva male, sia perché era impegnatissimo a Corte e rincasava molto stanco.

Qualche tempo dopo Itis cominciò a prendersi confidenze che dapprima mi lasciarono confuso e imbarazzato, anche se non mi ero fatto illusioni sui motivi che mi avevano permesso di occupare una così alta carica. A poco a poco mi adattai e non la delusi. Poiché preferiva che andassi da lei non con la tunica, bensì con il semplice gonnellino, l'accontentai ed ella mi sottopose a vere e proprie sevizie, in quanto vivevo costantemente nel dubbio che stesse collaudando la mia onestà morale. Con arte mi mostrava certe nudità che mi eccitavano, poi rideva divertita, assumendo la solita posa scomposta. Semisdraiata, si tirava appresso i piedi e si tormentava, quasi con voluttà, l'alluce sinistro. Di tanta grazia, le parti anatomiche a me familiari erano ormai i piedi, regolari, ben curati, il dito prediletto leggermente ipertrofico.

Finalmente, dopo una serie ininterrotta di incontri, Itis mi annunciò che suo marito aveva fatto giustizia, affrancandomi. « Sei contento? » mi chiese.

Contento! Ero tanto commosso che ebbi la tentazione di abbracciarla e forse, se mi fossi deciso, non le sarebbe affatto dispiaciuto. Per la sapienza illuminata di Thot! Ero incredulo, frastornato. Eppure potevo ormai considerarmi un uomo libero, padrone di disporre di me come meglio credevo, nei limiti concessimi dalla legge.

La mia padrona non mi lasciò tuttavia il tempo di cullarmi nella comprensibile gioia, perché aveva altre cose da dirmi. Entro un mese mi sarei recato con suo marito alla Casa della Vita, dove alcuni Maestri Templari mi avrebbero sottoposto ad un esame sommario per conferirmi il titolo di scriba reale. Tuttavia era anche possibile che il nobile Ipu-Wer, conoscendo la mia preparazione, fosse riuscito a raggiungere lo scopo senza farmi uscire dalla villa. Come uomo libero, poi, avrei avuto una paga e il diritto di cambiare padrone. « La mia speranza è però ovvia » mi disse. « Spero che tu ti sia affezionato a noi. »

Ero tanto commosso che subito mi mancò la voce. Libero,

una paga, scriba reale... ma era tutto vero? A chi dovevo tutto ciò, al divino Thot, Signore della scrittura, della parola e del pensiero? Egli era la lingua di Ptah e il cuore di Ra, la divinità di Eliopoli, e io mi ero sempre rivolto a lui. Indubbiamente Thot aveva messo sulla mia strada il nobile Ipu-Wer, una potenza nella società egiziana.

« Devi scusarmi, mia signora, se ho indugiato a risponderti, ma sono ancora incredulo. Perché tanta generosità? »

Itis mi guardò con una luce talmente ambigua da indurmi a pensare che si fosse presa giuoco di me. Subito però i suoi occhi mi scrutarono con malizia, sicché capii qual era il prezzo che avrei dovuto pagare. Con un cenno ella m'indusse ad avvicinarmi. Mi mossi impacciato e mi fermai a un passo dal divano. Un sussurro che mutò l'atmosfera mi raggiunse mentre stavo chiedendole come potevo ricambiare tanta generosità.

« Hanis, ti meriti questo e altro, » mi disse « perché sei... un bel giovane, colto e molto educato. D'altra parte quanti tuoi compagni sono diventati funzionari o sacerdoti? Anche nelle migliori famiglie si sono date fanciulle in spose a schiavi affrancati. È una tradizione che fa onore alla nobiltà, malgrado le critiche velenose del popolaccio. Ipu-Wer è fiero di te... e io anche. »

Indubbiamente o perché tutto era stato programmato con arte o perché si accorse che i miei occhi stavano cercando oltre quanto si intravvedeva della pelle ambrata, Itis si alzò di scatto e mi si fece accosto. Non sorrideva più. Una carezza di profumo mi giunse gradevole. Era essenza di terebinto, il "sonter" della lontana Fenicia che i servi, nonostante fosse carissimo, usavano con molta generosità prima delle feste.

Giunta a meno di un palmo, quasi pelle contro pelle, Itis si fermò con le braccia incrociate sotto il seno, mentre io mi ponevo mille ansiose domande. Che cosa desiderava in realtà? Proprio ciò che da tempo avevo intuito? Quando? Subito? Era pazzesco, impensabile che un uomo nelle mie condizioni potesse stare al giuoco della sua padrona con il rischio di farsi ammazzare. E poi, Itis stava forse barando, per farmi cadere nella trappola tesami allo scopo di saggiare la mia onestà? Chi aveva detto che sotto l'aureola della regalità si celava una volgare prostituta? Tensi, e cioè un servo degradato a contadino; Abu, un vecchio che aveva subito per anni il suo carattere; Kati, un uomo emarginato dalla società. I loro giudizi erano però uguali. Inoltre Paniamon mi aveva dimostrato, pagando di persona, la stessa cosa, e i bifolchi l'avevano bollata in coro come i guardiani del porcile. Eppure nella mia padrona c'era dell'altro, un qualcosa di nobile e di generoso che induceva a meditare sulla sua stranissima personalità. Poteva anche darsi che le sue vittime si fossero macchiate di colpe gravissime.

Se io ero legnoso, incapace di mormorare una sola parola, Itis fremeva di desiderio. Quando mi passò una mano sul petto e me la fece ruotare attorno ai capezzoli e giù fino alla cintura, i miei dubbi svanirono. Era un caldo velluto che eccitava insieme all'alito che sentivo scivolare sull'epidermide come il tocco di una piuma. Il cuore mi pulsava in gola, alle tempie, dappertutto.

« Signora » le mormorai pietosamente, senza muovermi.

« Chiamami Itis... o meglio "sorella", quando siamo soli » mi sussurrò con il viso che mi sfiorava la spalla. « Ti amo, Hanis, te ne sei accorto? »

« No, signora Itis... non ho grande esperienza. »

« Sono cose che si imparano in fretta. Mi vuoi bene? »

Indugiai. Forse stavo facendo una pessima figura. Dovevo abbracciarla? O, forse, deciso, dovevo allungarla sul divano? Ci fissammo a lungo, gli occhi negli occhi, e mi sentii tremendamente stupido. Itis, quando voleva raggiungere una meta, si serviva senza dubbio delle scorciatoie e con me le stava usando piane e diritte, con il vento alle spalle.

« Hanis, ti ho chiesto se mi vuoi bene » mi ripeté, conscia del mio imbarazzo. « Suvvia, perché sei così impacciato? Capisco, la differenza di classe sociale. L'amore, però, non conosce queste barriere. E poi, sono stata io a prendere l'iniziativa. Temi un inganno... o non ti piaccio? Suvvia... siamo soli, Hanis. »

Capii che non mi era più possibile mantenere un atteggiamento idiota. Inganno o no dovevo rischiare.

« Piacermi? Ti adoro. Ma, vedi, signora Itis... »

« Piantala con signora. Sono la tua Itis e basta » mi sussurrò abbracciandomi. « Perché non mi chiami "diletta" come si usa con le consorti molto amate? »

« Se entra qualcuno? »

« Non entra nessuno, sta' tranquillo. »

« Ma tuo marito, il servo Digiau, l'ancella di servizio... »

Mi piantò le unghie nella pelle, delusa, e con un gesto di stizza si buttò sul divano, si afferrò saldamente l'alluce e rimase cupa e immobile. Avere un uomo stupido tra i piedi, specie in certe situazioni, è sempre deludente e pericoloso per una donna. Rimanemmo a lungo in silenzio, nella penombra del soggiorno, poi Itis si girò verso di me e mi disse, quasi con la stessa dolcezza di prima:

« Suvvia, Hanis, basta! Non ti sei accorto, amore mio, che Ipu-Wer è vecchio come una mummia della V Dinastia, bavoso e rimbambito? È solo un marito di prestigio, non più un uomo. »

Una pausa. Poi ella mi raccontò che quando si erano sposati lui era già anziano, incapace di fare l'amore come desiderava una donna giovane ed esuberante. Già allora doveva attendere i quarti di luna. L'accoppiamento era poi sempre faticoso, avveniva senza preparazione alcuna e senza entusiasmo, per cui al termine lei rimaneva in sconsolata meditazione o piangeva avvilita come se l'avessero costretta a concedersi ad un estraneo. Tuttavia gli era sempre rimasta fedele. Dopo la morte del figlio, Ipu-Wer si era tuffato interamente nella vita politica, lasciandola sola. Fino al giorno in cui mi aveva conosciuto al Papireto, era vissuta nella rinuncia e nella solitudine. Ora basta. Non aveva fatto voto di castità. Se come moglie aveva dei doveri, come donna non poteva rinunciare alle proprie esigenze. Gli anni passavano e purtroppo lasciavano segni indelebili. Già al Papireto il nostro incontro l'aveva indotta a sognare una vita di dimensioni nuove, una realtà che non poteva esserle negata. Dopo anni di clausura e di rinuncia aveva finalmente incontrato l'uomo che amava.

Itis, sempre coricata, aveva ora le mani dietro la nuca e gli occhi fissi al soffitto. Era seria, immobile, apparentemente triste. Forse era commossa, perché le menzogne le erano uscite senza fatica, con il tono lamentevole adatto e gli occhi che erano diventati lucidi a comando.

Da parte mia ero certo che la solitudine non l'aveva annoiata. Dovevo risponderle qualcosa, ma non sapevo se darle ragione o ricordarle suo marito, uomo saggio e stimato, che nutriva per lei una commovente venerazione. Per fortuna Itis mi tolse d'imbarazzo. Con un cenno mi costrinse ad avvicinarmi e a sedere sul bordo del divano, all'altezza dei suoi fianchi. Non avevo ancora posato la natica che ella mi strinse a sé.

« Non mi hai ancora detto se mi ami, "fratello" » mi soffiò sul collo. Cosa potevo risponderle? Se per lo stato ero ormai un uomo libero, mi rendevo conto che una nuova schiavitù mi stava vincolando, pena la mia stessa sopravvivenza. Eppure non avevo altra scelta, se volevo seppellire nel passato il campo di Ra.

« Sono pazzamente innamorato... mia cara. Devi però comprendere il mio imbarazzo. »

« Quale imbarazzo? Sono tutta tua, Hanis, non senti? »

« Ci divide un abisso. »

« Sei pazzo? Ti voglio tutto mio, capisci? Ti voglio a costo di rinunciare ai beni che possiedo » mi sussurrò, stringendomi sempre più.

Era la prima volta che toccavo una donna e la mia inesperienza palese indusse Itis a essermi di aiuto. Mi offrì il seno. Voleva godere a gradi e non concludere rapidamente come fanno le prostitute. Lo sentii tenero e invitante e vi feci scorrere le labbra. Sapeva di terebinto e di mirra, aroma del liquore "snedu" che inebriava. Il corpo di Itis, che si contorceva con grazia sotto di me, aveva il tocco di una misteriosa magia capace di svegliare una mummia. Purtroppo io ero mummificato due volte. L'ombra di Ipu-Wer m'inibì. Uomo onesto e degno della massima venerazione, gli dovevo molto e le circostanze mi costringevano a tradirlo in modo vergognoso. Rimasi passivo.

Itis era meticolosa nei conteggi e nella vita sociale. Per lei, quindi, anche i contatti sessuali dovevano seguire certe regole maturate con l'esperienza. Dovette perciò considerarmi alquanto rozzo e non insisté. Con una leggera pressione si svincolò e mentì:

« Basta, Hanis, mi hai fatto morire. Ci vedremo ancora domani. » Doveva essere una fredda calcolatrice e quindi non aveva più dubbi: ero tutto suo.

Se lei era metà delusa e metà soddisfatta, io ero sereno perché, dopo questo incontro, dovevo essere idoneo per vestire il gonnellino di scriba reale. Ora che mi ero alzato mi spiaceva non essere andato più in là, anche se ero certo di avere posticipato il piacere di un contatto più intimo al giorno dopo, non più tardi.

Itis lasciò di scatto il divano e prese a camminare su e giù, a piedi nudi, con il solito passo felino. Con uno scaltro silenzio m'indusse a meditare sulla mia vita futura, a coordinare fatti e idee perché mi rendessi conto che la libertà e il titolo di scriba avevano un prezzo. Infatti mi avvertì, con cipiglio, e senza mezzi termini.

« Hanis, non prenderti giuoco di me perché ti amo troppo. Mi indurresti a punirti in modo esemplare... e mi spiacerebbe. Se mi accorgo che ti vengono i grilli per il capo... se mi tradisci con un'altra donna, ti uccido. Hai inteso bene? Sto impazzendo. Ricordati che ti voglio tutto per me. »

Le labbra tese e il viso contratto, quasi cattivo, non erano più quelli della Itis di poco prima. La sua metamorfosi era stata repentina e completa. Da donna tenera e lamentevole si trasformava in un essere talmente duro da seppellire tutte le sue grazie, che erano molte. Questo suo avvertimento, articolato parola per parola, m'indusse a rimpiangere la tranquillità del Papireto. Com'era possibile, nelle mani di una simile donna, andare alla ricerca di Nefer? Era come votarsi al suicidio.

In attesa di essere solo per meditare, guardai con più attenzione l'ancheggiare di Itis, il viso cupo e le mani che torcevano nervosamente un ventaglio. Avvertii un brivido di paura e la tranquillizzai.

« In tutta la Terra di Kemet non c'è donna più affascinante di te, sorella » le risposi, convinto che, almeno per ora, non avevo alternative. « Ingannarti? Per quale motivo? Ti amo da impazzire... Itis. »

Di colpo affiorò in lei ciò che poteva ostentare di veramente femminile. Buttò il ventaglio, mi posò una guancia sul petto e mi fece scorrere le mani sulla cute da donna esperta. Mentre l'abbracciavo, deciso a possederla, sentii la sua voce che diceva:

« Hanis, lo sai che ho qualche anno più di te? Ti danno fastidio? Dimmelo se condizionano i tuoi sentimenti. »

In realtà non li avvertivo, perché era ancora una bella donna, piena di calore e di vitalità.

« Qualche anno in più? Non si direbbe, cara » le sussurrai fra i capelli odorosi di mirra. « Se davvero li hai, vuol dire che la divina Hathor ti ha nutrita con il latte di dea. E poi, che c'entrano gli anni? Sei bella, tenera, affascinante... un amore di donna. Sicuramente io sembro più vecchio di te, consumato come sono dal lavoro e dalle privazioni. »

Dovette credermi fino in fondo, perché mi strinse a sé e si mise a piangere, lacrime vere. Per Thot, il saggio dio della parola! Itis era una maestra migliore di Kati. Sia pure in campi diversi, l'ex "nomarca" mi aveva insegnato molta teoria; la nobil donna che avevo tra le braccia era invece portata agli esempi pratici ed immediati. Perché indugiare ancora? Si trattava della prova d'appello e non potevo fallirla. Le sussurrai quindi paroline mielate facendole scivolare una mano sul seno. Subito l'adagiai sul divano e le misi a nudo le gambe. Inspiegabilmente Itis svenne, o finse di perdere i sensi, perché si lasciò andare e chiuse gli occhi con un lamento. Allarmato, lavorai di ventaglio e le accarezzai la fronte chiamandola per nome. Ella non era però né pallida né aveva affanno. Le sopracciglia erano poi mosse da contrazioni involontarie, proprie di chi si sforza a tenere gli occhi chiusi. Allora mi finsi più preoccupato ancora, la chiamai con amore, finché aprì gli occhi. Recitò bene la scena. Balbettò qualcosa, poi si guardò attorno smarrita e mi chiese cos'era successo, poi piagnucolò:

« Hanis, amore mio, mandami Digiau con qualcosa di caldo. Quando sono molto emozionata mi sento mancare. È stata una gioia troppo grande quando mi hai posseduta. Domani ancora, sempre, "fratello" caro. Nel frattempo pensami. »

Uscii allibito, incapace di definire la sua vera personalità. Credeva davvero che l'avessi posseduta? Sgomento! Ora ricordavo. In certi momenti i suoi occhi emanavano la stessa luce di quelli degli schiavi di Ra quando avevano il capo zeppo di spiriti maligni. Itis doveva essere pazza.

VII

Dieci giorni dopo ero un uomo libero con il titolo di scriba reale, senza che avessi visto un Maestro Templare. Oltre al mantenimento e all'alloggio, avevo uno stipendio, e tanta felicità nel cuore, anche se non osavo pensare alla mia vita futura. Non passò molto tempo che lasciai Abu nel vecchio ufficio e occupai una camera nella villa, con annessa stanza di lavoro. L'unica nota triste, che inquinava tanta voglia di vivere, era la presenza di Digiau. Come servo personale di Itis aveva anche le funzioni di Maestro di Casa, per cui comandava anche me, per quanto concerneva i miei movimenti nella villa e non il lavoro d'ufficio. Purtroppo l'avevo sempre alle calcagna e il suo viso di ruffiano mi metteva di cattivo umore. Sia pure a spizzico, Abu mi raccontò di lui. Come Itis, era nato a Denderah e aveva lavorato nella Taverna del Grillo proprio nel periodo in cui ella, diciottenne, lasciato il posto di sguattera, si esibiva nuda su un palcoscenico come danzatrice. Dopo la rapida carriera che l'aveva portata a diventare la "Signora della casa" del nobile Ipu-Wer, Itis aveva saputo che Digiau era stato assunto come ruffiano al servizio delle guardie di Menfi. Se l'era quindi preso come servo anche perché sapeva troppe cose. Per tappargli la bocca ella gli aveva offerto un lavoro ben retribuito e, con minacce e ricatti, ne aveva fatto un confidente prezioso.

« Guardati da tutti e due, Hanis » non si stancava mai di

ripetermi il vecchio Abu. « L'uno vale l'altra, due esseri apportatori di lutti e di miserie. Ho l'impressione che tu stia percorrendo la stessa strada di Panef e di Weni. Anche loro hanno iniziato la carriera al Papireto. Le altre tappe? Hanno diviso con me questa casetta, si sono più tardi sistemati nella villa e infine hanno occupato a Corte il posto di amministratore capo delle imposte. Della loro scomparsa ti ho già parlato. Che la dea Sekhmet ingoi Digiau e la sua padrona! A te, figliuolo, le raccomandazioni di un vecchio che ti vuole bene. »

Questo avvertimento, che sapeva di preghiera quotidiana, si aggiungeva a quelli di Kati, Tensi, Paniamon. La voglia però di seppellire nei ricordi remoti il campo di Ra m'induceva a camminare oltre, senza tuttavia dimenticare le parole di Abu.

Itis era una donna che probabilmente non aveva mai concesso crediti a nessuno. Non mi lasciò neppure il tempo di ambientarmi che mi mise in condizione di pagare il mio debito. Appena preso possesso del mio nuovo ufficio, i nostri incontri si intensificarono. Da padrona ella si adattò a un lavoro di collaboratrice pur di rimanere accanto a me, finché mi accorsi che indugiare ancora sarebbe stato pericoloso. Dopo la titubanza del primo vero contatto, presi l'iniziativa e Itis non mi frenò. D'altra parte stavo sdebitandomi con un lavoro per nulla gravoso. Anzi, era piacevole e positivo per la mia esperienza.

Quando Itis si convinse del mio amore, mi regalò un bracciale d'oro, un bastone dal pomo d'argento e altri monili, dopo avere convinto Ipu-Wer che il mio ininterrotto lavoro meritava un premio. E non gli aveva detto bugie, anche se aveva usato in modo generico il termine lavoro. In realtà controllavo i conti che giungevano dai vari poderi, amministravo la villa, giacevo a letto con lei a metà pomeriggio mentre il marito era a Corte, tenevo compagnia a tutti e due dopo cena, ospitavo quasi tutte le notti la mia insaziabile amante nella mia camera, con il servo Digiau ormai specialista nel coprire gli amori adulterini della sua padrona. D'altra parte mi ero convinto che era piuttosto modesto il male che facevo a Ipu-Wer. Dopo tutto gli tenevo quieta la sua diletta, tant'è che con lui Itis era diventata più affettuosa, e il povero uomo gioiva. E a volte gioivo anch'io, perché, dopo tante sofferenze, trovavo piacevole avere una donna ricca che mi manteneva nel lusso, una "moglie" nobile e ardente senza averla sposata, la possibilità di fare carriera a Corte. Quest'ultimo desiderio non tardò ad avverarsi. Approfittando di un serio malore che aveva costretto Ipu-Wer a sospendere ogni attività, Itis mi disse:

« Caro, se mio marito morisse, mi sposeresti? »

La tranquillizzai all'istante, anche se mi costò fatica mascherare la grossa bugia.

« Che domanda, "sorella"! Sposarti? Anche domani, se dovesse succedere. È però certo che l'eco a Corte sarebbe nefasta per la tua reputazione. Che cosa direbbero gli alti funzionari della nobil donna Itis, vedova di Ipu-Wer, e cioè di un saggio che era capo della nobiltà d'Egitto, con il diritto di reggere il flabello alla destra di Sua Maestà, sposa di un oscuro scriba, ex schiavo e figlio di ignoti? »

Si fece pensierosa. Era seduta su alcuni cuscini sparsi sul pavimento del soggiorno e stava maneggiando lo sfortunato alluce, mentre io, accoccolato di fronte a lei, mi dondolavo sul tronco. Di soppiatto l'adocchiavo con un talento che non credevo né di possedere né di poter acquisire.

Itis meditò a lungo. Quando alzò il capo la sua mente geniale aveva già tessuto la trama che le avrebbe salvato la reputazione. Mi disse infatti, come se stesse vivendo l'avvenire costruito sulla passione che momentaneamente le rodeva il petto:

« Hanis, dovrò per forza farti diventare un funzionario importante prima che mio marito chiuda gli occhi. Con lui tutto è possibile. Ti avverto ancora, però, che dovrai essere solamente mio, hai capito? Ecco perché ti tengo d'occhio. »

Me n'ero accorto da tempo, perché la sua gelosia era sottile e senza pause. Più volte mi aveva redarguito con durezza, quando mi ero fermato a parlare con alcune ancelle o avevo osato alzare gli occhi su giovani amiche che spesso venivano a trovarla. La scenata più pesante l'avevo subita per Meret, ventenne, figlia di un notabile che si recava spesso a cena da Ipu-Wer.

« Se hai dei dubbi sull'affetto che mi lega a te, "sorella", lasciami pure dove sono » le risposi, dimostrandomi seccato.

« Non ne ho, Hanis. Sei però giovane e forte, colto e simpatico. A Corte si presenteranno mille occasioni per dimenticare la tua Itis. Sappi inoltre che l'insistenza con cui Meret ti corteggia m'inviperisce. Dille senza mezzi termini che non senti nulla per lei, che ti ignori. »

La posta in giuoco era alta. Portavo ancora sulla pelle i segni dello scudiscio, e il risentimento verso la classe dei notabili di Palazzo, rei di avermi lasciato marcire in schiavitù per il solo fatto che ero figlio di una prostituta, era ancora vivo. Perché non si varavano leggi per proteggere tanti infelici? Tuttavia, obiettivamente, dovevo convenire che tra chi ci governava non tutti erano da condannare, Ipu-Wer ne era un esempio. Il desiderio quindi di poter giudicare la nobiltà da un'altra angolazione era forte e a Corte avrei avuto questa possibilità. Purtroppo il nuovo aiuto di Itis rendeva ancora più impegnativa la mia relazione. Dietro di sé ella doveva avere seminato una fitta rete di intrighi sporchi di sangue. Sicuramente Digiau era il suo fidatissimo sicario. Magro e diritto come un bastone, il pugnale che teneva nascosto sotto il gonnellino si notava a venti passi di distanza.

Con argomenti validi riuscii a fugare dalla mia amante dubbi e indugi sicché ella si abbandonò nelle mie braccia fingendo di piangere.

Ormai mi rendevo perfettamente conto che ambedue stavamo giuocando d'azzardo, con la differenza che io stavo rischiando più di lei. Tuttavia avevo bisogno di un posto di prestigio per guadagnare molto ed evadere da villa Ipu-Wer, perché, nonostante i piacevoli amori, il mio pensiero era costantemente rivolto a Kati e a sua figlia Nefer. Forse la poveretta stava soffrendo a poche centinaia di passi.

In attesa quindi di essere introdotto a Corte, feci presente a Itis che non avevo ancora visto Menfi, i suoi templi, le Piramidi, la Casa della Vita, la Sfinge, il mercato. A malincuore mi concesse allora di raggiungere la città proprio il giorno in cui lei e suo marito, ormai ristabilito, erano impegnati a Corte: Pepi II, faraone vivente ed eterno, festeggiava i novant'anni di regno.

In realtà gli anni non erano ancora ottantotto. L'anticipo era stato concesso dal Consiglio dei Dieci perché ormai il poveretto, completamente rimbambito, non si reggeva più. Il rito magico che caratterizzava la festa "sed", aveva il potere di restituire al Sovrano nuovo vigore. In più, nonostante si vivesse in un clima di incertezza, con le derrate alimentari sempre più scarse e i focolai di rivolta che esplodevano ad intervalli sempre più brevi, la festa "sed" si presentava grandiosa, con la partecipazione di numerosi principi stranieri. Tutta la nobiltà d'Egitto era ormai in viaggio verso la capitale, pregustando già il fastoso convivio. Gl'invitati, oltre trecento, dovevano intrattenersi almeno tre giorni, quelli dei riti e delle feste.

Mentre Itis mi supplicava di pensare sempre a lei, poveretta, impegnata in pranzi che, a detta di Abu, inducevano anche chi aveva mangiato meno a vomitare come un lattante ingordo, io faticavo a soffocare la gioia di potermi godere tre giorni di tranquillità. Ne avevo bisogno. Finalmente avrei avuto il tempo necessario per andare alla ricerca dello scultore Peror.

Così, invaso dalla felicità, il mattino dopo partii. Purtroppo, quando raggiunsi la barca, oltre ai quattro rematori vidi Digiau ben sistemato a prua. Il rituale saluto usato nella villa, "che Sua Maestà ti conceda di raggiungere l'Eterna Dimora in età veneranda", fu pronunciato da tutti e due con il tono che comunemente si usa per gl'insulti. Preoccupata perché non mi ero mai allontanato da solo, l'accorta Itis mi aveva affidato a un tutore. La possibilità di conoscere i parenti di Kati stava quindi per naufragare nel nulla.

VIII

Menes, il faraone che aveva unificato l'Egitto circa otto secoli prima, era nato a This, nell'Alta Valle del Nilo, ma si era trasferito al nord e aveva fondato Menfi. Con gli splendori della IV Dinastia, quella dei Cheope, Chefren e Micerino, la città era diventata enorme e la parte vecchia era stata quasi distrutta. Tuttavia esisteva ancora il muro bianco che per secoli aveva protetto il nucleo primitivo con la fortezza, i palazzi della nobiltà, i luoghi di culto, tra cui primeggiava il tempio di Ptah, del dio che aveva creato ogni cosa con la mente e il verbo, e cioè con il "cuore e la parola".

Menfi sorgeva dove il corso del fiume si divideva per formare il Delta. A sud-ovest si potevano scorgere, all'epoca di Pepi II, VI Dinastia, le grandi Piramidi, i loro templi funerari e centinaia di "mastabe", sepolcri minori dei funzionari regi e dei notabili. La Sfinge, genio mitico cui le genti d'Egitto si rivolgevano per chiedere protezione, con gli occhi pietrificati guardava oltre gli orgogliosi stendardi che sventolavano su Menfi, a un futuro che la sua ermetica espressione manteneva avvolto nel mistero. Poco distante, l'Eterna Dimora del faraone regnante era quasi pronta. Si trattava di una piramide le cui modeste proporzioni contrastavano con gli ottantotto anni di regno che stavano per essere siglati con la festa "sed". Purtroppo i tempi di Cheope erano passati e con essi un periodo di grande prosperità.

La villa di Ipu-Wer si trovava leggermente a nord del centro vitale di Menfi, così che, per portarsi all'estremo opposto, ci vollero tempo e sudore. Bisognava risalire la corrente e, senza vento e con quattro soli rematori, l'impresa non si presentava facile. Il traffico era poi intenso, con chiatte sovraccariche, zatteroni con blocchi di pietra, pescatori, gente che oziava su barche ancorate al largo. In mezzo a tanta confusione era inevitabile che sorgessero discussioni tra marinai. Comunque il piccolo natante scivolò via con il lungo Digiau che, tra un silenzio e l'altro, proferiva parolacce ai nostri vogatori, i quali stavano invece dimostrando abilità e resistenza degne di lode. Questo suo modo di agire mi completò il quadro della sua personalità. Subdolo e falso, Digiau si dava un sacco di arie in quanto era protetto da Itis. Spesso richiamato da Ipu-Wer per le sue intemperanze verso servi di innegabile valore, trovava sempre nella sua padrona una valida difesa. Non c'era nessuno che parlasse bene di lui. I suoi occhi anguilleschi rispecchiavano la grettezza del suo animo, e il sorriso che in rare occasioni gli stirava le labbra era lugubre.

Dopo un prolungato silenzio, Digiau mi chiese dove avevo intenzione di scendere. Non potevo certo metterlo al corrente dello scopo che m'induceva a ignorare il centro storico. Gli feci così presente che desideravo visitare i quartieri popolari del sud, per cercare un mio coetaneo e compagno d'infanzia. « Se al campo di Ra mi hanno detto il vero, deve essere un orafo stimato, anche se vive in una modesta casetta. Devo fare un regalo. »

Mi guardò incredulo, perché chi giungeva a Menfi s'interessava subito della città vecchia e del mercato. Il fatto però che avessi parlato così apertamente di regalo non gli permise di contestarmi questa decisione. Mi chiese solo a chi era diretto l'omaggio.

« Anche se è per una persona che ben conosci, ti prego di interessarti dei fatti tuoi » gli risposi. Mi girò la schiena dopo avere ordinato ai marinai di avanzare ancora. Mezz'ora dopo, quasi di fronte all'allevamento di porci del nostro padrone, scorsi un porticciuolo metà sepolto in un bosco di papiri. Lo indicai ai rematori, ordinando loro di attraccare.

« È un villaggio di pescatori » mi spiegò inaspettatamente Digiau, mostrandomi misere catapecchie. « Poco distante c'è il mercato del pesce, delle reti e delle barche usate. Più in giù ci sono anche case decenti. Può darsi che l'orafo abiti in quest'ultimo rione. Ti accompagno? »

Mi attendevo la domanda, perciò gli risposi senza incertezze. Preferivo girare da solo. Era la prima volta che potevo muovermi da uomo libero e mi sentivo molto emozionato. La sua presenza, per gradita che fosse, non mi avrebbe lasciato la possibilità di godermi questo insperato piacere.

« Allora che cosa sono venuto a fare? »

« Che ne so? Non sono stato io a dirti di lasciare la villa. Comunque voglio andarmene da solo. Dopo diciassette anni di schiavitù ne ho il diritto. Hai qualcosa da obiettare? »

Forse non si attendeva una risposta così decisa, perché mi guardò impacciato e sorrise con un angolo di bocca. Sempre seduto a prua, afferrò un cesto di vivande e vi frugò dentro, posò su una stuoia qualosa per la colazione e insisté, sia pure senza autorità. Padroni a parte, mai nessuno si era permesso di contraddirlo così freddamente. C'era il pericolo che mi perdessi tra alveari di casupole costruite senza ordine. In più, con il buio, il villaggio diventava un luogo poco raccomandabile e lui era responsabile della mia incolumità. Gli ordini della signora Itis erano stati precisi. « Non lasciarlo un istante. Può avere bisogno di te in qualsiasi momento. È la prima volta che esce da solo... è come se si trovasse in un paese straniero. Se gli capita qualcosa, un solo graffio, ti faccio frustare a sangue. »

Il mio nuovo rifiuto l'ammutolì. Ero un uomo libero, sapevo leggere e scrivere, non avevo un'età da nutrice. Non essendo nobile, non perdevo la reputazione anche se andavo in giro senza servo. E poi, se qualcuno mi avesse aggredito, sarebbe stato proprio Digiau a togliermi dai guai? Sottile com'era, bastava una sberla per piegarlo in due.

A parte il compagno d'infanzia orafo che sicuramente non avrei trovato e l'ansia di conoscere Mereset e sua figlia Nefer, sentivo proprio il bisogno di assaporare la libertà sognata per anni. Mai mi ero trovato tra gente anonima, libera come me di barattare la loro roba, di conversare, ridere, scherzare, concedersi pause di ozio senza essere frustata. Era quindi un'esperienza nuova che m'incuteva timore e curiosità.

Mangiammo pane, formaggio, miele e frutta secca, poi scesi senza fretta e m'inoltrai tra le casupole, convinto che Digiau mi avrebbe seguito.

Erano davvero modeste abitazioni di fango e paglia, molte senza tetto, che delimitavano stradicciuole miserabili. Nei tratti di maggior respiro, bambini nudi si rincorrevano tra capannelli di donne querule e vecchi che sonnecchiavano nelle macchie d'ombra. I miasmi mozzavano il fiato.

Camminai per un buon tratto senza meta e senza idee, girandomi di tanto in tanto con il timore di vedere Digiau. Dov'era la casa di Peror? A sud di Menfi, in riva al Nilo. Ma a che distanza dal centro storico? Non avevo né un punto di riferimento né un'indicazione anche vaga che m'inducesse a scegliere una direzione. Conscio che senza aiuto avrei perso il mio tempo, mi rivolsi ad un pescivendolo. Purtroppo mi deluse. « Peror, scultore? Mai sentito. Prova a chiedere più avanti. »

Un tessitore di reti demolì le mie speranze. « Peror? In questo rione ce n'è uno ogni tre passi. Scultore? Il Peror di quella casa » m'indicò « un tempo scolpiva il legno. Chiedi a lui. Comunque se sei venuto per sua figlia fai un cattivo affare. »

Si trattava di una lurida capanna di pietre e canne, qualcosa che si poteva definire un cesso o un porcile. Vidi uscire un vecchio sporco, quasi nudo. Salutò una megera con una frase scurrile e mi passò accanto: sapeva di cadavere decomposto. Che delusione!

« Ehi, tu, ti chiami Peror? » gli chiesi, con la speranza che non fosse lo zio di Nefer.

« Pare di sì » gorgogliò fermandosi. « Che vuoi? »

« Sei il fratello di Kati, un tempo "nomarca" di Elefantina? »

« Nomarca di Elefantina? » scoppiò in una catarrosa risata. « No, mio fratello era faraone » disse suscitando ilarità. « Mia figlia invece lavora per gli uomini. Si chiama Nefer. Se credi... è dentro. Ti fa godere molto ed è onesta. »

Rimasi sui due piedi, incredulo, con gli occhi che facevano la spola dalla capanna al vecchio, già lontano. La concomitanza dei nomi non lasciava dubbi sulla loro identità. Kati si era illuso.

Amareggiato, decisi di tornare sui miei passi. Mi spiaceva per il mio maestro, ma in fondo era meglio così. Lui era "morto" davvero per la sua famiglia; io ero libero da impegni rischiosissimi. Fu una donnetta che mi fermò.

« Ho sentito che cerchi Peror lo scultore » mi disse. « Chiedi in quella taverna, nella piazzetta. Deve abitare molto avanti, in una casa isolata. Se è quella che ho visto è molto bella, sai! Comunque il taverniere ti sa dire anche il nome della scrofa che ha partorito il generale Pepinakht. Porco, lui e tutti quelli di Palazzo! »

Di colpo mi sentii gravare sulle spalle il peso di un'inquietante responsabilità. Eppure era un debito che dovevo pagare.

Dovetti attraversare un mercatino brulicante di povera gente. Avanzai con fatica tra spintoni, grida e un vociferare confuso, finché mi scappò l'occhio alle spalle e con sgomento vidi la testa di Digiau navigare tra il torrente di folla. Che guaio! Se mi aveva visto chiedere informazioni, gli sarebbe stato facile sapere, e per me sarebbe stata la fine di tante illusioni. Se invece mi aveva appena trovato, c'era ancora un mezzo per disfarsi di lui.

Entrai deciso nella taverna e vi trovai una ventina di ceffi seduti per terra o a rozzi tavolacci. Si discuteva in allegria, tra risate e frasi sconce. La mia presenza mutò l'atmosfera. Di colpo si fece silenzio e gli occhi si puntarono su di me. Mi affrettai a chiedere di Peror, ma dovetti ripetere la domanda. Ci furono lunghe consultazioni e finalmente si levò una voce:

« Non abita lontano. Sei scriba? »

Gli risposi di sì, specificando con una certa fretta che lavoravo per conto mio in una zona popolare di Menfi. Questa precisazione mi fu preziosa. Un uomo tondo e piuttosto anziano, che doveva essere l'intellettuale della compagnia, si soffiò il naso con le dita, le pulì nel gonnellino, si alzò e mi si fece accosto.

« Con quale mano scrivi? » mi chiese.

Gli mostrai la destra. Subito mi spiegò. Dovevo camminare lungo la strada, dalla parte opposta del mercato, fino a incontrare un tempietto di mattoni. Era di Min, dio della fecondità. Dopo questa costruzione dovevo girare dalla parte della mano con cui impugnavo il calamo, camminare finché non trovavo più case, ma solo orti. A cento passi c'era l'abitazione di Peror lo scultore, isolata, unita al Nilo da un viale di papiri. « Vuoi che ti accompagni? » mi chiese gentile.

Era stato molto chiaro e gli risposi di no. La presenza di Digiau richiedeva però una rapida soluzione. Ora che ero sulla strada giusta era da stolto tornare indietro, senza contare che se il ruffiano fosse entrato dopo di me il nome dello scultore avrebbe compromesso non solo la mia missione, ma anche la mia stessa incolumità. Cosa avrei detto a Itis? Peror voleva dire Nefer, Mereset, Kati, una tragedia. Poiché la donnetta di poco prima aveva parlato male di Pepinakht, dissi, a gran voce:

« Ehi, amici, per una buona bevuta vi sentite di menare le mani? »

Mi guardarono con un certo interesse, taverniere compreso. Erano pescatori, carpentieri, contadini, servi di stalla, fannulloni, uomini di malaffare, tutti robusti meno l'intellettuale.

« Spiegati meglio » mi chiese costui.

Fui molto chiaro. Appena fuori c'era un farabutto che lavorava come spia a favore del generale Pepinakht. Era dal mattino che mi seguiva. Lungo e magro, aveva il naso a becco e gli occhi di civetta, impossibile non riconoscerlo. Sotto il gonnellino aveva un pugnale che aveva sempre colpito alla schiena.

« È un sicario; lavora per i notabili che affamano il popolo. »

Il tempo di meditazione non superò un batter di ciglia. « Se è una spia va ammazzata » commentò una voce dal tono autorevole. « Lo facciamo fuori? »

Si levò un coro di consensi e vidi gli avventori ondeggiare. Buttai sul banco tre "pezzi" di rame per la birra e mi affrettai a spiegarmi meglio. Per la saggezza di Thot! Non dovevano ammazzarlo in pieno giorno. Era sufficiente un buon pestaggio. Ci voleva poco per trovare una scusa. Bastavano uno spintone, qualche insulto, uno sputo nelle mani per chi le preferiva umide, e giù botte. Uscito dalla taverna mi sarei fermato un istante accanto ad un venditore di reti per poi allontanarmi lentamente verso la casa di Peror. Loro dovevano agire appena io avessi oltrepassato il tempietto di Bes. « Una buona dose di sberle senza esagerare, amici. Fatelo scappare verso il fiume. »

Avevo trovato un'occupazione per gente che si annoiava. L'intellettuale uscì e rientrò subito. L'aveva identificato. Era fermo all'angolo, seminascosto, gli occhi fissi sulla taverna. Aveva proprio una faccia da spia.

« Andiamoci piano, amici » li avvertì « perché ha proprio ragione lo scriba. Basta una sberla mal dosata per ridurlo in un imbarazzante cadavere... ed è giorno di mercato... ci sono molti forestieri. »

Mentre in gruppo stavano prendendo accordi sul movente e sulla dose di botte, augurai a tutti buona bevuta e uscii. Finsi di pulirmi le labbra con il dorso di una mano, indugiai accanto all'uomo delle reti, m'incamminai quasi subito lungo la stradicciuola che curvava ad angolo retto poco lontano. Raggiunto il tempietto di Min, mi fermai indeciso. Che ne era di Digiau? Stava seguendomi? Oltre il frastuono del mercato, ormai lontano, non avevo udito urla o imprecazioni. Comunque pensai di non girarmi. Presi la direzione indicatami e in breve raggiunsi gli orti. La casa di Peror era di fronte a me, a un centinaio di passi, con il viale di papiri e un minuscolo appezzamento di terreno cintato. Vi pascolavano un asino e due capre. Forse a causa del mercato, negli orti non c'era nessuno.

Immobile su un sentiero sabbioso, la voglia di guardarmi alle spalle era pari alla trepidazione di sentire la voce di Digiau chiedermi come mai mi ero spinto in una zona così deserta. Purtroppo la casa di Peror era lì, testimone incontestabile delle mie vere intenzioni. Mi girai di scatto e sospirai: il servo era scomparso.

Un gruppo di oche segnalò la mia presenza e mi fermai ad un passo da un cancelletto di legno greggio. Si trattava di una casa a due piani, minuscola, di mattoni a vista, molto pulita. La circondavano alcuni alberi di carrubo e di fichi. In un cortiletto c'erano modesti blocchi di pietra, una slitta e sette capitelli a bocciuolo di loto chiuso.

Dalla porta uscì un uomo e mosse deciso verso di me. Era bianco di polvere e impugnava un grosso martello di bronzo. Ormai non avevo più dubbi sulla identità della casa. Avevo davanti proprio il Peror che cercavo. Anche se il viso dell'ex "nomarca" era mutilato, la somiglianza tra i due uomini era evidente: gli stessi occhi, la medesima fronte, l'inconfondibile mento deciso. Il modo di camminare era poi identico, a scatti, il tronco leggermente inclinato in avanti. C'era molto silenzio e si sentiva odore di fieno, gradevole come la presenza di una siepe di rose fiorite; alcuni cirri bianchissimi abbellivano il cielo.

« Ti chiami Peror? » gli chiesi molto emozionato.

Accennò di sì. Gli domandai se potevo entrare e finalmente udii la sua voce, piuttosto rude, piena come quella di Kati. Per almeno sei mesi non accettava lavoro, perché era impegnatissimo, mi avvertì, forse con la speranza che me ne andassi.

« Sono qui per parlarti di tuo fratello, un tempo "nomarca" di Elefantina. Mi ha inviato lui. »

Mi guardò incredulo, poi mi chiese dove l'avevo visto. Vinta la diffidenza, mi aprì e mi fece strada. Entrai in una stanza di quattro passi per cinque, il laboratorio. Il pavimento di terra battuta era in parte coperto di schegge di pietra. Bassorilievi raffiguranti scene di culto e divinità tappezzavano le pareti. Su un supporto c'era poi un blocco di calcare che stava assumendo le forme di un capitello uguale ai sette che avevo visto nel cortile. Qua e là scalpelli, cassette di polvere smeriglio, martelli e compassi creavano un disordine che altrove non c'era.

Peror mi pulì uno sgabello e si sedé su alcuni mattoni. Mi

pareva ansioso di sapere, le mani gli tremavano e lo sguardo era fisso, acuto. Mi chiese il nome e se ero di Menfi.

« Mi chiamo Hanis, scriba contabile presso il nobile Ipu-Wer. Sono nato a Sais ventisei anni fa, circa. »

« Ah, il capo della nobiltà d'Egitto! » mormorò senz'entusiasmo. « Parlami di Kati. Dove l'hai visto? »

Gli raccontai la lunga storia senza che m'interrompesse. Al termine mi pose alcune domande e capii che non sapeva delle amputazioni, per cui mi sentii in dovere di fargli conoscere tutta la verità. Con un tonfo il martello gli cadde allora dalla mano, poi Peror alzò il capo e mi guardò con angoscioso raccapriccio. « L'hanno ridotto così? » mormorò a testa china. « Criminali... assassini! Lo credevo in Nubia a scontare otto anni di schiavitù. Purtroppo il tempo è passato senza che Kati tornasse. Maledetti! »

Un cupo silenzio ci lasciò per qualche tempo divisi, ognuno con i proprii pensieri, e i miei dovevano essere meno pesanti dei suoi, a giudicare dal suo viso disfatto. L'ombra di Digiau m'indusse però a rompere gl'indugi. Gli chiesi dove fossero Mereset e Nefer. Come risposta mi anticipò un desolante dondolìo del capo. La moglie di Kati era morta l'anno prima di crepacuore e Nefer... era di sopra.

« Sì, di sopra, scriba Hanis, ma è come se non ci fosse. Comunque se la vuoi vedere non ho nulla in contrario. »

Mentre Peror si copriva il viso con le mani, disperato, mi chiesi che cosa poteva esserle successo, perché non avevo ancora udito la sua voce, nessun rumore. Il soffitto era di assi vecchie, per cui sarebbe bastato un passo anche leggero per sentirlo scricchiolare. « È come se non ci fosse » aveva detto Peror. Perché? Era forse malata grave, paralitica, cieca, menomata... o morta e mummificata?

Finalmente lo scultore infilò una scaletta addossata alla parete. Gli tenni dietro. Entrammo in una stanzetta arieggiata e pulita, arredata con pochi mobili disposti con gusto: due lettini, un tavolino e tre sgabelli, un cofanetto per lini, una stuoia. Su una poltrona imbottita, di fronte all'unica finestra, c'era una fanciulla che vedevo di scorcio, le mani posate sui bracciuoli, i piedi su uno sgabello. Al collo aveva monili di poco valore.

Mentre stavo chiedendomi perché non si fosse girata al rumore dei nostri passi, Peror mi disse:

« Eccola, questa è mia nipote, la figlia di Kati e Mereset. »

Più perplesso ancora, avanzai cautamente, con il dubbio che fosse sorda e anche cieca. Raggiunta la finestra, per qualche tempo fui incapace di pronunciare una sillaba: ero esterrefatto. Avevo davanti una fanciulla sui diciassette-diciotto anni il cui viso mi era familiare. Per l'illuminato Thot, sposo di Maat! Era quello di Iside, e cioè della statua che al campo di Ra mi aveva affascinato. La scultura che avevo adorato come dea e amato come donna era sicuramente uscita dalle prestigiose mani di Peror e sua nipote doveva essere stata la modella. In più Nefer aveva due grandi occhi neri, leggermente obliqui, fissi oltre la finestra. A ben guardarli pareva seguissero con interesse le chiome piumate dei papiri ondeggianti alla brezza. Il suo viso era però assente e sereno.

La mia perplessità indusse Peror ad avvicinarsi.

« Ripete solo ciò che le si dice, e non sempre » mi spiegò. « Non ricorda nulla del passato. Se la chiami ti guarda, magari ti tocca, ma non riconosce nessuno. Da oltre due anni è ridotta così, scriba Hanis. Se fosse morta sotto i colpi dell'aggressore sarebbe stato meglio. »

Non capivo granché. Tuttavia la chiamai ed ella mi guardò con vacua fissità, come se fossi trasparente. Subito mi ignorò, ancora attratta dai ciuffi di papiro o dal cielo terso, azzurro ialino. Il suo viso era di un candore purissimo e i tratti di rara finezza. Era stata una dea che mi aveva fatto sognare il prototipo di donna che sentivo di amare e ora l'avevo davanti. Purtroppo la sua mente era spenta. Ben pettinata, il seno acerbo le incurvava appena il modesto vestito. Senza dubbio era lo zio ad interessarsi anche della sua pulizia.

« Nefer, ricordi tuo padre Kati? » le chiesi.

Solo il batter delle ciglia e il ritmo del respiro mi fecero intendere che era viva. Allora con un gesto istintivo le accarezzai i capelli nero ebano e mi scostai. Peror mi fece un cenno e lo seguii a malincuore in un cortiletto ombreggiato. Ci sedemmo su una panca.

« Scriba Hanis, gradisci una ciotola di birra? » mi chiese.

Gli accennai di sì, ancora frastornato dalla inattesa visione. Mentre lo scultore si allontanava, mi chiesi se Kati avesse riconosciuto nella immagine di Iside il viso della figlia. Sicuramente no, perché l'aveva lasciata oltre dieci anni prima, quando era ancora bambina. Aveva solo saputo, ricordavo, che ella stava frequentando la Casa della Vita di Menfi per conseguire il titolo di aiuto scriba, segno quindi che doveva possedere un'intelligenza viva, considerando la severità dei Maestri Templari. Che cosa potevo fare ora per lei? Perché era ridotta così? « Se fosse morta sotto i colpi dell'aggressore sarebbe stato meglio » aveva detto Peror. Quali colpi? Era stata aggredita? Da chi e per quale motivo?

Tornò lo scultore e mi porse una ciotola di birra troppo scura per essere buona. Si sedé su un blocco di calcare, di fronte a me, attese che bevessi. Era acida e calda. Me ne accorsi dopo.

Conoscevo Peror da poco tempo e non potevo certo giudicare la sua personalità. Tuttavia mi bastò per stimarlo un uomo scontroso, di poche parole, amante della solitudine e del silenzio. Inaspettatamente però non attese le mie domande. Posata la ciotola, mi raccontò una lunga e dolorosa storia che, oltre al dispiacere per ciò che era successo a Nefer, mi lasciò alquanto preoccupato, perché la complessa faccenda m'interessava da vicino. La fanciulla, che lui aveva fatto studiare a costo di enormi sacrifici, aveva trovato un posto di aiuto scriba a Palazzo grazie all'interessamento del sommo Hornifer, soddisfatto della scultura di Iside. Nefer aveva lavorato per sei mesi alle dipendenze di un certo Weni, primo scriba di Corte, passato poi a occupare la carica di amministratore capo delle imposte. Poco tempo dopo questo Weni, coinvolto nei perenni intrighi di Palazzo, fu atteso inutilmente in ufficio. La sera prima aveva cenato con amici e colleghi, poi era scomparso con la stessa rapidità con cui era sparito il suo predecessore Panef. La carica fu ricoperta dal funzionario Tui e Nefer lavorò alle sue dipendenze per un paio di mesi. Fu lo stesso Tui che un mattino trovò il corpo di Nefer nell'archivio, in una pozza di sangue. La fanciulla fu curata per diretto interessamento di Sua Maestà e del nobile Ipu-Wer. Gravemente menomata e inservibile come scriba, fu ovviamente allontanata da Corte. Tuttavia un collegio di medici-stregoni si era sempre interessato di lei. Almeno una volta al mese costoro giungevano su lettighe e la visitavano con cura. Purtroppo Peror aveva avuto l'impressione che essi fossero soddisfatti di trovarla sempre incapace di intendere e di volere.

« Una famiglia distrutta, scriba Hanis » aggiunse con gli avambracci sulle cosce e il capo penzoloni. « Ti rendi conto che Nefer non ha ancora diciotto anni? »

Mi raccontò che durante gli anni di studio l'accompagnava alla Casa della Vita tutte le mattine, a volte in barca, a volte a dorso d'asino, e tornava a prenderla puntuale nel tardo pomeriggio. Allora lui possedeva un gregge di pecore, oltre cento, venti capre e sei asini, una fortuna accumulata lavorando dal crepuscolo al mattino, al lume delle torce. Per farla studiare e rimettere in sesto la casa aveva venduto tutto. In più aveva regalato la statua di Iside al sommo Hornifer per il posto a Corte: tre anni di lavoro.

« Ho visto la scultura, Peror. È magnifica. Hai preso come modella tua nipote? » gli chiesi.

« Proprio lei. Finito il capitello inizierò un mezzo busto per la mia Eterna Dimora... anche se spero di raggiungerla in età veneranda: Nefer non ha più nessuno ormai. »

Ero perplesso, molto preoccupato e scosso dalla visione di tristi presagi. Tra l'altro mi turbava il pensiero che alla fanciulla, mentre era sola, potessero succedere altri guai. Dovevo aiutarla. Kati me l'aveva chiesto con tono di supplica. Come? Non ne avevo la minima idea. Chi l'aveva aggredita? Il mistero era rimasto tale. Mi raccontò Peror che s'era recato dal visir per conoscere l'esito delle indagini ed era stato allontanato da alcuni sgherri a spintoni. Il nobile Ipu-Wer l'aveva invece ricevuto e s'era dato da fare con la collaborazione del capo delle guardie Ahuri. Purtroppo essi avevano incontrato un impenetrabile muro di omertà e le indagini si erano arenate. Si venne solo a sapere che Nefer era rimasta in ufficio con un collega oltre l'orario normale per sbrigare del lavoro arretrato. Qualcuno l'aveva chiamata in archivio, una voce maschile, e il collega non l'aveva più vista. Convinto che fosse rincasata, costui se n'era andato sul tardi.

Dopo l'aggressione erano circolate voci discordi. C'era chi giurava che a colpirla era stato l'uomo che l'aveva chiamata, una spia cui interessavano certi documenti custoditi nell'archivio; chi invece che si trattava di una vendetta sentimentale. L'ipotesi però che Nefer conducesse una doppia vita era da scartare, perché tutti la conoscevano come una fanciulla tranquilla, alquanto timida, dedita al lavoro e alla casa.

Dovevo andare perché il sole era basso e la strada molta. Tuttavia chiesi a Peror se Nefer non gli avesse mai parlato di qualcuno che la molestava. Sì, il suo capo, lo scriba Weni, si era comportato con poca serietà nei suoi confronti e lo stesso generale Pepinakht l'aveva importunata spesso con frasi sciocche e proposte oscene.

Ora tutto era chiaro come la luce del sole... o quasi. Itis, Digiau, Panef, Weni e Nefer erano i personaggi di un dramma che probabilmente non s'era ancora concluso. Kati era stato la prima vittima di una pazza, nelle cui mani adesso ero io e purtroppo, almeno per ora, non avevo nessuna possibilità di svincolarmi.

« Tua nipote riesce a camminare o è anche paralizzata? » gli chiesi.

Mi mostrò il viale di papiri. Nel tardo pomeriggio, quando il sole era sopportabile, la faceva camminare fino al Nilo, insegnandole le parole più elementari. La fanciulla, però, le ripeteva senza capirne il significato.

Sicuramente lo scultore, la cui generosità e mitezza di carattere mi avevano colpito, lesse nei miei occhi un vago desiderio, perché si alzò pregandomi di attenderlo. Poco dopo sentii i gradini scricchiolare e me lo rividi di fronte con Nefer. Non troppo alta, era davvero una stupenda creatura. I suoi occhi, tragici nella loro fissità, lasciavano trasparire dolcezza e felicità interiori. Forse al di là della realtà che stava vivendo, ella vedeva in un mondo fiabesco dove imperavano la quiete e la bontà.

Peror prese la nipote sotto braccio e mi pregò di seguirlo. C'incamminammo lentamente e in silenzio lungo il viale, con gli uccelli canori che salutavano il sole al tramonto.

Vedendola muoversi con disinvoltura mi pareva impossibile che non fosse in grado di usare l'intelletto. Avanzava a passi decisi, lo sguardo fisso davanti a sé, il viso impenetrabile. In riva al Nilo Peror colse un fiore e glielo mostrò.

« È il fiore, Nefer. Ripeti: il fiore » le disse.

Inaspettatamente udii la sua voce, tenera come quella dell'usignolo che gorgheggiava su di noi, alla sommità di un ramo.

« Fiore » mormorò.

« E quello è il fiume, lo vedi? Ripeti: il fiume. »

« Fiume. »

« E questo giovane è lo scriba Hanis. Prova a ripetere: Hanis... Hanis. »

Ella mi guardò con infantile innocenza, poi mi tasteggiò il viso come un cieco che cerca di delimitarne i contorni. La sua voce si udì appena:

« Hanis... »

Era quasi sera. Fui io a condurre Nefer a casa. Per la saggezza di Thor, Maestro della parola! Avrei voluto che il tempo si fermasse e il nostro cammino avesse per meta l'orizzonte di fiamma su cui indugiava il sole. Invece dovetti affrettarmi, perché la sorte di Digiau era oscura e preoccupante. Mi aveva seguito da lontano? Tremai. L'avevano ammazzato? Poco male, anche se mi attendeva qualche dispiacere. Gli avevano rotto le ossa? Sarebbe stata una fortuna.

Pregai Peror di non dire nulla della mia visita e lo rassicurai: per nessun motivo avrei abbandonato Nefer. Forse non mi avrebbe rivisto per molto tempo, un mese o due, avevo impegni. Tuttavia sarei tornato.

Quando lasciai lo scultore mi affrettai a raggiungere la barca con la speranza che i... miei amici della taverna non avessero davvero esagerato. Con quale scusa avrei giustificato il ritardo? Non ce ne fu bisogno. Coricato sul natante, Digiau era gonfio e nero come un fico. Aveva un occhio chiuso, il labbro inferiore spaccato, due denti mancanti e un campionario di bernoccoli da suscitare le risa. Un marinaio gli stava bagnando le ferite, ma era tutto da bagnare.

« Digiau, cos'è successo? » gli chiesi con una mimica da commediante.

Non lo sapeva con esattezza. Da una taverna erano usciti una ventina di energumeni, uno gli aveva dato uno spintone, un altro aveva gridato ai quattro venti che era una spia di Pepinakht... e giù botte. « Povero me » disse roteando l'occhio buono « hanno usato pugni, calci, bastoni e cinghie di cuoio. Furfanti! Mi recherò dal visir, voglio che sia fatta giustizia. Io spia di Pepinakht! C'è stato uno scambio di persona. Guarda le mie gambe, Hanis! »

Erano sbucciate da cima a fondo, una pietà. Gli dissi qualche parola di conforto e ordinai ai vogatori di affrettarsi sia per poter affidare Digiau alle cure di un medico sia perché non avevamo torce e la luna si alzava tardi.

Mentre la barca scendeva rapidamente il fiume, i lamenti di Digiau si facevano sempre più pietosi. Dopo avergli rinnovato la pezzuola bagnata sull'occhio tumefatto, gli misi alcuni stracci sotto il capo e lo pregai di rimanere immobile: doveva avere qualche osso spezzato.

« A casa c'è il medico personale del nostro padrone che è molto bravo » gli dissi. « Pensa che sono entrato anch'io in una taverna per bere qualcosa, ho fiutato aria di procella e ho guadagnato in fretta l'uscita. Se ti avessi visto ti avrei consigliato di cambiare aria. Prega Iside, per ora. »

Digiau quasi non mi ascoltò. Ebbi l'impressione che stesse morendo... e forse sarebbe morto se non si fosse chiamato Digiau, una carogna che un anno più tardi riuscì a sopravvivere anche ai colpi furibondi di un uomo ridotto all'esasperazione: i miei.

Mi accoccolai a poppa. Avevo bisogno di solitudine per pensare in quale modo avrei potuto aiutare Nefer. Le visite periodiche dei medici-sacerdoti erano strane, ma non troppo. Indubbiamente c'era qualcuno che aveva bisogno di sapere con esattezza se la fanciulla era sempre smemorata. In caso contrario ella sarebbe stata un incomodo personaggio da sopprimere o per vendetta o perché aveva visto troppo. Legato com'ero agl'interessi di casa Ipu-Wer, con Itis che mi lasciava appena il tempo per respirare e con Digiau sempre alle calcagna, non ero in grado di muovermi a volontà. Ecco, forse sarebbe bastato un servo scaltro e coraggioso ai miei ordini. Era un'idea. Dovevo però cercarlo altrove, nei bassifondi di un'altra città. Che cosa mi avrebbe detto Itis? La padrona era lei. Nella sua villa almeno una decina di servi erano inutili e sicuramente me ne avrebbe dato uno dei suoi, Neferptah per esempio, il nubiano addetto alla pulizia della mia camera, o lo stesso Digiau, per cui non avrei risolto nulla. Privo di idee precise, con il pensiero ancorato a Nefer, convenni che, almeno per ora, l'unica strada da seguire era quella che avevo intrapreso: fingere di amare intensamente Itis. Ciò equivaleva a dover soddisfare fino alla nausea l'insaziabile sete sessuale che la rodeva.

IX

Durante il secondo mese di Perit, appena dopo la semina, in casa Ipu-Wer ci furono tre grandi feste volute da Itis. La nobil donna mi confidò, in un momento di profonda intimità, che intendeva introdurmi a Corte, per cui i fastosi convivi da lei organizzati rappresentavano il mezzo migliore per farmi conoscere dall'alta nobiltà d'Egitto. Il primo fu dato in onore dei notabili e dei sommi sacerdoti; il secondo per i funzionari regi e il terzo per gli scribi e i sacerdoti minori. La sua mente geniale aveva tutto predisposto perché fossi al centro dell'unanime attenzione. Conobbi così il prefetto di Palazzo Ti-teti e il visir Issi, responsabili di avere distrutto Kati; il generale Pepinakht e il nobile Ahi, ministro del Tesoro; il primo Profeta di Ra, saggio Hornifer, e altri funzionari che si atteggiavano a semidei. Ti-teti e Issi mi fecero una pessima impressione. Piuttosto anziani, corti e massicci, sembravano i prodotti di un parto gemellare. Le domande che essi mi posero finirono per mettermi a disagio. Per fortuna intervenne Itis. Allora i loro visi s'illuminarono di servile accondiscendenza e mi usarono molti riguardi. Pepinakht era invece gigantesco. Al fisico monolitico, vecchio di cinquant'anni, ben si adattavano la voce tonante e gli occhi felini. Si trattava però di uno scapolone più portato agl'intrighi di Corte che alle glorie militari. Quasi sempre a Menfi... impegnato negli ozi di Palazzo, mandava il suo vice, generale Sebni, a rischiare la pelle nella selvaggia Nubia o nel deserto. Lui si limitava a sortite fulminee e sanguinose, con forze ingenti, per soffocare moti insurrezionali o per distruggere piccole bande di beduini abituate al saccheggio dei villaggi di confine. Comunque si trattava di una personalità di primo piano e Itis mi presentò come se fossi l'incarnazione del dio Thot, primo scriba d'Egitto. Pepinakht poteva molto, anche se a Corte non godeva le simpatie di tutti. Nonostante si reputasse un fedele servo di Sua Maestà regnante, non era affatto dell'idea di lasciare ancora Pepi sul trono, vecchio com'era. Come successore non vedeva di buon occhio Merenrè, uomo ambiguo, particolarmente sensibile alle richieste del popolo. Preferiva il fratellastro Neferkharè o la sorella Nitocri, notoriamente conservatori irriducibili. Pepinakht faceva quindi pressione in tal senso sul tempio di Ra, arbitro di ogni decisione, e sul Consiglio dei Dieci, anche se il suo sogno, a detta di Itis e di Ipu-Wer, era di fondare una nuova Dinastia con se stesso capostipite di una nuova serie di sovrani.

Assenti Pepi II per via dell'età e sua moglie Pepiankhenes a causa di una lussazione a una caviglia, ospite d'onore fu quindi Merenrè. Solenne e maestoso, nella pur marcata e precoce decrepitezza, e più sordo di suo padre, s'interessò molto di me, della mia vita di schiavo e della rapida carriera che mi aveva portato a farmi stimare dal nobile Ipu-Wer e quindi dalla classe dirigente. Naturalmente dopo questo colloquio fui preso d'assalto dalle fanciulle e il viso di Itis diventò duro e ammonitore.

La festa durò dal tardo pomeriggio fino al mattino, per cui i visi di molte dame, restaurati per l'occasione, calarono di tono e ridiventarono grinzosi. Da parte loro i vecchi notabili, ormai satolli, si isolarono per parlare di Sitra, la donna guerriera divenuta mito presso il popolo. Tutti parlavano di lei, della sua fine ormai prossima e della necessità di varare nuove leggi per colpire più duramente chi evadeva le imposte. Ne parlavano tra risate e frasi minacciose, proprie di chi è sicuro del fatto suo.

Itis, bionda come foglie autunnali di betulla, sempre per via dei vapori di zolfo, attese che la festa languisse per distribuire i vini migliori. Poco dopo, al termine di una danza di schiave che aveva reso euforico perfino il paralitico Bui, primo consigliere di Sua Maestà, ella stimò giunto il momento per strappare ai potenti di Corte promesse a mio favore, tant'è che un mese dopo fui assunto a Palazzo come primo scriba alle dipendenze di Ahi, direttore del grano e del regio tesoro, e in piena stagione di Chemu destino volle che si rendesse ancora vacante il posto di amministratore capo delle imposte, carica tenuta prima da Panef e poi da Weni. Tui, che da un paio d'anni aveva sostituito Weni, mi aveva subito allarmato per le sue stranezze. Dapprima restìo a lavorare in un ufficio che stimava maledetto, aveva finito per accettare. Ben presto però il poveretto aveva subito il clima nefasto di quelle pareti. Un giorno annunciò solennemente di essere il dio Ra. Tutte le notti invitava a convivio gli altri dei e di giorno aiutava noi, miseri mortali, con la sua mente divina. Al termine di una giornata particolarmente laboriosa, Tui mi mandò a chiamare nel suo ufficio per presentarmi alla dea Hathor, al dio Ptah e ad altre divinità minori. Davanti a me non avevo però che la parete bianca e nuda. Un mese più tardi Tui fu trovato in atteggiamento devozionale con gli occhi di pietra. I medici sentenziarono che era impazzito e gli aprirono il cranio per liberarlo dagli spiriti maligni. Addormentato con una soluzione di Papavero Sonnifero mal dosata, il poveretto non si svegliò più. Ancora una volta l'ufficio maledetto aveva quindi mietuto una vittima. Si sussurrava infatti che tra le sue mura imperasse la dea Sekhmet, malvagia e assetata di sangue, insediata a Palazzo a causa degli influssi malefici provocati dal cosiddetto popolaccio, tassato con ferocia da una classe di parassiti che scialava a piene mani.

Poiché nessun funzionario intendeva rivestire la carica di amministratore capo delle imposte, Itis si recò da Issi e da Pepi. Con la sua abilità riuscì a innalzarmi alla carica di ministro, per cui non ebbi difficoltà ad insediarmi in quell'ufficio. Dopo anni e anni di schiavitù ero diventato coriaceo, insensibile alle dicerie e alle superstizioni, perciò non temevo certo di fare la fine dei miei predecessori. D'altra parte quella carica mi dava la possibilità di aiutare la povera gente e di conoscere più da vicino il motivo che aveva indotto la misteriosa Sitra a organizzare forze eversive.

Presi possesso del mio ufficio senza particolari cerimonie. Situato al primo piano della reggia, vi si entrava da un corridoio e con sei lunghi passi si raggiungeva l'unica finestra, aperta sul giardino. Era arredato con semplicità, un tavolo da lavoro, sgabelli, molti cuscini sparsi sui tappeti, tre scaffali pieni di fogli arrotolati, due scrigni, un bassorilievo raffigurante Maat e una piccola sfinge di alabastro. Un uscio in abete del Libano lo collegava con una sala dove lavoravano una ventina di scribi alle mie dipendenze e tre fanciulle addette alla ricopiatura di particolari conteggi. Una di queste era Meret, figlia di un notabile molto amico di Ipu-Wer. Piccola e grassoccia, alquanto insulsa, aveva preso il posto di Nefer per diretto interessamento del nobile menfita. Sebbene ancora giovane, era alla disperata ricerca di un marito, aiutata dalla madre, donna dal fisico ingombrante e dalla personalità passabile solo quando sorrideva in silenzio.

Ci vollero mesi e mesi perché mi ambientassi, anche se il capo contabile m'illustrava giornalmente, con la minuziosità di un funzionario pignolo, il complesso meccanismo con cui venivano tassati i sudditi e l'ammontare delle imposte pagate dai vari "nomi" o province. Non feci quindi nessuna fatica a stimare la situazione economica decisamente disastrosa: le spese superavano di tre volte le entrate.

Non passò molto tempo che il mio collega Ahi, del Tesoro, mi consigliò di aumentare le tasse del trenta per cento, una pazzia. Il mio rifiuto gli dipinse sul volto un sorriso ironico.

« Anche se sei protetto da Ipu-Wer, Neferohu e tacitamente dal sommo Hornifer, il Consiglio dei Dieci è in grado di farti cambiare atteggiamento » mi avvertì, con la speranza di indurmi all'obbedienza. Ahi aveva almeno vent'anni più di me. A sentire Itis era un essere subdolo, poco tenero con il debole e rispettoso con il potente. Il capo contabile Uni me l'aveva poi descritto come un uomo ambiguo, macerato di cattiveria. Gli scribi alle sue dipendenze non fiatavano una parola di troppo senza incorrere in sanzioni.

« Lo credo » gli risposi. « In tal caso però tutti sapranno che non sono stato io a prendere questa stolta decisione. Da Palazzo le notizie si propagano alla velocità del vento. »

« Perché la definisci una stolta decisione? »

« Per il semplice motivo che imporre nuove tasse all'attuale contribuente è come spremere uno straccio cotto dal sole. »

« E allora a chi vuoi chiedere questo sacrificio? Le leggi sono leggi, caro Hanis. »

« Lo so. Per evitare la catastrofe non c'è ormai che un mezzo: regime di austerità e abolizione dei privilegi. Nel nostro paese incombono interrogativi drammatici, nobile Ahi. Il popolo non ha nessuna fiducia in chi lo governa. Tra questo Palazzo e la massa dei sudditi c'è una frattura netta. Ecco perché è sorto il mito Sitra. »

Mi guardò grintoso. « Allora, secondo te bisognerebbe togliere l'esenzione fiscale a chi gode, per diritto divino, di questo privilegio? »

« Esatto. »

« Incredibile! Sì, è davvero incredibile, una proposta che non dovrebbe uscire dalla bocca di un funzionario regio. Riferirò al Consiglio. »

Malgrado le insistenze di Ahi fui irremovibile. Ben presto però mi accorsi di occupare l'unico posto rifiutato dagli alti notabili, sia perché essi erano in grado di influire su chi rivestiva questa carica, sia per evitare le maledizioni dei contribuenti. Chi più chi meno, tutti coloro che avevano lavorato in questo ufficio erano finiti male.

Trattato quindi con ostilità dai miei colleghi e non avendo ancora le credenziali in regola, a detta di Itis, per discutere a tu per tu con Pepi o con il visir Issi, mi recai al tempio di Ptah, da Neferohu. Lo trovai rintanato in uno squallido sacello trasformato in pensatoio. Mi ascoltò con molta attenzione e, come tutti i saggi, mi rispose senza dilungarsi. Innanzi tutto mi redarguì perché mi ero recato da lui solo ora, pressato dalla necessità. Poi la sua voce assunse un tono decisamente grave: « Cerca di essere cauto nel colpire chi non possiede beni e più cauto ancora nell'aggredire chi ne possiede troppi, perché può farti cadere in disgrazia nell'arco di un giorno. Devi prima acquisire prestigio ed esperienza. Solo allora capirai in che modo è governato il nostro paese. Io però lascerei quanto prima questa carica e cercherei lavoro altrove come scriba. Caro Hanis, lo stato che spreme i contribuenti e poi sperpera a piene mani è destinato a frantumarsi come un vaso d'argilla. A rimettere insieme i cocci ci vuole un uomo accorto che non abbiamo. Purtroppo Pepi è vecchio. In più ha sempre amministrato con poca saggezza. I suoi figli mancano di capacità e si odiano. Merenrè, tutt'altro che sordo alle richieste del popolo, si destreggia come può. I suoi più acerrimi nemici sono i fratellastri Neferkharè e Nitocri. Il Consiglio dei Dieci? È composto di notabili che non vedono più in là del proprio naso. Da decenni e decenni essi hanno il culto della propria persona, si scannano con ferocia pur di non perdere il posto di comando e camminano con indifferenza sul cadavere del proprio congiunto piuttosto che rinunciare a una sporca misura di grano. »

Avevo accennato solo vagamente a Itis, senza tuttavia lasciarmi sfuggire il nome di Nefer, in quanto gli avrei posto problemi tanto complessi da richiedere una lunga premessa e una certa confidenza. Ma Neferohu, dopo che l'ebbi salutato, mi fermò con un cenno e aggiunse:

« Hanis, se vuoi avere qualche possibilità di sopravvivere ignora la nobil donna Itis, incarnazione dello spirito del male. Che gli dèi possano guidare i tuoi passi! Torna a trovarmi. »

Cercai di seguire parte dei suoi consigli. Purtroppo mi accorsi che nel mio ufficio comandavano tutti, dal generale Pepinakht al prefetto Ti-teti, dal visir Issi al sommo Hornifer, quasi sempre a Corte. Giornalmente ricevevo poi pressioni e minacce, raccomandazioni e ordini da notabili mai visti. I tentativi di corruzione erano frequenti e invitanti. Itis, inoltre, era il mio supervisore. Veniva spesso a controllare cose segrete senza che io potessi oppormi, perché, tra l'altro, conosceva quelle dei più importanti dicasteri e mi suggeriva consigli con cognizione di causa.

Pressato da ogni parte, fui costretto a capitolare. Aumentai così le tasse del trenta per cento, suscitando un coro di proteste. Un mese dopo il capo contabile Uni, desolato, mi annunciò che molti egiziani avevano messo in pratica la magia nera per annientarmi. Infatti furono trovati nei cortili di Palazzo alcuni Testi di Esecrazione, e cioè cocci di vasi con inciso il mio nome deturpato da graffiature e, qualche giorno più tardi, statuette in frantumi. Riunendo i pezzi si poteva leggere su di esse la parola Hanis. Secondo credenze vecchie di secoli, era questo il mezzo sicuro per distruggere una persona. Povero me! Dovevo quindi prepararmi a subire davvero una morte violenta? Sempre Uni mi avvertì che il povero Tui, mio predecessore, s'era accanito contro la povera gente e la magia nera l'aveva annientato. Si sussurrava infatti che qualcuno, mentre dormiva, gli aveva tagliato una ciocca di capelli. Legata stretta a un'altra prelevata da un morto, e poi tutte e due alla gamba di un falco ammaestrato, le ciocche erano volate per ore e ore sul deserto. Il falco era tornato alla casa dello stregone e Tui era impazzito. Questi erano due esempi dell'azione nefasta prodotta dalla magia nera.

« Fa' quindi attenzione ai tuoi capelli, scriba Hanis, » mi avvertì paterno « e non ungerti con unguenti sconosciuti. Theri lavorò in questo ufficio prima di Panef per ben quattro anni. Ebbene, qualcuno gli regalò un unguento sicuramente composto di sterco di scimmia stemperato in acqua di rose. Purtroppo il poveretto se lo applicò sul viso per combattere le lentiggini e in tre giorni diventò rugoso come un vecchio babbuino. Dalla vergogna se ne andò da Palazzo, forse in Oriente. »

La vita di schiavo era ormai un pallido ricordo e non mi rammaricavo. Tuttavia quella che stavo conducendo mi riempiva di sconforto. Guadagnavo bene e occupavo un posto di prestigio. Se fossi riuscito ad assuefarmi al clima di Palazzo sicuramente sarei arrivato più in alto ancora. Purtroppo vivevo giorni di tensione e notti insonni, con l'animo sospeso tra la volontà di denunciare ai quattro venti lo stato di decomposizione in cui era caduto l'Egitto e il sospetto che il capro espiatorio fossi io, innalzato alla carica di amministratore capo delle imposte per far cadere su di me le ire del popolo e della stessa classe privilegiata: il primo si vedeva tradito da un uomo che aveva avuto i suoi stessi problemi, la seconda mi giudicava partigiano, nemico della classe sociale che si riteneva l'ossatura dello stato. Perché non mi era concesso di avvicinare il faraone? Semplicemente perché non facevo parte del Consiglio dei Dieci. Purtroppo c'era da chiedersi se Pepi aveva ancora autorità. Pareva di no.

La logica del dubbio mi spinse a interpellare ancora Neferohu. Reduce da una noiosa malattia, il suo viso aveva accentuato i segni dell'età. Questa volta, spinto da un incontrollato desiderio di confessione, gli raccontai anche degli amori adulterini che mi legavano a Itis e delle tragiche condizioni in cui si trovava Nefer, che ormai vedevo un paio di volte al mese con gravi rischi per la mia e la sua incolumità.

Neferohu tardò a rispondermi. Il suo prolungato silenzio m'indusse a meditare sulle reali condizioni della mia vita, sempre più complesse. Rabbrividii. Impegnato com'ero, i giorni scivolavano via tutti uguali, con il pensiero sempre teso dal sospetto che qualcuno scoprisse i miei rapporti con Peror e la nipote. Purtroppo Digiau era ancora vivo e vitale.

La voce del Profeta mi riportò al presente immediato. Mi disse che non erano le gioie a riempire la vita e neppure i godimenti dei sensi, ma le ansie e i dolori. Dovevo quindi lasciare in fretta la carica di amministratore capo e la stessa Itis, se non volevo fare la fine dei vari Panef, Weni e Tui. A Palazzo c'erano forze occulte che colpivano senza pietà e la mente che le muoveva non poteva essere che di questa donna. La rivoluzione era imminente, con Sitra decisa a cancellare anche il ricordo di una classe corrotta, abituata al malgoverno e al sopruso. Nefer, inoltre, rappresentava un'esca che presto o tardi avrebbe permesso a Itis di annientarmi.

Ero perplesso, anche se i consigli di Neferohu erano scontati. Staccarmi da Itis! In che modo? Ormai la conoscevo troppo bene. Mi avrebbe fatto sopprimere o inviato in un campo di schiavi peggiore di quello del tempio di Ra. Ignorare Nefer, poi, non era possibile, sia perché era la figlia di Kati, sia perché la pietà che mi aveva legato a lei si era ormai trasformata in affetto. Almeno per ora non avevo quindi nessuna possibilità di cambiare volto alle mie giornate. A Corte, accanto al mio ufficio, avevo due camerette e un servo per il vitto e la pulizia. Era il mio alloggio, adatto per uno scapolo. Tuttavia dovevo recarmi ogni sera alla villa di Ipu-Wer e subire Itis con il suo delirante bisogno di possesso. Dietro suo ordine, degenerato ben presto in una scenata deprimente, dovetti allontanare dal mio ufficio le tre fanciulle, Meret compresa, e accettare gli inviti a festicciuole solo se erano rivolti anche a lei.

Chiesi a Neferohu, rintanato nella penombra del pensatoio: « Si dice che il mio ufficio sia maledetto... e forse lo è davvero, perché comincio a dubitare delle mie facoltà mentali. Che ne pensi? »

« Itis è maledetta, non il tuo ufficio. »

« Che fine hanno fatto Panef e Weni? Dovresti saperlo, saggio Neferohu. Tui l'ho visto soccombere con i miei occhi. »

« Non c'è mistero » mi rispose prontamente. « Sono stati sottoposti a giudizio e inviati in una miniera del sud, pare in Nubia, nella Terra di Kush. I criminali di Palazzo hanno cioè usato la stessa tecnica con cui hanno demolito Kati. Comunque meno ficcherai il naso in queste cose e meno guai ti cadranno sul capo. Inoltre, se non te ne andrai da Menfi, subirai la loro sorte. »

« E di Nefer » gli chiesi ancora « sai qualcosa? Chi l'ha colpita e perché? »

« So solo che Weni e Pepinakht la molestavano. Può darsi che sia stato uno di loro o una vendetta della stessa Itis. Hanis, vattene da Menfi. Domani potrebbe essere tardi. Eviterai di tradire ancora la stima di Ipu-Wer, e cioè di un uomo che ti tratta come un figlio; di mettere in pericolo Nefer; di subire le ire del popolo, perché il Consiglio dei Dieci ti costringerà a imporgli nuove imposte; di essere uno dei bersagli preferiti della rivoluzione. Se non mi dai retta non ho più consigli da darti. »

Aveva ragione. Dovevo andarmene al più presto, sparire in un luogo remoto. Tuttavia non era ancora il momento. Che da tempo tradivo la fiducia di Ipu-Wer lo sapevo e mi vergognavo. Quante volte non avevo avuto il coraggio di guardarlo negli occhi! Ultimamente mi aveva anche promesso di donarmi un piccolo appezzamento di terreno alla periferia di Menfi, perché, mi aveva precisato « la mia diletta consorte ha ragione. Quando si occupano certe cariche bisogna essere grossi proprietari per godere stima e rispetto. In caso contrario l'abilità e la rettitudine di un funzionario saranno sempre soffocati dalla potenza altrui. È triste, ma è così. Questo terreno rappresenta quindi un dono d'incoraggiamento ».

Feci presente a Neferohu che, oltre ad avere dei doveri verso Kati, amavo intensamente Nefer e non mi sentivo quindi di abbandonarla. Ella mi legava a Menfi e, senza il posto che occupavo, mi sarebbe stato difficile esserle di aiuto. Avevo un programma da svolgere e intendevo portarlo a termine. Tuttavia era mia intenzione allentare a poco a poco i legami che mi vincolavano a Itis. Ultimamente i contatti sessuali mi provocavano nausea e insofferenza.

Conscio del mio imbarazzo, Neferohu cercò di essere più convincente. Se mi fossi deciso a lasciare Menfi, magari con Nefer, lui mi sarebbe stato di valido aiuto procurandomi un posto di scriba presso qualche tempio, in quello del dio Montu, per esempio, a Tebe. « Sei d'accordo? » mi chiese, sicuro del mio assenso.

Come potevo essere d'accordo? E Peror avrebbe accettato di abbandonare la nipote o la casa? Cosa avrei detto a Ipu-Wer? Neferohu era certo che la diabolica Itis non avrebbe cercato di colpirmi duramente? Tebe non era in capo al mondo e i funzionari di questa città venivano spesso a Palazzo.

« Ci penserò, saggio Neferohu » gli risposi, convinto che avrei dovuto impegnarmi a fondo per trovare uno spiraglio per lasciare Menfi, i dorati intrighi di Palazzo, l'amore possessivo di

Itis, il nobile Ipu-Wer, l'uomo che stavo ripagando con il più basso dei tradimenti.

Il Profeta non mi lasciò continuare. « Ci penserai? » mi chiese quasi seccato per la mia incomprensibile indecisione. « Quando? Dopo che quella donna ti avrà annientato? Credi che ti ami davvero? Ti usa per soddisfare la sua irrefrenabile sete sessuale, ma nello stesso tempo imbastisce tresche con i potenti, specialmente con Pepinakht, che vede già assiso sul trono. Il generale è innamoratissimo di lei. Non ignora che con una simile donna al fianco riuscirebbe a governare con la saggia autorità dei faraoni Cheope, Chefren, Sahurè, Pepi I. Se venisse a sapere che sei il suo amante non ti lascerebbe il tempo di appellarti a Thot. »

Neferohu attese invano una risposta. Lo sentii tossicchiare con insistenza e poi respirare con fatica. Lo sapevo malandato di salute e amareggiato perché Hornifer, Profeta di Ra, spadroneggiava a Corte e aveva relegato il tempio di Ptah a un ruolo ancor più secondario nella vita del paese.

Mi disse infine, paterno come non era mai stato:

« Capisco, Hanis. Compromesso come sei, hai bisogno di studiare un piano che ti dia ampie garanzie di sopravvivenza. Se non fossi un sacerdote ti direi francamente che non vorrei essere nei tuoi panni. Comunque medita bene e torna da me. Che gli dèi possano guidare i tuoi passi... ora che sei inciampato! »

Mentre stava recandosi a rendere omaggio al dio di cui amministrava il culto, Neferohu mi parlò del collegio di medici-stregoni che mensilmente si recava da Nefer. Erano pagati da Ipu-Wer, all'oscuro del loro vero compito. Essi però riferivano la verità solo a Itis. Se la figlia di Kati avesse accennato a un miglioramento, probabilmente non avrebbe visto il sole spuntare due volte. Un delitto può allontanare il rischio che tornino a galla vecchie trame finite in tragedia.

Lasciai il tempio di Ptah sul tardi. Era quasi sera e le poche barche in navigazione avevano già le torce accese. Un araldo, protetto da sei guardie, stava annunciando ad alta voce che truppe del generale Pepinakht avevano distrutto due villaggi situati sulla Grande Verde (il mare), rei di avere ospitato Sitra. Queste notizie venivano diramate con una certa frequenza per dissuadere la gente dal prendere qualsiasi iniziativa in contrasto con le leggi vigenti. Ad un osservatore attento non poteva però sfuggire il lato comico della tragedia che stava togliendo vitalità all'Egitto. Sitra, la donna guerriera, simbolo delle rivendicazioni popolari, non poteva essere accusata di ingenuità. Forse erano le sue spie a far credere a Pepinakht cose che un uomo accorto e sicuro di sé avrebbe vagliato con spirito critico. Ella si trovava ora sulle spiagge della Grande Verde, poi a Tebe, all'estremo sud, ai margini dei deserti, dappertutto. Fu cercata persino nei pressi di Elefantina, attorno alla Caverna di Hapi, ossia nel luogo considerato sede delle sorgenti del Nilo. Con questa tattica Sitra era riuscita a dividere le forze già scarse di Pepinakht in mille nuclei praticamente privi di collegamenti.

X

Peror, terminato il capitello a tempo di primato, ultimo di una serie di otto ordinatagli dal tempio di Bast, in Bubastis, s'era messo a scolpire ancora il viso della nipote, un mezzo busto di un cubito corto, che poi avrebbe dipinto. Intendeva regalarmelo perché ormai mi considerava l'unica persona che s'era veramente interessata di Nefer. Mai aveva lavorato così tranquillo. Se fosse morto, sua nipote non sarebbe rimasta sola, in balìa di eventi che per lei non potevano essere che tragici.

In realtà io avevo intenzione di fare ben altro per la fanciulla. Le parole di Peror mi avevano commosso al punto di lasciarmi sfuggire la verità. Intendevo condurla via da Menfi così come si trovava, tant'ero sicuro di non stancarmi di lei.

Il poveretto s'era commosso fino a calare il capo sulle ginocchia, segno di grave sconforto. Nella sua desolata impotenza, mi disse che avrebbe voluto premiarmi in un altro modo per la mia bontà. Come? Non me lo volle dire, o forse sperò che lo intuissi. Nel suo sguardo, che aveva accarezzato la nipote, capii che cullava la cauta speranza di affidarmi Nefer felice e vivace com'era un tempo.

« Lavorerò come scriba in un tempio » gli dissi « e tu potrai scolpire la pietra altrove. Andiamo via, Peror. Non c'è tempo da perdere. Da quanto ho saputo corriamo tutti e tre un pericolo mortale. »

Non ritenne opportuno concedersi un solo istante di riflessione. No, non avrebbe abbandonato la sua casetta. Se l'era costruita mattone su mattone, nelle ore di riposo e con enormi sacrifici. Amava l'orticello e il viale di papiri, gli alberi fruttiferi messi a dimora il giorno in cui era nata Nefer, l'isolotto in mezzo al Nilo dalla vegetazione selvaggia, la solitudine. Sua nipote? Con tutto il rispetto che aveva per me non si sentiva di abbandonarla. Perché non cercavo lavoro a Menfi, lontano dal clima nefasto di Palazzo? Avrei potuto sistemarmi con loro perché la casa era abbastanza ampia. Un tempo non vi abitava anche Mereset?

Non insistei perché la mia era stata solo una proposta di assaggio. Cambiare volto a una situazione così complessa, legata a fattori totalmente estranei alla mia volontà, non era un'impresa facile e di immediata attuazione. D'altra parte non potevo certo metterlo al corrente della mia relazione con Itis. Per lui sarebbe stata la fine di un mito.

Finalmente riuscii a passare qualche notte a Palazzo. Di tanto in tanto si tenevano importanti riunioni serali. Poiché finivano a notte fonda, con il permesso di Itis usufruivo del mio piccolo appartamento. Ne approfittai per studiare accuratamente un programma da svolgere in un prossimo futuro. La prima cosa da fare era quella di spezzare le ossa a Digiau. Lo sporco ruffiano era la mia ombra e riferiva alla sua padrona anche i dettagli della mia attività. Ogni volta che decidevo di recarmi da Nefer dovevo studiare un piano per evadere da Palazzo come un furfante. Nonostante non si fosse del tutto ripreso dal pestaggio subito, fremevo dal desiderio di vendicarmi. Gli era sensibilmente calata la vista, zoppicava per via di un ginocchio perennemente gonfio e si lamentava dell'udito, alterato da un ronzio che lo costringeva a passare notti e notti insonni. Malgrado queste infermità era vigile, apparentemente gentile e perfino premuroso. Purtroppo ogni sera la sua padrona si sentiva in dovere di riferirmi con ironia o con scenate disgustose i particolari della mia attività. Era umano che a ventisei anni compiuti, con quasi due decenni di segregazione in un campo di schiavi, scambiassi qualche parola con le fanciulle addette ai vari dicasteri o con le figlie dei funzionari. « Devi ignorarle, sporco schiavo » mi aggrediva con il viso di una pazza. « Se tenti di sbarazzarti di me ti rimando al campo di Ra o ti faccio impalare nel deserto. Posso annientarti quando voglio, capisci? »

Le sue unghie, poi, erano temibili come i suoi denti corti e ben piantati.

Per rispetto alla saggezza e alla posizione occupata da Ipu-Wer, per non dire addio a Nefer e per non compromettere Kati dovevo subire, anche se più di una volta avevo soffocato a stento il desiderio di strozzarla. Per fortuna la grande maga Iside mi permetteva di sopportare queste ripugnanti scenate, che poi, per la verità, finivano in intimi abbracci.

Finalmente mi giunse l'ordine dal Consiglio dei Dieci di recarmi a Sais per indagare, con l'aiuto dei funzionari locali, sulla posizione di numerosi possidenti considerati evasori del fisco, mentre le loro ricchezze aumentavano in modo vergognoso. Partii dopo qualche giorno, lasciando Itis nella più cupa disperazione.

« Fratello mio, » mi sussurrò versando lacrime vere « tornerai presto dal tuo amore? »

« Vorrei che la corrente del fiume mi portasse a Sais in un batter di ciglia. Terminata con rapidità la mia missione frusterò il marinaio che sbaglierà un colpo di remo. La vita lontana da te è insulsa e senza scopo » le mentii nel buio di una notte terribile. « Ti penserò ininterrottamente. »

« Me lo prometti, amore mio? »

« A chi vuoi che pensi se non alla donna che è l'incarnazione della dea Hathor? »

« Ho il sospetto che tu menta, Hanis » insisté, forse con la speranza che mi sfuggisse qualche parola di troppo, per costringermi, con manovre da corridoio, a rimanere a Menfi. Purtroppo Digiau le aveva riferito che, ricevuto l'ordine di recarmi a Sais, mi ero dimostrato euforico, pronto a partire subito.

« Mentirti? Sono tutto tuo... cara » sentii la mia voce sussurrarle con il falso timbro di chi strozza a fior di labbra una bestemmia. « Se ho accettato con un certo piacere di recarmi così lontano è perché torno a rivedere, dopo tanti anni, la città dove sono nato. »

Itis sospirò e si strinse ancor più a me. Ero però sicuro che prima di sera si sarebbe recata a Corte ad ancheggiare negli uffici di Pepinakht, Issi, Ti-teti e magari di Ahi. Il suo luogo preferito era l'appartamento del generale. Se ella aveva concesso qualcosa agli ultimi tre per introdurre a Corte Penef e Weni, sicuramente si era ben guardata dal soddisfare i virili desideri del generale, perché era scaltra e riflessiva. Prima la Corona d'Egitto, poi si sarebbe concessa a corpo morto.

« Hanis, » mi mormorò ancora « sei giovane e occupi un posto di primo piano a Palazzo, per cui il "nomarca" e i notabili di Sais non ti lesineranno feste e onori. Sicuramente tutti hanno figlie da marito, desiderose di mettere su casa. Se mi abbandonerai non mi rimarrà che il suicidio. »

Cercai di tranquillizzarla ancora. Purtroppo, stanco di ripetere le stesse cose, mi lasciai sfuggire qualche parola di dubbia interpretazione ed ella mi aggredì, com'era solita fare. Da bambina piagnucolosa diventò aggressiva, sguaiata nel linguaggio. Andò in uno sgabuzzino dove teneva sempre un lume acceso e lo posò su una mensola, poi prese a camminare su e giù completamente nuda, con le caute movenze di una pantera. Il suo corpo, per via dell'età e dei facili amori, presentava più di una pecca. Ormai sazio, mi mise nausea.

Itis si mosse a lungo, truce e silenziosa. A non più di venti passi, suo marito stava dormendo o forse pensando ai problemi dell'indomani. Digiau invece doveva essere nel corridoio, in vigile attesa.

Sdraiato su una stuoia, da parte mia sbirciavo la mia amante e il tenue chiarore dell'alba che entrava da una fessura. Stava forse studiando il mezzo per farmi rimanere a Menfi? Le sarebbe stato facile. Pensai di chiederle scusa, di giustificare la mia frase completamente innocente. Fu un tentativo inutile. Ella si fermò e la sua voce vibrò di eccitazione.

« Non dimenticare, Hanis, ciò che ti ho detto e ripetuto: o con me o nella polvere. Mio marito è ormai vecchio e rimbambito, un bavoso scimmione di Kush. Sicuramente entro l'anno chiuderà gli occhi e tu dovrai sposarmi. Hai capito o vuoi che ti ripeta l'ordine? »

Avevo capito. Me l'aveva già detto almeno venti volte. Uno dei suoi sogni preferiti era di avere un marito giovane e robusto dopo essere stata la consorte del capo della nobiltà. A Corte avrebbe messo in crisi molte fanciulle da marito. L'altro era quello di eliminarmi se Pepinakht fosse riuscito a farsi incoronare faraone d'Egitto. Il mio presente non era quindi drammatico. Lo poteva essere il futuro.

Seduta sul letto, ora Itis era immobile, una rigidità scultorea che ben conoscevo, e mi fissava a intervalli con un'espressione neutra. Com'era sua abitudine, attendeva un mio gesto per piangere o esplodere in una scena da donna di strada. Poiché c'era in forse il viaggio, e la famigerata statuetta di Bes era alle spalle di Itis, afferrabile anche con il braccio flesso, dondolai a lungo il capo in segno di assenso e mi mostrai dispiaciuto per i suoi sospetti.

Itis non fece commenti. Si alzò e si rimise a camminare strisciando i piedi sui tappeti. Poiché sapevo che quando ella era in collera il silenzio era salutare, così mi limitai a un respiro superficiale e a fissarle le nudità con gli occhi estasiati. Ella se ne accorse e si ributtò nelle mie braccia, liberando profondi sospiri.

« Hanis, ti amo da morire » mi sussurrò, accarezzandomi le zone cutanee che eccitano. Era un'artista, sapeva parlare meglio con il corpo che con la voce. « Il solo pensiero che tu mi sfugga mi fa impazzire. Lo sai che avrei il coraggio di ucciderti e di togliermi la vita? Amore, vivremo senza problemi e con l'entusiasmo del nostro primo incontro. »

Finsi di crederle e balbettai frasi di assenso misurando le parole, poi la strinsi a me, strappandole un lamento di felicità. Purtroppo dovetti soddisfarla ancora usando la tecnica che mi aveva insegnato. Desiderava l'uomo forte, quasi brutale, che la facesse soffrire. Dopo avermi eccitato, ella cercava di opporsi all'atto sessuale come se un estraneo la stesse violentando, per cui dovevo immobilizzarla quasi lottando. Solo allora si lasciava andare e diventava un'esperta collaboratrice.

La salutai che il sole radeva le case, adagiata sul letto, con il solito alluce stretto nella mano. Era soddisfatta, io sfinito.

Purtroppo Itis non si fidò delle mie assicurazioni. Sulla barca trovai Digiau con una cesta colma di cibo. Il mio viso cupo dovette metterlo a disagio, perché esitò parecchio prima di balbettare qualcosa. All'ultimo momento la sua padrona s'era ricordata che non avevo servi personali. Con un atto di generosità, ella s'era allora privata del suo per non rendermi la trasferta troppo faticosa.

« Sei ormai considerato il figlio adottivo del nobile Ipu-Wer » aggiunse guardando altrove, com'era solito fare. « A dire il vero è stato il mio padrone che ha fatto pressione sulla signora. È la prima volta che si spinge così lontano, poveretto, e può trovarsi in difficoltà. L'ho sentito dire. "Perché non ordini a Digiau di accompagnarlo?" »

Nonostante la testimonianza di sei persone, quattro marinai e due scribi del mio dicastero, mi venne la tentazione di buttarlo nel fiume. Invece lo ringraziai, rimandando la resa dei conti a epoca più propizia. La scusa architettata da Itis m'indusse però a prendere in seria considerazione l'idea di procurarmi un servo. Perché no? Guadagnavo bene e non mi sarebbe stato difficile mantenerlo a Corte. Tutti gli alti funzionari ne avevano uno personale, più quelli di Palazzo che si limitavano ai lavori generici. Cosa avrei detto a Itis? Semplicissimo... o quasi. Mi sarei giustificato con la scusa che nel prossimo futuro avrei dovuto spostarmi con più frequenza, per cui sarebbe stato ingiusto privarla di Digiau. Bene, a Sais sapevo dove trovarlo.

XI

Il viaggio fu lungo e noioso. Dopo un tranquillante silenzio, Digiaù mi si fece accosto e mi parlò a lungo della sua padrona (che era poi diventata mia madre, essendo io per Ipu-Wer un figlio adottivo), della sua semplicità, della venerazione che aveva per me e di tante altre corbellerie. Per evitare che andasse oltre, lo ignorai e mi misi a discutere con i due collaboratori scribi sul lavoro che ci attendeva a Sais.

Ci fermammo in diverse città e come amministratore capo delle imposte fui ricevuto dai notabili con sorrisi servili e sguardi pieni di timore. Che pena! Collezionai solo cori di lamenti, perché il bestiame moriva per mano di malefiche divinità e le terre rendevano poco a causa del sale che da qualche tempo affiorava dal sottosuolo. Le locuste, poi, si davano convegno proprio sui loro campi, una tragedia. La manodopera era scarsa e indolente, si ribellava agli ordini e minacciava di incrociare le braccia nei momenti di punta. Se si prendevano misure adeguate nei suoi confronti era peggio, perché forze eversive compivano atti di sabotaggio. Il mito Sitra era nefasto. Tutti i lavoratori pretendevano aumenti di paga e riduzione delle ore lavorative, misure nettamente contrastanti che cozzavano contro il buon senso. Un tempo umile e servile, la maggior parte di questa gente era diventata insensibile alla frusta e alle sanzioni economiche e rispondeva con alterigia che il giorno della riscossa non era lontano.

A parte qualche verità, collezionai quindi solo lamentele da "poveracci" che abitavano in ville lussuose, con servi e schiavi degni di un re.

A Sais sbrigai il mio lavoro prima del previsto. Per evasione delle imposte avrei dovuto inviare a giudizio una ventina di grossi proprietari. Tuttavia, prima che potessi fare l'esatto censimento dei loro beni, mi giunse una lettera da Menfi che portava i sigilli di Sua Maestà. In essa c'era l'elenco dei notabili che dovevo ignorare, e cioè tutti i grandi evasori che già avevo elencato. Preso da un impeto di furore tranquillizzai anche gli altri, piccoli proprietari, così la mia missione finì ingoiata dalla corruzione di Palazzo. Sicuramente Pepi II, quasi cieco, aveva ordinato di porre il sigillo sulla lettera dopo averne ascoltato il contenuto abilmente alterato. La scrittura, un pesante ieratico, mi pareva di Issi.

Era passato quasi un mese e Digiau, che sicuramente teneva aggiornata la sua padrona per mezzo di corrieri, non mi aveva lasciato un solo istante. Poiché era ovvio che, terminato l'inutile lavoro, mi prendessi almeno un giorno di riposo, lasciai in libertà i miei collaboratori e chiesi al servo se desiderava visitare il mercato. Naturalmente si affrettò a dirmi di sì.

Ci fermammo accanto a un gruppo di nubiani che si erano spinti fino a Sais per vendere uova di struzzo, tronchi di ebano, pelli di leopardo e zanne d'ippopotamo. Approfittando della ressa, mi liberai facilmente di Digiau, anche se ero convinto che con il suo fiuto mi avrebbe ritrovato. A rapidi passi raggiunsi la stradicciuola dov'ero nato. Che tristezza! La mia catapecchia c'era ancora, cadente e più lurida di prima. Mi risvegliò tristi ricordi. Il recinto dei conigli, dove mia madre mi mandava a dormire per guadagnarsi il pane, era stato ridotto a porcile, con una scrofa gonfia da scoppiare. La porta di casa era quella di prima, rosa dai tarli e marcia d'urina perché i clienti di mia madre, quando uscivano insoddisfatti, vi urinavano contro bofonchiando frasi che in quella strada non erano novità. Erano passati quasi vent'anni e altri ragazzini, nudi e sporchi, giuocavano nella piazzetta popolata come allora da furfanti, cani denutriti, donne di malaffare e sciami d'insetti. Qualcuno vi aveva piantato due palme, non certamente le autorità. Gialle e polverose, erano vittime del terreno troppo ricco di escrementi.

Neppure il linguaggio era cambiato. Come prima, nessuno si esprimeva con parole usate dalla gente in possesso di una briciola di dignità. S'incrociavano voci iraconde, motteggi malevoli e bestemmie scurrili.

Fermo davanti alla mia casa, vidi uscire una donnaccia. Sapeva di letamaio. Mi si strinse il cuore pensando che mia madre era così. Mi pareva di vedere lei quando, con le mani sui fianchi, insultava il dirimpettaio perché aveva il cane chiassoso, specie di notte.

La donna mi guardò con interesse e mi strizzò l'occhio, menando l'indice in modo inconfondibile. Le girai la schiena e camminai oltre. Allora ella m'insultò abbondantemente, suscitando un coro di risa: la gente mi stava osservando con ostile curiosità.

La taverna da "Iput lo Sporcaccione" era ancora aperta, all'angolo della piazzetta, squallida come prima. Indubbiamente era sempre frequentata da delinquenti, mummificatori, operai della necropoli, prostitute in disarmo.

Dondolai a lungo sulle gambe, indeciso, poi entrai con un atto di coraggio piuttosto avventato. L'aria era irrespirabile. Nella vasta sala, con il lerciume dilagante e scritte oscene sovrapposte a sconce figure parietali, una trentina di ceffi stava sghignazzando e proferendo frasi sconce all'indirizzo di due cicciose ballerine intente a danzare, nude, su un piccolo palco. In un angolo un vecchio arpista elargiva atroci dissonanze, che fortunatamente si perdevano nel chiasso generale. Siccome tutti gli avventori giravano la schiena alla porta, nessuno si accorse della mia presenza. Poi a un vecchio scappò l'occhio e diede di gomito al vicino. Di gomito in gomito gli schiamazzi si smorzarono e tutti volsero gli occhi verso l'entrata. Solo il vecchio musico continuò imperterrito a offendere il silenzio, fiducioso della scritta che lo sovrastava: "È vietato ammazzare l'arpista o usarlo come bersaglio".

Con il silenzio sentii le gambe tremare. Sicuramente mai nessuno aveva avuto la temerarietà di entrare in un simile locale con tunica di lino, bracciale d'oro, piedi puliti e sandali di cuoio. Solo una volta, avevo sette anni, vi si era rifugiato uno scriba preso a sassate dalle megere della strada. In un baleno era finito nelle immondizie del cortile, nero di percosse. C'era stata un'inchiesta, ma l'omertà in quel rione era legge.

Il timore che qualcuno mi riconoscesse mi lasciò tentennante, più propenso a raggiungere l'uscita che a spiegare le ragioni della mia presenza. Quando decisi di andarmene era tardi. Iput lo Sporcaccione, come si usava chiamarlo, mi si avvicinò ed ebbe un gesto confidenziale come se avesse il piacere di incontrare una persona amica dopo tanti anni. Subito però scosse il capo e mi chiese cosa volessi. Gli risposi in fretta, perché lo vedevo scuro e minaccioso. Dovevo parlargli a tu per tu di un affare... non troppo pulito. Abboccò. Dopo una fugace esitazione m'indicò l'uscio della cucina, che già conoscevo.

Non era cambiato nulla o, meglio, c'era più disordine di prima e parte della sporcizia era quella di un tempo, vecchia di due decenni. Due fornelli emanavano un fumo acre che irritava la gola, ed era un bene, perché evitava di subire il lezzo genuino di intestini di porco, in un angolo, tappezzati di mosche. Il cesso doveva essere ancora fuori, nel cortiletto, a due passi dalla porta, perché il lezzo di urine stantìe giungeva a tratti con quello di feci umane. Mi pareva impossibile di essere vissuto per tanti anni in mezzo a tanta sporcizia. Eppure anche l'angolo dove Iput infilava gli sputi non era cambiato.

Davanti agli occhi del taverniere, che sprigionavano curiosità e dubbio, mi venne da ridere. Era sempre lui, di poco invecchiato, grasso come un porco da lardo. Indossava il solito gonnellino che gli lasciava libero il petto mammelluto, zeppo di peli unti, e l'ombelico nero di sudiciume. Quando aveva bisogno di me infilava oltre la porta il capo lucido come un sasso di fiume e mi chiamava con un fischio, poi mi regalava un pezzo di pane o una ciotola di brodaglia che divoravo in un attimo.

« Sei sempre grasso come vent'anni fa, Iput » gli dissi piantandogli l'indice nel ventre. Era ligneo.

« Vent'anni fa? Non capisco. Chi sei? » Forse per timore di un altro gesto confidenziale, il taverniere arretrò di un passo e posò le mani poderose, dalle unghie orlate, su un tavolo colmo di stoviglie.

« Non ti ricordi quando mi chiamavi con un fischio? » Mi ficcai quattro dita in bocca ed emisi un sibilo modulato, il suo. Un attimo di smarrimento, poi Iput esplose in un riso grasso, il solito, e mi mollò una pacca che mi macchiò la tunica.

« Figlio di un cane! Brutta carogna! » mi disse, sprizzando felicità dai pori. « Pensa che non ti ho riconosciuto. Chi l'avrebbe detto? Com'è che hai fatto fortuna? Sei andato con i profanatori di tombe o ti sei prostituito a qualche vecchia facoltosa? »

Itis non era vecchia, e da parte mia non declassavo la mia relazione a livello così basso. Tuttavia la frase di Iput m'indusse ad ingoiare amaro.

« Lavoro a Corte e ho messo da parte qualcosa » gli spiegai. « Di là mi hai guardato come se mi avessi riconosciuto. »

« Mi è venuto il dubbio che fossi tu. Poi mi sono detto: possibile che Zanzara, figlio di Nega la Puttana, sia diventato ricco e abbia avuto il coraggio di entrare vestito in quel modo! Eppure è lui, mi sono detto ancora, che mi venga un colpo se non è lui. Poi ho pensato che fosse impossibile e ti ho fatto la faccia scura. »

Seduti su due dei quattro sgabelli che Iput era solito tirarmi dietro quand'era inviperito, gli raccontai come avevo fatto a lasciare la schiavitù, di Ipu-Wer e di Neferohu, dandogli una versione inesatta della mia carriera e del posto attualmente occupato. Dopo averlo assicurato che, pur lavorando a Palazzo, non ero entrato nelle vesti di funzionario statale, gli chiesi di parlarmi di mia madre. Il suo racconto non mi commosse. Cinque o sei anni dopo la mia partenza per il campo di Ra fu trovata morta, forse di malattia. In collera con tutti, da tempo non usciva di casa che per andare da Merah la vecchia, ormai paralitica. Nessuno si prese la briga di informare le autorità. Di notte, il suo cadavere fu portato nel deserto da due mummificatori, pagati con una ciotola di birra. Tutto qui. E pensare che prima della mia nascita era ricchissima, considerata la prostituta più cara e più frequentata dell'intera Menfi.

Non che Iput fosse convinto che mi ero recato nella sua taverna per sapere di mia madre. I suoi occhi fissi e l'espressione d'attesa m'indussero a non indugiare su un argomento che mi amareggiava. Già, forse si attendeva delucidazioni sull'affare poco pulito. Invece gli dissi che, approfittando di alcuni giorni di libertà, avevo sentito il bisogno di rivedere chi mi aveva sfamato per ben otto anni. Gli misi sul tavolo un "pezzo" d'oro e uno d'argento, solo un omaggio alla sua bontà, il minimo che potessi fare.

Il tintinnio del metallo scosse il taverniere come l'impatto dello staffile. Li guardò incredulo. Non sapeva se ridere o piangere, abbracciarmi o ringraziare gli dèi. Eh, sì, rappresentavano una fortuna da sotterrare nello sgabuzzino dove dormiva, dentro la cassetta dei risparmi.

« No, Zanzara, sono troppi » mi disse commosso. « Due "pezzi" d'oro e d'argento! Non li guadagno in dieci anni. Portali via, Hanis! Non oso guardarli per paura che mi venga un colpo. Mi hai già fatto un regalo a ricordarti di me. »

« Ti verrà di sicuro se li rimetto nella cintura, Iput. Falli sparire in fretta prima che entri qualcuno... o che cambi parere. I tuoi risparmi? Un tempo erano tre spanne sotto terra e sopra c'era la stuoia dove dormivi. Tieni presente che non ho mai svelato il segreto. »

Iput non insisté. I tempi diventavano sempre più calamitosi, perché la miseria stava dilagando in modo pauroso. I due "pezzi" gli avrebbero permesso di affrontare la vecchiaia con più serenità. Si decise. Li lasciò cadere in un vaso pieno di acqua sporca e sospirò. Per il momento erano al sicuro.

« Che mi venga un colpo se non sei cresciuto un galantuomo,

Hanis » mi disse con l'autorità di un padre. « Dopo questo atto generoso non ho più dubbi. Il clima di Palazzo non è fatto per te. Sitra spazzerà via tutte quelle piovre... e tu devi andartene prima, Zanzara. Hai capito? Qui si parla fino a notte tarda della rivoluzione. Ebbene, sappi che può scoppiare anche domani. »

Mentre mi parlava dei preparativi che il popolo stava facendo per abbattere la tirannia instaurata da Issi e Pepinakht, Iput teneva una mano nell'acqua del vaso per tasteggiare i due "pezzi". Li riportò alla luce, li guardò con gli occhi di vitellino da latte, li lasciò ricadere e continuò:

« Sei nato qui, Zanzara, proprio in questo locale. Tua madre era di là che stava sbevazzando con la solita pancia a sfera. Le venne da starnutire e tu schizzasti fuori come uno sputo. Ti raccogliemmo per terra io e Nebona il ruffiano, poi chiamammo Merah la vecchia. Strillavi già con il fiato di un atleta. Certo, se avessi avuto le tette ti avrei dato anche il latte invece di ficcarti in bocca uno straccio sporco di miele. Ora dimmi cosa posso fare per te. Voglio aiutarti. »

Nulla. Vivevo perennemente in uno stato di apprensione controllata, temevo più Itis della rivoluzione, soffrivo per Nefer, ero amareggiato per il nobile Ipu-Wer, sentivo il bisogno di confidarmi con Neferohu. Era quindi un mondo ben lontano da quello che Iput potesse immaginare. Tuttavia avevo bisogno di un suo favore marginale. Mi occorreva un servo scaltro, intelligente, fedele, molto coraggioso. Glielo dissi.

Iput mi guardò incredulo. Dovette pensare: con il posto che occupa, deve venire proprio nella mia taverna a cercare un servo? Forse non è l'uomo onesto che ho stimato. Sbottò:

« Se ho ben capito hai bisogno di un delinquente... onesto. »

Gli accennai di sì e lo vidi grattarsi la testa levigata, perplesso. Lo rassicurai subito sulle mie facoltà mentali, spiegandogli che mi occorreva una guardia del corpo che lavorasse anche come ruffiano, che fosse capace di menare le mani e, perché no, di usare anche il coltello.

Non avevo ancora finito che Iput mi mollò una seconda

pacca depositando altro grasso sulla tunica. Aveva a portata di mano l'uomo adatto. Si trattava di un mio coetaneo, nato nella stessa strada, figlio di una prostituta abituata a scodellare gemelli. Ma sì che lo conoscevo! Era Shery il Piccolo. Da ragazzino urinava nelle giare di birra per dispetto. Iput, dopo averlo malmenato con il nervo di bue, distribuiva la birra... corretta ai clienti di riguardo. La trovavano ottima.

« Che possa ritrovarmi davanti quella santa donna di mia moglie Sata se non sono felice di averti rivisto » mi disse felice. « Ma guarda un po'! Zanzara nella mia taverna con tunica e bracciale d'oro. Voglio offrirti qualcosa, ti pare? Mi hai fatto un regalo. »

Zanzara era il nome che lui stesso mi aveva appioppato, perché, quando sentivo odore di cucina, gli ronzavo attorno con la speranza di poter rosicchiare qualcosa; il nome era diventato popolare in tutto il rione.

Iput mi vuotò una ciotola di birra e ne sorseggiò due dita, grattandosi la testa color ruggine. Sicuramente gli era sorto un dubbio, perché mi chiese come mai lavoravo a Corte.

« Non lo so » gli risposi. « Vi sono arrivato per caso e penso che me ne andrò presto. »

« Si parla di Sitra tra quelle luride mura? »

Gli accennai di sì, perché in una riunione il generale Pepinakht aveva affermato con enfasi che finalmente era in grado di mettere le mani su questa donna guerriera. In realtà il tempo era passato e aveva dovuto confessare che gli era sfuggita per un soffio.

« Sei in un brutto posto, Zanzara » mi avvertì, con fitte rughe sulla fronte. « Quando tua madre ti vendette al mercante provai una stretta al cuore. Allora io avevo dei debiti, molti. In caso contrario non avresti lasciato la mia casa. Ora ne provo un'altra sapendoti tra la cricca di Palazzo. Ehi, figlio di un cane, ti sei reso conto che quando si scatenerà la sommossa non avrai scampo? Parlo sul serio, sai! »

Mi guardò grave. Avvicinò il faccione e mi confidò cose segrete. La mia impressione fu che Iput parlasse con cognizione di causa. Gli ordini del comando rivoluzionario potevano giungere da un momento all'altro. Il primo era di incrociare le braccia nell'imminenza del raccolto. Se il Consiglio dei Dieci non avesse accettato di discutere con una delegazione popolare i problemi di fondo che da anni attendevano una soluzione, il popolo si sarebbe ribellato alle autorità centrali e alla classe dirigente. Allora si doveva uccidere, uccidere, uccidere; distruggere tutto ciò che apparteneva alla nobiltà, ai funzionari di Palazzo, agli scribi del catasto, ai templi dei ricchi, primo tra tutti quello di Ra.

« Lascia la carica, Zanzara » aggiunse, serio come non era mai stato. « Comunque, se nel frattempo si scatenerà l'uragano, rifugiati da me per tempo. Eri un simpatico ragazzino che rubava solo quando aveva fame... e tu rubavi sempre. »

Gli promisi che avrei lasciato la carica al più presto e discussi a lungo sulla situazione economica e sull'ordine pubblico, perché non era male ascoltare le lamentele di un uomo costretto a vivere a contatto con un ceto sociale poverissimo, ma molto informato sui moti rivoluzionari.

Iput non era uno stupido. Nel suo locale si discuteva molto e in lui s'era fatta strada la convinzione che il malcontento era dovuto solo in minima parte all'odio di classe. Le cause del fermento dilagante erano vecchie come l'Egitto e andavano cercate quasi esclusivamente in un contrasto religioso. Se il rancore sopito da secoli stava affiorando sotto forma di ribellione aperta, era perché i notabili e principalmente i sommi Profeti, Neferohu a parte, non avevano mai riconosciuto la presenza di un'anima immortale anche nel corpo dei poveracci, per cui, al momento del decesso, costoro si vedevano privati dei riti magico-religiosi, condizione unica e indispensabile per godere la vita eterna. Purtroppo due decine di giorni prima era giunta a Sais la notizia che una delegazione del popolo, inviata a Palazzo con richieste trattabili, aveva subito la frusta del generale Pepinakht e da Issi la condanna alla prigione, sotto l'accusa di voler demolire l'equilibrio politico-sociale del paese. La stessa principessa Nitocri era intervenuta perché fosse punita in modo esemplare. Non c'era quindi che un mezzo per ottenere che venissero soddisfatte rivendicazioni giuste e indilazionabili: la rivoluzione. Sitra e i suoi collaboratori avrebbero cambiato volto all'Egitto.

Più approfondiva l'argomento e più Iput si scaldava e le pacche mi arrivavano puntualmente, mentre lui mi dava, con la voce bonaria di un tempo, della brutta carogna e del figlio di un cane. Vuotata la terza ciotola di birra, gli feci presente che dovevo andare. Allora si alzò pregandomi di attenderlo: sarebbe tornato con Shery il Piccolo.

Mi ricordavo bene di costui. Già allora era un furfantello molto scaltro. Da lui avevo appreso a imitare il grugnito dei maiali e, per qualche tempo, il problema della fame era stato risolto. Quand'erano deserti, entravamo nei templi e ci mettevamo a grugnire, finché giungevano i sacerdoti armati di bastone. Allora facevamo loro presente che, visti alcuni porci entrare nel luogo sacro, li avevamo cacciati a pedate. Dopo avere purificato il tempio con aspersioni d'incenso e preci di rito, i sacerdoti ci regalavano fichi secchi e carrube. Naturalmente non riuscimmo a ingannarli a lungo.

Iput entrò poco dopo con un ometto dal viso piatto e ramato, la dentatura decimata e gli occhi sguscianti. Era Shery. Mi riconobbe e io mi ricordai di lui. Ci fissammo con evidente disagio e ci venne da ridere.

Iput gli spiegò succintamente cosa cercavo e Shery non perse tempo.

« Servo? Cose oneste? Non so se riuscirò ad accontentarti, Zanzara » mi disse. « Comunque parlami della paga: è importante. Gli affari sono affari. Tieni presente che Menfi è lontana e non è una città di tutto riposo. »

« Due "pezzi" di rame al mese più vitto, alloggio e indumenti. »

« Hai qualcuno da eliminare? »

« Penso di no. »

« Allora non è un mestiere per me. Se intendi farmi vivere da persona onesta voglio il doppio. »

Gli spiegai che il suo compito era quello di spiare, proteggermi, servirmi e perché no, forse ci sarebbe scappato anche il morto.

Le trattative furono lunghe e laboriose, con Iput che fungeva da mediatore. Finalmente Shery accettò, con alcune riserve che riguardavano i mezzi per raggiungere Denderah o Tanis, se non avesse trovato il lavoro di suo gradimento, e un "pezzo" d'argento come risarcimento dei danni. Molto bene. Shery doveva evitare di chiamarmi Zanzara, mi doveva rispetto e devozione, non gli era permesso di discutere i miei ordini. Ad accordo raggiunto Iput disse solennemente che aveva la memoria buona, ripeté le clausole del contratto e si rese garante perché i patti fossero mantenuti. La Strada delle Prostitute aveva le sue leggi e il suo tribunale. A chi veniva meno alla parola data conveniva correre come gli struzzi incontro al sole nascente, finché avesse toccato l'orizzonte con mano. In caso contrario poteva considerarsi defunto.

Dovevo andare perché era tardi e Shery mi chiese qualche istante per correre a casa a prendere la sua roba. « Torno in fretta, Hanis » mi disse. « Il momento è propizio per lasciare Sais. Quella capra di mia moglie è in giro a spigolare qualcosa da mangiare. Non vedendomi tornare verrà qui a cercarmi. Iput sa però il fatto suo, le dirà che sono in prigione. Ci riderà sù e mi darà del fesso perché mi sono fatto beccare. »

Scomparso Shery, il taverniere mi parlò del suo lavoro. Ormai rendeva poco, gli dava solo da vivacchiare, perché tutto era rincarato e la maggior parte dei suoi clienti non aveva che la bocca per bere. Comunque si parlava molto di Palazzo. Pepinakht e Issi erano gli uomini più odiati di tutto il regno. Ipu-Wer? No, era stimato anche dal mummificatore, considerato da tutti un uomo modesto e di valore. Di Pepi la gente non parlava per rispetto alla Sua Maestà. Tuttavia lo riteneva un rudere ormai pietrificato da relegare nei ricordi amari. Merenrè invece era ben visto. Si sapeva che la cricca di Palazzo non lo voleva al potere perché era molto sensibile ai problemi del po polo. Iput mi raccontò infine che anche nel suo locale giungevano beduini e libici, asiatici e altre genti straniere. Si definivano pastori nomadi o venditori ambulanti. Offrivano da bere a tutti con inattesa generosità. Acquistata la simpatia degli avventori, attendevano la ressa per tenere veri e propri comizi in lingua egiziana. Ben preparati, invitavano alla ribellione con argomenti validissimi, incitavano a spazzare via dalla faccia della terra la vecchia classe dirigente, a rinnegare i valori tradizionali della società egiziana. Secondo Iput e i vecchi del rione, si trattava di elementi sovversivi che avevano tutto da guadagnare da una guerra fratricida.

Shery tornò con una sacca e una novità. Davanti alla taverna c'era un signore elegante che camminava nervosamente su e giù, gli occhi fissi sulla porta, le mosse furtive: impossibile non vederlo. Che viso di civetta! Mai visto in quella strada. Truce e sottile, pareva ostentasse il corto pugnale che gli dondolava su un budellone di pancia lunga un buon cubito reale.

Non avevo dubbi, si trattava del lurido Digiau, l'uomo dal fiuto di una volpe. Che fare? L'attuale situazione era comunque meno compromettente di quella in cui ero venuto a trovarmi il giorno dedicato alla ricerca di Peror. Chi mi proibiva di cercare un servo in una taverna? Che c'era di male se la curiosità mi aveva spinto a rivedere la catapecchia della mia infanzia? Per Itis avevo quindi argomenti validi e convincenti. Tuttavia la voglia di spezzare le ossa alla spia fu più forte di me. Già ridotto a un rottame dalla prima batosta, pensai che con un paio di bastonate l'avrei costretto a vegetare sotto una palma di villa Ipu-Wer. Naturalmente non potevo dargliele io. Decisi di agire. Senza Digiau avrei potuto recarmi da Nefer con più tranquillità. Se non aveva ancora scoperto il mio legame con la figlia di Kati era perché, oltre a studiare le mie evasioni, avevo avuto l'aiuto della fortuna. Il pericolo che un giorno o l'altro mi cogliesse in fallo era però molto grave, mortale. Spiegai quindi a Iput che si trattava di una spia di Palazzo messa da tempo alle mie calcagna da Issi e Pepinakht. Pur lavorando nella reggia con i favori di Merenrè II, ero considerato un elemento sovversivo, partigiano delle rivendicazioni popolari, e cioè un funzionario da sorvegliare. Ecco perché mi occorreva un servo fidato e coraggioso!

Il taverniere si sputò nelle mani e mi mostrò i denti tronchi in un ghigno che mi era familiare. Un tempo, a metà notte, dopo un severo avvertimento, Iput lasciava partire due sputi massicci sul palmo delle mani, ghignava bestemmie e scaraventava fuori i cinque o sei ubriachi che intendevano usare il suo locale come dormitorio. Dopo quasi vent'anni, le mosse erano le stesse.

« Lo tiriamo dentro o gliele suoniamo fuori? » mi chiese impaziente.

« Fuori. Esco con Shery, mi fingo sorpreso e felice di incontrare la spia, c'incamminiamo tutti e tre verso il fiume. Prima della casa che fu di Merah, la nonna del rione, ci aggredite. Naturalmente lo dovete picchiare senza costringermi a trasportare a Menfi un cadavere. Intesi? »

Iput aveva capito. Gli chiesi il prezzo e quasi si offese. Per evitare malintesi mi consigliò di mostrarmi agli avventori. Si trattava di gente dalle mani pesanti, abituata alle risse.

« Darai da bere a tutti » gli dissi. « Quanto ti devo per la birra? »

« Nulla, figlio di un cane. La offro io a volontà. È il meno che possa fare per festeggiare il nostro incontro. Ti verrò a trovare a Palazzo, se le cose si quieteranno. Mi laverò i piedi e sarò tanto elegante che potrai presentarmi ai notabili come amico. »

Dopo avere raccomandato ai ceffi della taverna di non esagerare, uscii con Shery. Spirava un venticello molesto e il sole stava scomparendo oltre la Terra dei Morti. Essendo ora di cena molta gente s'era rifugiata nel proprio tugurio. Solo alcuni ragazzini stavano importunando il servo di Itis con risa di scherno e parolacce, le stesse di vent'anni prima, perché nessuno era riuscito a peggiorarle.

« Oh, Digiau carissimo! » esclamai fingendo sorpresa. « Che il faraone possa concederti altri cento anni di vita! Ti avevo perso e finalmente ti rivedo. Sono stato in questa taverna per un goccio di birra e per cercare un servo. Come hai fatto a ritrovarmi? Il fiuto?»

Era molto preoccupato, perché si riteneva responsabile della mia incolumità. In una simile taverna per una ciotola di birra! Incredibile! Più che coraggio avevo dimostrato incoscienza e poco riguardo per la mia salute. Un servo? Ne avevamo almeno una decina a Menfi totalmente inutili. Perché pagarne uno pescato in un luogo tanto lurido?

Digiau, con il viso stirato e gli occhietti carichi di dubbio, mi parlò tra le labbra quasi unite, scrutando Shery. Solo quando gli imposi il silenzio si scusò. Il suo era stato uno sfogo dovuto alla trepidazione. Se mi fosse accaduto qualche cosa avrebbe perso le orecchie. Gli ordini della sua padrona non ammettevano scuse.

C'incamminammo verso il fiume. Eravamo ancora nella piazzetta delle palme quando fummo aggrediti da una turba di uomini ringhiosi.

«Sporchi funzionari! Maledette piovre! Ci penserà Sitra a buttarvi nel Nilo!» andavano urlando. E giù botte. Purtroppo era uscita gente dalle case e fui aggredito anch'io. Accanto a me vidi Digiau crollare sotto le mazzate di Iput. Per la saggezza di Thot! Picchiavano sul serio!

Appena caduto il servo di Itis, un fischio disperse gli aggressori e la piazzetta ridiventò deserta. Vi rimase solo odore di polvere e di tragedia. Forse Iput aveva esagerato. Digiau era immobile, quasi non respirava. Con un ematoma alla fronte in procinto di scoppiare, il poveretto era bianco come gesso e sbavava sangue. Lo trasportammo fino alla barca senza che riprendesse conoscenza. Un medico-sacerdote, chiamato d'urgenza, gli diagnosticò alcune fratture e lesioni interne irreversibili. «È ridotto male» disse grave. «Se lo lasciate alle mie cure farò del mio meglio per tenerlo in vita.»

«Purtroppo dobbiamo ripartire subito per Menfi» gli risposi.

«Giungerete con un cadavere. Penso che bisognerà avvertire le guardie.»

«Ci penserò io. Sono di Palazzo. Si tratta del servo personale di Ipu-Wer. Dimmi quanto ti devo. Pregheremo Iside. »

Non volle essere pagato.

Appena la barca fu al largo, bastò una brocca d'acqua perché l'indistruttibile spia aprisse gli occhi.

Digiau non morì. Quando lo sbarcammo era febbricitante, gonfio come una vescica di strutto e senza favella. I marinai lo portarono in barella e adagiarono sulla stuoia di casa un uomo distrutto. Itis si dimostrò molto preoccupata, ma s'interessò soprattutto di me, di uno zigomo pesto e di un braccio mal ridotto, lesioni che non insospettirono nessuno. Mi curò con l'amore di una moglie fedele, tant'è che attese la mia guarigione prima di dimostrarsi seccata per Shery.

« Che bisogno avevi di portarti un servo da Sais! » mi disse. « Ha una faccia che non si adatta ai miei gusti. E poi non mi va che tu non abbia cura della tua incolumità. Perché entri in taverne che sono postriboli? »

Ormai specialista nel raccontare bugie, le spiegai che amavo l'avventura. E poi, sentire il popolo minuto discutere sui problemi del paese era interessante e utile. Purtroppo a Sais avevo preso pugni e legnate. Un servo? L'unico che fosse all'altezza del suo compito era Digiau e non potevo certo portarmelo dietro tutte le volte. Inoltre ero stato previdente, in quanto una forza inconscia mi aveva spinto a procurarmi un uomo tutto fare, sano e volenteroso. Infatti poco dopo eravamo stati aggrediti e Digiau era stato ridotto in fin di vita. Senza l'aiuto di Shery non sarei uscito vivo dall'aggressione.

Non parve convinta.

Dopo un mese di prova dovetti convenire che avevo avuto fortuna. Shery aveva davvero la mente sveglia, parlava poco ed era un bene, teneva una rigorosa pulizia ed era molto intuitivo. Rendendomi garante della sua onestà, convinsi Ti-teti a lasciarlo entrare a Corte, nel mio appartamento. E il furfante trasudò orgoglio.

« Ho trovato un lavoro piacevole, padrone » mi disse felice. « Va bene se ti chiamo così? »

« Perfettamente. »

XII

Bastò poco perché Shery si ambientasse. Nonostante fosse anche lui un figlio della melma, aveva un comportamento signorile appreso dando spettacolo nelle piazze con una carovana di cananei. Sulla sua onestà non potevo certo giurare, così lo avvertii che, se si fosse lasciato corrompere da chi doveva sorvegliare, non avrebbe avuto vita lunga. Inoltre lo stesso Iput, che me lo aveva offerto con le credenziali in regola, non sarebbe rimasto passivo nel caso mi fosse sfuggito dalle mani. Tutti i marinai che giungevano a Sais alzavano il gomito nella sua taverna, per cui le notizie venivano diffuse e discusse.

Shery quasi si offese. Tuttavia mi giurò su Naith, la dea della nostra città, che mi sarebbe rimasto fedele a costo di farsi ammazzare, perché, tra l'altro, gli pareva impossibile vivere a Corte con una ventina di reati impuniti.

Lo istruii con cura. Era necessario che conquistasse le simpatie di Digiau, per cui doveva dimostrarsi dispiaciuto di avere un padrone spilorcio e irascibile come me. Inoltre doveva fargli credere che ero innamoratissimo della nobil donna Itis. A Corte doveva poi spiare questa dama, sapere in quali uffici s'intratteneva e perché, quali erano le sue relazioni con Pepinakht, che cosa diceva di me, se parlava di una fanciulla chiamata Nefer e di un certo Peror, scultore.

I suoi primi rapporti non mi stupirono. Scaltro come una volpe, venne a sapere che Itis si affannava a convincere i più influenti notabili di Palazzo perché destituissero Pepi II e suo figlio Merenrè e ponessero sul trono il generale. In cambio di questo "favore" essi avrebbero avuto il posto assicurato a Palazzo, le terre confiscate ai funzionari ligi alla Dinastia regnante, la sicurezza che non si sarebbe più sentito parlare di rivoluzione e la garanzia di un potere centrale forte, conservatore. Malgrado la personalità spiccata e l'aspetto perennemente procelloso, Pepinakht era interamente dominato dal fascino e dalla scaltrezza di Itis. Era innamoratissimo di lei. Quando l'aveva davanti non era più lui. Il suo aspetto roccioso si sfaldava e la sua voce tonante diventava dolce e servile. Pure Issi, uomo tutta grinta, con Itis diventava flessibile, arrendevole, perfino timido. Di me la nobil donna parlava molto. Diceva che ero un povero ragazzo colto e intelligente, figlio di ignoti, a corto di esperienza, non ancora maturo quindi per occupare a Palazzo un posto di responsabilità. Comunque anche se lo fossi stato non avevo né il temperamento né gli attributi per ben figurare come alto funzionario statale. In più non avevo ancora dimostrato di essere obiettivo nel trattare le varie classi sociali. Di umilissima estrazione, ella si era accorta che ero legato al popolo minuto, e animato da un innato disprezzo per la nobiltà. Purtroppo ero il pupillo di Ipu-Wer ed ella si era adoperata per rendere felice il marito. Nonostante queste pecche, ero però la persona adatta a rivestire la carica di amministratore capo delle imposte. Sitra e il suo seguito non potevano che trovarsi a disagio nel sapere l'ex schiavo Hanis, uomo del popolo, responsabile di un dicastero tanto odiato dai contribuenti.

Molto intuitivo, Shery si rese conto che se Pepinakht fosse riuscito a fondare una nuova Dinastia, Itis mi avrebbe liquidato il giorno dopo. Se invece la Corona dell'Alto e Basso Egitto fosse passata a Merenrè II, sarei salito più in alto ancora. La mia fortuna era quindi legata all'insuccesso di Pepinakht e, naturalmente, all'abilità da me dimostrata nel lasciare Nefer nell'ombra.

« Scusa, padrone, quali sono i veri rapporti che ti legano a questa Itis? » mi chiese con comprensibile interesse.

« Ha molta simpatia per me. Mi ha innalzato agli onori di Palazzo e spera che diventi il suo amante. Io, però, ho molta venerazione per Ipu-Wer. Gli devo molto » mi limitai a dirgli.

« E con Nefer? »

« Che non ti sfugga mai il nome di questa fanciulla. È figlia di un capo rivoluzionario, il vice di Sitra. La faresti ammazzare e condanneresti te stesso. Fa' quindi molta attenzione. »

Venti giorni dopo Ipu-Wer fu costretto all'immobilità assoluta per via di dolori lancinanti all'addome, con nausea e vomito. In un primo tempo un collegio di medici si dimostrò pessimista sulle sue capacità di ripresa. « Ha un male contro cui lotteremo » annunciarono alla consorte. La prognosi era infausta. Invece la forte fibra del vecchio notabile e le cure intensive gli ridiedero la salute. Ipu-Wer rimase però talmente scosso da pensare seriamente alla Eterna Dimora. Convalescente, mi chiamò al suo capezzale e m'intrattenne a lungo con fare paterno, presente Itis. Poiché non era ancora convinto di avere debellato la malattia, mi dettò le ultime volontà. Morto lui, non avrei dovuto abbandonare sua moglie, perché i tempi erano calamitosi e i beni da amministrare molti e complessi, per cui Itis, temperamento piuttosto impulsivo, aveva bisogno di un supervisore delle mie capacità. Secondo lui, io avevo una preparazione specifica eccellente, possedevo tatto e diplomazia ed ero ben visto anche dai servi di stalla. Attualmente stavo dividendo la giornata in fatiche encomiabili: il lavoro a Corte e quello svolto nella sua villa come amministratore dei suoi beni. « Morto io, » aggiunse « dovrai occupare a Palazzo un posto che ti lasci maggiore libertà. Itis nutre per te un affetto profondo, materno. Te ne sei accorto? Non lasciarla sola, Hanis. »

Lo rassicurai. Si dilungò allora a parlarmi dell'oro stipato nei forzieri della villa, del porcile che avrei dovuto vendere, di Paniamon e dello sfortunato Digiau, uomini fidati e collaboratori insostituibili. Quest'ultimo aveva poi bisogno di cure assidue. Come premio per l'attaccamento che avevo dimostrato alla sua famiglia e per la rapida carriera che mi aveva aperto le porte di

Palazzo, Ipu-Wer mi donò un appezzamento di terreno situato alla periferia di Menfi. C'erano una cascina, un centinaio di bestie da pascolo, due schiavi e un contadino di nome Apui, molto volenteroso. Incredibile! Confinava con le tre spanne di terreno dello scultore Peror.

Non ebbi il coraggio di alzare gli occhi. Ero confuso, indignato con me stesso, pieno di scrupoli e di vergogna. Sua moglie, seduta accanto a lui, aveva il viso illuminato da un sorriso ambiguo. La guardai con una smorfia di disgusto. Era stata lei a indurre Ipu-Wer a donarmi la piccola proprietà? Per quale motivo? Forse le fortune di Pepinakht erano in ribasso?

A testa china, Itis mi pareva felice. Inconsciamente fece scivolare la mano sulla gamba accavallata fino all'alluce preferito che sporgeva dal sandalo. Lo tastò come se fosse un monile e disse:

« È un dono meritato, Hanis. Noi siamo fieri di te e felici di averti aiutato. Mio marito ha il sacro terrore che tu, acquisiti pratica e prestigio... ci lasci. »

« Non ho motivo di ripagarvi con tanta ingratitudine. Finché potrò esservi utile... »

« Non devi lasciare la mia diletta consorte » m'interruppe Ipu-Wer. « Me lo prometti? »

« Te lo prometto » gli risposi, senza alzare gli occhi. Poveretto! Come la maggior parte dei mariti beffati, adorava la moglie. Guai se avesse saputo che la mia promessa era falsa! A parte l'affetto che ormai mi univa a Nefer, come avrei potuto vivere con una donna che, anni a parte, con un'allucinante metamorfosi passava dal completo abbandono a scene isteriche di gelosia, dai pianti infantili a tempestose urla che laceravano l'aria, dalle carezze affettuose a beluine aggressioni da cui uscivo anche fisicamente malconcio? La statuetta di Bes, d'oro massiccio, era un temibile proiettile che fortunatamente avevo evitato per ben quattro volte. Comunque, anche senza approfondire troppo queste considerazioni, era evidente che Itis non poteva essere giudicata semplicemente una donna estrosa, prepotente, succuba di un'irrefrenabile sete di possesso. Era una pazza e io dovevo soddisfare i suoi capricci per evitare l'annientamento. L'ombra di Kati, sempre presente, mi suggeriva di destreggiarmi alla meglio in attesa di un evento che sicuramente avrebbe cambiato volto alla Terra di Kemet: la rivoluzione. Purtroppo le mie speranze erano legate a fattori troppo fragili e complessi. Per evitare una punizione che avrebbe potuto costarmi la vita, era necessario che Ipu-Wer non morisse, che Pepinakht non conquistasse il potere, che Itis non venisse a sapere di Nefer, che il popolo insorgesse in fretta, che Shery mi rimanesse fedele, perché ormai sapeva troppe cose.

« Il terreno è poco » si scusò Ipu-Wer. « Intendo quello che ti abbiamo donato. Purtroppo siamo senza figli e senza parenti stretti, così ho già istruito la mia diletta consorte: un giorno i miei beni saranno in parte tuoi e in parte del tempio di Ra. »

« Ti ringrazio, » risposi al nobile menfita, più confuso di prima « ma non penso di essermi meritato tanta fiducia e parte dei tuoi beni, una ricchezza favolosa. Non so come sdebitarmi. »

Non era il caso che lo ringraziassi. M'indicò la moglie. Itis non era di nobile casato e aveva sempre cercato di aiutare i poveretti che si rendevano degni di attenzione. Si era prodigata per togliere dal fango un certo Panef, figlio di miseri contadini del sud, e poi per fare di Weni, oscuro scriba di El Kab, un funzionario di Palazzo. Purtroppo questi due giovani, acquisite pratica e autorità, erano spariti con un'ingente quantità d'oro sottratto dalle casse dello stato. Itis aveva poi subito umiliazioni che solo una donna della sua generosità era riuscita a sopportare.

Erano notizie nuove, che però avevano il valore di tante altre, perché, senza dubbio, non rispecchiavano la verità. Solo Itis sapeva con esattezza che fine avevano fatto Panef e Weni. Lo testimoniavano il sorriso freddo e la falsa espressione distratta. Povero Ipu-Wer! Non potevo fare altro che dimostrarmi indignato per tanta ingratitudine. Ne prese atto con soddisfazione.

Il vecchio notabile aveva però altro da dire. La mia carica di funzionario statale e la mia età richiedevano che mettessi su casa.

« Devi sposarti, Hanis » mi disse. « Devi prendere moglie al più presto, perché il dovere di un buon egiziano è quello di dare figli al paese. A Corte, poi, sono tutti ammogliati ad eccezione di Pepinakht, che non fa certo bella figura. Che ne pensi di Meret? È una fanciulla di tutto rispetto, non troppo ricca, ma giovane e carina. »

Con gli occhi che attendevano un gesto d'assenso, Ipu-Wer mi guardò convinto che avrei esultato. Meret! Vent'anni caratterizzati da un riso sciocco e da un fiume di parole che intontiva anche un duro d'orecchie.

« Allora, Hanis, sei d'accordo? Gli anni passano anche per te. Meret è una fanciulla in grado di rallegrare la tua casa. Prima di morire voglio saperti a posto. »

Conscia del mio imbarazzo e forse seccata da un'iniziativa presa da suo marito senza consultarla, intervenne Itis. Sì, certo, sposarmi era un passo che dovevo fare, era d'accordo anche lei. Tuttavia la scelta della donna che avrebbe dovuto dividere con me le gioie e i dolori della vita aveva bisogno di meditazione. Meret? Per lei si trattava di una fanciulla insulsa e immatura, che rideva troppo e parlava senza riflettere. Sua madre era poi una donna incapace di seguire un discorso che non avesse per tema il suo parto difficile, la servitù e i vestiti. Che dire di suo padre? Poveretto! In vent'anni non era riuscito a raggiungere un posto decoroso a Palazzo. Era rimasto l'oscuro scribacchino di sempre, un essere introverso e misterioso, tanto pio da puzzare d'incenso. Comunque se Meret... piaceva a me!

« Tu, Hanis, che ne pensi? Cerca di essere sincero » mi chiese con uno sguardo che mi suggeriva la risposta. Fui evasivo, sicuro che Ipu-Wer non mi avrebbe mai più parlato di Meret.

« Dovrò conoscerla meglio, mia signora. Il tuo nobile consorte ha ragione: devo mettere su casa. Poiché si tratta di un passo che può essere determinante per la mia tranquillità e la mia carriera, devo avere il tempo per riflettere. Meret non mi dispiace. Tuttavia non penso che come moglie mi sarebbe di stimolo e di aiuto. »

Ipu-Wer mal celò la sua delusione. Lo vidi cupo e riflessivo, e il silenzio mi mise a disagio. Mi accinsi allora a rassicurarlo sul mio interessamento per questa fanciulla. Forse, conoscendola meglio, il mio giudizio sarebbe stato meno negativo. Invece Ipu-Wer mi precedé. Cambiò argomento. Mi parlò di Apui, il contadino della mia proprietà, e dei confinanti, tutta gente per bene, compreso un certo Peror, scultore. Si trattava di un uomo strano e scontroso, un vero acrobata del silenzio. Con lui viveva la nipote Nefer. Colpita duramente da una mano assassina per motivi incomprensibili, era rimasta priva d'intelletto. Itis aveva cercato di aiutarla economicamente. Peror si era opposto. Purtroppo aveva solo accettato, con molte riserve, che un gruppo di medici visitasse la nipote almeno una volta al mese, in quanto il suo improvviso silenzio aveva lasciato i pareri divisi: Nefer aveva perso le capacità di intendere e di volere per trauma fisico o per paura? La differenza era sostanziale, in quanto nel secondo caso era forse ricuperabile come essere pensante.

Ipu-Wer si dilungò poi a parlarmi delle cure che le erano state prescritte e della impossibilità da parte di Ahuri, capo delle guardie regie, di scoprire il colpevole. Itis però non lo lasciò finire. Intervenne d'autorità.

«Sono cose che non interessano Hanis» disse. «Questa Nefer guarda da anni davanti a sé senza pronunciare una parola, d'accordo. Suo zio Peror non è quasi nelle stesse condizioni? Per cavargli una sillaba di bocca ci vuole una supplica di Sua Maestà. Trauma o no, dev'essere una tara di famiglia. Io direi di non parlarne più.»

Il nobile menfita non fece obiezioni. Si limitò a promettermi che saremmo andati insieme alla cascina per conoscere Apui, naturalmente se la divina Iside gli avesse ridato la salute. Mezz'ora più tardi lasciai la villa.

A Palazzo, nel mio appartamento, trovai Shery. Era diventato amico intimo di una guardarobiera desiderosa di mettere su casa, un donnone mezzo sangue che orecchiava a tutte le porte. Con la promessa di sposarla, il mio servo aveva avuto in cambio confidenze che rispecchiavano fedelmente il clima di corruzione che regnava a Corte. Ahi, ministro del Tesoro, doveva a Itis la sua carriera. Come contropartita l'aiutava a realizzare i suoi piani, primo tra tutti quello di manovrare la maggioranza del Consiglio dei Dieci. Poiché Issi e Ti-teti si contendevano le simpatie della nobil donna e Bunkhaf, quando la vedeva ancheggiare, era costretto a soddisfare il desiderio virile con una moglie racchia, così le deliberazioni votate dal famigerato Consiglio erano frutto di un lavoro di corridoio che Itis si affannava a tessere con indiscussa abilità. Infatti, da quanto io stesso avevo potuto constatare, ella era la più accorta amministratrice che l'Egitto potesse vantare. Purtroppo non vedeva di buon occhio il progresso della società ed era quindi l'anima del conservatorismo suicida che regnava a Palazzo.

Ero sempre presente alle sedute del Consiglio e da tempo mi ero reso conto che le idee della nobil donna, a me familiari perché in casa Ipu-Wer se ne discuteva a lungo, giungevano misteriosamente a Palazzo ed erano sostenute da Ahi, Pepinakht, Issi, Ti-teti, Hornifer e Bunkhaf, ministro della Guerra. Ipu-Wer, come capo del Consiglio, non aveva diritto al voto. Solo Neferohu, Profeta del Ded Venerabile e amministratore del culto di Ptah, votava sempre contro, dopo avere illustrato la gravità storica che si stava vivendo: il paese poteva precipitare da un momento all'altro nel caos e avrebbero trionfato l'anarchia e la ribellione. Le sue verità incontravano però un desolante silenzio. Era questo il modo in cui Itis cercava di aiutare i poveretti che avevano vissuto come lei una vita di stenti? Povero Ipu-Wer! In poco tempo la richiesta del popolo di godere i benefici della vita eterna come la nobiltà era naufragata miseramente: il contadino, il servo, l'artigiano e lo schiavo rimanevano fango vivente e come tali sarebbero tornati ad alimentare i vermi della terra. Prima che a Corte si discutesse questa richiesta più che legittima, Itis s'era data da fare con manovre a largo raggio che neppure Pepinakht, uomo scaltro e intrigante, sarebbe riuscito a emulare. Allo stesso modo erano cadute una per una le richieste di imporre tasse eque agli scribi statali e alla nobiltà di Palazzo, di declassare la Maestà del faraone a quello di un essere umano, di imporre tributi ai templi, di abolire l'ereditarietà delle cariche, di elevare il minimo tassabile a trentadue "hekat" di grano, ossia a circa due sacchi per ogni membro di una famiglia.

Durante queste riunioni sedevo dietro ai dieci notabili e avevo il diritto di parlare solo se gli argomenti all'ordine del giorno riguardavano il mio ufficio. Tuttavia avevo la bocca cucita dalle raccomandazioni di Itis e dovevo costantemente schierarmi con la maggioranza, anche se molti dubitavano della mia sincerità. « Tu Hanis cosa pensi della richiesta di modificare la legge sulla immunità goduta dai notabili di Palazzo? » mi chiedeva Ipu-Wer come capo del Consiglio. « Nulla, mio signore » era la risposta. « Bisognerà prima eleggere una commissione di studio e poi vagliare il suo lavoro. »

Naturalmente la commissione veniva eletta proprio con i notabili che godevano più degli altri questi privilegi e nel migliore dei casi la legge non veniva modificata. Oltre a queste sedute ordinarie ce n'erano altre segrete cui non prendevo parte.

XIII

Ripresosi il generoso Ipu-Wer, mi recai con lui al mio podere. C'erano una casa, tre stalle, piante da frutto e prati rigogliosi, un centinaio di animali cornuti e alcuni asini. Nonostante fosse una minuscola proprietà a confronto di quelle medie che vantavano diecimila bestie al pascolo, mi pareva enorme. Avrei voluto percorrerne il perimetro a brevi passi, da solo, con l'aria distratta del possidente ormai abituato a calpestare il terreno che gli appartiene. Invece ero emozionato e continuavo a sventagliare gli occhi sui filari di alberi, sui fabbricati e sui buoi dai fianchi tondi, per poi guardarmi i piedi posati sulla mia terra. Accanto a Ipu-Wer, giunto da Menfi su lettiga, c'erano il contadino Apui, sua moglie e due schiavi ancora giovani. A Shery, che mi aveva seguito, mostrai la casa di Peror, a non più di duecento passi. Più tardi gli raccontai tutto di Nefer. Sveglio com'era, non faticò a comprendere che stavo vivendo una vita complessa, piena di rischi.

« Sei sicuro che ne valga la pena? » mi chiese a proposito dell'aiuto che intendevo dare alla figlia di Kati.

« Evita certe domande, Shery » gli ordinai. « Lo so, andandola a trovare rischio molto e metto in pericolo anche lei. Tuttavia sono deciso a non abbandonare questa strada. Se non scoppierà la rivoluzione me ne andrò con Nefer. Dove? Lo ignoro. La voglia di lavorare non mi manca. »

Shery scosse il capo deluso. Seduto per terra, in un angolo, aveva le dita intrecciate sulle ginocchia e il viso cupo. Vivere a Corte gli piaceva, si sentiva qualcuno, le donne della servitù lo consideravano molto e non era improbabile che mettesse su casa, perché la femmina con cui aveva diviso il tugurio a Sais non era sua moglie. Il pensiero di lasciare Menfi lo rattristava. Tagliò corto. La schiuma del furfante affiorò nella sua interezza. In fondo io avevo fatto strada con l'aiuto determinante di Ipu-Wer e potevo ormai considerarmi suo figlio adottivo. Itis era quindi un peso che mi curvava le spalle. Perché rischiare? Sì, la spinta me l'aveva data lei, ma con la storia di Nefer potevo cadere in disgrazia da un momento all'altro. Perché non eliminare la nobil donna? « Ti faccio un lavoretto raffinato, Hanis » aggiunse sottovoce. « Con una pugnalata nella garganella non dà più fastidio a nessuno e la società stessa ne trarrà beneficio. Comunque pensaci, non è urgente. »

La proposta era infame. Per non discutere su una soluzione che per me non esisteva e per non redarguire Shery con autorità, gli promisi che ci avrei pensato.

Tre giorni più tardi, approfittando della partenza di Ipu-Wer e di sua moglie per Eliopoli, mi interessai di Nefer che non vedevo da tempo. Digiau, demolito dalle mazzate di Iput, era sempre immobile e puzzava di cadavere, per cui avevo la possibilità di spostarmi a piacere. Seguito da Shery con due asini, mi recai di buon mattino al mercato degli schiavi. Nonostante godesse dell'ombra di un bosco di palme, era un luogo di desolante sofferenza. A gruppi, decine e decine di infelici, legati come bestie da macello, erano in attesa di essere trattati dai mercanti e dagli ispettori di quei notabili che avevano bisogno di braccia tuttofare.

Curiosi a parte, non si vedevano che visi smunti e occhi allucinati, ossa che disegnavano tronchi denutriti e nugoli di mosche che si contendevano il posto sulle piaghe. Da alcuni anni però il mercato di Menfi non era più florido come un tempo, perché quello di Eliopoli, alimentato dal tempio di Ra, riusciva a trattare grosse partite di merce umana a prezzi vantaggiosi.

Conscio di ciò che stavo cercando, il mio servo mi aveva

più volte esortato a tornare un'altra volta. Tuttavia, malgrado il sole già alto, insistei, perché era un acquisto che non potevo rimandare.

Nel tardo pomeriggio un crepuscolo prematuro calò nel bosco. Mi accingevo ad andarmene quando Shery, che teneva gli asini per la cavezza, m'indicò con il bastone una schiava che indubbiamente stonava tra tanti infelici cenciosi e macilenti.

Mi avvicinai. Era appoggiata a una palma, le mani legate sulle reni. Doveva avere qualche anno più di me, non molti, e il suo sguardo fiero, ben lontano dal rassegnato abbandono che caratterizzava i suoi compagni di sventura, m'indusse a pensare che prima della sua cattura aveva dovuto appartenere a un ceto sociale di un certo rango. Il suo bacino non era inoltre stretto come quello delle donne egiziane, ma piuttosto ampio, tanto da far pensare a un'origine asiatica.

Convinto di avere messo le mani su ciò che stavo cercando, mi accostai ancor più alla donna. Ancora in carne, aveva un corpo piacevole che le tendeva il cencioso abito di lana. Questo tessuto mi confermò che ella non era egiziana. Quando la fissai, nei suoi occhi si accese un lampo di odio.

« È merce di prima qualità » mi fece presente il proprietario della schiava e di un gruppo di giovani sdraiati ai suoi piedi. « Mentre gli altri sono consumati dal lavoro, lei è integra e sana, molto robusta. Ha partorito tre volte, ma, come puoi constatare, ha ancora il fisico di un'adolescente. Se saprai domarne l'aggressività, ti farà ottima riuscita. »

Le parole del mercante, un ometto dal capo sommerso da una pidocchiosa parrucca, irritarono la schiava, che ebbe un gesto di ribellione. La lieve brezza che s'era levata le muoveva i capelli. Mi accorsi che era saldamente legata alla palma con un tratto di corda che le lasciava la sola possibilità di sdraiarsi sulla paglia ridotta a letamaio.

Mi piaceva, sia per il fisico sia per l'età. Il fatto poi che avesse partorito tre volte e che possedesse un carattere forte avvaloravano ancor più la sensazione di avere finalmente trovato la donna che faceva al mio caso. Tuttavia, per rendere meno aggressive le richieste del mercante, mi girai verso Shery e gli annunciai ad alta voce che m'interessava una schiava più giovane, possibilmente nubiana.

Con studiata lentezza il mercante mi si fece accosto e mi parlò sottovoce, furtivo, per dirmi che la donna, catturata dalle truppe di Pepinakht nei pressi di Gaza, era giunta nelle sue mani in circostanze avventurose, non del tutto legali, per cui desiderava sbarazzarsene al più presto.

« Te la valuto trecento "shat", signore. È un regalo, credimi. »

Il prezzo era buono. Con un cenno ordinai a Shery di interessarsi del baratto. Le trattative parvero naufragare in un torrente di parole, finché Shery riuscì a spuntarla, perché in cambio di un solo asino, il peggiore, ebbe la schiava.

La donna valeva certamente tre volte tanto. Tuttavia il suo acquisto, agli occhi di un mercante, non rappresentava un affare, perché ella non era stata registrata in una Casa della Vita come schiava e quindi non era una "cosa" commerciabile. La donna avrebbe potuto contestare i miei diritti, andarsene in qualsiasi momento, mettermi nei guai. Comunque l'avvertimento del mercante di tenerla legata e di frustarla a sangue per spegnerle lo spirito di ribellione non m'impensierì, tant'è che ordinai al mio servo di liberarla dalle corde. La poveretta, che aveva i polsi sanguinanti, mi guardò incredula. Un tenue sorriso le fece capire che non aveva nulla da temere.

Ormai alla periferia del mercato, Shery mi consigliò di non spostarmi a piedi, dal momento che intendevo raggiungere la casa di Apui, e cioè il mio podere. Sarebbe corso a Palazzo per inviarmi una portantina.

« Il tragitto è lungo e accidentato, padrone » mi disse con amena autorità. « Non è quindi dignitoso che tu ti faccia vedere a calpestare la polvere come un uomo del basso popolo. Hai tutto da perdere. »

Malgrado fossi esausto, madido di sudore e avessi fame, sentivo la necessità di camminare. L'attesa poi dei servi mi avrebbe fatto perdere altro tempo ed ero ansioso di vedere Nefer, di accompagnarla fino al fiume lungo il pittoresco viale di papiri. D'altra parte la mia terra non distava che sei o sette tiri d'arco dal mercato, tragitto che Shery aveva ingigantito, perché ci teneva che lo vedessero al seguito di un funzionario regio su portantina. L'immobilità di Digiau mi lasciava inoltre tranquillo solo in parte, perché la servitù di Palazzo era pettegola e curiosa e tra essa lavoravano molte spie legate ai notabili più potenti. Gli risposi quindi di no. Avevo intenzione di trascorrere i sei giorni di vacanza, chiesti al prefetto Ti-teti, nei miei mille "stat" di terreno per potermi recare, ogni giorno, da Nefer, anche se c'era il rischio che Itis, attraverso il mio contadino, lo venisse a sapere. Apui mi pareva però un uomo sincero e di poche parole. Se aveva venerazione per Ipu-Wer, non dimostrava certo simpatia per la sua padrona. Volenteroso ed energico, già padre di una bella bambina, aveva avuto con Shery parole dure per Itis, rea di avergli dato dell'escremento di porco di fronte alla moglie e ai due schiavi. In più l'aveva accusato di furto, perché, in un anno di magra, la terra era stata avara.

Apui mi accolse con manifesta sorpresa, in quanto mi aspettava a fine mese e non certamente sullo sfondo fuligginoso di una serata che precedeva una notte rischiarata solo dalla luce benigna delle stelle. Sua moglie infatti si agitò imbarazzata, perché non mi aveva preparato la cena, la camera e qualche fiore come benvenuto. Comunque la tranquillizzai all'istante. Mi sarebbero bastati un giaciglio qualsiasi, una ciotola di latte e un pezzo di pane. La brava donna mi chiese un po' di pazienza e corse via preoccupata.

Apui salutò Shery con un cenno e guardò la schiava con l'occhio del capo che ha urgente bisogno di manodopera. Poi gli venne un dubbio, perché la donna aveva un fisico di tutto rispetto. Mi si fece accosto e mi chiese se nella mia camera doveva mettere un giaciglio... per due. Il mio gesto di diniego lo tranquillizzò. Prima che andasse a governare il fuoco gli spiegai che la donna si sarebbe fermata una sola notte, in quanto era destinata allo scultore Peror. Io e Shery invece ci saremmo intrattenuti cinque giorni pieni. Cinque giorni! Erano molti, abituato com'ero a lavorare sodo nel mio ufficio, poi di sera per l'amministrazione Ipu-Wer e di notte con l'insaziabile Itis. Tuttavia rappresentavano per me un batter di ciglia, se pensavo che potevo rimanere accanto a Nefer, la silenziosa dea che mi rubava gran parte dei miei pensieri.

Cenai con Apui e lo misi al corrente delle mie intenzioni, certo che non avrebbe aperto bocca. Con me non parlò male di Itis, perché nutriva rispetto e devozione per Ipu-Wer, uomo saggio e generoso. Mi avvertì solo di guardarmi da Digiau e di lasciare al più presto il mio ufficio, in quanto la gente di Menfi era certa che tra le sue mura albergassero gli spiriti malvagi. E poi, se fosse scoppiata la rivoluzione, il posto che occupavo sapeva di condanna capitale.

Sul tardi Apui mi parlò a lungo dell'annuale inondazione. Purtroppo non era stata generosa. In più le locuste avevano coperto a nube un intero campo e si prevedeva un raccolto di grano piuttosto scarso. La zona prativa, invece, ricca di canali artificiali, pareva promettere bene.

« Per fortuna quest'anno non devo rendere conto a quella donna » mi disse con un sospiro. « È venuta una sola volta e l'hanno sentita urlare dal tempio di Ptah. In seguito mi ha sempre chiamato a Menfi. Mai che abbia elogiato il mio lavoro. Quando mi sono stabilito in questo podere c'erano quindici mucche spigolose, un asino bolso e il terreno era incolto, una distesa di erbacce. »

Gli chiesi di Peror. Lo conosceva da anni. Era un brav'uomo, molto chiuso, ormai rassegnato alla sventura. Per sua nipote aveva sofferto la fame. Quando ella aveva trovato impiego a Palazzo non pareva più lui. Euforico, s'era messo ad abbellire la casa lavorando come uno schiavo. Era orgoglioso di Nefer. Sognava un matrimonio di prestigio, almeno con uno scriba. D'altra parte si sussurrava che questa fanciulla fosse figlia di un notabile del sud caduto in disgrazia. « Ora è malata grave... dicono che sia pazza... Peror si priva di tutto per farla visitare una volta al mese da tre medici » concluse addolorato.

L'indomani feci chiamare la schiava nel piccolo soggiorno della casa. Seduto su una vecchia poltrona che sicuramente aveva reso piacevoli i pisolini al nobile Ipu-Wer, la vidi entrare con titubanza, gli occhi cupi e infossati, l'espressione insolitamente frastornata. Doveva avere pianto poco prima, perché tra le ciglia ristagnavano lacrime.

Mentre Shery, che l'aveva accompagnata, si eclissava, ella si guardò attorno con sospetto.

Lasciai che la donna osservasse ogni cosa, le sedie istoriate e il mobilio d'abete, alcune sculture raffiguranti divinità, poi la invitai a sedersi davanti a me, su una stuoia. Ci fissammo a lungo senza che ella sentisse il bisogno di abbassare lo sguardo. C'era ora nei suoi occhi una luce di viva ansietà, forse il desiderio di sapere chi fossi, per quale motivo l'avevo lasciata tutta la notte nella più completa libertà, sotto il portico, su un giaciglio di paglia pulita.

Ero curioso di sapere tutto della sua vita. Stavo per rivolgerle alcune domande, quando un improvviso dubbio m'assalì. Parlava poi egiziano? Sarebbe stato buffo e tragico se avessi dovuto impartirle gli ordini a gesti. Per fortuna la schiava mi tranquillizzò.

« Perché mi hai comperata e non mi fai sorvegliare? Stanotte ero completamente libera » mi disse.

Il suo egiziano era stentato e l'accento decisamente orientale.

« Lo saprai più tardi » le risposi con sollievo. « Parlami prima di te, della tua vita, senza nascondermi nulla. Ti avverto che non ho nessuna intenzione di farti del male. Se mi dirai tutta la verità, il trattamento di questa notte non subirà che una piacevole variante. Inoltre sappi che non ti considero una schiava, ma una donna libera. »

Attesi a lungo prima che ella riuscisse a vincere la comprensibile titubanza. Iniziò quindi a parlare lentamente, gli occhi bassi e le mani intente a rotolare inconsciamente i fili liberi della stuoia. Nata a Byblos trentacinque anni prima da madre egiziana e da padre cananeo, aveva dovuto interrompere gli studi per la morte dei genitori. Più tardi aveva sposato un giovane di Tiro e aveva avuto tre figli. Suo marito, notabile in un piccolo villaggio della costa, a una giornata di marcia da Gaza, non aveva avuto fortuna. Accusato ingiustamente dal generale Pepinakht di favorire le azioni criminose dei beduini "amu", fu condannato a morte e la sua famiglia deportata in schiavitù.

La donna, di nome Miriam, fece a questo punto una lunga pausa, come se stesse rivivendo angosciose visioni. Infatti le sfuggì un gemito strozzato e chiuse lentamente gli occhi colmi di lacrime. Quando riprese il racconto, faticò a soffocare i singhiozzi. I suoi figli, bollati a fuoco in sua presenza, erano crollati sotto la sferza. Gli aguzzini li avevano poi trascinati via come bestie da macello. Lei, invece, incolonnata con altre schiave, aveva seguito una carovana diretta ad Eliopoli. Due disertori di Pepinakht se n'erano però impadroniti e l'avevano venduta più tardi al mercante di Menfi per due miserabili "pezzi" di rame. Il resto della storia non aveva bisogno di essere illustrato.

Miriam si asciugò gli occhi e mi guardò. Forse capì che il suo avverso destino non mi aveva lasciato indifferente, perché mi chiese, con voce tanto fioca che pareva invocare clemenza:

« Mi farai bollare a fuoco con il marchio della schiavitù? »

« Ti tratterò, come ti ho promesso, da persona libera, perché sono certo che eseguirai con scrupolosa onestà il lavoro che ti ordinerò di fare » la rassicurai.

Purtroppo sapevo cosa volesse dire questo marchio maledetto per una donna libera, un segno a fuoco che le avrebbe deturpato il viso o la spalla. Io stesso, bollato sul petto, avevo per mesi strofinato la cicatrice con scorza rugosa di carrubo, finché non era rimasto che un segno informe, di dubbia provenienza. Comunque parlai a Miriam di Nefer, dei suoi bellissimi occhi puntati su un buio o una luce senza fine. Poiché la donna mi seguiva con evidente interesse, mi spiegai. Ella doveva accudire alla fanciulla giorno e notte, ricordare tutto ciò che balbettava, cercare di farla parlare, vegliare perché non fosse molestata, seguire attentamente il comportamento del collegio di medici che di tanto in tanto venivano a visitarla. In più non doveva parlare assolutamente di me: non mi aveva mai visto. « Sei contenta? »

Mi fissò incredula, chinò il capo e pianse. Della donna inviperita del giorno prima non rimaneva che uno spiacevole ricordo.

« Sei troppo generoso » mormorò. « Posso sapere il tuo nome? »

« Hanis. »

« Se questa Nefer ti sta molto a cuore, perché non la tieni nella tua casa? Ho sentito dire che questa è tua. Sei forse sposato? »

Le domande, più che ovvie, mi colsero di sorpresa. Certamente se l'avessi avuta a Corte, nel mio appartamento, avrei potuto vederla ogni momento e sarebbe stata più al sicuro. Purtroppo, almeno per ora, era un progetto impensabile. Se le mie supposizioni erano esatte, Nefer era caduta in disgrazia perché piaceva a Weni e a Pepinakht. A colpirla non poteva essere stato che Digiau o la stessa Itis, naturalmente se si escludeva un atto inconsulto da parte dello scriba o del generale.

« Per ora non posso, Miriam. Vivo a Corte e nella villa di un nobile, non qui da Apui. La vedrai. Si chiama Nefer. È bella come una dea, la stessa immagine di Iside. »

Certamente la cananea, donna matura e intelligente, aveva già capito cosa Nefer rappresentava per me. Infatti mi rassicurò. Anche se non l'aveva mai vista, nutriva già per lei sentimenti materni. Da parte mia ero sereno, convinto che stavo pagando con mille rischi il grosso debito che avevo con Kati.

Con Shery ci recammo quindi da Peror. Lo trovammo che stava accudendo all'orto con la solita maschera di tristezza. Ci accolse con un gesto e guardò con stupita curiosità la donna. Gli avevo promesso, possibilità permettendo, che un giorno o l'altro gli avrei condotto una schiava perché s'interessasse di Nefer, e certamente non si attendeva una donna così valida. Malgrado i segni lasciati da un'angosciosa sofferenza, ella non presentava né il fisico né il comportamento caratteristici degli schiavi.

Rassicurai Peror. Si trattava proprio dell'aiuto che gli avevo promesso. Lo pregai quindi di farle vedere la casa e salii al piano superiore. Solo poche volte mi ero illuso di sentirmi rivolgere la parola da Nefer. Tuttavia provavo una gioia infinita quando potevo rimanere solo con lei, accarezzarle il viso, pettinarle i capelli sempre liberi sulle spalle, parlarle a lungo, anche se le mie parole incontravano un desolante silenzio.

La trovai seduta sulla solita poltrona, il viso immobile e gli occhi ancora fissi oltre la finestra, sui papiri che ondeggiavano sullo sfondo luminoso del mattino. Le passai dolcemente una mano su una guancia, sussurrandole:

« Nefer, non mi riconosci? Sono Hanis. Prova a guardarmi! Per la sapienza illuminata di Thot! Devi ricordare. Vuoi farmi impazzire? »

Nulla. La vacua fissità rimase tale e le sue mani non si staccarono dai bracciuoli della poltrona. Con la gola contratta da una nuova delusione, ebbi la tentazione di percuoterla, nella speranza che un trauma l'avrebbe scossa da quella misteriosa immobilità, invece mi limitai a un gesto di stizza, afferrai un pettine e la pettinai con cura, poi le assestai il vestito che le avevo donato e la collana di lapislazzuli, due giri di collo. Mi era costata due mesi di lavoro, una pazzia. Mi appoggiai infine allo stipite della finestra e le parlai a lungo, come il nonno che racconta le favole al nipotino senza accorgersi che sta dormendo. Infatti nel viso di Nefer non si contrasse un muscoletto, a eccezione di quello che governa l'involontario battere delle palpebre.

Mentre sentivo scricchiolare i gradini sotto il peso di qualcuno che stava salendo, le assestai ancora il vestito come se stesse giungendo l'alta nobiltà di Corte: fu più forte di me. Entrarono solo Peror e Miriam. Shery, anche se aveva la pelle di un animale selvatico, era sicuramente rimasto giù, perché aveva visto Nefer una sola volta e s'era commosso.

La cananea, di cui scrutavo attentamente la mimica facciale, si guardò attorno con curioso interessamento, poi si avvicinò alla fanciulla e la fissò dapprima con stupore, poi con evidente sentimento di pietà. Con un gesto materno le posò una mano sul capo e le chiese inutilmente come si chiamasse. Si scostò delusa, conscia del dramma che s'era abbattuto sulla sfortunata creatura. Poiché Peror s'era messo in un angolo con il mento sul petto, mostrai a Miriam due giacigli, uno per lei e l'altro per Nefer, il ripostiglio e tutto ciò che avrebbe potuto esserle utile.

« È affidata a te giorno e notte » le dissi. « Penso che ogni raccomandazione sia inutile. »

Colava lacrime. « È un'occupazione che ridà un senso alla mia vita » mi rassicurò. « Sta' tranquillo, la curerò come se fosse mia figlia. »

« Io e Peror te ne saremo grati. Hai capito cosa rappresenta per me? »

Accennò di sì e prese a riordinare la camera.

Ero libero da impegni. Cinque giorni di tranquillità, lontano da occhi sospettosi, mi sembravano molti, un sogno. Indussi Nefer ad alzarsi e l'accompagnai giù: ci attendeva il viale di papiri. A passi lenti seguimmo le nostre ombre lunghe, in direzione del fiume, mentre su di noi gli uccelli canori salutavano la luce rosata del mattino.

Camminammo in silenzio su macchie d'erba imperlate di rugiada e lungo i solchi ocracei lasciati dalla slitta di Peror. Si vedevano le grandi Piramidi, lontane, investite dal sole. Costruite per l'eternità, lassù il tempo non scandiva il suo ritmo come altrove. S'era fermato, sorvegliava dall'alto la vita minuta che fluiva lentamente come se non fosse opera sua. E forse era così. Nella Valle del Nilo non era tutto statico e immutabile come il ruotare del sole, che di notte navigava sul fiume sotterraneo per trovarsi puntuale a oriente a illuminare l'alba novella? L'aveva detto Neferohu, parole ermetiche che solo lui capiva. A me sembrava invece che il tempo scorresse veloce, sempre con lo stesso volto e privo, almeno per me, di luce e di serenità. Anche con Nefer sottobraccio, nella solitudine della campagna, mi sentivo spiato, inseguito da forze occulte che non mi concedevano tregue. Il ricordo del campo di Ra mi rendeva ancor più nere le ombre dei papiri e cupe le voci canterine degli uccelli.

Raggiunto l'argine in silenzio, ci sedemmo su una panca costruita da Peror. Il fiume scorreva lento e maestoso, rispecchiando nubi di panna e piante inclinate sull'acqua come fanciulle civettuole, intente a guardarsi il viso. L'aria era tersa, odorosa di campagna. Stranamente gli occhi di Nefer non erano fissi, seguivano curiosi il volo di alcune farfalle.

Dopo un lungo silenzio, immaginai la fanciulla cosciente e le parlai a lungo, costruendo con la fantasia un avvenire che solo uno stolto poteva sognare. « Ti sposerò presto, Nefer, andremo ad abitare a Tebe o a El Kab, lontano, lavorerò come scriba e vivremo felici. Tu guarirai ed avremo tanti bambini, una casa con giardino, alveari di api, Miriam e Shery come domestici, un chioschetto sull'argine per ammirare in piena notte il Nilo stellato o la luna che vi scorre sul fondo. Tuo zio? Si porterà gli scalpelli e vivrà con noi. Sei contenta? »

Naturalmente non un cenno mi fece intendere che Nefer aveva capito. Comunque non mi persi d'animo. Le raccontai alcuni vecchi proverbi. Merah, la "nonna" della Strada delle Prostitute, me li narrava dopo che almeno tre anfore d'acqua mi avevano rotto le spalle. Erano puliti, storie di infermi che avevano sconfitto la malattia o di maghi che irrigidivano serpenti. Tra l'uno e l'altro ficcava parolacce che sembravano colpi di tuono. Nei suoi racconti ella usava il linguaggio ruvido della gente di malaffare, ma le storie erano patetiche e il loro ricordo mi aveva accompagnato nella solitudine della schiavitù. Libero dalle fatiche e dallo studio, me le raccontavo con un linguaggio più pulito nelle notti odorose di miseria, sotto lumi di stelle troppo puri per noi.

Nefer voleva dire "bella". E Merah mi raccontava che una bella fanciulla sordomuta, nelle notti di luna, passava nel deserto con un braccio teso davanti a sé. Il velo bianco che indossava pareva una nube frullata dal vento. Dove andava? A prostrarsi ai piedi della Sfinge, il genio mitico della occulta sapienza, che proteggeva i Figli del Nilo. Chi la seguiva la vedeva dialogare a gesti, alzare le mani verso il cielo stellato, disegnare geroglifici nell'aria. "Tu, o Sfinge divina," forse le chiedeva "che guardi oltre il deserto inseminato, alle albe che perpetuano la vita, perché non mi fai udire il chiacchierio degli uccelli o il suono articolato di chi mi parla? Perché devo esprimermi con sequenze di gesti, come il susseguirsi di pitture murali?"

« La fanciulla guarì » terminava Merah, mettendomi in mano una crosta di pane. « All'improvviso ella sentì i rumori della notte scendere dal cielo e poi, all'alba, la voce di un asinaio. Lo capì dai gesti, voleva dirle che era una bella giornata, parlava una lingua strana, come la sua voce e la barba incolta che gli oscurava il viso. »

« Ti condurrò alla Sfinge, Nefer » le dissi a mia volta. « Guarirai, ne sono certo. Mi hai seguito? »

Nefer mi guardò con interesse. Per Thot, il saggio dei saggi, Maestro della parola e del pensiero! Ma sì che capiva! Con una gioia troppo grande per essere vera, le afferrai il viso.

« Nefer, dimmi che hai compreso, rispondimi con un cenno, se non ti è facile la parola. »

« Hanis... Hanis » mormorò con dolcezza.

« Hanis va bene. Ora fa' uno sforzo. Ricordi la Sfinge, la fanciulla sordomuta, il vestito bianco? »

Non mi rispose. Ci fissammo a lungo in un impietoso silenzio e i suoi occhi tornarono a essere inespressivi, privi di fuoco interiore. Allora la indussi ad alzarsi e la tenni avvolta in un affettuoso abbraccio, senza che ella si ribellasse. Tutto qui. Si era però ricordata il mio nome ed era già qualcosa, un successo che m'induceva a sperare.

XIV

Inaspettatamente il nobile Ipu-Wer e sua moglie tornarono mentre io ero da Nefer. Un messaggero partito da Eliopoli li aveva intercettati ad appena una giornata di navigazione da Menfi e li aveva consigliati di tornare in fretta. Il motivo era estremamente grave. Gli schiavi del campo di Ra, e cioè i miei ex compagni di sventura, avevano trucidato guardie e ispettori a loro ostili ed erano fuggiti capeggiati da un certo Kati. Inoltre la popolazione della città avevà inscenato manifestazioni di protesta per chiedere riforme e le forze dell'ordine erano incapaci di sedare gli assembramenti. Lo stesso Hornifer, che si trovava a Eliopoli, era in viaggio per la capitale, scortato da una vera flotta da guerra. Il messaggero si era poi diretto in tutta fretta a Corte per annunciare che, per la prima volta nella storia d'Egitto, si criticava apertamente l'operato del faraone e dei suoi figli Neferkharè e Nitocri. In più il "nomarca" e i notabili di Eliopoli erano stati uccisi con le loro famiglie. La situazione non era migliore nelle altre città, come se il popolo fosse insorto a un segnale convenuto. A Pepinakht quindi il compito di ristabilre l'ordine.

Venni a sapere queste cose appena giunto a Palazzo. Tra un via vai di visi stirati, vidi passare Issi e Ti-teti a testa china. Camminavano spediti, con un codazzo di scribi e di guardie, senza degnarmi di uno sguardo. Sicuramente stavano recandosi da Sua Maestà. La notizia che Kati era vivo doveva averli colpiti come un fulmine a ciel sereno. Non li invidiai.

Se le voci che circolavano a Palazzo sul mio maestro mi avevano reso euforico, la notizia dell'inatteso ritorno di Itis mi costrinse a ingoiare amaro. Infatti non ebbi neppure il tempo di riordinare le idee che mi vidi davanti Digiau, miracolosamente ristabilito. Poiché la sua rapida guarigione era molto sospetta, mi sentii autorizzato a pensare che mi avesse spiato. Certo, ero stato un ingenuo. Perché non avevo lasciato Shery di guardia alla villa? Digiau era un serpe indistruttibile... o quasi. Mi convinsi che la terza e ultima dose di bastonate avrei dovuto dargliela io. Mi disse infatti, meno lugubre del solito, che il suo nobile padrone mi attendeva a cena, nella sua villa. Poiché il tono della voce sapeva più di ordine che d'invito, non bisognava essere un genio per capire che era stata Itis a convocarmi.

« Sei o sette giorni fa eri da mummificare » gli feci notare. « Come hai fatto a ritrovare tanto vigore? »

Ingoiò una smorfia di disappunto. « È il primo giorno che esco e non è che mi senta a mio agio » balbettò, guardando altrove.

« Perché menti? Ti ho visto al mercato degli schiavi. Mi hai seguito fino alla mia proprietà, sfruttando le ombre come un furfante, ti ho scorto in un boschetto di papiri, in agguato, non so perché. »

Lo vidi agitarsi confuso e non ebbi più dubbi: mi aveva spiato.

« Ti ho detto la verità, scriba Hanis, la pura verità » mormorò tra un via vai di funzionari allarmati. « Vorrei che la dea Maat... »

« Non bestemmiare, Digiau, perché se ti rompo le ossa potrai muoverti solo strisciando. Comunque domani o dopo ti saprò dire dove e quando ti spezzerò in due. Ora levati dai piedi. »

Se ne andò in fretta. Malgrado le minacce, era meno pensieroso di me.

Nel tardo pomeriggio mi recai a piedi alla villa Ipu-Wer.

In un'atmosfera uggiosa, camminai adagio, un po' per la trepidazione, un po' per preparare un alibi alle accuse che certamente Itis mi avrebbe mosso. Sapeva della schiava Miriam? Delle giornate trascorse con Nefer? L'atteggiamento di Digiau lasciava supporre di sì. C'era poi il fatto gravissimo che a Corte era riaffiorato il nome di Kati e anche i servi sapevano che era il padre di Nefer. Povero me! Pensai che mi attendevano giorni duri, decisivi non solo per la mia carriera, ma anche per la mia vita. Non mi sbagliai. Pur non ignorando che il mio destino era legato agli umori di Itis, mi pareva impossibile che attorno a me il terreno stesse franando senza lasciarmi possibilità di scampo.

Mangiammo nel chioschetto con un Ipu-Wer molto loquace e una Itis taciturna e sfuggente. Il nobile menfita mi anticipò che entro due giorni al massimo avrebbe indetto una riunione straordinaria. Lo scopo era di varare provvedimenti energici per ristabilire l'ordine pubblico e ridare prestigio e autorità al potere centrale. Attendeva solo l'arrivo di Hornifer e di alcuni messaggeri inviati in tutta fretta dai principali "nomarchi" perché si rendessero conto di un pericolo così grave e immediato. Per ora le voci giunte erano pessimistiche, perché, oltre alla ribellione del campo di Ra e della popolazione di Eliopoli, che inneggiava a Sitra, considerata il simbolo delle rivendicazioni popolari, molti distretti, assoldate truppe mercenarie e morti di fame, stavano tentando di ribellarsi alle autorità centrali, per fondare staterelli indipendenti. In un Egitto che stava frantumandosi come un vaso di terraglia sotto gli occhi spenti di Pepi, non si poteva ormai che ricorrere alla forza. Ma dov'era l'esercito di Pepinakht, il generale che oziava mesi e mesi a Corte e poi partiva per azioni punitive rapidissime e sanguinarie? Nelle salde mani di un suo subalterno, Sebni, comandante stimato dai soldati perché viveva con loro e aveva al suo attivo atti di eroismo non comuni.

Ipu-Wer parlò a lungo, dimostrandosi pessimista sul futuro dell'Egitto. Lui era vecchio e malato. Da tempo sperava che Pepi chiudesse gli occhi per ritirarsi al Papireto ad allevare bestiame. Non aveva nulla da rimproverarsi ed era sicuro di essere stimato anche dal più umile dei sudditi. C'era aria di rivoluzione? Ebbene, non si sentiva di fuggire. Se gl'insorti avessero distrutto la reggia, lui sarebbe morto al suo posto di lavoro. Le riforme! Sì, qualcosa era stato fatto, poco, a dire il vero, perché nella sala del Consiglio dei Dieci sedevano da almeno trent'anni gli stessi uomini, specie di semidèi intoccabili. Essi avevano il loro modo di concepire il potere e di esercitarlo, di tappare la bocca a chi cercava di esprimere idee innovatrici, di pugnalarsi alle spalle per strappare, anche all'amico, il posto di prestigio. Issi, Ti-teti, Ahi, Pepinakht, Bunkhaf? Erano uomini ambiziosi, che pretendevano di governare uno stato senza sapere cosa fosse. In più avevano di se stessi un culto contemplativo. Sì, forse a Corte c'era qualcuno onesto, ma non al punto da denunciare la corruzione e il furto, o di smascherare le miserabili manovre di corridoio e i giuochi di potere. Certo, anche lui, Ipu-Wer, non era immune da colpe, malgrado avesse subito un inganno dopo l'altro. A giustificare la situazione disastrosa in cui era caduto l'Egitto, c'era il fatto che il regno di Pepi II era stato troppo lungo, interminabile. Durante la IV Dinastia, poi, i costruttori delle grandi Piramidi avevano lasciato troppa libertà al clero, gesto considerato irriflessivo e dannoso, perché aveva tolto dalle loro mani ogni autorità. Infatti, dopo questa condannevole rinuncia, il grande sacerdote di Ra era diventato il giudice supremo, solo lui designava il candidato al trono d'Egitto. Tuttavia Pepi I e suo figlio Merenrè I erano riusciti a ridare al loro regno un certo prestigio, tanto da lasciare a Pepi II un Egitto ancora florido. Eletto faraone all'età di sei anni, costui non poté certo interessarsi degli affari di stato. Fu una fortuna, perché la reggenza rimase nelle mani di sua madre Meryreankhnes, donna autoritaria e abilissima, e dello zio Dyau, che aveva la carica di visir. Alla loro morte, Pepi s'era subito dimostrato fiacco e rinunciatario, per cui lo stato subì la totale dominazione del tempio di Ra e dei notabili a esso legati. Neferohu? Ai suoi tempi era stato un baluardo contro il malcostume e la violenza, e le sue massime, piene di brivido profetico, avevano più volte annunciato gravi calamità lungo il Fiume Sacro e una guerra fratricida. Ora era vecchio, solo o quasi, malvisto dai potenti, bersaglio di congiure che avevano tentato più volte di assassinarlo.

Nonostante seguissi con attenzione le parole di Ipu-Wer, l'atteggiamento anomalo di Itis, che scrutavo di tanto in tanto, mi rendeva sempre più inquieto. Accusando una forte cefalea, ella aveva mangiato pochissimo, in silenzio, poi aveva posato un gomito sul bracciuolo della poltrona e la fronte nel cavo della mano.

« Cos'hai che ti turba, amore? » le aveva chiesto più volte il marito.

« Nulla. Ho solo un acuto mal di testa. Mi dà perfino fastidio la luce. È tutto il giorno che mi tormenta. »

« Allora perché non vai a riposare? Vuoi che chiami il medico? »

« Oh, il medico! È un imbecille. Andrò a letto dopo che ti avrò sistemato per la notte. È un vizio che ti ho dato, un rito direi, piacevole per entrambi. »

Ipu-Wer sapeva benissimo che doveva coricarsi prima lui. Tuttavia indugiò ancora per parlarmi di Pepinakht, soldato che in questi casi metteva in pratica la teoria della terra bruciata. In un'azione di rappresaglia in un centro poco distante da Menfi, alla ricerca di Sitra, aveva distrutto la totalità delle case e deportato in schiavitù le famiglie sospettate di favorire la donna guerriera.

« È una terapia che non approvo, » aggiunse indignato « perché colpisce anche l'innocente e fa nascere lo spirito di ribellione nel più mansueto dei sudditi. Pepinakht, poi, è solo capace d'infierire su gente inerme. Mai ho visto un generale oziare così a lungo tra le mura di Palazzo. Peccato che non ci siano truppe femminili. »

« Oh, come sei malevolo! » esplose Itis. « Pepinakht è un grande generale, deciso e buono stratega. Se lo vedi spesso a Corte è perché da Menfi gli è più facile coordinare i movimenti delle truppe del Delta. »

Era tardi. Ma quella sera il nobile menfita appariva stranamente vitale, mentre sua moglie, sempre più tesa, pareva fremere dal desiderio di rovesciare sul mio capo strali e tempesta, impressione suffragata dal fatto che mi lanciava occhiate velenose.

Finalmente Itis sospirò. Condusse il marito a letto e tornò mentre stavo girando per il giardino illuminato da torce piantate nel terreno. La vidi arrivare con la luce alle spalle. La sua ombra avanzò increspandosi sulla ghiaietta del viale, mi raggiunse e mi salì dai piedi al capo, quasi volesse cancellarmi come essere fisico. Ferma ad un passo, il viso velato di nero e l'indice teso verso la porta, Itis usò un sibilo da rettile:

« Ti aspetto nella mia camera... meglio nel soggiorno. Penso che non ti farai attendere, capito? » Si girò e scomparve.

Mi mossi con un certo ritardo. Trepidavo. A testa china mi avviai per affrontare la donna che mi aveva permesso di diventare amministratore capo delle imposte. Avevo però il passo del furfante condotto verso la Dimora Venerabile per essere giudicato dal visir.

Sdraiata sul divano, Itis stava tormentandosi il solito alluce. L'ambiente era illuminato da lumi ad olio, una decina, e da tre candele, uno spreco inutile. Si sentiva un tenue profumo di loto con venature di fumo. C'era silenzio.

Il sorriso della nobil donna, appena abbozzato, mi ricordò il raggio di sole che filtra clandestino tra nubi plumbee rimescolate dal vento. Infatti si spense subito. Sul solito tavolino, a portata di mano, c'era la famigerata statuetta di Bes, un palmo d'oro massiccio.

Mentre stavo sedendomi su uno sgabello, mi accorsi che non sapevo dove mettere le mani e che atteggiamento prendere. Per precauzione appoggiai soltanto una natica e tenni le gambe tese, pronte a portarmi fuori tiro.

In un silenzio che sapeva di burrasca cercai di accumulare il fiato necessario per dire:

« Mi fa piacere rivederti, "sorella". Mi spiace comunque per il grave contrattempo che ti ha costretta a tornare. Come stai? »

Mentre le sorridevo, cercando di dissimulare l'espressione ipocrita che certamente s'era dipinta sul mio volto, mi giunse la risposta:

« Farabutto. »

« Farabutto, perché? non ti capisco, Itis cara! »

« Non fare il furbo, Hanis, perché mi fai schifo due volte. »

« Il furbo? Schifo? Che stai dicendo? Sono frastornato dalla tua accoglienza. »

Attorcigliò paurosamente l'alluce e mi trafisse con gli occhi sanguigni. Per Hathor, dea dell'amore! Era questa la donna che mi accarezzava con tenerezza e che si abbandonava nelle mie braccia sussurrandomi: "Ti voglio, Hanis, amore! Perché mi fai soffrire?". In quei momenti il suo alito, pur non sapendo di santità, era puro e invitante, una droga che eccitava. Ora la sua voce aggressiva soffiava vapore bollente. Eppure non ero nuovo a scenate del genere. Questa volta però mi accorsi che non stavo affrontando una bordata di vento, ma un vero e proprio uragano. Sicuramente ne sarei uscito malconcio.

« Sei frastornato! Vuoi che mi spieghi meglio? » mi chiese, con le parole che filtravano da un torrente di saliva velenosa. « Eri nel campo di Ra con il famigerato Kati e non me lo hai detto; hai barattato un asino della proprietà che io e mio marito abbiamo avuto la bontà di donarti, per mettere una schiava al servizio di Nefer, una sgualdrina che a Corte ha fatto girare la testa a molti funzionari. Costei è figlia del "senza naso" Kati, un rivoluzionario abile e spregiudicato che quell'imbecille di Issi ha avuto il torto di lasciare al mondo. Comunque sei stato da questa Nefer cinque giorni, quelli che avevi promesso di dedicare a me a fine mese. Inoltre l'hai abbracciata più volte in riva al Nilo. Sei un escremento di porco, Hanis, e presto tornerai a rimettere in sesto le capanne dei tuoi compagni. Tornerete tutti al campo con la pelle a brandelli e il naso mozzo. »

Ero davvero stupito dall'abilità usata da Digiau per spiarmi. Non poteva essere stato che lui. Avevo agito da stolto e ora stavo pagando.

Cercai mille scuse facendole presente che era mio dovere aiutare Nefer. Kati me l'aveva raccomandata quando aveva saputo della mia partenza per Menfi. Che costui fosse un temibile rivoluzionario lo ignoravo.

Purtroppo ad ogni mia giustificazione la voce di Itis diventava sempre più stridula, finché ella balzò in piedi e mi aggredì come una belva inferocita. Le afferrai prontamente le mani e la spinsi lontano, cercando di mitigarne le ire con parole suadenti. Fu inutile. Afferrò la statuetta di Bes e me la lanciò con tale violenza che la sentii fischiare a un dito dal viso. Il colpo secco contro la porta non fece accorrere nessun servo, abituati com'erano a scenate del genere. Seguì una fiumana d'invettive, frutto di una lunga esperienza, poi Itis rovesciò un tavolino e mi si avventò contro, cercando di cavarmi gli occhi con le unghie da pantera. Allora persi la pazienza e ne frenai lo slancio con un ceffone. La mano cadde dura, con un impatto pieno, sulla guancia e sull'orecchio. Metà incosciente e metà allibita da un atto che nessuno s'era mai permesso nei suoi confronti, Itis crollò su un tappeto e si mise a piangere.

Rimasi indeciso se andarmene o chiederle scusa per avere trasceso, e subito m'inginocchiai e le accarezzai i capelli. La mia iniziativa parve avere successo, perché alcune frasi di pentimento le trasformarono i singhiozzi in sospiri ed ella mi guardò con un'espressione pacata, come se volesse mendicare pietà. Forse la gelosia le aveva fatto perdere il lume della ragione. Il mio ingenuo ottimismo m'illuse di avere accanto l'altra Itis, quella che emanava profumo di tante virtù da ingentilire anche l'animo di un bruto. Povero me! Un urlo isterico lacerò l'aria. La nobil donna balzò in piedi, mi piantò le unghie nel collo e m'insultò con un frasario da mummificatore. Per fortuna era scalza, perché, avendole immobilizzato le mani, mi prese a calci e a ginocchiate, poi mi sputò sul viso, gesto che mi rese furibondo. Con due ceffoni, centrati con rabbia, la nobil donna crollò come un albero segato alla base e non si mosse più. I suoi singhiozzi risuonarono a lungo, sempre più fiochi, come lugubri lamenti.

Rimanemmo alla luce delle lucerne immersi nei nostri pensieri. Mentre i miei presagivano imminenti sciagure, quelli di Itis stavano sicuramente studiando il modo di annientarmi. Tuttavia mi sentii pieno di rimorsi. Ammesso che fosse stata lei a distruggere Panef e Weni, come potevo io giudicare la veridicità di tante accuse? Come si erano comportati i miei predecessori, come me? Indubbiamente mi ero macchiato di gravi colpe, era inutile negarlo. Itis mi aveva tolto dal fango, innalzato ad alto dignitario, donandomi altresì un podere con casa e bestie al pascolo, mi aveva dato tutta se stessa; i suoi sentimenti, dopo tante avventure, potevano anche essere puri e definitivi. Dovevo infatti riconoscere che il suo affetto era sempre stato troppo pieno e spontaneo per non essere vero. E poi, a chi dovevo il prestigioso titolo di scriba reale? A lei, come la stima e il rispetto che avevo acquisito. Senza indugiare in un approfondito esame di coscienza, dovevo convenire che mi ero comportato da mascalzone. Gli dèi non avevano affatto guidato i miei passi, malgrado le esortazioni di Neferohu. D'altra parte come avrei dovuto comportarmi? Non era possibile abbandonare Nefer. Tutto qui. Le conseguenze le stavo subendo.

Stimolato da questi pensieri, mi avvicinai a Itis, rannicchiata bocconi sul tappeto, e feci un ultimo tentativo per riannodare almeno in parte i nostri legami così brutalmente recisi. Purtroppo l'illusione fu di breve durata. Appena la mia mano le sfiorò i capelli, ella si girò di scatto e mi lanciò un cuscino come avvertimento. I suoi occhi, ora inspiegabilmente asciutti, erano velenosi e ben si adattavano all'espressione da allucinata. Per la prima volta avvertii un brivido di paura.

« Va' via, escremento di porco! Va' via o ti uccido » articolò tra le labbra tese. « Fossi morta il giorno in cui ti ho innalzato da verme a dignità di uomo. Via... fuori ho detto! Hai capito? »

Mentre stavo per uscire ingloriosamente sconfitto, entrò come una furia Digiau e annunciò che stava giungendo Ipu-Wer. Con felina rapidità, Itis balzò in piedi e mi spinse in uno sgabuzzino protetto da una tenda. Un istante dopo entrò il nobil uomo. Vestiva una tunica bianca e teneva in mano un cero giallastro, che gli illuminava il viso assonnato. Certamente s'era messo la parrucca senza l'aiuto del servo, perché gli stava di traverso, così che il viso sonnambolico era di una comicità che stonava. Scalzi, i piedi stecchiti avanzarono di qualche passo prima che la voce ovattata del notabile chiedesse:

« Che c'è, mia diletta? Sei stata tu a urlare? »

« Oh, no, piangevo perché mi sentivo sola » gli rispose con una metamorfosi di voce incredibile. Si buttò sul divano e aggiunse: « Volevo mandarti a chiamare, invece sei stato gentile, caro ».

Da un pertugio vidi Ipu-Wer posare la candela su una mensola, avvicinarsi curvo alla consorte, sussurrarle paroline melate, accarezzarle i capelli. Se non mi fossi trovato nei guai fino al collo, avrei giudicato quella scena molto buffa.

« Sentivi il bisogno delle mie carezze, insomma, o hai qualche capriccio che ti turba? Non hai che da chiedere, Itis cara » mormorò commosso il povero vecchio.

Dal viso nascosto tra le braccia, si levò la voce soffocata della nobil donna:

« Ho paura della rivoluzione. Ci ammazzeranno tutti. Kati è il Pepinakht del popolo, più deciso e intelligente ancora. Ahimè, sarà la fine, caro. Perché non agite subito con energia? Solo con Pepinakht faraone si potrà ristabilire l'ordine. »

Ipu-Wer cercò di rassicurarla. Lui si sentiva immune da colpe. Non aveva sempre agito in armonia con la dea Maat, patrona della verità e della giustizia? Pepinakht era una creatura del tempio di Ra, un soldato e non un principe di sangue reale. I suoi erano sogni. Kati? Era uno sbandato, comandava una turba di ladri e di fannulloni. Il popolo vero, quello dedito al lavoro con l'operoso impegno di sempre, non si sarebbe mosso, ne era sicuro. Pepinakht aveva un solido esercito, era un uomo deciso, forse troppo, e avrebbe domato una minoranza di stolti, senz'armi e privi di disciplina. Sitra? Be', se ne parlava forse per incutere paura ai funzionari di Palazzo, ma era un mito, una figura di donna scaturita dalla fantasia di qualche pazzo.

Mentre Ipu-Wer, seduto in un angolo del divano, stava convincendo la moglie con argomenti che contrastavano con ciò che aveva detto a tavola, entrò Digiau con due sandali, s'inchinò appena e attese che il suo padrone gli allungasse i piedi.

« Mio signore, » gli disse « perché cammini scalzo? Mi permetto di farti osservare che il medico ti ha redarguito per questa pessima abitudine. Quando stai male la servitù si percuote il petto addolorata. La tua nobile consorte, poi... »

« Basta, somaro, finiscila di ragliare » intervenne Itis, rizzando il capo come un cobra pronto a colpire. « Dimmi piuttosto dov'è lo scriba Hanis. È andato via o passa la notte in villa? »

« S'è subito recato a Palazzo, mia signora. »

« È un carissimo figliuolo » commentò Ipu-Wer. « Ha il senso del dovere e della disciplina. A Palazzo i vecchi notabili fingono di ignorarlo e lo guardano dall'alto in basso con espressioni di sufficienza. Lui, però, non si lascia intimorire, perché sa il fatto suo. Tra qualche anno sarà un funzionario capace di rivestire qualsiasi carica. Hai avuto un ottimo intuito, Itis cara. »

La nobil donna non fece commenti. Si limitò a guardare la tenda e a ordinare a Digiau di affrettarsi. Calzati i sandali, il servo raccolse la statuetta di Bes e la posò sul tavolino, chiese scusa per l'inchino sgraziato dovuto alle ossa dolenti e se ne andò trascinandosi le gambe.

Ipu-Wer doveva crollare dal sonno, perché costrinse Itis a posargli il capo sulle cosce e s'addormentò seduto.

Ansimavo. A parte il fatto che ero stipato tra scaffali pieni di vasi e cofanetti in bilico, sentivo levarsi da un'anforetta un odore acre, da starnuto. Purtroppo un lento russare di tonalità maschile mi spense la speranza che Ipu-Wer se n'andasse nella sua camera. Il tempo passò. Piegato in posizione instabile, mi sentii anchilosato e madido di sudore. La voglia di urinare mi lasciava poi un margine irrisorio di tempo. Non speravo che Itis approfittasse del sonno di suo marito per togliermi d'imbarazzo. Infatti la vidi fissare la tenda con ferocia e piegare le labbra a ghigno. La sua voce, ben calibrata per non svegliare il consorte, mi giunse a frammenti: « ...escremento di porco... ti farò evirare... verme di sterco... chi nasce nel fango... vergognati, spia, traditore, farabutto... se ti muovi di lì ti cavo gli occhi... Nefer! Vedrai... ».

Su una mensola, in un angolo, vedevo la candela di Ipu-Wer sottile e curva. Vi sfarfallava una fiamma svogliata, che sembrava involarsi da un momento all'altro verso il soffitto. Ebbene, la cera colò goccia a goccia, una sopra l'altra, formò un grumo che fu sciolto a notte fonda, quando il mio corpo aveva ormai assunto pieghe indelebili. Solo Ipu-Wer dormiva. Ora non russava più. Sbuffava palloncini di saliva e di tanto in tanto era scosso da sussulti. Itis, invece, alternando sorrisetti beffardi a sguardi battaglieri, s'era messa da tempo a tasteggiare la statuetta di Bes. Uscire in punta di piedi mi sembrò quindi impossibile. A parte l'avvertimento, ella aveva la mira di un arciere nubiano. Eppure dovevo prendere una decisione. Dovevo proprio urinare in un vasetto? Avevo la vescica talmente tesa che sicuramente i recipienti non sarebbero bastati. Contro il muro di fondo? Il rigagnolo avrebbe raggiunto il corridoio o allagato la stanza. Itis, poi, l'avrebbe preso per un atto di spregio ed ero già in disgrazia. Pensai quindi di studiare un'avventurosa sortita, strappare la tenda, buttarla sul capo dei due coniugi, raggiungere l'uscio d'un balzo e stendere Digiau con un pugno, perché certamente era in vigile attesa appena fuori.

Studiai le mosse. Era tutto facile, elementare, una decisione che avrei dovuto prendere prima, appena Ipu-Wer s'era messo a russare. Attesi che Itis girasse gli occhi altrove, afferrai la tenda... ma il nobil uomo si svegliò.

« Oh, povero me » mormorò palpandosi la schiena. « Ho dormito seduto? Una pazzia. E tu, mia diletta, sei ancora triste? »

« Ho dormito anch'io » gli mentì. « Vuoi stenderti sul divano? »

Per fortuna Ipu-Wer sognava il suo giaciglio e fu sordo alle preghiere della moglie. La voleva nella sua camera. L'indomani era festa, per cui poteva cimentarsi con il sesso. Era passato tanto tempo dall'ultima volta, forse tre mesi, forse quattro, un'eternità. La ricordava ancora, una notte meravigliosa anche se poi, sfinito, aveva dormito fino a sera.

« Sento che ho voglia di te » le confessò, affondandole una mano nel seno. « Sai, a volte penso ai prolungati digiuni cui sei costretta e mi riprometto di soddisfarti con più frequenza. Poi il lavoro, qualche acciacco, la mente lacunosa... m'inducono a rimandare sempre alla notte seguente e passano i mesi. Per fortuna ho una moglie fedele e comprensiva. Ora ti voglio, cara, ti farò godere a lungo. Chiamerò il medico e mi farò ungere il membro virile con fiele di montone nero » le sussurrò, avvicinandole infine le labbra alla spalla.

Con molta astuzia Itis evitò il contatto, pur lasciandolo frugare nel seno. Vidi Ipu-Wer diventare rubizzo e partire alla carica, ficcarle una mano sotto la tunica e colare saliva. Fremeva di desiderio. Itis, però, con un gesto di stizza lo spinse lontano, redarguendolo:

« Sta' quieto. Non qui, potrebbe entrare qualcuno. E poi, il medico ti ha proibito di fare certe cose, finché non sarai completamente ristabilito. Il fiele di montone nero lascialo dov'è. L'ultima volta ti ha arrecato disturbo, lasciandoti l'organo dondolante a pendaglio. »

Subito ella cambiò argomento, sapendo che quando parlava di problemi sociali Ipu-Wer si dimenticava anche di mangiare. Avviò quindi il discorso sulla successione al trono. Pepi stava ormai mummificandosi da solo e bisognava quindi prendere una decisione, anche se dolorosa; suo figlio Merenrè era propenso ad accettare certe richieste popolari, una vergogna che avrebbe messo in pericolo le stesse istituzioni di fondo. Che dire poi di Neferkharè? Era un inetto, e sua sorella, la svanita Nitocri, avrebbe dovuto lasciare, per diritto di matrimonio, la Corona al marito, un ippopotamo di uomo che non s'era mai interessato ai problemi d'Egitto. Anche la vecchia regina Pepiankhenes era da eliminare. Via tutti, quindi. Essi rappresentavano i rami secchi di una pianta da sradicare, se si voleva ridare lustro e vigore alla gloriosa Terra di Kemet. Perché non creare quindi una nuova Dinastia?

« Caro, tu sei il simbolo del vecchio Egitto, » gli disse, accarezzandogli una mano « hai ereditato le capacità e la saggezza dei funzionari un tempo al servizio dei grandi faraoni. Un Ipu-Wer I, Toro Possente e Figlio di Ra, re di tutti i re di questa terra, potrebbe ridare all'Egitto lo splendore che aveva durante la IV Dinastia. »

Il nobil uomo ebbe un deciso gesto di diniego. Non si sentiva né di condannare il faraone regnante, né i suoi regali figli, né di occupare il trono che già era stato di Cheope, Chefren, Micerino, Sahurè, Unas, Pepi I.

« Non parlarne più, Itis » le disse. « Sono un funzionario fedele alla Dinastia regnante. »

« Allora perché non appoggi la candidatura di Pepinakht? Lui ha lo spirito e le capacità per ristabilire l'ordine. »

La speranza della nobil donna non ebbe fortuna. Fu un dio pietoso che indusse Ipu-Wer a imporre una volta tanto la sua autorità. Aveva sonno. Perché discutere a quell'ora di cose tanto tristi? Be', se il tentativo di un rapporto sessuale aveva il veto del medico, desiderava essere almeno accompagnato a letto. Insisté quasi crucciato e Itis l'accontentò. Vidi così la disarmonica coppia avviarsi altrove. L'ultimo sguardo della nobil donna mi tolse comunque la speranza di appianare più tardi i nostri contrasti. Attesi pochi istanti, poi me ne andai in punta di piedi, storpio e deluso, conscio che entro pochi giorni avrei saputo la verità sulla fine di Panef e di Weni.

Era una notte di pece. Le fiamme di alcune torce appese ai crocicchi si dibattevano fumose a un vento gagliardo, piuttosto freddo. Solo lo stormire delle palme rompeva il silenzio. La solitudine ed i cupi pensieri m'immobilizzarono in un'ombra nera. Che fare? L'alba non doveva essere lontana. Dopo avere urinato a fontana contro il muro di cinta, pensai che tornare sui miei passi e dormire nella villa era pazzesco. Per un istante il desiderio di recarmi da Peror, per convincerlo a fuggire con me, mi tenne la mente occupata in un'unica direzione. Poi la lasciai spaziare e mi convinsi che fuggire non era una soluzione valida. Come sarei vissuto con Nefer, Miriam e Peror a carico? Dove avrei potuto trovare Kati? La fuga avrebbe aggravato la mia posizione, per ora solo compromessa con Itis. Forse con più calma sarei riuscito a convincerla che soltanto la pietà mi aveva spinto da Nefer. Come poteva, la nobil donna, essere gelosa di una fanciulla incapace di intendere e di volere? Se su Kati avevo mantenuto il silenzio, era perché ne avevo sentito parlare tanto male da temere di essere coinvolto in complotti cui ero completamente estraneo. Mi tuffai nel buio cercando di ridimensionare la scenataccia di Itis. Ma sì, ce n'erano state altre ugualmente violente, poi l'ira s'era quietata e i nostri rapporti ne erano usciti per nulla menomati.

Raggiunta la Reggia, passai il resto della notte in sterili meditazioni e la giornata seguente a prepararmi per la riunione. Purtroppo attesi inutilmente che Itis mi mandasse a chiamare. Il suo silenzio mi rese pessimista sul mio futuro immediato. Era successo ciò che temevo. La scoperta dei miei rapporti con Nefer mi aveva coinvolto in vicende politiche gravissime. Inoltre mi ero permesso di beffare una donna che non aveva mai perdonato nulla a nessuno. Sicuramente sarei stato rimosso dal mio incarico a Palazzo, allontanato dalla villa e dal mio podere, messo in condizione di appellarmi davvero a Thot per avere salva la vita. Se ormai davo per scontate queste sanzioni, ero in attesa di sapere quali scuse avrebbe architettato Itis per farmi cadere in disgrazia. Per ora, ufficialmente, avevo tradito solo lei. Ciò che m'impensieriva di più era però l'incolumità di Nefer. Era pacifico che, se Pepinakht avesse messo le mani su di lei, avrebbe indotto Kati alla resa incondizionata, il che equivaleva ad accettare il nodo scorsoio.

Convinto che il generale, per sprovveduto che fosse, sarebbe giunto a ricattare l'ex "nomarca" di Elefantina sequestrandogli figlia e fratello, mi recai in tutta fretta da Peror e gli prospettai la cosa, senza peraltro suggerirgli una soluzione valida, se non quella di nascondersi presso qualche parente. Purtroppo Peror non aveva parenti e non aveva nessuna intenzione di lasciare la casa che s'era fabbricato con tanti sacrifici. Mi promise che avrebbe difeso la nipote a costo di farsi ammazzare, così non mi rimase che affidare Nefer a Miriam. Dall'abitazione, posta su una lieve altura, si dominava la stradicciuola che si dipartiva da quella maestra. Ci si poteva quindi allontanare per tempo, almeno di giorno, guadagnare un bosco di palme e di qui il fiume e la barca.

Alquanto incredulo sulla possibilità che Peror e Miriam potessero sottrarre Nefer alla cattura con una fuga improvvisata, tornai a Palazzo giusto in tempo per ascoltare le ultime notizie da una spia al servizio di Pepinakht. Il giovane era talmente sconvolto, che annunciò ai quattro venti di essere sfuggito per puro miracolo a una marea di rivoltosi, comprendente schiavi, asiatici, disertori, contadini, fannulloni e beduini "amu". Queste temibili forze, dieci o ventimila unità, stavano concentrandosi a sud di Menfi ed erano al comando di Sitra, una donna inflessibile e sanguinaria. Altre bande, agli ordini di un certo Kati, operavano più a oriente. Truppe regolari si erano poi ammutinate e stavano avviandosi, su barche, verso la capitale. Li comandava il generale Sebni, ribellatosi alle direttive di Palazzo.

« Sono come le locuste » ansimò tremante. « Dietro questa massa di gente assetata di sangue, non si vedono che raccolti distrutti, fiamme e cadaveri straziati. Il cielo è tutto macchiato di nero. Sono i corvi che volteggiano in festa. »

XV

La riunione speciale, preannunciatami da Ipu-Wer, ebbe inizio nel primo pomeriggio del giorno dopo. Oltre all'intero Consiglio dei Dieci, erano presenti il sommo Hornifer, primo Profeta di Ra, con il compito di siglare le decisioni prese durante la seduta; Pepinakht, tronfio e pettoruto più del solito, come se avesse già soffocato la rivolta; Neferohu e alcuni alti funzionari, tutti con diritto di voto. In più era stato convocato anche Ahotep, comandante delle guardie di Palazzo, un ometto a cui la parrucca sagomava un volto porcellanato, roseo come il sedere di un lattante. Ahotep non aveva certo né il fisico né la grinta del soldato. Si sussurrava che il suo acume non superasse quello dei babbuini nubiani. Tuttavia aveva avuto la fortuna di nascere parente stretto di Hornifer, così comandava un centinaio di uomini con il compito di proteggere la regale figura di Sua Maestà e i notabili di Corte.

Ipu-Wer, che mi aveva ignorato, diede subito la parola al nobile Ahi, amministratore del grano e del tesoro. Fu una relazione brevissima. Con un tono da commemorazione funebre si limitò ad annunciare che i silos e le casse dello Stato erano vuote da tempo e che i debiti erano saliti a livelli vertiginosi: trecentomila sacchi di grano, centoventimila di orzo, ottantamila "pezzi" d'oro sonante. Da tempo Byblos ci negava il legname; re Shar-Kall-Sharry di Akkad ci chiedeva insistentemente di pagare i debiti; il commercio con gli altri paesi era ormai impossibile, perché il popolo egiziano lavorava solo per vegetare ed era insensibile alla frusta e alla prigione. Solo con le oasi esisteva ancora uno scambio, ridotto però a cose di marginale importanza, come piante, uccelli canori, pelli di infima qualità, piume.

Terminata la sua relazione, Ahi si sedé e mi guardò maligno. Tutti gli sguardi si puntarono allora su di me, reo di non avere fatto nulla per alimentare il tesoro regio. In realtà esso era già in condizioni disastrose quando avevo preso possesso della carica.

Ormai certo che il mio destino avrebbe subito una dura svolta, purtroppo negativa, non ebbi riguardi per nessuno. D'altra parte il saggio Neferohu, che avevo preso l'abitudine di consultare almeno una volta al mese, era stato il degno successore di Kati. Se l'ex "nomarca" mi aveva permesso di diventare un valente scriba, il Profeta del Ded Venerabile mi aveva illustrato tanto bene le miserevoli condizioni di una società in declino e la corruzione che dilagava a Palazzo, da lasciarmi incredulo. Più tardi dovetti però confessargli che era stato molto generoso nel giudizio.

Assenti Sua Maestà e Merenrè II, la riunione aveva tutta l'aria di una congiura.

In un'atmosfera di cupa attesa, con i notabili di casta che mi scrutavano ostili, feci presente che già all'inizio della stagione di Akhit i vecchi saggi e gli scribi addetti ai nilometri avevano profetizzato un raccolto scarso, in quanto l'inondazione era rimasta al disotto dei minimi registrati. La percentuale di grano tassabile era stata quindi irrisoria. Molti laboratori poi, esaurite le scorte di materie prime, come legname duro, stagno, argento, unguenti e resine, avevano chiuso. Se le casse dello Stato erano vuote la colpa non doveva ricadere interamente sul poveraccio, ma anche sulla pletora di funzionari statali esenti da imposte, sulla nobiltà che le evadeva con regalie agli scribi, sui privilegi goduti dai templi, sulla corruzione e sullo sperpero. Da un conteggio che mi ero permesso di fare, cento notabili di Menfi avrebbero dovuto pagare come diecimila unità del cosiddetto popolaccio, senza contare che il danno maggiore derivava dal numero eccessivo di funzionari regi e da decreti estorti, come quello che esentava il tempio di Min e i suoi sacerdoti da imposte presenti e future, mentre essi nuotavano nell'abbondanza.

Anche se il clima minacciava procella, continuai a esporre dati e fatti con una calma che rasentava l'incoscienza. Ormai troppi visi mi sorridevano con l'innata alterigia che il potente sente per il debole, altri erano gonfi di collera. Pepinakht, che portava appesa al collo una piccola mano d'oro, chiusa, simbolo di forza e potere, era rosso papavero, senza rughe, feroce. Lo fissai un attimo. Per Thot, controllore della Sacra Bilancia! Non gli vidi che vasi turgidi e una danza di muscoletti imbevuti di veleno. Non m'intimorii. Anzi, alzai la voce. Aggiunsi che il popolo pagava mal volentieri le tasse, perché i beni che versava erano amministrati con allegria, sperperati in gratifiche ai funzionari di grado elevato e al tempio di Ra, impiegati in spese improduttive, come la costruzione di Eterne Dimore per i defunti di lusso, la bonifica di terreni che poi ospitavano ville principesche, gli stipendi a migliaia di funzionari che oziavano dall'alba al tramonto. Sua Maestà, inspiegabilmente assente da una riunione così impegnativa, doveva avere la forza di togliere privilegi che offendevano chi lavorava con serietà, essere cauto nelle spese superflue, sfoltire la burocrazia statale, perseguire i fannulloni, perché solo lo sforzo collettivo poteva ridare il benessere allo stato. Chi non lavorava, oltre a non produrre, aveva il tempo per distrarre con chiacchiere gratuite chi faceva il proprio dovere con onestà. Invece lo stato egiziano, abbandonato a se stesso da anni, era ormai un covo di ladri e di prostitute, di funzionari corrotti al midollo, di incapaci che avevano raggiunto posti di comando con l'aiuto determinante di raccomandazioni e di favori. Mai s'era fatta una riforma con serietà, anzi, le poche giunte in porto avevano elargito altri privilegi ai potenti. « Infatti » aggiunsi quasi senza voce « fino a pochi giorni fa qui dentro si viveva in un clima di allegra spensieratezza e di omertà, perché nessuno di voi si azzardava a denunciare le magagne degli altri, per paura di ritorsioni suicide. Ora i vostri visi sono asciutti come quelli del contadino che bestemmia con la voce stridula dell'uccello "abu" perché nugoli d'insetti gli hanno distrutto il raccolto. Una mia iniziativa, intesa a dare un nuovo assetto al sistema fiscale, è stata sepolta nell'archivio di Palazzo da chi temeva che ledesse i suoi interessi. Ora si sta duramente pagando, popolo minuto compreso, perché una rivoluzione non è utile a nessuno. »

Mi lasciai cadere esausto sulla poltrona e subii un prolungato silenzio, quello della quiete che precede la tempesta. I visi dei notabili erano ora improntati ad aperta ostilità. Facevano eccezione quelli di Ipu-Wer, impenetrabile, e di Neferohu, soddisfatto.

Il persistente silenzio m'illuse che ognuno stesse facendo l'esame di coscienza con onestà, invece un mormorio di protesta si trasformò in frastuono di piazza. C'era chi m'insultava chiamandomi sporco schiavo, chi voleva allontanarmi dalla sala a pedate, chi addirittura pretendeva di inviarmi a giudizio per offese alla nobiltà e al sacerdozio.

Come il miserabile che ride delle disgrazie altrui, così mi godei, forse per incoscienza, il deludente spettacolo, deciso a rincarare la dose. Ormai dovevo considerarmi distrutto come funzionario. Come uomo ero nelle mani vendicative di Itis e come essere pensante non osavo dare un volto al mio avvenire. Per un attimo mi sentii debole e abbandonato alle forze occulte della vita. Il viso casto e sereno di Neferohu mi fece però capire che non ero solo. C'erano ancora lui, Profeta del Ded Venerabile, e dio, quella potenza sovrana e sconosciuta cui ci si appella quando ci si sente braccati dalle forze del male. Il mio era Thot, il principe degli dèi. Mi parve di vederlo, in veste teriomorfa, con la testa di ibis sormontata dal disco lunare. Come nel mito della lotta di Horo contro Set egli aveva assunto il ruolo di mediatore e di giudice, così ebbi l'impressione che mi esortasse a essere più accorto. "Non affrontare un branco di leoni con le unghie, Hanis. Hai perso il lume della ragione?" pareva mi dicesse. Purtroppo era tardi.

In mezzo a una baraonda che declassava a bifolchi dignitari cui avevo sempre chinato il capo con rispetto, il nobile Ipu-Wer era pietrificato in un atteggiamento di estremo sconforto. Fu la voce autoritaria di Neferohu a riportare la calma. Disse, ben protetto dalla sua mente profetica:

« Le verità offendono sempre, signori miei. C'è voluto un funzionario di estrazione umilissima per disseppellire i vostri torti e le vostre pecche. Vi consiglio di fare un rapido esame di coscienza. Chi poi si sente immune da colpe alzi la mano. »

Con un movimento simultaneo tutti chinarono il capo a eccezione di Hornifer e di Ipu-Wer.

« Bene » annunciò il pestifero vecchietto, visibilmente soddisfatto. « Sapevo che avevate tutti la coda di paglia. Perché allora vi siete scaldati da scoppiare? Invece di perdere tempo in insulti e minacce sentiamo il generale Pepinakht. Se Ipu-Wer è d'accordo, che ci illustri le reali condizioni in cui si trovano l'ordine pubblico, le frontiere, l'esercito, e ci parli di questa misteriosa Sitra, ci dica se rappresenta un'inconsistente figura mitica agli occhi del popolo o se esiste realmente... e lasci da parte le accuse di Hanis. »

Si alzò invece il comandante delle guardie regie, Ahotep, e mi puntò l'indice grassoccio. In un silenzio d'attesa urlò, con voce bianca, da adolescente incollerito:

« Lasciare in pace questo Hanis? Non è possibile, saggio Neferohu. Chiedo il permesso di schiaffeggiarlo. Devo lavare subito l'offesa a nome di tutti. Non vi siete accorti che, appena ha messo il capo fuori dal letame, ha cercato di imporre la sua stolta autorità a notabili carichi di anni e di sapienza? »

In piedi, il prode guerriero era alto come seduto. L'atmosfera da tragica diventò comica e indusse Pepinakht ad attendere che i visi dei notabili riacquistassero la dignità richiesta dal luogo e dal momento.

Poiché Ahotep era sempre in piedi, forse speranzoso che non gli dessero il permesso, ne approfittai per rincarare la dose, questa volta centrando la sua sporca figura di funzionario. Le accuse rivolte a lui valevano per tutti. Non aveva sempre usato i giardinieri di Corte per il suo parco privato? Le barche statali e i marinai regi per oziare con la famiglia nei giorni festivi, gli scribi di Palazzo perché gli amministrassero i beni, la manodopera di Sua Maestà per farsi costruire una "mastaba" degna di un re? « Se aggiungo che hai adoperato il materiale destinato ad ampliare la reggia, non penso di rendere più lurida la tua già sporca figura di farabutto » conclusi rabbioso.

In un silenzio sepolcrale, il minuscolo uomo squittì minacciose rappresaglie, sfidandomi in nome della dea Maat, patrona della verità e della giustizia, a provare le colpe. Poiché era pallido come il poveretto che avverte i sintomi premonitori del colpo destinato a stenderlo secco, Ipu-Wer intervenne facendomi presente che mi riteneva responsabile delle accuse. Parlò quindi Pepinakht, e questa volta fui io a impallidire, per paura che accennasse a Kati e coinvolgesse Nefer in un dramma troppo grave per non annientare l'Egitto come stato sovrano. Contro di me aveva sicuramente molte cose da dire, perché mi ero accorto da tempo di non godere le sue simpatie. Tuttavia non poteva certo accusarmi di spionaggio a favore dei capi rivoluzionari, perché avrebbe compromesso Hornifer, Ipu-Wer e Itis; il primo per avermi scelto come "regalo", il secondo perché mi aveva innalzato a dignità di funzionario statale, la nobil donna in quanto non s'era mai stancata di vantare la mia onestà e le mie capacità di contabile.

Fu più forte di lui. Subito m'insultò, affermando che portavo ancora residui di sterco tra le dita dei piedi e avevo osato mettere sotto accusa uomini saggi e onesti. Richiamato tempestivamente da Ipu-Wer, affrontò l'argomento con una spregiudicatezza insolente. Precisò che la colpa dell'anarchia dilagante era dovuta esclusivamente all'età veneranda di Pepi II e al suo interminabile regno. Incoronato faraone a sei anni, era da quasi novanta sul trono. Con tutto il rispetto che aveva per lui, considerava un insulto al buon senso lasciarlo ancora al suo posto, né sarebbero riusciti a placare la burrascosa situazione che s'era venuta a creare i suoi figli Neferkharè e Nitocri, perché mancanti delle doti specifiche per governare uno stato in quelle condizioni. Merenrè, poi, era un essere ambiguo. Mai aveva preso posizione contro la feccia che si agitava da anni per sovvertire i rapporti sociali. Anzi, la sua voce s'era levata per accusare la nobiltà responsabile di immobilismo e di conservatorismo deleterio.

« Signori miei » continuò, con una temerarietà che nessuno s'era mai permesso « ci sono nel nostro paese lotte interne che non si riesce a soffocare perché le mie azioni di rappresaglia, con un faraone che si disinteressa di tutto, rischiano di diventare illegali. A Tebe il "nomarca" Antef ha già cercato di rendersi indipendente dal potere centrale; a Eracleopoli il nobile Horkhuf sta da tempo studiando un colpo grosso sostenuto da altri "nomi", tra cui quello di Coptos. »

Il generale prese fiato, poi aggiunse che la Terra di Kemet, e cioè l'Egitto, stava ormai dividendosi in tre stati. A nord gli asiatici, che continuavano a infiltrarsi attraverso le interminabili frontiere, appoggiavano il "nomarca" di Tanis; al centro Eracleopoli poteva ormai contare sul valido aiuto di grosse tribù beduine; a sud c'era Tebe che stava crescendo troppo in fretta. Poiché l'esercito era composto di mercenari libici, tribù negre della Nubia e pochi egiziani, doveva essere riorganizzato in fretta sotto una vera autorità centrale. « Se volete salvare le vecchie istituzioni e ridare al paese lo splendore di un tempo, dovete approvare la mia proposta: fondare una nuova Dinastia. Merenrè ha sempre ostacolato il nostro lavoro. Di lui si è già parlato a lungo e tutti sono concordi nel definirlo troppo diplomatico, incline a concedere ogni bene al popolo di straccioni che urla a gran voce. »

La richiesta di Pepinakht, che rinnegava la divina Maestà del faraone regnante e del suo regale successore, non impressionò nessuno, in quanto, a eccezione di Ipu-Wer e di Neferohu, rappresentava una soluzione già ventilata da molti notabili. Interamente legato al tempio di Ra, si capiva che il generale desiderava proporre la sua candidatura. D'altra parte, a essere sinceri, in quel momento egli era l'unico uomo capace di ridare una parvenza di legalità al potere centrale. C'era però da domandarsi a quale prezzo. Le sue azioni di rappresaglia erano state definite da Ipu-Wer atti di barbarie. E poi, il suo esercito esisteva ancora? I fatti deponevano per un ammutinamento quasi totale. Forse solo le cento guardie di Ahuri, tutti figli di alti notabili, gli erano rimaste fedeli.

Poiché nessuno si sentiva di avallare apertamente una simile proposta, Pepinakht usò tatto e diplomazia: chiese a Ipu-Wer di rivestire la massima carica di faraone d'Egitto, re dei re di tutto il mondo.

Stimavo il mio ex padrone troppo onesto per accettare una simile proposta. Infatti non solo rifiutò, ma disse, in preda a viva eccitazione, che non si sentiva di prendere parte a una discussione che sapeva di congiura ai danni della Dinastia regnante: una soluzione vergognosa, unica nella storia del nostro paese, da condannare quindi senza riserve.

Dopo le sue parole, nella sala ristagnò un prolungato silenzio. Mi parve di capire che la voce di Ipu-Wer, da sempre saggia e autoritaria, mal si adattava alle esigenze attuali, aveva cioè un sapore anacronistico inaccettabile. Nelle menti dei notabili s'era ormai fatta strada la convinzione che bisognava cambiare, togliere dal dorato piedestallo la pur venerata figura di un vecchio tarlato, troppo antico, non più Toro Possente e faraone vivente ed eterno. Si era ormai mummificato sul trono senza l'uso dell'unguento "mum" e di balsami costosi. Si accesero quindi duelli verbali tra i notabili, ma si capiva che erano tutti dello stesso parere, sicché Ipu-Wer, molto prostrato, mise ai voti la proposta del generale, annunciando che, come presidente, si sarebbe astenuto. E la proposta passò con il solo voto contrario di Neferohu.

Pepinakht era euforico. Forse, Sitra permettendo, si vedeva già assiso sul trono con l'intera Corte prostrata ai suoi piedi. La sua voce saturò la sala. Ritto e scultoreo, annunciò che in un paio di mesi avrebbe spazzato ribelli e fannulloni, riempito i forzieri di oro e donato beni ai templi per propiziarsi gli dèi. I villaggi che avevano dato ospitalità alle forze rivoluzionarie sarebbero stati distrutti con il fuoco e gli abitanti deportati in schiavitù; i "nomarchi" che avevano tentato di fondare staterelli indipendenti dovevano attendersi il taglio del naso e delle orecchie. Le miniere nubiane sarebbero state i loro sepolcri.

Tali affermazioni non potevano uscire che dalla bocca di un uomo presuntuoso e sanguinario come Pepinakht, tant'è che si dilungò a illustrare i programmi già studiati da mesi. Era la teoria del fuoco e del sangue messa in pratica con decisione e inflessibilità.

Le sue parole crearono un clima di intima serenità, così tutti si sentirono autorizzati, scavalcando l'autorità di Ipu-Wer, a esporre le proprie idee, che erano poi quelle di ridare l'antico prestigio all'Egitto, di tassare il popolo a favore dell'esercito e del tempio di Ra, di approvare il reclutamento costrittivo della manodopera.

Io non contavo più di un frutto di carrubo finito nello sterco, così fui ignorato. Ipu-Wer si rifiutò di parlare e Neferohu li lasciò sfogare con sorrisetti maligni. Poi, approfittando di una pausa, chiese a Pepinakht, che non s'era ancora stancato di tuonare minacce:

« Generale, la tua nomina a faraone sembra cosa fatta, perché ho visto attorno a te solo abietti gesti di conferma. Anzi, mi è parso che questi stimatissimi notabili, Ipu-Wer a parte, abbiano strillato come araldi, pronti a collaborare con te per poter oziare con più tranquillità tra le dorate mura di Palazzo. Illusi! Fondare una nuova Dinastia! Tu, Pepinakht, hai molta fantasia. In più le storielle per distrarre questo stimatissimo Consiglio non ti mancano. Io, però, ti avevo chiesto di parlarci dell'ordine interno e di Sitra, del tuo esercito e delle frontiere. Con quali soldati ristabilirai l'ordine, con i cento fantocci da parata del prode e animoso guerriero Ahotep? »

Neferohu, massimo Profeta vivente, era ascoltato e temuto, sicché le sue parole trasformarono il clima: pareva fosse entrato vento di procella. Pepinakht stesso, messo di fronte alla cruda realtà, dovette fare ricorso al suo innato ottimismo e alla sua smisurata vanità per abbozzare qualche frase adatta alla carica di... faraone d'Egitto. Disse, menando i pugni come se fossero mazze:

« Sitra? Purtroppo è una realtà. Tuttavia la schiaccerò come un verme. Una donna che osa sfidare apertamente il generale Pepinakht dev'essere pazza. Il suo vice, quel Kati maledetto che le miniere nubiane non sono riuscite a incenerire, farà la stessa fine. L'esercito? Sono in attesa che rientrino dalla Nubia i reparti a me fedeli. Con gli altri sparsi nel Delta indurrò il rinnegato Sebni a strisciarmi davanti senza pelle. »

« Te lo auguro » ribatté l'irriducibile Neferohu. « Intanto i cosiddetti ribelli sono alle porte di Menfi. Tra qualche giorno, signori miei, potete giocare al faraone dentro le mura di questo Palazzo. Se tu, Pepinakht, non sei ancora riuscito a mettere le mani su questa Sitra e su quel Kati che definisci maledetto, vuol dire che essi sono più scaltri delle tue spie. Dal momento che siamo qui per trovare il mezzo di evitare uno scontro armato che solo il cosiddetto faraone Pepinakht è sicuro di vincere, perché non si ascolta con attenzione anche la voce di Hanis? Sicuramente, più di tutti voi, abituati all'ozio e a vedere le cose con l'ottimismo irresponsabile di chi sogna ancora i fasti e le glorie di un tempo, egli sa cosa chiede la gente che chiamate popolaccio. »

Di colpo mi sentii al centro di sguardi carichi di disprezzo. Poiché la richiesta del Profeta aveva creato un persistente silenzio, a un cenno di Ipu-Wer mi alzai, senza però avere idee precise su ciò che avrei dovuto dire. Guadagnai tempo tossicchiando, mi orientai e presi a parlare convinto che mi avrebbero interrotto. Dissi che l'Egitto era sull'orlo del collasso anche economico e che spettava al Consiglio dei Dieci prendere provvedimenti validi. Invece di tuonare minacce che avrebbero fatto ridere anche i bifolchi schierati con Sitra, o a dilungarsi in chiacchiere vane, sarebbe stato meglio convocare a Palazzo una rappresentanza del popolo. Con essa si sarebbe discusso sulla possibilità di varare riforme che non smagliassero eccessivamente il tessuto delle leggi e delle istituzioni vigenti. Per esempio l'ereditarietà delle cariche nobiliari portava automaticamente ai vertici uomini incapaci e autentici imbecilli. I meriti del singolo, al di là delle sue origini, creavano invece una selezione qualitativa che andava a beneficio della comunità. Questo era solo un esempio dei molti argomenti che potevano essere trattati con la delegazione del popolo.

Avevo messo il dito sulla piaga, la più dolorosa, e la reazione fu immediata. Non riuscii a continuare, perché Ahotep balzò in piedi come se gli avessero messo un mattone rovente sotto le natiche. Sbraitò che dovevo avere almeno la dignità di tacere. Discutere sulla ereditarietà delle cariche? Era pazzesco, offensivo, una capitolazione vergognosa, che avrebbe introdotto a Palazzo dei puzzolenti bastardi.

Stavo per apostrofarlo aspramente, quando intervennero contemporaneamente Ipu-Wer e Neferohu. Quietato il prode guerriero, il capo della nobiltà chiese ai sommi Profeti di esporre le loro idee. Hornifer, macerato di sudore, prese la parola con autorità, senza rispetto per Neferohu, più vecchio e più venerato. Disse in sostanza che era inutile parlare di riforme su larghe basi, perché, da parte sua, non si sentiva di elargire i riti magico-religiosi all'uomo della strada e allo schiavo, in quanto era certo che essi non possedevano un'anima. La possibilità quindi di godere la vita eterna era per loro praticamente nulla. Si dilungò prolisso per dimostrare la veridicità delle sue affermazioni e si risedé soddisfatto di avere avuto il consenso quasi generale.

Neferohu non era invece del suo parere... perché non lo era mai. Porse quindi al suo collega un'imbarazzante domanda. Durante la sua lunga carriera sacerdotale aveva visto poveracci arricchirsi e schiavi occupare posti importanti nell'amministrazione statale. Io ero un esempio, anche se il guerriero Ahotep mi aveva incluso tra i puzzolenti bastardi che non voleva a Palazzo. Alla loro morte costoro avevano usufruito dei riti magico-religiosi elargiti ai possessori di anima. « Che il dio Ptah mi illumini! » continuò, alzando le braccia al cielo. « Se ho ben compreso o sono rimbambito cronico o la parte imperitura del corpo umano vuol vivere nel lusso e nell'abbondanza. Un uomo si guadagna la vita eterna accumulando cariche e onori, oro e amicizie di alto rango. Fa eccezione chi ha la fortuna di essere partorito da un ventre di casta. Allora nasce subito con un'anima. Signori miei, mi spiace, ma io dubito seriamente delle vostre facoltà mentali. A differenza di Hornifer, che recita preci soltanto al cospetto di mummie avvolte nel bisso di Sais, io ho sempre offerto i riti anche ai poveracci. Purtroppo sono stato ammonito e minacciato. Da anni il mio tempio è evitato dai nobili... con mia soddisfazione, perché a me piace il lezzo di sudore genuino e non quello impregnato di profumo. »

Neferohu tornò a sedersi. Con il viso battagliero girò i piccoli occhi sui notabili e si lasciò sfuggire un sorrisetto insolente. Si capiva che aveva altro da dire. Tuttavia rimase in attesa che qualcuno contestasse le sue affermazioni, per farne la vittima di turno. Invece tutti attesero la parola degli altri.

A ben considerare, quella riunione, vista da un uomo nato nella taverna "da Iput lo Sporcaccione", era degenerata in commedia dopo che il comandante generale delle forze armate si era autoeletto faraone d'Egitto. Il contrasto con la realtà era disarmante. Povera Terra di Kemet! Dov'erano gli illuminati funzionari dei faraoni Djoser, Snefru, Cheope, Chefren, Micerino, Sahurè, Pepi I? Nelle camere funerarie delle "mastabe", immersi nel sonno eterno. Non sapevo se considerare i notabili che avevo davanti uomini irresponsabili o illusi, incolti o permeati di innato ottimismo, in buona fede o abituati anche alla frode morale. Convinto che stavo versando le ultime gocce per far traboccare il vaso, mi alzai senza autorizzazione e scostai la poltrona con un calcio, certo che mi avrebbero buttato fuori. Mi rivolsi al primo Profeta di Ra.

« Saggio Hornifer, » gli dissi « devi scusare se anch'io mi permetto di contestare le tue affermazioni. Poiché sono stato a contatto con schiavi e gente del popolo, vorrei farti presente che gli uomini cui tu neghi un'anima hanno una struttura corporea come la tua, lavorano dall'alba al tramonto per una crosta di pane, parlano un linguaggio meno forbito del tuo, ma altrettanto efficace, bestemmiano senza protervia, sono allegri nella loro miseria perché le privazioni fanno parte della loro vita quotidiana. »

Mi concessi una pausa per rendermi conto delle reazioni. Poiché nessuno osava guardarmi, forse per paura d'inquinarsi gli occhi, mi decisi a continuare. Aggiunsi che un tempo solo il faraone poteva vantare il diritto di possedere un'anima e quindi di diventare un dio nell'al di là, un nuovo Osiride. Questa possibilità era stata poi elargita alla nobiltà e agli alti funzionari. Da chi? Se prima erano privi di anima, come mai era bastata una concessione templare per vantarne il possesso? Nelle Sacre Scritture si narrava che il dio Ptah di Menfi, il Modellatore, aveva creato l'uomo impastando il fango del Nilo. Senza discriminazione di sorta l'aveva quindi animato e reso libero ai venti e alle acque, al terreno fertile e al deserto, al sole e alla pioggia. Se più tardi questi concetti di uguaglianza erano stati violati, specie per quanto si riferiva alla vita eterna, la colpa era dell'autorità umana acquisita in modo del tutto arbitrario o, comunque, per favorire una casta: la nobiltà. « Ecco quindi la prima riforma da fare » annunciai, ben sapendo che sarebbero state parole al vento « elargire i riti magico-religiosi a tutti, schiavi compresi, tanto più che è una concessione che porta benessere ai templi, in quanto i sacerdoti addetti al culto funerario non hanno mai elargito le loro nenie per nulla. »

Anche se il mio intervento conteneva, come quello più autorevole di Neferohu, verità indiscutibili, strappò solo sorrisetti di commiserazione e qualche battuta amena, poi fui ignorato come un servo di stalla. Solo la voce di Neferohu commentò le mie affermazioni. « Hanis, hai detto una grande verità, ma hai parlato a sordi. Un giorno ho visto un paralitico fuggire a gambe levate di fronte a un onagro infuriato. Ci scommetti che Sitra li indurrà a udire lo sbadiglio di una zanzara? »

Erano proprio sordi a ogni concessione. Dopo un breve scambio verbale con Neferohu, essi discussero su problemi marginali, finché Pepinakht, che da tempo mi fissava con uno sguardo in bilico tra l'ironia e il cinismo, mi chiese:

« Tu Hanis hai conosciuto un certo Kati al campo di Ra? »

Trasalii. Negare sarebbe stato inutile e dannoso. « Sì, era addetto alla pulizia e lo vedevo di tanto in tanto. Era senza naso e senz'orecchie, un tipo truce, di poche parole, piuttosto violento. La sua autorità era tale che incuteva timore. »

« Ti ha mai parlato della condanna inflittagli dal tribunale di Menfi e del perché fu inviato a giudizio? »

« Mi ha solo detto che era stato punito ingiustamente. »

« Ti ha fatto capire quali erano le sue idee politiche... rivoluzionarie, direi, e cioè di aperta ribellione alla Maestà del faraone? »

« Assolutamente no » mentii, sostenendo il suo sguardo.

« Ti ha mai parlato di me, di Issi e di Ti-teti? »

« Mi ha sempre trattato con un certo distacco e non mi ha rivolto che frasi riguardanti la vita della comunità. »

« Come mai allora ti sei interessato di sua figlia Nefer? Chi ti ha spinto ad acquistare una schiava perché accudisse giorno e notte a lei? »

Mi sentii rabbrividire. Dunque anche lui sapeva. Vedevo la figura del generale sfumata e ondeggiante, tuttavia mantenni un atteggiamento fermo.

« Per pagare un grosso debito. Spesso questo Kati mi dava la sua razione di pane in quanto ero ridotto a pelle e ossa. Comunque mi ha parlato di sua figlia e del fratello Peror solo quando ha saputo che sarei partito per Menfi al servizio del nobile Ipu-Wer. Credeva che Nefer studiasse ancora. Dovevo solo rassicurarla sulla salute di suo padre. Null'altro, generale. »

« E allora perché ti sei recato più di una volta nella sua casa? »

« Semplicemente perché mi sono innamorato di questa fanciulla » gli confessai, ben sapendo che una simile affermazione avrebbe indotto Itis a colpirmi duramente.

Pepinakht non disarmò. La paura che giungesse a ricattarmi prendendo Nefer in ostaggio ebbe la durata di una fugace illusione. Indubbiamente la mia ex amante gli aveva offerto la possibilità di mettere le mani su Kati senza muoversi da Palazzo.

« Ti ha mai parlato di Sitra, la donna che capeggia le bande di rivoltosi? »

« Mai. È un nome che ho conosciuto a Corte. »

« Questo Kati è un essere asociale, sovversivo e spregiudicato. Rappresenta il braccio destro di Sitra. Attualmente è libero. Lo sai almeno? »

« Lo so ora. »

Pareva che l'interrogatorio fosse finito e sospirai. Invece Pepinakht m'inferse un colpo mortale, quello che attendevo.

« Hanis, » mi disse, parlando a nome di tutti i notabili presenti « non penso che la tua carriera di funzionario regio abbia un seguito, perché ci sono pesanti accuse a tuo carico. Ti lasciamo però un'unica possibilità per salvare almeno la pelle. In caso contrario pagherai tu e pagherà Nefer. La fanciulla e suo zio Peror sono a Corte, ben sorvegliati. Kati dev'essere a Menfi. Cercalo e fa' in modo che possa catturarlo. »

Una simile proposta poteva nascere solo da esseri corrotti com'erano gli attuali funzionari di Palazzo. Gli unici uomini cui negavo una simile arte demoniaca erano Neferohu e Ipu-Wer. Il Profeta del Ded Venerabile ora non si divertiva più. Era terreo e indignato. Le cespugliose sopracciglia gli ombreggiavano i piccoli occhi, fissi sul generale. Ahimè, c'era da impazzire! Disorientato, guardai uno per uno tutti i notabili, visi sorridenti e gravi, sagomati da splendide parrucche. Si trattava di miserabili cani che stavano pregustando la mia fine. Che cosa potevo fare? Inconsciamente mi alzai per uscire. Chiesi solo:

« Quali sono le accuse a mio carico? »

« Lo saprai a suo tempo » mi rispose il visir Issi, l'uomo che avrebbe dovuto giudicarmi. « Comunque puoi rimanere, ti concediamo di assistere alla riunione. Potrai così dire a questo Kati che siamo uniti e fiduciosi nelle nostre possibilità di reazione. È indubbio che non concederemo un solo chicco di grano alla feccia che comanda. Per quanto riguarda i riti magico-religiosi, non intendiamo inquinare i Campi di Yalu con simili sozzure. Sto parlando della vita eterna concessa al popolaccio... »

Mi risedei. Mai avevo provato tanta angoscia. Guardai Ipu-

Wer. Tutte le volte che mi ero trovato in difficoltà era sempre intervenuto con la generosità di un padre. Ora mi aveva lasciato in balia di Pepinakht e di Issi. A testa china, mai aveva alzato gli occhi. Solo Neferohu partecipava al mio travaglio. Infatti si alzò. Lo vidi bieco e minaccioso. Purtroppo era solo. Disse:

« Una prerogativa di questo Consiglio è di gettare discredito su chi fa il proprio dovere con onestà. Il ricatto, generale Pepinakht, è un mezzo vile e infame che disonora un militare. Da quanto ho capito, il visir Issi è in attesa di colpire Hanis con le stesse accuse che a suo tempo hanno distrutto Panef, Weni e lo stesso Kati. Menzogne, turpi menzogne. Chi ve le ha suggerite, una donna? Vergogna! Gli sciacalli devono vivere nel deserto e non tra le mura di questa reggia. »

Per molto tempo la voce del vegliardo dominò la sala. A volte limpida, a volte catarrosa, riuscì a piegare le spalle a tutti, persino a Ipu-Wer. Il suo indice nodoso non risparmiò nessuno. Muovendosi minaccioso, parve scandire i presagi che il sommo Profeta, per ispirazione divina, andava illustrando alla cricca che aveva portato l'Egitto alla guerra civile. « Signori miei, » terminò, imperlato di sudore « il pane sarà fatto di farina e sangue, ogni bene diventerà polvere, i figli saranno avversari dei padri e il fratello sarà un nemico. Gli egiziani saranno allontanati dalle loro proprietà e lo straniero occuperà le vostre cariche. Allora urleranno di gioia servi di stalla e mummificatori. Del vecchio Egitto non rimarrà che un fiabesco ricordo, perché anche i sepolcri verranno profanati. Poiché la terra del Nilo sarà per secoli un luogo di battaglia macerato di odio e di lacrime, dei nostri beni non rimarrà che il nero dell'unghia. Ricordatevi che voi sarete i primi a essere spazzati via... e l'Egitto non ne soffrirà, in quanto siete dei miserabili tiranni, assetati di oro e posti di comando. »

Il Profeta del Ded Venerabile non attese che i notabili si riavessero dagli strali profetici lanciati con tanta sicurezza, perché uscì sbattendo la porta. Da parte mia, dopo una fugace indecisione, gli tenni dietro. Lo raggiunsi che stava scendendo, claudicante, lo scalone principale. Ero smarrito, solo, pieno d'angoscia. Avevo bisogno di una parola amica. Il vegliardo se ne accorse dai miei occhi. Mi chiese di aiutarlo: la scala era lucida e ripida. Gli passai allora un braccio attorno alla vita e quasi lo sollevai. Era una piuma.

Nel giardino, poco distante dalla lettiga che doveva portarlo al tempio, Neferohu si fermò appoggiandosi al solo bastone.

« Figliuolo, » mi disse « cercheranno di distruggerti seguendo la tecnica usata per Panef e Weni. La mente che muove questi cani è certamente di Itis. Se fuggi sacrifichi inutilmente Nefer. Cerca quindi di tergiversare, chiedi tempo e cerca Kati. Quando saprà di sua figlia sarà lui a dettare le condizioni perché la lascino libera. Pepinakht e compari stanno abbaiando come il cane pavido che mostra i denti rinculando, mentre nell'altra ala del Palazzo il vecchio Pepi starà godendosi le schiave preferite sdraiate ai piedi. I suoi tre figli hanno il dono dell'inettitudine. Solo la bella Nitocri ha le capacità per impugnare con onore la frusta e il pastorale. Purtroppo non gode le simpatie di nessuno e non è favorevole alle riforme. Povero Egitto! Che gli dèi possano guidare i suoi passi! Torna a trovarmi, Hanis. Mi troverai al tempio. »

Lo aiutai a sedersi sulla lettiga. Dopo il saluto risalii lo scalone per raggiungere il mio appartamento. Avevo bisogno di coordinare le idee e di sapere da Ipu-Wer o da Issi cosa dovevo fare con esattezza. Inaspettatamente vi trovai Digiau. Aveva fretta. Era venuto ad avvertirmi che il suo padrone mi attendeva alla villa dopo cena.

Fu tanta la mia sorpresa che il furfante mi sfuggì di mano. Comunque, l'inatteso invito m'indusse a pensare che Ipu-Wer, responsabile del posto da me occupato, mi avrebbe chiarito il mistero di tante accuse. Poiché mi era sempre stato prodigo di consigli, mi sentii invaso da un cauto ottimismo. Avevo la coscienza sporca, ma non come mi si voleva far credere.

XVI

La sera era di pece, con il cielo zeppo di nubi dense. Sembrava fossero salite dalla terra, tant'erano basse e immobili. C'era afa. Tafani e zanzare infastidivano e il volo dei pipistrelli, spezzettato da improvvise virate, m'induceva a camminare curvo. Le torce erano poche, isole di luce attorno cui giostravano miriadi d'insetti.

Camminai adagio, con il passo pesante di chi teme lo scorrere del tempo. Purtroppo i miei pensieri erano più pesanti dei passi. Davanti alla porta della villa mi fermai, pensando che vi sarei entrato per l'ultima volta. Solo allora mi accorsi che ero seguito. Fissa al muro di cinta, una torcia bruciava resina e grasso. La sua luce, che sfarfallava fino a un ciuffo di palme, delineò con il riverbero due figure umane. Le vidi indugiare, sfumate d'ombra, poi tuffarsi nel buio compatto. Dovevano essere due guardie al servizio di Issi. Bussai in fretta e il custode Urpi mi aprì.

Non fu Digiau, ma un vecchio servo di nome Ben a condurmi in un salottino che non avevo mai visto, forse perché comunicava con la camera da letto di Ipu-Wer. C'erano quattro poltrone, un tavolino, due bassorilievi raffiguranti Thueris, la divinità che proteggeva la casa più di Bes. Ad una parete, fissi su una tavola di legno, vidi tre fogli con la pianta del Papireto. Erano i miei. Illuminati da due lucerne, li guardai con una certa nostalgia. Che ne era di Paniamon? Se fossi rimasto con lui non mi sarei trovato al centro di avvenimenti che mi lasciavano poche possibilità di sopravvivenza. Ormai non potevo che scegliere la strada indicatami da Neferohu, a meno che Ipu-Wer me ne suggerisse un'altra più sicura. Quale? Il mio ex padrone era molto cambiato nei miei confronti. Alla riunione i suoi occhi mi avevano sistematicamente evitato. Che cosa aveva architettato Itis, per trasformare di colpo suo marito da padre generoso a giudice severo? Per la Sacra Bilancia di Thot! No, non faceva caldo. Erano l'ansia e il timore che mi davano affanno. Pulsavo tutto. Il cuore, pieno di amarezza, mi scuoteva il petto, ritmandomi fastidiose scosse del capo. Camminai nel breve spazio del salotto, completamente frastornato. Su una mensola c'erano una tavoletta da scriba, tre calami, un raschiatoio d'osso, una statuetta di Hathor. Sotto, contro il muro, nella penombra, vidi i sandali dorati di Itis, la donna che, morto Ipu-Wer, avrei dovuto sposare. Sicuramente le accuse a mio carico erano le stesse che avevano colpito Kati, Panef, Weni, e cioè inganno, furto ai danni dello stato, violenza carnale, concussione e altre menzogne. Maledirla era il minimo che potessi fare.

Deciso a contestare con fermezza queste calunnie, pensai alibi e parole adatte. La verità mi parve un racconto troppo facile per incriminare la stessa Itis. Eppure la dovevo svelare, il mio ex padrone doveva sapere. Quando lo vidi entrare, la mia decisione subì però una forte incrinatura. Con che coraggio avrei potuto contestargli certe accuse, quando in cambio della sua generosità mi ero fatto beffe di lui, rendendolo ridicolo agli occhi dei servi? Ma sì, tutti sapevano della mia relazione con Itis, anche la sguattera che strofinava ciotole in fondo al giardino.

M'inchinai com'ero solito fare per rispetto all'età e alle cariche, e inaspettatamente ricevetti l'invito a sedere con un cenno sfuggente della mano. Mi sistemai proprio di fronte a lui, sul bordo di una poltrona, e lo guardai sottecchi. Nel viso scavato, gli occhi grigi erano opachi e tristi. Non ebbi il coraggio di chiedergli della sua salute. Girai invece lo sguardo verso l'uscio in attesa di Itis. Un incontro a tre sarebbe stato più completo e decisivo. Sentii filtrare un rumore di passi, ma non entrò nessuno e Ipu-Wer mi annientò con più facilità.

« Hanis, mi hai ripagato in modo infame » mi scandì con gravità da cerimonia. « Non ti vergogni? Non mi aspettavo tanta ingratitudine da te. »

Non capivo con esattezza di che cosa stesse parlando, se della riunione o delle denunce piovute sul mio capo, se di Kati e di Nefer. Stavo per chiedergli spiegazioni, ne avevo diritto. Purtroppo non ce ne fu bisogno. La voce tremante di Ipu-Wer mi precedé, inducendomi ad abbassare gli occhi con le guance di fiamma:

« Hai violentato mia moglie mentre ti davo ospitalità, Hanis. Ti ho sempre trattato come un figlio, invece tu hai approfittato della mia età e della confidenza che la mia diletta consorte ti ha concesso. Itis è distrutta dal dolore e dalla vergogna, perché anche i servi sanno. L'ingiuria e il... nascituro copriranno di ridicolo la mia reputazione, perché è ovvio che alla mia età e con i miei acciacchi nessuno crederà che sia stato io a... Sei un mascalzone, un essere spregevole, degno di navigare nei bassifondi di un porto. Invece hai avuto il coraggio di dettare una morale al Consiglio dei Dieci. »

Ero allibito e privo di favella, con i pensieri che si sovrapponevano a velocità di vento. Cosa potevo rispondergli? Che ero diventato un semplice strumento nelle mani di una donna senza scrupoli? Potevo confessargli che ero stato costretto a prostituirmi per non cadere in disgrazia e soprattutto per aiutare una povera infelice, forse resa tale dalla stessa Itis? Ingoiai fiele e chinai il capo come un penitente rassegnato al castigo divino.

« Hanis, confessa che sei un mascalzone, un uomo senza dignità e uno sporco avventuriero » sentii la voce accorata del vegliardo. « Ricordati che la menzogna va a spasso senza guida e si smarrisce in fretta. »

« Confesso... confesso di avere sbagliato ed intendo pagare » mi suggerì la venerazione che avevo per lui.

« Perché l'hai fatto? »

Mi facevo pena. Il mio ex padrone me ne faceva però di più, in quanto il suo travaglio si rifletteva sul viso teso, una maschera angosciosa spezzettata da profonde rughe. Era invecchiato di vent'anni.

« Nobile Ipu-Wer, » gli dissi senza esitazione « ti prego di prendere atto che la signora Itis non mi ha mai dato motivo d'incoraggiamento. La colpa di ciò che è successo è quindi soltanto mia. Ho approfittato della confidenza che ella generosamente mi aveva concesso e... l'ho costretta a cedere con la forza. Come attenuante ti posso dire che è difficile resistere al suo fascino. »

Lo vidi rannicchiarsi su se stesso, distrutto dal dolore. La spudoratezza di Itis m'inorridiva. Pur di colpirmi duramente non aveva avuto scrupoli né per l'età veneranda di suo marito, né per la posizione che occupava, né per l'immenso affetto che nutriva per lei. La sua mente demoniaca mi aveva poi condizionato in modo tale che non potevo abbozzare neppure un tentativo di difesa. Ella conosceva troppo bene il mio carattere, sapeva che non ero uno spregiudicato, un violento, un uomo dalle decisioni immediate. Così mi resi conto che l'unico mezzo per ripagare il nobil uomo della sua generosità era quello di discolpare la moglie. Se avessi confessato la verità non sarei venuto a capo di niente e avrei aggiunto male al male.

Ipu-Wer fu ancora generoso, e mi commosse. Se mi avesse denunciato avrei rischiato l'evirazione, il carcere duro, la schiavitù e forse la morte. Invece mi guardò con amarezza e mi offrì un'alternativa. Avevo dieci giorni di tempo per consegnare il fuorilegge Kati alle autorità di Palazzo. Purtroppo le spie di Pepinakht sparivano senza lasciare tracce e poteva darsi che io seguissi la loro sorte. Se trascorso questo periodo Issi mi avesse trascinato nella Dimora Venerabile per essere giudicato, lui sarebbe stato uno dei tanti testimoni a carico. « Oh, non per la faccenda di mia moglie » precisò. « Capisco, sei giovane e pieno d'ardore e l'occasione fa l'uomo ladro. »

Fu lì lì per mostrarmi la porta, invece lasciò cadere la mano con il pugno chiuso, la posò sul tavolino, afferrò uno scarabeo di ceramica azzurra e lo strofinò sul legno, forse inconsciamente. Per qualche tempo non si udì che lo strofinìo aspro che rigava la superficie. Oltre l'uscio c'era silenzio. Curioso di sapere qualcosa sulle accuse che il visir Issi mi avrebbe rivolto, nel caso, molto improbabile, che fossi davvero finito nella Dimora Venerabile, gli chiesi quali reati avevo commesso. Ahimè, erano molti, tutti gravi, da pena capitale. L'indice bianchiccio di Ipu-Wer si mosse a lungo minaccioso, mentre mi venivano elencati veri e propri crimini. Avevo un posto di prestigio, una buona paga, la possibilità di fare carriera, un appezzamento di terreno con bestie e casa, ero ospitato in villa come un figlio. Ebbene, non mi era bastato. C'erano contro di me accuse di concussione. A Sais mi ero arricchito salvando nobilucci da strapazzo e gente di malaffare dal reato di evasione fiscale, di vilipendio della Maestà del faraone e del Consiglio dei Dieci. In una taverna avevo poi sobillato ladri e fannulloni contro l'autorità costituita, avevo inneggiato a Sitra e alla rivoluzione da stolto, perché occupavo un posto maledetto dal popolo. Digiau, e non solo lui, era un testimonio attendibile. « Ora va', Hanis, che non ti veda mai più » mi ordinò, mostrandomi la porta. « Se riesci a far cadere il famigerato Kati o Sitra in un'imboscata, sarai libero di andartene con la fanciulla che hai detto di amare. Cerca però di mettere più spazio che puoi tra la tua nuova dimora e Menfi. »

Mi alzai. Dovevo essere bianco come gesso di cava. Reato di concussione! Digiau un testimonio attendibile! Vilipendio della Maestà del faraone! Come potevo andarmene senza schiacciare Itis alla stregua di un serpe velenoso? Ero furibondo, non certamente rassegnato al destino costruito da una pazza. Avevo molte cose da dire a Ipu-Wer, le scuse, un ringraziamento; volevo spiegargli che a Sais avevo ricevuto una lettera con i sigilli di Sua Maestà, pregarlo di chiamare Digiau perché ripetesse in mia presenza le accuse. Invece, frastornato, m'inchinai e raggiunsi l'uscio traballando. Indugiai con la speranza che Ipu-Wer mi chiedesse almeno se tutti quei reati erano veri, poi mi chiusi desolato il battente alle spalle e percorsi il corridoio a passi sonnambolici. Passai davanti al soggiorno e alla camera della mia ex amante, ebbi la tentazione di entrare, chiederle spiegazioni... chiederle cosa? Ero in preda a uno stato confusionale di estrema gravità e temevo di non riuscire a controllarmi. L'idea di stringerle il collo fino a farle colare bava sanguinolenta m'immobilizzò un attimo, penetrato da un vago senso di gioia. Ma subito si dileguò come l'ombra di un corvo spinto dal vento. Strozzarla! Che vantaggio avrei avuto? Solo quello di aggiungere un'altra accusa alle tante che già mi avevano fatto apparire agli occhi di Ipu-Wer un essere spregevole. Nefer, poi, non sarebbe uscita viva da Palazzo.

Stavo per allontanarmi, quando mi giunse distinta la voce di Itis: parole articolate con autorità. Chi c'era con lei? Un'altra vittima destinata a seguire la triste sorte dei vari Kati, Panef, Weni, Hanis? Mi guardai attorno con le movenze del furfante. Era tardi, ero solo. Due torce proiettavano le mie ombre sul pavimento di calcare lucido. Le vedevo danzare, deformi, una più nera dell'altra, davanti a me. La più inquieta si allungò guizzante verso la porta di Itis. Sembrava un invito a entrare, a non perdere l'occasione per tentare un'umiliante mediazione a mio vantaggio. C'era la possibilità di giungere a un compromesso con una simile donna? No di certo. Comunque indugiai sulle gambe malferme. Mi raggiunse il latrato di un cane, appena fuori, tanto vasto da riempire la notte. Poi silenzio. Forse Itis era sola e dormiva, avevo sentito male. Decisi quindi di andarmene. Fuori, nella casetta del custode, c'era il vecchio Urpi, semisveglio come sempre. Avrebbe cacciato fuori la testa lucida d'olio e con un "portati bene, scriba Hanis" mi avrebbe dato l'ultimo saluto. Mi sarei quindi tuffato nel buio di pece per raggiungere la reggia, in quanto le due guardie di Issi dovevano essere ancora fuori ad attendermi. Erano poi guardie o sicari? Mi sentii paralizzato dalla paura. Purtroppo Abu era in missione al Papireto, se no mi sarei consigliato con lui. Un rumore mi tolse l'indugio. Non feci un passo che Itis mi raggiunse ancora con un grido, una risata isterica e qualche parola scandita a sillabe. La curiosità di sapere mi rese temerario. Dov'era Digiau? Mi stava spiando? Era possibile. Comunque scostai il battente di un palmo e rimasi immobile, su gambe di pietra. Sgomento! Carica di monili, Itis era totalmente nuda, ferma davanti a uno specchio d'argento. Teneva le braccia incrociate sul petto e gli occhi fissi, i piedi uniti e il capo eretto. Gli scalpellini immortalavano i faraoni così, nella pietra destinata a non conoscere le barriere del tempo.

Solennemente, come se stesse parlando a una marea di cortigiani, la nobil donna annunciò:

« Sono Sua Maestà Itis, regale consorte del Toro Possente Pepinakht I, faraone dell'Alto e Basso Egitto, figlio prediletto di Ra. »

La vedevo di scorcio, in parte viva, in parte riflessa.

Itis rimase a lungo immobile, muovendo ad intervalli il capo in segno di assenso. Forse la sua mente malata le proiettava davanti i dignitari di Corte in atteggiamento servile. Con uno scatto felino ella si mise quindi a danzare sventolando un velo cremisi. Alternando canti a urla selvagge, passò accanto alla porta e scivolò via. Nei suoi occhi c'era la luce sinistra della follia.

XVII

Come avevo previsto, appena lasciata la villa rividi le due ombre. La mia titubanza a tuffarmi nel buio indusse le spie a rompere il silenzio. Mi raggiunse una voce decisa, proveniva da un vicolo informe, di fronte a me. Un'altra le fece eco, da un ciuffo di palme alla mia sinistra.

« Scriba Hanis, devi recarti alla reggia. Non hai altra scelta, perché sei circondato dai nostri uomini... L'ordine è del visir Issi. »

Non me lo feci ripetere.

Dormii per l'ultima volta a Corte. L'indomani Issi mi mandò a chiamare di buon'ora, per dirmi che le accuse a mio carico erano tante e così gravi da indurlo a chiedersi se non era il caso di inviarmi subito a giudizio. Se avessi trovato i giudici generosi me la sarei cavata con la perdita del naso e delle orecchie, pena contemplata per i funzionari disonesti. In una miniera nubiana avrei poi trascorso il resto della mia squallida vita. Tuttavia, poiché ero in condizioni di essere utile all'Egitto, lui stesso aveva soprasseduto a certi doveri legati alla dea Maat, accettando l'alternativa propostami dal Consiglio dei Dieci: la cattura di Kati in cambio della libertà. La vita di Nefer era quindi legata al mio intuito e alla mia abilità d'informatore. Poi Issi quasi mi aggredì.

« Hanis, » mi disse velenoso « i furbi non hanno mai avuto successo con me. Se hai intenzione di burlarmi, non sperare di avere vita lunga. Certo, la Terra di Kemet è grande e ospitale e uno scriba del tuo valore può trovare lavoro ovunque. Ma a parte il fatto che non mi darò pace finché ti avrò ritrovato, condanneresti Nefer e suo zio alla pena capitale. Come sai, sono a Palazzo ben sorvegliati. Probabilmente il ribelle Kati ha sperato di mettere in salvo figlia e fratello appena fuggito dal campo di Ra. Noi siamo stati più svelti di lui. »

Subire gravissimi soprusi, senza poter reagire, distrugge. Ed io ero distrutto. In piedi di fronte a lui, massima autorità dopo il faraone, mi bagnai inconsciamente le labbra per occupare la lingua: stavo per investirlo con il linguaggio in uso nel campo di Ra, cose nefande. Invece, con un lento oscillare del capo, accennai solo che accettavo: Kati in cambio di Nefer, di Peror e della mia libertà. Mi accingevo quindi a compiere un lavoro sporco, ma necessario, anche se, eseguite alla lettera le direttive del Consiglio, ero sicuro che non avrei mai più visto da uomo libero spuntare il sole. Stavo per uscire, quando Issi, insolente, m'investì con una fiumana d'invettive. Allora reagii.

« Visir Issi, » gli dissi, colmo di collera « con Kati o senza, Sitra e il popolo vi faranno a pezzi. Ragionando per assurdo, se un giorno Pepinakht dovesse occupare il trono d'Egitto, tu, Ahi, Ti-teti, Ahuri e molti altri dovrete correre come antilopi per non fare la fine di Panef e Weni. Mi avete spinto su questa strada con false accuse. Ebbene, io ho ancora la possibilità di aggrapparmi ai bordi del baratro. Tu invece vi precipiterai fino in fondo, perché la mente che governa tutti noi ti considera un testimone troppo pericoloso, una volta che il sommo sacerdote di Ra avrà posato sul capo di Pepinakht la regale Corona. Sto parlando di Itis, la donna che ti stima una nullità come maschio e un essere insignificante come uomo. »

Dovevo avere colto nel segno, perché sicuramente rimossi dal suo animo il fiducioso ottimismo che gli dava tono. Infatti il suo viso appassì di colpo e lasciò affiorare un sorriso amaro. Non fece commenti. Poiché era atteso dal Consiglio si limitò a dirmi che di questi insulti avrebbe tenuto conto a suo tempo. Nel frattempo avrebbe riferito a Itis. Poi mi avvertì che avrei dovuto recarmi a Palazzo tutte le sere, al buio, per il rapporto giornaliero. Qualsiasi notizià era da prendere in considerazione. Ora potevo andare, considerarmi una spia del visir senza paga.

Non riuscii neppure a prelevare la poca roba che avevo nell'appartamento, perché due guardie mi allontanarono come un mendicante. Per natura non ero portato alla vendetta. Questa volta però avrei calpestato la giustizia simboleggiata da Maat, se non avessi infierito, possibilità permettendo, sulla cricca di Palazzo e su Itis.

Shery, cui avevano proibito l'accesso alla reggia, mi stava attendendo da tempo, seduto sotto una palma. Per fortuna possedevo ancora alcuni "pezzi" di rame, così per qualche tempo avevo almeno la certezza di non morire di fame. Dove potevamo andare? A casa di Peror, mi suggerì il servo. L'indomani ci saremmo divisi i compiti, a lui le bettole, a me le taverne di un certo riguardo. C'era poi da setacciare il porto, i mercati, la gente della strada, sentire, spiare, chiedere, sorvegliare la casa, perché non era improbabile che Kati, se davvero era a Menfi, mandasse qualcuno per sapere della famiglia.

Oltre al mio servo avevo ormai un solo amico: Neferohu. Prima di incamminarmi verso casa mi recai da lui. La sua parola era sempre stata un buon tonico. Mai mi ero però sentito così ossessionato da dubbi e incertezze, scrupoli e scoramento.

Lo trovai che stava redarguendo un sacerdote-orologo, reo di essersi addormentato invece di seguire nottetempo il lento declinare delle stelle. Mi condusse nel pensatoio, si sedé su una pelle di capra e m'indicò una stuoia. Tra quattro mura spoglie e amorfe, nel silenzioso crepuscolo, gli dissi che ero stanco di vivere. La vita era ormai diventata un'ansiosa fatica, senza scopo. Gli anni del campo di Ra, le illusioni, i rischi e i colpi di scena, le menzogne di Itis e la triste sorte di Nefer mi avevano logorato. Almeno fossi riuscito a piangere! Ero duro alle lacrime e soffrivo di più. Che cosa mi restava da fare? La spia al servizio di uomini che odiavo, dopo essermi prostituito a una pazza. Il clima di Palazzo mi era ormai ostile, avevo perso la stima di Ipu-Wer, dovevo temere gl'insorti, perché avevo occupato una carica che si prestava a rappresaglie, non avevo nessuna speranza di trovare Kati e quindi di salvare Nefer. Ahimè, dove avrei trovato rifugio? Forse da Iput, tra le sguattere della prostituzione, nella lurida strada della mia infanzia. Abbandonare Nefer mi era comunque impossibile. Avrei accettato il campo di Ra pur di saperla al sicuro.

« Capisco, » mi rispose Neferohu, conscio del dramma che stavo vivendo « ti trovi in una situazione che pare senza via d'uscita. Non devi però scoraggiarti, Hanis. Non sei stato abbastanza furfante per mantenere il posto di funzionario. Tuttavia entrerai a Palazzo da padrone. »

Non gli credetti. Gli raccontai delle accuse di concussione, della farsa recitata da Itis al marito, del ricatto di Pepinakht perfezionato da Issi, delle difficoltà che rendevano impossibili i contatti con Kati. Dov'era in realtà? Alle porte di Menfi? Il suo viso disgustoso, posto su un fisico atletico, era singolare, non poteva sfuggire che a un cieco. Come mai le spie di Pepinakht non l'avevano ancora trovato?

Il Profeta del Ded Venerabile parve divertirsi. Mai avevo visto il suo viso antico così disteso. Mi parlò con una sicurezza sconcertante. Secondo lui non avrei fatto in tempo a trovare Kati o Sitra, perché ormai era tardi. La rivoluzione poteva esplodere da un momento all'altro. Ipu-Wer a parte, i funzionari di Palazzo erano lurida spazzatura, compreso il suo collega Hornifer. Essi avevano riempito i magazzini reali di derrate alimentari e molti di essi facevano dormire le famiglie tra le mura di Palazzo, segno che non erano poi tanto sicuri di risolvere lo scontro in un bagno di sangue popolare. « Se sono rivoluzionario? » aggiunse. « No, Hanis, perché la violenza non è utile a nessuno, anche se qualche volta è un male necessario. Cerca comunque di non abdicare prima del tempo. Ti sono stati concessi dieci giorni? Ebbene, prima che scadano, Kati o Sitra si faranno vivi, se gli stolti che ci governano non accetteranno le richieste del comando rivoluzionario.

Itis? Lasciala perdere. La vendetta lascia sempre macchie indelebili nella coscienza. Ci penserà Kati. Lui è più deciso di te e vanta il diritto di precedenza. Comunque cerca di tergiversare, porta a Issi notizie allarmanti. Ha molte colpe sulla coscienza e non è uno stupido. Lo vedrai tremare. Che gli dèi possano guidare i tuoi passi, figliuolo! Ti aiuterò a cercare Kati. »

Lasciai Neferohu a malincuore, dopo averlo assicurato che mi sarei rifatto vivo: dalla servitù del tempio lui era informatissimo sugli avvenimenti che stavano maturando.

Con Shery mi recai quindi alla casa di Peror. Trovammo Miriam ridotta in cattivo stato. Ferita in più parti, era prostrata, quasi senza voce. Il suo racconto fu penoso. Venti guardie di Palazzo avevano fatto irruzione di notte nella casa. Immobilizzato lo zio, avevano costretto Nefer a scendere le scale. Purtroppo, spinta in malo modo, era ruzzolata fino in fondo, ferendosi seriamente. Lei, invece, s'era difesa a bastonate. Colpita al capo era svenuta. « Mi sento distrutta dall'angoscia, signore » concluse piangendo.

Nonostante fosse davvero malconcia, la brava cananea si diede da fare per prepararci qualcosa da mangiare. Ci accontentammo di carrube, fichi secchi, pane raffermo, fave. Nel frattempo varammo un programma per l'indomani. Bisognava a ogni costo comunicare con Kati o con Sitra, anche se era più facile sapere dove si trovava in quel momento il sacerdote che amministrava il culto della dea Heket, del XVI "nomo", nell'Alto Egitto. Miriam si mise a mia disposizione e mi consigliò di vestire i panni da lavoro di Peror, perizoma e gonnellino.

Per sei giorni andai da Issi senza avere granché da dirgli. Sitra e Kati erano sicuramente a Menfi, ma protetti da una omertà difficile da incrinare. Tra la popolazione non c'era un solo uomo valido che non fosse in attesa di distruggere i tiranni che li mungevano come mucche. Le truppe poi, anche se apparentemente erano pronte a intervenire, non davano affidamento, perché nove soldati su dieci detestavano Pepinakht.

Sebni invece, anche lui a Menfi, era considerato un valido condottiero, capace di ridare al vecchio Egitto il vigore di un tempo.

Di sera in sera Issi diventava sempre più curvo, anche perché io ingigantivo tutto ciò che si sussurrava nelle strade e nelle taverne. Le voci differivano solo nel timbro e nella cadenza. Le chiacchiere erano le stesse. La rivoluzione era imminente, questione di giorni o di ore; gl'insorti erano decisi a cancellare ogni traccia del vecchio regime; Issi, Ti-teti, Ahi, Pepinakht e molti altri, rei di essersi macchiati di delitti ai danni della povera gente, avrebbero subito l'amputazione di naso, orecchie, pene e mano destra. L'impalamento nel deserto avrebbe poi concluso la loro miserabile esistenza. Solo Ipu-Wer, tra la nobiltà, era considerato un funzionario onesto e insostituibile. Tra i sommi Profeti, poi, Neferohu era ben visto anche dagli schiavi, a differenza di Hornifer che aveva le ore contate.

Erano verità, un po' gonfiate, e Issi tremava. Floscio come un cencio, mi condusse nella Sala del Consiglio, perché i suoi colleghi giudicassero la veridicità delle mie affermazioni. Rimasero tutti in ascolto senza battere le palpebre. I rapporti delle loro spie non erano certamente catastrofici come i miei, tuttavia dovevano contenere una buona dose di pessimismo, perché, mentre illustravo verità e bugie, tutti perdevano colore e lo stesso Pepinakht era ormai un generale senza grinta. Perché non si trovava al comando delle truppe? Non era uno stupido, sapeva che il suo esercito non aveva più consistenza. Tra le mura di Palazzo si rischiava meno.

Sia pure con avvertimenti e minacce, mi furono concessi altri dieci giorni. Come spia ero abile e coraggioso. Me lo disse Ahi, con un sarcasmo troppo forzato per essere vero.

Comunque non ebbi bisogno della proroga, perché a metà notte del giorno dopo fummo svegliati da un lontano frastuono e da una luce guizzante appena fuori. Con Shery e Miriam balzai dalla stuoia, convinto che stesse bruciando la cascina. Invece erano le fiamme che stavano incenerendo Menfi e il frastuono era dovuto alle urla di una marea umana riversatasi nelle strade al seguito di truppe regolari sbarcate da chiatte. La situazione era precipitata quasi senza sintomi premonitori, tant'è che io e Shery eravamo rientrati a notte fonda e nelle taverne si stava ancora tracannando birra in allegria.

Trovai prudente rimanere lontano dalla città e la sera Miriam e Shery mi raccontarono atrocità inaudite. La furia dei rivoltosi era stata inumana e non accennava a mitigarsi. Le nobili dame venivano violentate nelle strade e buttate nel Nilo, i loro bambini trucidati senza pietà, le ville bruciate, i funzionari regi legati alle code di asini selvatici, gli scribi e i sacerdoti finiti a bastonate. Il fiume era rosso di sangue e le schiave vestivano di lino finissimo e ostentavano monili e parrucche. Solo la reggia non aveva subito danni, in omaggio alla divina Maestà del faraone. Le stesse truppe di Pepinakht avevano fatto comunella con gl'insorti. Solo alcuni reparti scelti non si erano ammutinati.

Di Sitra e di Kati nessuna traccia. Shery, il più informato, era venuto a sapere che i capi rivoluzionari chiedevano cinque ostaggi tra gli alti notabili assediati a Palazzo, per poter inviare una delegazione a parlamentare con il Consiglio dei Dieci.

La notizia che Ipu-Wer si trovava a Corte mi recò molto sollievo. Di Itis invece si era interessata Miriam, curiosità di donna. Raggiunta la villa, non aveva visto che un mucchio di ceneri fumanti. Solo le cucine stavano ancora bruciando. Una donna della servitù, piangente di fronte a tanta tragedia, l'aveva assicurata che la nobil donna si trovava prigioniera nella Casa della Vita.

La situazione era confusa e richiedeva quindi da parte mia un'attenta valutazione perché, come funzionario di Palazzo, avevo molto da temere. Si trattava solo di rintracciare Kati o Sitra, ora sicuramente nel loro quartier generale in qualche villa della città. Ormai dovevano essere in molti a sapere dove si trovava il comando.

Saggiamente Shery mi consigliò di agire con prudenza. Mentre Miriam sarebbe rimasta di guardia alla casa per dare l'allarme nel caso che si fossero avvicinate bande di insorti, lui avrebbe cercato l'ex "nomarca". In mattinata alcuni araldi avevano annunciato che il comando rivoluzionario avrebbe donato due "pezzi" di rame e un sacco di grano a chi avesse catturato un funzionario regio di una certa importanza. Purtroppo gl'insorti avevano trascinato davanti al tribunale del popolo anche i servi degli scribi. « Lasciami lavorare solo, Hanis » mi disse. « Se qualcuno ti riconosce sei spacciato. E poi, non c'è fretta. Dentro la reggia nessuno oserà scalfire la pelle a Nefer. »

Passai giorni e giorni d'attesa, senza che Shery mi fosse di grande utilità. Rincasava a notte tarda, deluso. Purtroppo i capi della rivolta erano dappertutto, nel centro storico, in un'Eterna Dimora profanata, in una barca sul fiume, nel tempietto di Hathor, in una baracca ai piedi della Sfinge. Che fare? La reggia era sempre circondata dai soldati di Sebni. Nessuno era entrato o uscito ed esisteva, tra assediati e insorti, un tacito accordo, tant'è che non era stata scagliata una sola freccia.

Finalmente l'attivissimo Shery mi avvertì che aveva trovato la sede del comando. L'aveva saputo da un ufficiale, e la conferma era di uno schiavo un tempo nel campo di Ra. Era ubicata nel tempietto di Hathor, in riva al Nilo. Oltre a Sitra, c'erano Kati e il generale Sebni.

« Pare che con loro ci sia anche Neferohu » aggiunse. « Non penso che sia ancora il caso di indugiare, Hanis. Vuoi che tenti io di parlare con uno di loro? »

No. Erano già passati troppi giorni. Indugiare ancora sarebbe stato pazzesco. Kati doveva sapere subito, da me, dov'era sua figlia.

Seguito da Miriam e da Shery, mi diressi senza indugio verso ciò che rimaneva di Menfi. Già alla periferia mi resi conto che i soldati di Sebni non erano affatto arbitri della situazione. Infatti vecchi e giovani della nobiltà, o ritenuti tali, venivano ancora frustati a sangue e poi soppressi con furia bestiale, tra urla di giubilo che si levavano al cielo. I massacri erano ormai un diversivo per una turba che aveva perso il lume della ragione. Uno scriba, emerso da un cunicolo con un bambino livido di paura, fu catturato e sottoposto a giudizio per acclamazione. « A morte! A morte! » si urlò, prima ancora di sapere chi fosse. Nessuno cercò di difenderlo, neppure a parole. Ormai il grido collettivo era "A morte!" e un colpo di mazza gli sfondò il cranio. Suo figlio, afferrato per i piedi da un ceffo, fu sbattuto contro un muro, finché il corpo diventò carne a brandelli. Solo le gambe rimasero a testimoniare che si trattava di un cadavere umano. Buttato in mezzo alla strada, decine di piedi vi passarono sopra, soffermandosi a sguazzare nel sangue che la terra assorbiva quasi con un sentimento di pietà. Uguale sorte toccò a una giovane sacerdotessa. Scovata tra le macerie di una casa da alcune schiave, fu data in pasto a una tribù di forsennati. Un grappolo di mani la denudò e il corpo appetitoso suscitò furibonde risse. Con gli arti quasi staccati e rossa di sangue, la sacerdotessa morì prima di essere violentata.

Sia pure con raccapriccio, assistei a episodi penosi. Forse avevano più dignità gli sciacalli del deserto. « Che gli dèi proteggano il popolo e la rivoluzione! » si gridava tra sangue, cadaveri, gemiti e urla di dolore, risse per spartirsi il bottino, bestemmie e manifestazioni di giubilo. « A morte i ricchi! A morte i figli della nobiltà, perché si estingua la razza! »

In questo clima di barbarie, mi mossi guardingo, con Miriam allarmata e Shery che mi esortava a camminare più spedito.

« Di qui, Hanis, in questi vicoli non c'è nessuno. »

Si vedevano infatti solo morti in decomposizione, corpi che ancora si muovevano, topi, corvi, megere in cerca di bottino. Il lezzo era denso e nauseante. La folla era tutta nei viali o nelle piazze, o bivaccava nei rioni signorili, accanto a fuochi su cui arrostivano quarti di montone, frutto di sistematiche razzìe.

« Di qui, Hanis » mi ripeteva il servo facendomi strada. « Dove ci sono catapecchie mancano anche i cani. »

Percorremmo luoghi ridotti a necropoli; attraversammo, costretti, una piazzetta piena d'insorti intenti a giudicare tre vecchi notabili. Li vidi uno accanto all'altro, seduti su un muro in costruzione, bene in vista perché la folla li osservasse. Mostravano tre tipi diversi di paura. Uno piangeva in silenzio; un altro guardava fisso davanti a sé, stravolto; il terzo urlava parole che mi giungevano incomplete. Shery mi spinse via.

Finalmente giungemmo davanti al tempietto di Hathor. C'erano alcuni soldati di guardia, pochi per proteggere un comando, quasi emarginati dalla folla di straccioni che bivaccava nello spiazzo antistante l'entrata. I corpi di tre funzionari erano appesi per il collo a un pennone, imbrattati di sterco e di sangue. La realtà superava qualsiasi immaginazione.

Il desiderio di riabbracciare Kati era grande, quasi uguale a quello di liberare Nefer. Purtroppo avevo dimenticato che Shery non aveva passato la vita in un campo di schiavitù, ma con i profanatori di tombe, truffatori di bassa lega, ruffiani al servizio di chi pagava meglio. Prima che potessi rendermi conto del tradimento, lo sentii urlare, additandomi agli insorti:

« Ehi, amici, questo è l'uomo che tassava la povera gente, l'amante della nobil donna Itis, una puttana che detestava il popolo. Fuori i due "pezzi" di rame e il sacco di grano, perché si tratta di un funzionario importante. »

Se fossi prontamente fuggito nel labirinto di vicoli che mi ero lasciato alle spalle, forse sarei riuscito a salvarmi. Invece mi scagliai furibondo contro Shery, lo stesi con un pugno. Purtroppo fui prontamente immobilizzato, colpito con calci e bastoni, spinto contro un muro. Un forcone da fieno sul ventre e una lancia alla gola parevano in attesa di un ordine per finirmi. Il mio servo, con un labbro spaccato, era invece salito su un mucchio di pietre.

« Era un poveraccio come noi, » andava urlando « uno schiavo del campo di Ra. Lavorando come spia di Palazzo è riuscito a occupare il posto di amministratore capo delle tasse e ha spogliato il popolo, infierendo con cattiveria proprio con chi possedeva meno degli altri. A morte! A morte, amici! Ammazzatelo subito. »

Si levò un boato. Con un movimento di flessione riuscii a liberarmi, ma fui spinto e percosso, finché finii nelle braccia dei soldati, che mi salvarono usando le lance. Sofferente e frastornato, non capivo con esattezza cosa stesse succedendo. Mi ricordavo solo di Miriam. Mentre dall'alto del gruppo di pietre Shery ghignava minacce e incitamenti perché mi ammazzassero, l'avevo vista agitarsi come se incoraggiasse i rivoluzionari, poi scomparire.

Fortunatamente i soldati, non del tutto tranquilli, scesero a patti con la folla: dovevo essere condotto dal nuovo visir. Avrebbe deciso lui, sarebbe stata una morte legale.

Mi spinsero dentro al tempio, di fronte a un ceffo che stava osservando due ragazzine nude, di nobile estrazione. Le poverette, terrorizzate, si buttarono ai piedi dei soldati chiedendo protezione. Il riso convulso di alcuni insorti entrati con me le disilluse. Allora crollarono in un angolo e piansero.

« Capo, » chiese uno dei miei guardiani a un grassone dal viso sinistro, semisdraiato su un divano e gonfio di superbia « non le hai ancora usate? » e indicò le fanciulle.

Costui rise grasso. Ne aveva fatto passare due o tre, non ricordava, ed era fiacco da morire. Ordinò di condurle via e mi guardò con molta autorità. « Il capo dell'amministrazione delle imposte! Che colpo! » lo sentii bofonchiare. Si grattò il cranio incrostato di sporcizia e corrugò la fronte.

Non lo giudicavo capace di pensare. Invece mi resi conto che era indeciso se attaccarmi alla coda di un onagro prima di sera o se attendere l'indomani.

« Dov'eri nascosto, porco? » mi chiese con amena curiosità.

Un coro di risa soffocò i lamenti delle fanciulle, ora nel corridoio. Purtroppo i tre soldati che mi avevano accompagnato erano usciti.

« Ho un messaggio urgente per Sitra » gli annunciai. Un altro coro di risa m'interruppe.

« Hai quindi un messaggio per Sitra! » mormorò il ceffo ridiventato truce. « Vuoi il suo avallo per aumentarci le tasse? Basta con le ciance. Come ti chiami? »

« Hanis. E tu? »

Si meravigliò che non lo sapessi. Per la mente illuminata di Thot! Chi l'avrebbe detto? Era il... visir dell'Alto e Basso Egitto, la massima autorità dopo Pepi II. Questa volta fui io a lasciarmi sfuggire un riso esplosivo. Subito i miei guardiani mi richiamarono al rispetto verso... l'alto notabile.

« Se tu sei il visir io sono il faraone » gli dissi tuttavia. « Ti avverto che lavoravo a Palazzo come spia di Sitra e di Kati il "nomarca". Se mi accadrà qualcosa dovrai eclissarti con rapidità. In caso contrario nessuno darà un frutto di carrubo per la tua lurida pelle. »

Fu tanta la mia sicurezza nell'annunciargli la bugia, che il sedicente visir si grattò il capo, pensieroso. Forse era la prima volta che si trovava di fronte a un caso così complesso, perché girò indeciso gli occhi sui miei guardiani, nella speranza che gli giungesse un consiglio. Si fece avanti un vecchietto dal viso orribilmente mutilato. Aveva molta dignità nei modi.

« Mio signore, » gli disse « penso che sarà meglio vagliare la sua posizione. Se ha detto il vero subirai gravi sanzioni. »

Il vecchietto, che si chiamava Naso Mozzo, doveva essere il saggio consigliere del visir, perché non vi furono indecisioni. Mi avrebbero chiuso in una tomba a occidente del Nilo e avrebbero riferito a Sitra, non ancora a Menfi. Se avevo mentito mi avrebbero cavato gli occhi, mozzato le dita dei piedi, il naso e le orecchie. Così conciato potevo considerarmi un uomo libero.

Le mie rimostranze, per il tempo che mi avrebbero fatto perdere, scossero... l'alto notabile. Dopo una fugace incertezza prevalse la dignità del posto che occupava e sbraitò:

« Portatelo via, chiudetelo nella "mastaba" che stavamo costruendo e che sia ben sorvegliato. Naso Mozzo, è affidato a te. Scegliti cinque o dieci uomini decisi. Giornalmente verrai a prendere ordini. Fuori! Ho tutto l'Egitto da amministrare, puttana mondo! »

Mi condussero nella Terra dei Morti, coprendomi d'insulti a ogni colpo di remo. A occidente del Nilo non c'era nessuno. Il sole era al tramonto e radeva la sabbia pieghettata dal vento. Camminammo a lungo, poi mi rubarono i sandali e mi spinsero in una "mastaba" senza tetto. C'erano solo i muri perimetrali di mattoni bollenti. Il pavimento, appena abbozzato, era cosparso di pietre calcaree e il pozzo funerario coperto da alcune assi. Come prigione era singolare. Si trattava della tomba che i lavoratori della necropoli stavano costruendo per Issi, sicuro, proprio per il visir dalle condanne facili e arbitrarie. Cinque ceffi armati di forconi, gli stessi che mi avevano catturato, rimasero di guardia. Il mio carceriere fu però Naso Mozzo, un poveraccio molto umano. Mi lavò le ferite e mi tenne compagnia fino a notte tarda. Fu molto loquace. Shery aveva preso accordi il giorno prima con il sedicente visir: la mia cattura in cambio del premio. Mi aveva descritto come uno sporco funzionario di Palazzo, servile con i ricchi e inflessibile con i poveri, molto amico di Pepinakht e di Issi. « Sì, penso proprio che ti ammazzeranno » mi disse amareggiato. « Le tue bugie ritarderanno l'esecuzione di qualche giorno... ma poi ti ammazzeranno. »

Gli raccontai del campo di Ra, di Kati e della misteriosa Sitra, dell'alternativa propostami dal Consiglio dei Dieci. Che l'ex "nomarca" di Elefantina mi avesse insegnato la professione di scriba perché riuscissi a entrare a Corte come spia fu la tesi da me sostenuta fino alla noia. Fu inutile. Era stato più convincente Shery. Un servo di Palazzo, legato agli insorti, mi aveva poi riconosciuto come capo dell'ufficio imposte. Spia di Sitra? Era una comprensibile bugia. Se ero al servizio di questa donna dovevo avere collegamenti con lei, invece mi ero nascosto in una casetta sperduta tra gli orti. Tuttavia, malgrado le prove schiaccianti a mio carico, lui non si sentiva di condannarmi prima di un confronto con Sitra o Kati. Si sarebbe comunque adoperato perché il nuovo visir, ex scalpellino della necropoli menfita, non prendesse decisioni avventate. Mi diede una coperta per la notte e se ne andò a dormire fuori.

XVIII

Per sei giorni ammuffii nella "mastaba" di Issi. Anche se non era una piramide, avrei dovuto essere fiero di morirvi dentro. Invece era un alternarsi di speranze e di delusioni, d'impeti d'ira e di rinunce.

« Eh, sì, io ti credo, » mormorava Naso Mozzo ogni volta che tornava da Menfi « ma il visir vuole ammazzarti. Rimanda sempre di un giorno l'esecuzione, perché riesco ancora a convincerlo che per un morto in più si espone a gravi rischi. Purtroppo non riusciamo a comunicare né con Sitra né con Kati. C'è caos, ora linciano anche i servi dei nobili, tutti arraffano qualcosa, gli stranieri calano in massa, si uccidono tra fratelli per una crosta di pane. Che orrore! Tornerò in quel di Bubastis a vendere piume di struzzo. »

Cercai di corromperlo. Mi disilluse. I miei carcerieri erano saliti a dieci, brutti ceffi che avevano voglia di ammazzarmi. Meglio attendere.

Tutte le cose hanno un prezzo. Io stavo pagando la mia ingenuità. Di tanto in tanto sentivo affiorare molta paura. Morire sì, ma come? Gli spettacoli che avevo visto mi facevano tremare.

Attesi altri tre giorni, poi Naso Mozzo, giunto da Menfi, mi portò il solito pezzo di pane e alcuni pesci secchi, mi si sedé di fronte e rimase in silenzio, a capo chino. Loquace com'era, mi fece capire che ormai non c'era più speranza. Non gli chiesi nulla. Quando parlò ero rassegnato. Sitra? Aveva altro da pensare e gl'informatori di Palazzo avevano già riferito. Io non ero una spia, bensì un funzionario importante, proprio quello delle tasse, e l'amante di una nobil donna che a Corte spadroneggiava. Nel tardo pomeriggio del giorno dopo il nuovo visir mi avrebbe fatto legare alla coda di un onagro più selvatico dello sciacallo. L'aveva in una stalla, inavvicinabile. Avrei dato spettacolo nel piazzale antistante la reggia, così anche gli assediati si sarebbero... divertiti. « Eh, sì, penso proprio che questa volta non ci sia nulla da fare, figliuolo » terminò Naso Mozzo con molta tristezza. « Lo sai che mi spiace? Sicuro che mi spiace, perciò voglio aiutarti. Tieni. »

Mi mise in mano cinque bacche. Erano velenose, ne bastavano due. Ingoiate, procuravano una morte serena, quasi dolce, e il visir sarebbe rimasto con un palmo di naso. Per farmi coraggio Naso Mozzo mi raccontò che a Menfi si camminava ancora nel sangue. Lui stesso si era fermato più volte per togliersi lembi di carne umana dalle dita dei piedi. L'odore era nauseabondo e di sera non si vedeva un lume. I ladri erano giunti a rubare ai loro compari, non si esitava a uccidere il proprio fratello per un frutto di carrubo, i posti di comando erano occupati da analfabeti, i cadaveri imputridivano e le malattie dilagavano. Mai si erano visti tanti topi, mosche a convivio, corvi in festa e sciacalli avventurarsi tra le case. Sicuramente gli dèi se n'erano andati dall'Egitto. Solo Sekhmet era rimasta, abituata com'era ad ubriacarsi di sangue.

« Eh, sì, la rivoluzione è stata un macabro inganno... tutte le rivoluzioni saranno macabri inganni, perché rappresentano le orge degli istinti, quelli bassi e brutali... l'ho sentito dire da un nobil uomo, mentre lo stavano processando per ammazzarlo due volte. Hanis, ingoia le bacche, rimarranno tutti con un palmo di naso... meno io, perché non ne ho. »

Rise soddisfatto, mi diede alcune pacche e uscì. Era un brav'uomo.

Oltre ad avere il corpo pieno di lividi ero disfatto, stanco di lottare, convinto che Neferohu, durante la visita al campo di

Ra, non era stato un buon profeta. « Vivrai a lungo nel rispetto » aveva sentenziato la sua voce sapiente. Invece, a ventisette anni, ignorato da tutti, ero in procinto di suicidarmi. C'era da piangere. Eppure Neferohu... che stolto ero stato! Rappresentava il nemico numero uno del Consiglio dei Dieci, il sommo Profeta più venerato d'Egitto, colui che aveva combattuto una dura battaglia perché venisse riconosciuto anche al poveraccio il diritto di usufruire dei riti magico-religiosi. Dovevo subito comunicare con lui. Perché non ci avevo pensato prima? Mi affrettai a chiamare Naso Mozzo. Mi rispose il capo dei guardiani. La sua voce robusta mi annientò:

« Se fiati ancora entro e ti ammazzo subito, intanto che non c'è il vecchio. »

Mi accasciai rassegnato. Ma sì, non avevo altra soluzione che il suicidio. Ero sicuro che se fossi riuscito a evadere mi sarebbero successi altri guai, sia pure dopo ingannevoli illusioni. Decisi quindi di attendere la notte e di raggiungere Osiride. Non avevo parenti o amici, nessuno si sarebbe imbrattato il viso di fango in segno di lutto. D'altra parte, nelle condizioni in cui mi trovavo, la morte era invitante, mi offriva dei privilegi che nella vita mi erano stati negati. Doveva essere un sonno pieno, in un buio impenetrabile e in un silenzio colmo. Purtroppo, non possedendo un'anima, il mio corpo sarebbe servito da convivio a sciacalli e avvoltoi, poi le mie ossa, calcinate dal sole, si sarebbero disperse come cenere di legna. A ben pensarci era una brutta fine. Il sacerdote che, nel campo di Ra, passava con noi i giorni di festa ci parlava spesso della morte come di un sonno dolce e riposante. Evitava però di discutere sulla vita nell'al di là. Buono e caritatevole, interamente legato alla sua missione, aggirava con abilità certe domande, affermava senza convinzione che noi eravamo solo materia. Senza dubbio, giovane com'era, aveva l'ordine di ripetere esclusivamente ciò che i sommi Profeti, Neferohu a parte, avevano stabilito da secoli. Se costoro avevano ragione, allora la morte era davvero l'annullamento totale della vita. Eppure, a ben pensarci, se non avevo un'anima, perché mi muovevo, parlavo, sentivo, vedevo, ero guidato da una mente? Perché a un determinato momento un uomo, fino allora vivo e vitale, diventava una massa inerte soggetta alla putrefazione? Perché il corpo materiale chiudesse il suo ciclo di essere vivente, qualcosa doveva pure abbandonarlo. Che cosa? Per i sacri geroglifici, verbo di Thot! Non poteva essere che il "ba", e cioè l'anima, il soffio divino, la sostanza indistruttibile. Queste considerazioni quasi mi convinsero che, se avessi ingoiato le bacche, avrei solo lasciato la vita terrena con le sue brutture e le sue contraddizioni. Bene o male avrei continuato a vivere, magari ai margini dei Campi di Yalu, senza un fardello inutile ed effimero: il corpo. Avevo però bisogno di una conferma che forse neppure un collegio di saggi sarebbe riuscito a darmi.

Per lottare bisogna avere volontà ed energia. Io ero prostrato, dolorante, desideroso di tranquillità. Che cosa mi offrivano l'avvenire e lo stesso Egitto, paese smarrito in preda al saccheggio incontrollato? Solo ricordi amari, altre sofferenze, nuove illusioni.

C'era una luce di luna che entrava dalla sommità della "mastaba" ancora monca. Rischiarava una parete di mattoni a vista, parte del pavimento dissestato, un mucchio di pietre, un'anfora d'acqua. A intervalli, l'abbaiare di uno sciacallo esplodeva nel vuoto e si dilatava senza eco.

Forse soltanto il capo dei guardiani era sveglio, perché la sua voce si levava di tanto in tanto senza che nessuno gli rispondesse:

« Sicuro, mi divertirò, schiatterò dal ridere quando lo vedrò perdere la carne a brandelli dietro un onagro. Dieci giorni di guardia a una carogna di Palazzo, mentre i miei compagni arraffano bottino. »

Udii la sua voce finché tramontò la luna, poi rimasi ad ascoltare un grillo canterino, lo stesso che mi teneva compagnia ogni notte. Stavo per assopirmi, quando un grido bitonale, da incubo, m'indusse a balzare in piedi. Era di una civetta, sul muro della "mastaba", ne vidi il contorno scuro sul cielo punteggiato di stelle. Subito volò via con colpi d'ali che sembravano frustate. Trascinando le gambe, mossi qualche passo, tastando le pareti. Il freddo e la solitudine mi strapparono un brivido di paura. Ebbi allora la tentazione di chiamare qualcuno: forse Naso Mozzo era tornato. Invece crollai nel solito angolo, saturo d'angoscia. Perché non cercavo di evadere? Fuori dormivano sodo, il muro era alto, ma il cancelletto non era un ostacolo insuperabile. L'idea mi tenne occupato per qualche tempo. Dove sarei andato? Ero ancora capace di correre, di abbozzare un gesto di difesa, di tentare un'avventura dopo tanta immobilità? Mi avrebbero subito catturato e finito con i forconi da fieno, il pretesto c'era. No, la morte rappresentava l'unica soluzione. Ero più disfatto di prima, fisicamente incapace di reggermi, privo di volontà, votato alla rinuncia. Pensai alla vita che mi ero lasciato alle spalle e ai pochi istanti in cui mi era stato dato di vedere un brandello di cielo sereno. Ahimè! Erano attimi che sapevano d'insulto. Nefer? Un'immagine astratta, scivolata via, ingoiata da una bufera ormai remota, che s'era portata con sé Kati, Ipu-Wer, Peror, Miriam, Neferohu e tanti altri. Quasi non li ricordavo più. Solo il maledetto disco di bronzo mi seguiva come un incubo. Lo sentivo di tanto in tanto risuonare nell'aria torrida con il sibilare delle fruste, le urla e i gemiti pietosi. Per l'illuminata sapienza di Thot, perché avrei dovuto vivere? Per trascinarmi immagini di drammi che mi avrebbero tormentato anche nel sonno? Quante volte avevo sognato il campo di Ra! Appena sveglio, con la mente ancora torbida, mi chiedevo pieno d'ansia se ero lo schiavo Hanis che stava vivendo da uomo libero o un uomo libero che aveva sognato la schiavitù. La realtà mi procurava un'esplosione di gioia che subito si dileguava. Aveva ragione Naso Mozzo: la morte avrebbe beffato chi intendeva dare spettacolo legandomi alla coda di un onagro. C'era però modo e modo di morire. Io purtroppo non avevo scelta. Cadere in combattimento, soccombere per malattia, vecchiaia, incidente o per mano assassina erano eventi che destavano pietà e commozione. Suicidarsi era invece un'azione contraria alle leggi della natura. Chi è il suicida? Un uomo che è stanco di lottare, un vile, un essere che ha paura del male e se ne procura un altro con la certezza che sia minore. Inconsciamente egli compie un atto di empietà verso la divinità che l'ha creato. A ben pensarci i sacerdoti, e Neferohu più degli altri, si lasciavano sfuggire di tanto in tanto il termine Nether Uat, Dio Uno, un Essere cioè che si era autogenerato per poi creare l'universo. Anche Kati me ne aveva accennato: c'era scritto nei Testi delle Piramidi. Aveva altresì aggiunto, presente il prete del campo di Ra, che questo Nether Uat, Signore degli eventi, aveva più tardi creato gli dèi nominando le proprie membra. Questo Dio Uno era quindi l'Eterno, Colui che non muore mai, che ha donato la vita all'uomo e a tutti gli esseri viventi. Se quindi la vita era un dono del Nether Uat, perché dovevo disprezzarla? Come potevo io, povero mortale, decidere il giorno e l'ora della mia morte senza tenere conto della sua volontà? Era un'azione bassa e vile, che gli stessi animali rifiutavano di compiere. Eppure era invitante.

Con la mente affollata da un turbinìo di pensieri che si annullavano l'un l'altro, rimasi con gli occhi sbarrati a frugare l'ombra nera e il pulsare delle stelle, spiriti trasfigurati dei defunti d'Egitto, quelli di casta. Il tempo passò e una nebbia di sonno mi avvolse in un'atmosfera irreale. Non ricordo se mi addormentai o se rimasi in stato di sopore. D'un tratto, in un silenzio sepolcrale, un alito tiepido mi accarezzò il viso e una voce mi chiamò. Era un invito che non entrava dalle orecchie, un suono ovattato che sentivo vibrare attorno a me. Ora il mio terrore non aveva nome, mi paralizzava. Inutilmente cercai di alzarmi. Il mio corpo, pesante come pietra, non si mosse. Tuttavia un attimo dopo mi sentii etereo e presi a veleggiare nel vuoto in una luce bianchissima, tra miriadi di corpuscoli luminosi. Erano piccoli, freddi e pulsanti: polvere di stelle. In un vuoto immenso, senza confini, mi sentii penetrato da una piacevole serenità. Ah, se fossi riuscito a vivere perennemente in questo regno sconosciuto! Il silenzio era un'eco di suoni armonici, il passato non era tempo e il futuro non esisteva. Cos'era la materia se non una bruttura destinata alla distruzione, come il mio corpo che avevo scorto, in fuggevole lontananza, immobile nell'angolo? Cos'era il vuoto, quando mi trovavo in un regno dove non esisteva un termine di paragone? Era il nulla. Anche la polvere di stelle non era materia, ma luce purissima, libera di muoversi come me in un luogo dove non esistevano la tristezza e l'angoscia, l'affanno e la trepidazione, il dolore e la paura. Anch'io ero imbevuto di luce stellare, o forse ero solo luce, perché non avevo contorni. Paragonato a questo regno glorioso, dove si ascoltava il silenzio con gioia, la solennità dell'orizzonte solare era fatua come l'impasto di colori che lì, sulla terra, inneggiano alla natura. Li scorgevo appannati, legati alla trama sonnolenta del tempo, mortali come la materia polimorfa cui erano legati.

Non ricordo per quanto tempo rimasi a godermi questa dolcissima pace. Purtroppo piano piano riacquistai l'uso dei sensi e sentii qualcosa pulsare nell'oscurità ancora fitta. Pieno d'attesa, lo sguardo dilatato che cozzava contro un buio di pece, sentii ancora echeggiare la voce dello sciacallo, poi quella grassa del capo guardiano, che imprecava contro il freddo e contro Naso Mozzo che non tornava. Mi sovvenni allora che ero Hanis, ex schiavo e alto funzionario, un uomo che si era prostituito senza eccessivi scrupoli. Avevo ingannato tutti, Ipu-Wer, Kati, Nefer, Itis, me stesso. Stimai quindi giunto il momento di ingoiare le bacche, tutte e cinque. Avrei così pagato, senza dolore e senza paura, i debiti che avevo con la giustizia degli uomini. Forse anche Nether Uat mi avrebbe perdonato e sarei vissuto con la polvere di stelle, nel regno dove non esistevano che pace e serenità, quello dei morti. Quell'armonico silenzio, dove il tempo e lo spazio erano termini senza senso e la luce, intramontabile, era odorosa di profumi divini, mi aveva affascinato. Sicuramente Thot, il dio da me invocato dopo avere appreso l'arte dello scriba, mi aveva offerto un saggio della vita ultraterrena. Che ci facevo tra quattro mura che mi privavano della libertà? Perché dovevo attendere di ricomparire davanti al sedicente visir, per perdere la carne a brandelli prima di essere buttato in un mucchio di cadaveri o nel Nilo? Aveva ragione Naso Mozzo. Tra quelle mura, che già sapevano di sepolcro, avrei lasciato il corpo inerte e sicuramente il bravo vecchietto lo avrebbe sepolto. Deciso, tastai con voluttà le bacche, alzai la mano e aprii la bocca. Fu una voce soave, che pareva remota, pur risuonando dentro di me, a farmi indugiare.

« Aspetta, Hanis, non compiere l'insano gesto di toglierti la vita che il Nether Uat ti ha donato » mi sussurrò.

Un brivido di paura m'intirizzì. Totalmente cosciente, mi resi conto che ero seduto nell'angolo preferito, su una pietra di una nobile "mastaba", ai margini di una bufera che stava annientando l'Egitto come stato sovrano.

« Chi sei? » ansimai. « Una divinità che vive tra la magica melodia delle stelle? Ho sentito la tua voce dilagare negli spazi... eppure mi pareva dentro di me. »

Il silenzio che seguì aveva un suono ovattato che pareva scandire il tempo, pesante e sinistro. Ebbi il dubbio di essere in preda a una grave forma di allucinazione, la stessa che colpiva gli schiavi di Ra, quando avevano il capo zeppo di spiriti maligni. Invece la voce si fece riudire più pura e vicina:

« Quella degli dèi risuona nel vento e nel tuono. Sono la tua anima che ti parla, il tuo "ba". »

La mia anima! Allora non mi ero sbagliato, l'avevo anch'io come i ricchi e i potenti, giusto come aveva sentenziato Neferohu. Per la saggezza di Thot! Avevo quindi la possibilità, Osiride permettendo, di vivere la vita eterna nei luminosi Campi di Yalu. Se la morte mi toglieva la sofferenza di tanti anni vissuti nell'amarezza e nello sconforto, per donarmi pace e serenità, era una ragione di più per ingoiare subito le bacche. Perché la mia anima mi esortava a soprassedere a questa saggia decisione? Voleva dire che quel senso di eterea leggerezza, il soffio che poco prima si era librato in un regno dove imperavano il silenzio e una luce immacolata, non era lo stesso che si provava dopo la morte?

Nonostante mi fossi posto la domanda con il solo pensiero, mi sentii rispondere che era lo stesso, perché tutti gli uomini avevano un'anima. La mia, sia pure per un istante, aveva lasciato il corpo materiale e s'era messa a veleggiare nel vuoto, per farmi comprendere cos'era la morte. Tuttavia, malgrado avessi trovato in quel regno armonioso la liberazione da tutte le mie sofferenze, non dovevo lasciare la vita terrena. Non ero mai stato un vile, perché ora cercavo di rinnegare il soffio divino che il Dio Uno, il Nether Uat, mi aveva prestato? Grande sciagura si sarebbe abbattuta su di me, nell'al di là! Pure le leggi dei mortali riprovavano il suicidio, era un'azione abominevole, sconosciuta nel regno animale. Dovevo vivere e affrontare con coraggio la vita, con le sue brutture e le sue contraddizioni.

Non mi parve giusto. Non avevo mai posseduto nulla e ora, dopo il miraggio di una carriera che avrebbe dovuto darmi lustro e benessere, ne avevo meno di prima. Ero ridotto a un essere che non aveva neppure la ricchezza posseduta da tanti altri miserabili, quella dello spirito.

La mia anima non disarmò. Avevo ancora la vita. Con tenacia e fiducia nelle mie virtù avrei potuto scacciare gli affanni e trovare nel piacere dei sensi una ragione per mirare alla vecchiaia. E poi, non ero io il giudice autorizzato a decidere il giorno e l'ora in cui potevo lasciare la vita terrena.

Non riuscì a convincermi. Le feci notare che se avessi cercato il piacere dei sensi mi sarei presentato al cospetto di Osiride con una cattiva reputazione. Il mio nome, a detta dei saggi, avrebbe assunto odore di porcile e il Lago di Fuoco, governato dai dèmoni di Set, sarebbe stato il mio regno.

Sentii dentro di me un riso sottile e poi la voce soave di prima. Non era cattiva reputazione confessare al tribunale di Osiride di avere goduto nel contemplare il lento palpitare delle stelle, il maestoso scenario del sole nascente o le palme a zampillo ondeggiare alla brezza. «E poi, Hanis, hai fatto presto a dimenticare la Iside terrena!» aggiunse con autorità. «Gli egoisti badano solo ai loro affanni e dimenticano l'infelicità altrui.»

Nefer! L'improvvisa realtà ridiede le giuste dimensioni al mondo che mi circondava. No, non ero un egoista. Era stata una parentesi di smarrimento che mi aveva indotto a prendere in considerazione il consiglio di Naso Mozzo. Improvvisamente, nel buio inquieto del sepolcro, mi apparve l'immagine della fanciulla. Ella non era più serena e assente: il suo viso esprimeva angoscia ed era rosso di sangue. Con le braccia protese, Nefer chiedeva soccorso. Mi alzai di scatto e la chiamai. Scomparve. Allentai la mano e le bacche caddero per terra, con piccoli rumori.

« È stata una saggia idea, Hanis » mi annunciò la mia anima. « Se un gruppo di stolti ti ha condannato alla pena capitale, perché vuoi essere tu il boia? Le alluvioni sono temibili all'inizio, poi si placano e il sole le vince. Perché non cerchi di fuggire? Nefer è soltanto priva di fuoco interiore. Se muori, chi glielo riaccenderà? »

Fuggire! Un'idea che avevo scartato perché ero stanco di vivere. Avevo passato notti e notti, pigro e vile, ad ascoltare le nenie di Naso Mozzo e il russare dei miei guardiani in una prigione che avrebbe lasciato a un paralitico le più ampie possibilità di evasione. Ora era tardi. Dalla sommità della "mastaba" vedevo il cielo cinereo annunciare l'alba. Fuori i miei custodi erano svegli.

Non mi scoraggiai. La sonnolenza che mi aveva indotto alla rinuncia era scomparsa. Sentivo imperiosa la voglia di vivere, di rivedere Nefer anche se fossi stato costretto a lottare ancora, questa volta tra i frammenti di un Egitto lacerato da lotte fratricide. Se mi avessero condotto a Menfi per essere giudicato mi rimaneva ancora una possibilità per evadere: tuffarmi nel Nilo. Ero un ottimo nuotatore. Con un mezzo di fortuna avrei potuto raggiungere Sais, la Strada delle Prostitute e quindi la taverna di Iput. Sicuramente il taverniere mi avrebbe offerto il suo aiuto per cercare Kati.

Studiai lungamente i dettagli della fuga, sperando solo che non mi legassero. Esausto, mi coricai arrotolato nella coperta e mi addormentai al chiarore dell'alba.

XIX

Il sole aveva già percorso un quarto del tragitto quando mi svegliarono. Erano le mani di Naso Mozzo che mi scuotevano. Lo sentii bofonchiare qualcosa e poi ringraziare Bast, la dea della sua città. Rispose quindi a una domanda, se ero ancora vivo. « Per fortuna, sì. Ahimè! » aggiunse « non oso pensare ai guai che mi sarebbero piovuti sul capo se avesse ingoiato le bacche. Che cosa mi avrebbe fatto amputare la generalessa Sitra? Il naso non l'ho più, le orecchie le ho perse un mese dopo. Il membro virile? Be', ora mi serve solo per pisciare... ma è pur sempre una compagnia. »

Intorpidito, faticai a rendermi conto che non stavo sognando. Avevo accanto Neferohu, proprio lui, e alcuni soldati. Ero salvo. Quattro braccia mi aiutarono ad alzarmi, mentre il Profeta del Ded Venerabile raccoglieva con cura le bacche velenose. Certamente sapeva tutto. Mi disse infatti:

« Sei stato saggio e coraggioso, Hanis. Solo i vigliacchi si tolgono la vita. Perché non sei venuto da me quando è scoppiata la rivolta? »

Cosa potevo rispondergli? Che ero stato uno sciocco, preso dal panico, frastornato dalla rapidità degli eventi, ingannato dal proprio servo? Mi limitai a una risposta evasiva: mi era mancato il coraggio perché, a suo tempo, non avevo accettato i suoi consigli.

Mezzo anchilosato, uscii dalla "mastaba". Vidi lontano le

sagome sfumate delle Piramidi maggiori, alcuni templi funerari e il tratteggio indeciso delle montagne. Il velluto pieghettato del deserto, luccicante al sole, mi fece lacrimare gli occhi.

Oltre ai pochi soldati che avevo visto con Neferohu, altri dieci erano in attesa al comando di un graduato. I miei guardiani formavano invece un gruppo poco distante. Stavano mugugnando, indubbiamente poco soddisfatti della mia partenza.

C'incamminammo per raggiungere le barche lungo una stradicciuola delimitata da altri complessi funerari. Venni a sapere che mi avrebbero condotto da Sitra. Nell'attraversare il Nilo chiusi più volte gli occhi inorridito. Dov'era mai il fiume dai riflessi di giada che vedevo scorrere nei pressi del campo di Ra e quello stellato, lustro a specchio, con la luna che lo risaliva sul fondo? L'acqua correva venata di rosso e portava al mare cadaveri gonfi come otri, sarcofagi sfasciati, mummie che si trascinavano code di bende, carogne di animali, barche vuote. La furia del popolo aveva trasformato l'uomo in un selvaggio assetato di preda. Perfino i soldati guardavano l'orrendo spettacolo con disgusto. Pur avendo aderito ai moti insurrezionali, i loro commenti sull'operato di Sitra non erano lusinghieri. Neferohu, seduto a poppa della mia barca, ne approfittò per sfogarsi. Non aveva mai visto questa donna. Tuttavia, nonostante i pressanti inviti che gli giungevano, si rifiutava di conoscerla. Invece di appoggiarsi interamente all'esercito, ormai fedele a Sebni dopo la campagna condotta in Nubia, ella aveva fomentato l'odio di classe, spinto alla lotta ladri e fannulloni, fatto credere che i ricchi sarebbero stati ridotti a pidocchiosi mendicanti e i poveri innalzati a dignità di casta. La tragedia s'era quindi abbattuta violenta e improvvisa, distruggendo secoli e secoli di operoso lavoro. Purtroppo mezza Menfi era ormai un ammasso di rovine, con montagne di cadaveri che imputridivano. Altrove la situazione non era migliore. Sitra aveva sulla coscienza migliaia e migliaia di morti e intere città distrutte. « È una sconfitta per tutti » concluse con sdegno il vegliardo. « Un tempo l'Egitto era l'immagine del cielo. Sitra l'ha ridotto una necropoli piena di sciacalli umani. Orrore! Tu Hanis, che vedrai questa donna, dille che, se le è rimasto un tantino di dignità, si appelli a Osiride e poi corra come gli struzzi verso il sole nascente. Se si ferma prima di averlo toccato con mano le cadrà sul capo la mia maledizione. Che gli dèi possano ignorare i suoi passi, affinché ella inciampi. »

Non fui in grado di rispondergli. Da quel poco che avevo visto mi rendevo conto che ormai l'ebbrezza della distruzione doveva avere contagiato anche la gente un tempo tranquilla e operosa. A sentire Naso Mozzo, abituato al soliloquio, l'esercito di Sebni aveva fatto del suo meglio per frenare il saccheggio e la vendetta. Purtroppo era piccolo e sparso lungo il Nilo per soffocare nuclei di mercenari rimasti fedeli a Pepinakht.

Attraccammo a un rudimentale pontile. Un profondo silenzio m'illuse che fosse prevalso il buon senso. Era tornata la calma? Guardai Neferohu con aria interrogativa, ma subito sentii urla di giubilo e voci isolate inneggianti a Sitra. Il commento del vegliardo fu significativo:

« Un'altra vittima sta dando spettacolo. Potevi essere tu, Hanis, e mi sarebbe spiaciuto. Per fortuna c'è anche chi ti vuole bene. Che gli dèi possano guidare i tuoi passi, figliuolo! Mi troverai al tempio solo di notte. »

Cercai di persuaderlo a un confronto con Sitra. Fu inutile. Non intendeva discutere con la responsabile di tanti lutti e miserie. In più aveva centinaia di feriti da soccorrere e qualche vittima da salvare, anche se la sua voce era considerata anacronistica e straniera. Con quattro soldati s'incamminò verso il centro. La sua vitalità era ammirevole.

Con Naso Mozzo che ci precedeva mugugnando, camminammo lungo strade lorde di sangue, in un fetore da Casa della Morte. Il primo essere umano che incontrammo fu uno scriba di Palazzo. Lo conoscevo, si chiamava Sasaret, era molto stimato per la sua rettitudine, padre di quattro bambini. In sconsolata meditazione, seduto contro un muro diroccato, sembrava pregasse. C'indicò un albero nero di fumo, totalmente spoglio, che pareva uno scheletro umano implorante pietà. Poi balbettò frasi sconnesse e rise a squarciagola. Era impazzito.

Oltre ai cadaveri ammucchiati, c'erano feriti che gemevano, megere e ceffi che si contendevano suppellettili, indumenti, grano, cose di nessun valore. Le schiave giravano a testa alta, ostentando fine bisso e monili. Una marea di folla sbucò a torrente da un vicolo e si diresse verso il centro. Quasi correva. « A morte la nobiltà marcia e corrotta! » gridava. « Che il dio Ptah conceda un milione d'anni di vita a Sitra e a Sua Maestà Merenrè II! » Come vessillo aveva il corpo straziato di un lattante in cima a un palo. Armata di forconi, zappe, randelli e fionde, si allontanò scuotendo il macabro trofeo.

Al riparo di un muricciuolo, attendemmo che si allontanasse e proseguimmo verso sud. Anche se i soldati che mi accompagnavano erano armati e decisi, il loro numero era esiguo e gli umori della folla imprevedibili. Mi disse il graduato che più volte essa aveva soppresso piccole unità dell'esercito regolare, per impossessarsi di armi e vestiti.

Giungemmo senza inconvenienti a poche centinaia di passi dall'appezzamento di terreno che Ipu-Wer mi aveva donato. Sulla riva meridionale di un minuscolo laghetto c'era la sede del comando rivoluzionario. Era ubicata in una stupenda villa, un tempo di un funzionario regio. Qui l'ordine e la pulizia erano perfetti e le strade pattugliate da decine di soldati. Si respirava con voluttà odore di fiori. Solo le ombre degli uccelli da preda diretti su una Menfi mortificata a necropoli scivolavano nere e veloci, come lembi di notte.

Fui lasciato nel giardino, apparentemente libero, perché anche Naso Mozzo scomparve. Ne approfittai per fare un po' di moto. Avevo freddo nonostante il sole vivido, molta fame, la barba di dieci giorni e più, il desiderio di lavarmi. Chiesi a un soldato chi c'era nella villa. La risposta, anche se era attesa, mi fece sussultare: Sitra.

« E l'ex "nomarca" Kati? » chiesi.

« È altrove, forse a Tebe. Ha comandato gl'insorti nel sud. Dovrebbe arrivare a giorni. Lo conosci? »

« Certo, certo, lo conosco. E... questa donna... questa Sitra, com'è? Vecchia, giovane, arrogante? »

Non lo sapeva. Solo il generale Sebni, due ufficiali e un servo avevano contatti con lei. Lo ringraziai e mi sedei su un cubo di pietra.

Se Kati non era a Menfi come aveva saputo, questa Sitra, che ero prigioniero? Cosa voleva da me? Forse era stata avvertita dal sedicente visir che avevo un messaggio per lei. Sicuro, doveva essere così. Cosa le avrei detto? Che avevo occupato il posto di capo dell'amministrazione delle imposte per passatempo? Che ero stato l'amante della nobil donna Itis? Mi sentii rabbrividire. Ahimè, forse le mie peripezie non erano finite. Perché Neferohu non mi aveva accompagnato? Se mi aveva lasciato solo era perché sapeva che non correvo rischi. Mi tranquillizzai.

Finalmente riapparve Naso Mozzo. Stava toccandosi il cranio, una calotta levigata e lucida.

« Ancora un momento, Hanis » mi avvertì. « Sitra è occupata. Laggiù c'è una finestra. Mi sono alzato in punta di piedi per guardare dentro... e mi sono preso il manico di una lancia sul cranio. Eh, sì, sono stato uno stolto a darti le bacche! Da quel che ho sentito devi proprio essere qualcuno. Se domani avrai bisogno di un servo ricordati di me. »

La curiosità di sapere come mai mi avevano condotto da Sitra accentuò l'ansia dell'attesa. Dovevo la vita a Miriam, me lo disse Naso Mozzo. Dopo la mia cattura, ella aveva seguito a distanza il mio trasferimento alla "mastaba". S'era poi messa alla ricerca di Kati e la fortuna le aveva fatto incontrare Neferohu, il quale stava soccorrendo feriti. Lo scontro tra il sedicente visir e il sommo Profeta fu violento e determinante per la mia sorte. Per fortuna il comando rivoluzionario, dapprima operante in un villaggio, s'era stabilito a Menfi da qualche giorno, sicché Neferohu riuscì a spuntarla. Tuttavia si rifiutò di incontrare Sitra. Le scrisse due righe e gliele inviò da un graduato. Un'ora dopo, al tempio di Ptah, gli era giunta la risposta. L'ex schiavo Hanis doveva essere liberato subito e condotto al comando. Una compagnia di soldati e due barche stavano attendendo l'infaticabile Profeta. Il resto era storia recente. Miriam s'era invece messa alla ricerca di Shery. Con la tenacia propria delle genti cananee, ella stimava un insulto alla giustizia e al buon senso non strozzare il miserabile traditore.

« Eh, sì, penso proprio che riuscirà a strozzarlo » mormorò convinto Naso Mozzo. « Non vorrei essere nei panni di questo Shery... anche se si è fatto eleggere visir. Nella sola Menfi ce ne sono almeno quindici. »

Chiesi anche a lui di Sitra, che donna era. Dovevo comparirle davanti tra pochi istanti e, se mi avesse abbozzato fisico e personalità, il trauma sarebbe stato meno violento.

Il vecchio mi guardò sorpreso. Come, non me l'avevano descritta? Be', anche lui non l'aveva mai vista. Le notizie erano però trapelate a spizzico. Si diceva che avesse la grinta di un leone, gli occhi che dardeggiavano fiamme, il culo di un toro e le tette con doppi capezzoli. Si sussurrava anche che con una sberla avesse rotto l'osso del collo ad un cavapietre, reo di averla osservata con lo sguardo virile del maschio. « Guardale i piedi, Hanis. Deve averli da graduato di fanteria. »

Finalmente un soldato mi ordinò di seguirlo. Tremai. Ero uno straccio d'uomo lacero e maleodorante, ma avevo una gran voglia di vivere e mi pareva assurdo di avere accarezzato quasi con piacere l'idea della morte.

Percorremmo un lungo corridoio dove non c'erano tracce di lotta, perché statue, suppellettili, tavolini e tappeti erano al loro posto. Fui quindi preso in consegna da un ufficiale, che mi aprì un uscio, invitandomi ad entrare. Indugiai, mossi due passi con timorosa apprensione e mi fermai impietrito, con gli occhi tondi e il respiro mozzo. Convinto di trovare una donna, non sapevo se ridere o piangere, urlare di gioia o balbettare una frase di saluto. Udii solo la mia voce che mormorava:

« Kati, tu? Mi avevano detto che c'era Sitra. »

« Vieni avanti, Hanis. Kati e Sitra sono la stessa persona. È stato un utile espediente per mettere spie e guardie su false piste. Comunque sappi che, all'infuori di te e dei miei stretti collaboratori, tutti credono che qui dentro ci sia una donna. »

Kati si alzò dalla poltrona e mi abbracciò. Dopo brevi convenevoli ci accoccolammo su cuscini e gli occhi del mio ex maestro mi trafissero, pieni di angosciosi interrogativi. Certamente il poveretto desiderava che gli parlassi della sua famiglia. Ebbi la tentazione di ingannarlo, in quanto Peror e Nefer potevano essere già morti. Perché raccontargli della tragedia che aveva colpito sua figlia qualche anno prima? Mi mancò il coraggio della menzogna e fu un bene. Sia pure con incertezze e frasi d'incoraggiamento, gli dissi la verità.

« Tua moglie è morta » aggiunsi. « Se ritrovo Nefer viva ne faccio la "signora della mia casa". Credimi, Kati, a Corte ho sopportato soprusi e angherie per poterla aiutare. »

Gli raccontai di Itis e del ricatto postomi da Issi, Ti-teti, Pepinakht; della Venerabile Dimora che mi attendeva per essere giudicato con false accuse; della saggezza di Ipu-Wer e di Neferohu.

Kati aveva gli occhi lucidi e bassi, la fronte solcata da rughe decise e le mani strette l'una nell'altra, come se volessero stritolare qualcuno.

L'ex "nomarca" non commentò il mio racconto. Si alzò con una certa fatica, si avvicinò all'uscio e vi batté le nocche, poi attese a capo chino. Apparve il servo personale, un giovane del campo di Ra che ben conoscevo. Gli ordinò di portarmi da mangiare e di prepararmi una camera con acqua calda, rasoio, biancheria. Prese quindi a camminare da un angolo all'altro, pensieroso. Era molto invecchiato.

Attesi inutilmente che mi chiedesse qualche particolare su Nefer. Invece la mia attesa fu vana. Pareva non fosse sua figlia: incredibile.

« Kati » gli dissi allora « ti sei reso conto che la vittoria sognata nel campo di schiavitù sta tramutandosi in un vergognoso disastro? Non so delle altre città. Menfi è distrutta, piena di sciacalli umani che stanno spartendosi il frutto di rapine e delitti. Bambine impuberi vengono seviziate da ceffi che paiono scaturiti da un mucchio di letame. Se tu vedessi... »

« So tutto » mi rispose, con il volto scavato dalla sofferenza.

« Ha avuto ragione Neferohu: la rivoluzione è la medicina degli stolti. Mi sono reso conto troppo tardi che l'uomo è un essere brutale, sicuramente il peggiore che popoli la terra. Lui solo conosce l'odio cieco, il disprezzo, la sete di vendetta e di distruzione, l'ottusità criminale e la volontà aberrante di nuocere senza ragione alcuna. »

Kati si fermò davanti ad un bassorilievo raffigurante Maat, dea della giustizia e della verità. Gli sfuggì un riso isterico. « Dovrebbe fulminarmi » mi disse indicandomela. Si risedé e la sua voce, piena di sdegno, echeggiò nella stanza. L'ex "nomarca" parlò a lungo. Era praticamente padrone della valle del Nilo, di un Egitto che non osava guardare, perché avrebbe dovuto calare il capo sulle ginocchia e piangere. Aveva bensì istruito i vari comandi rivoluzionari; purtroppo la loro autorità era diventata nulla appena scoccato il segnale della lotta. Era quindi il capo di un popolo che entro pochi giorni sarebbe venuto a chiedergli non solo di godere i privilegi propri della vecchia nobiltà, ma pane e acqua da bere, perché anche i pozzi erano pieni di cadaveri. Doveva essere una rivoluzione pacifica con l'esercito ammutinato, i contadini inattivi e cortei di protesta, invece erano prevalsi i furfanti e gli agitatori, s'era scatenato un uragano. I danni non erano valutabili.

Entrò il solito servo con un vassoio colmo di vivande. Mentre mangiavo, Kati mandò a chiamare Sebni e un altro ufficiale, un certo Ata. Dalle loro discussioni ebbi la conferma che la reggia era circondata da truppe scelte. A difesa dell'enorme fabbricato c'erano solo le cento guardie di Ahuri, una barriera di paglia. Tuttavia Kati e Sebni erano concordi sulla necessità di difendere l'ultimo baluardo del vecchio regime, perché a Palazzo c'erano anche funzionari leali e di valore, oltre alla divina Maestà del faraone cui tutti dovevano rispetto. In più gli assediati avevano viveri in abbondanza, ma fino a quando? Dalle mura non filtrava un solo chicco di grano.

Se a Corte i notabili erano ormai prigionieri in attesa della condanna, Kati aveva altri problemi, molto gravi. Le derrate alimentari cominciavano a scarseggiare, perché grosse mandrie di bestiame avevano lasciato la valle del Nilo razziate da gente che nulla aveva a che fare con i problemi dell'Egitto. Aveva poi bisogno dell'autorità faraonica, da decenni soffocata dal Consiglio dei Dieci. La Corona sarebbe stata offerta a Merenrè II. Kati era ansioso di ristabilire l'ordine pubblico e di rimandare nei campi i contadini, a costo di usare il bastone.

Come si potevano risolvere questi problemi? C'era una sola strada da seguire, anche perché si era saputo che il nobile Ipu-Wer era a Corte. Lui poteva molto.

Al termine di un'accesa discussione, le cui tesi mi erano giunte frammentarie, l'ufficiale Ata uscì, Kati e Sebni vennero invece a sedersi accanto a me, su cuscini. Stavo ancora divorando pane e miele. L'ex "nomarca" non mi lasciò finire.

« Tu Hanis sarai il nostro ambasciatore » mi disse con tono di comando. « Domani ti recherai a Palazzo. »

Sussultai. Entrare a Corte significava farmi arrestare dalle guardie di Ahuri e subire le vendette di Issi, Pepinakht, Titeti e altri, forse della stessa Itis, perché tra i cadaveri che ammorbavano Menfi o tra quelli buttati nel fiume certamente il suo non c'era.

Non ebbi neppure il tempo di abbozzare una obiezione perché Kati aggiunse che il mio compito era semplicissimo. Ignorando lui, avrei dovuto parlare a nome di Sitra e chiedere cinque alti funzionari in ostaggio. Essi avrebbero garantito l'incolumità di una rappresentanza del popolo che si sarebbe recata a parlamentare con il famigerato Consiglio dei Dieci e con Merenrè II. Con la sua saggezza, Ipu-Wer poteva fungere da mediatore. Tra i cinque ostaggi avrei dovuto includere Issi e Ti-teti. Naturalmente avevo il compito di condurre fuori Nefer e Peror.

« Sei un giovane coraggioso e ben preparato, Hanis » affermò Kati. « Entrerai con le credenziali in regola. Se ti torceranno un capello non avranno scampo. Solo tu, che sei vissuto a Corte, conosci uno per uno questi cani. Se essi accettano subito di trattare, la gente si quieterà in attesa del comunicato finale e noi potremo, con i soldati, eliminare i delinquenti comuni e i fomentatori stranieri, molto numerosi. Ciò equivale a salvare migliaia di vite umane. Abbiamo quindi fretta. »

Dovevo accettare, sia perché sarei stato di estrema utilità al mio paese mettendo fine ad un massacro, sia perché avrei avuto la possibilità di liberare Nefer. A meno di una vendetta incontrollata di Itis, la fanciulla era ancora viva: l'eco della tragedia che aveva sconvolto il paese doveva risuonare tra le mura di Palazzo come un monito sinistro.

Discutemmo a lungo sui particolari. Feci promettere a Kati che avrebbe trattato con la massima generosità Ipu-Wer e gli chiesi se desiderava vedere sua figlia. La domanda, inattesa, gli dipinse sul volto una maschera di cupa sofferenza. Indugiò a rispondermi e questa indecisione mi lasciò perplesso. Forse la volontà di riabbracciarla doveva essere forte, ma le dita che si passò sul volto mi anticiparono la risposta.

« Non ora, Hanis, per carità » mi disse infatti. « Sono ridotto molto male. E poi non t'avevo avvertito che per la mia famiglia sono morto? »

« Da allora troppe cose sono cambiate, Kati. Tua moglie non c'è più e Nefer ha bisogno di te. »

« D'accordo. Ora sono impegnatissimo a mitigare i danni dell'uragano da me scatenato. Me la condurrai prima che io parta dalla Terra di Kemet. È un ordine. Il mio viso, poi, mi rende... »

« Se non conosce nessuno! » lo tranquillizzai. « Potrai vederla, accarezzarla, parlarle e piangere, perché di fronte a una simile tragedia non rimangono che le lacrime. Ti ricordi la statua di Iside al campo di Ra? Ha affascinato anche te. »

Accennò di sì. Lo udii mormorare: « Un viso stupendo, puro e misterioso. I suoi occhi guardavano lontano, oltre i limiti dell'umana sapienza. L'ho rivista prima di lasciare Eliopoli, ormai nel tempietto colmo di fiori e odoroso d'incenso ».

Indugiai a svelargli di chi era quel viso, perché Kati pareva avesse momentaneamente dimenticato la figlia. Poi mi decisi. Sicuro, doveva sapere che Iside aveva il viso di Nefer e che il sapiente Thot, il dio che aveva creato il linguaggio, non poteva certo privare perennemente della parola la fanciulla che amavo.

Dopo le mie rivelazioni vi fu un penoso silenzio, con Kati a testa china e gli occhi umidi. Anche Sebni era commosso. Qualsiasi padre normale mi avrebbe chiesto altri particolari o di condurgli subito la figlia. Invece il mio ex maestro alzò di colpo il capo e mi guardò quasi seccato. Con il passare degli anni le mutilazioni gli avevano reso il viso più disgustoso ancora.

« Chi ti ha liberato? » mi chiese, con una maschera dura ed inquieta.

« Neferohu con una quindicina di soldati e Naso Mozzo, il mio carceriere. »

« Perché il sommo Profeta non è venuto da me? »

« Credeva che qui ci fosse Sitra. »

« Lo sa che Sitra sono io » urlò furioso, più esasperato che cattivo. « Sai perché non è venuto? Mi ha condannato e maledetto, capisci? Ed ha avuto ragione. Cos'ho risolto, dimmi cos'ho risolto, Hanis! Nulla o meno di nulla. La feccia assetata di sangue e di distruzione non ne ha colpa. Sono stato io che ho seminato odio, odio, ancora odio. Quando chiudo gli occhi mi vedo davanti una marea di spettri che mi vengono incontro urlando: "Assassino! Assassino! Sei maledetto, padrone di un miserabile Egitto macerato di sangue innocente". Hanis, chi è senza dio è un orfano destinato ad alimentare le forze del male. Io sono un orfano. »

La pausa non mi lasciò il tempo di abbozzare due parole.

« Guardami, Hanis, » aggiunse « fissami negli occhi. Hai davanti il tuo maestro, una carogna d'uomo più lurido di una scrofa. Mi maledici anche tu? Dimmi di sì, Hanis, perché non merito altro che disprezzo. Se Nefer ha davvero il viso di Iside non può essere mia figlia. Io sono nato per procreare solo dèmoni. »

Dov'era mai il Kati del campo di Ra, forte e rude, imbevuto di rivoluzione e di speranza? Allora aveva davvero la grinta del trascinatore. Purtroppo di quell'uomo rimanevano i frammenti, o forse neanche. Avevo davanti un essere logoro, pieno di rimorsi e fisicamente distrutto.

Non potevo maledirlo e glielo dissi, anche se il termine massacro rispecchiava fedelmente le scene cui ero stato spettatore. Più tardi, proprio da Sebni, venni a sapere che Kati aveva agito con molta leggereza. Che ci fossero a Palazzo notabili allenati a lavorare sul terreno dei favori e a esibirsi in maneggi cortigiani allo scopo di corrompere il prossimo, era vero; che ci fosse un faraone totalmente spento, ma tenuto sul trono da una cricca di sicofanti abituati a subire l'astuzia altrui purché non ledesse i propri interessi, era altrettanto vero. Si trattava però di eliminare una trentina di notabili di Corte, più un centinaio sparsi nei diversi "nomi" o distretti, e di sostituire Pepi con il figlio Merenrè II, tenuto in ombra dalla potenza del tempio di Ra.

La prima affermazione di Kati, e cioè quella di avere istituito i vari comandi rivoluzionari perché la sommossa non fosse cruenta, non era credibile. Macerato di odio e desideroso di vendicarsi, l'ex "nomarca" aveva diramato ordini ben precisi anche quando aveva saputo che la quasi totalità dell'esercito aveva rinnegato Pepinakht come comandante. Il timore che l'insurrezione fallisse l'aveva poi spinto a promettere ogni bene anche al più lurido dei mummificatori.

« Calmati, Kati » gli dissi. « Penso che la brava gente sia tornata spontaneamente alle proprie case. Nelle strade sono rimasti i furfanti, gli schiavi, i sobillatori stranieri in prima fila e le megere. Non è quindi il momento di fare l'esame di coscienza, ma di istituire tribunali militari e di giudicare i delinquenti. A parte i massacri che inducono ogni persona di buon senso a maledire il ventre che l'ha partorita nella Valle del Nilo, un lurido lavoratore della necropoli ha sostituito il visir. Da quel poco che ho visto deve avere sulla coscienza migliaia di reati da pena capitale. Lo sai, almeno? »

Lo sapeva lui e anche Sebni. Purtroppo ogni gruppo di insorti aveva il proprio visir, tant'è che essi erano in lotta per assicurarsi l'egemonia. L'esercito regolare? Bastava appena per difendere la reggia, il comando rivoluzionario, i silos, la Casa della Vita piena di prigionieri, i templi maggiori. Dieci gruppi di quindici soldati avevano iniziato dal giorno prima a pattugliare le strade principali. Purtroppo erano in pochi e il più delle volte facevano finta di ignorare i massacri per non essere sopraffatti.

La situazione era quindi tragica. Poteva risolversi da sola, per collasso, ma a che prezzo? Era perciò urgente creare un clima distensivo con le trattative di Palazzo. Nell'attesa sarebbero giunte su barche truppe che avevano operato in alcuni centri del Delta, ora tranquilli. Indubbiamente Menfi era la città che più aveva sofferto. Come capitale aveva avuto il triste privilegio di vedere genti di tutte le razze schierarsi con le forze rivoluzionarie.

Tornò l'ufficiale Ata con notizie appena giunte dal sud. Erano buone. Ne approfittai per raggiungere la mia camera e lavarmi.

Verso sera venne Miriam. Era raggiante e commossa. I miei ringraziamenti la misero a disagio. Mi raccontò che il lurido Shery si trovava ancora a Menfi. L'aveva visto e spiato a lungo in un giardino protetto da una ventina di ceffi bene armati. Si faceva chiamare "mio signore" e ungere il corpo con balsami odorosi da fanciulle nude e piangenti, di nobile casta.

« Non mi darò pace finché non l'avrò strozzato » mi annunciò mostrandomi le mani tozze. « Di notte le sue guardie russano come porci. »

Io, però, avevo già dimenticato Issi, Pepinakht, Ti-teti, Shery ed il suo tradimento. Almeno in quel momento il mio pensiero era per Nefer, la sua sorte e la sua infermità. Guai se le avessero fatto del male! Neferohu era stato un buon profeta: stavo per entrare a Corte da padrone. L'idea di rivedere i visi di quei semidei sempre atteggiati a grande dignità quasi mi divertiva. Chissà! Mi avrebbero ancora insultato per le mie modeste origini? O mi sarei sentito contestare i reati che Itis aveva escogitato per annientarmi? Il desiderio di aiutare il nobile Ipu-Wer era uguale alla curiosità di sapere come si sarebbe comportata la sua consorte nei miei confronti. Era ancora viva? Certo, c'era da giurarlo. Comunque mi parve di buon auspicio ordinare a Miriam di attendermi nella casa di Peror. Shery? Sarei andato io a cercarlo a Sais o altrove, tra un mese o un anno. O forse no. Le cose ripugnanti vanno dimenticate.

XX

Mi lasciarono dormire fino a metà pomeriggio, poi Kati mi consegnò un foglio con le richieste dei rivoluzionari. Esse comprendevano alcuni punti su cui non vi potevano essere discussioni, altri da negoziare. Comunque la mia missione rappresentava solo un contatto con le autorità di Palazzo. Cinque alti dignitari, tra cui Issi e Ti-teti, avrebbero dovuto trovarsi all'ingresso della reggia mentre vi entravano altrettanti collaboratori di Sitra. Il nome di Kati? Sì, potevo farlo. Era il comandante in seconda, agli ordini della donna guerriera.

Ancora pieno di lividi e con un vecchio gonnellino, iniziai un'altra tappa del mio tormentato itinerario. Dopo avere ascoltato attentamente raccomandazioni e consigli, abbracciai l'ex "nomarca" e, scortato da cinquanta soldati al comando di Ata, m'incamminai attraverso le macerie di Menfi. Gl'insorti bivaccavano a gruppi. Erano migliaia e le malattie cominciavano a mietere vittime. I massacri non erano ancora finiti, sebbene compagnie di soldati, con lancia e frusta, facessero del loro meglio per salvare le vittime da una morte orrenda. Non essendoci poi altra soluzione valida, esse obbligavano gruppi di schiavi a buttare i cadaveri nel Nilo. Le risse erano meno frequenti, ma sempre feroci. Ci si scannava ancora per contendersi suppellettili di nessun valore, monili, pane, fanciulle della nobiltà o considerate tali, animali da cortile. Lo spettacolo era pietoso. Mi confidò Ata che Sebni attendeva di ora in ora chiatte cariche di rinforzi. Attualmente il rapporto tra le sue forze e quelle popolari era ancora troppo impari per intraprendere un'azione più decisa. Poi mi parlò di Kati. Dopo i moti soffocati da Pepinakht, era riuscito ad accendere un focolaio che si era propagato a catena da deserto a deserto e dal mare alle cateratte. I danni erano stati disastrosi, ma Sebni, sebbene ancora giovane, sapeva destreggiarsi con abilità e si sperava che in breve tempo il suo piccolo esercito diventasse arbitro della situazione.

Giunti nella grande piazza, vidi sulle mura della reggia molti uomini armati di arco. Lo spiazzo era tenuto sgombro da un doppio cordone di militari. Dalle strade adiacenti si levavano insulti e minacce all'indirizzo degli assediati. Di tanto in tanto, stimolata da agitatori, la folla cercava di guadagnare la piazza urlando: « A morte i tiranni! Fuori dalle mura le dame! Il tribunale del popolo, presieduto dal visir Shery, vuole fare giustizia! ».

L'ultima frase, pronunciata da un ceffo che comandava una marea di straccioni, mi lasciò esterrefatto. Il furfante si era quindi autoeletto visir! C'era da rabbrividire.

Dovevo percorrere più di cento passi senza protezione, per tenere fede agli accordi pattuiti la sera prima tra il comando rivoluzionario e le guardie di Palazzo. Ata mi augurò buona fortuna e mi fece coraggio. Se a un arciere reale fosse sfuggita una freccia, lui avrebbe ordinato l'assalto alla reggia.

Tentennai più per paura di ricevere infauste notizie sulla sorte di Nefer che di cadere con un dardo nel ventre. Avanzai dapprima con cautela, poi con passo deciso nonostante avessi visto sulle mura un arciere tendere la corda con la cocca di una freccia. Tutt'intorno s'era fatto silenzio e centinaia di occhi mi stavano a guardare.

Il tragitto mi parve interminabile. Sentendomi osservato, cercai di assumere un'aria distratta, anche se ero pieno di affanno. Poco dopo varcai il portone e passai tra due file di guardie con le lance pronte a colpire. Il primo viso noto che incontrai fu proprio quello di Ahuri, l'uomo che aveva chiesto al Consiglio dei Dieci il permesso di schiaffeggiarmi. Ora però la sua faccia porcellanata era priva di colore e la voce ridotta a un pietoso squittire. Non m'insultò, com'era solito fare quando aveva le spalle ben protette, né mi puntò l'indice molliccio con il cipiglio del guerriero. Si strofinò invece le mani ed ebbe il coraggio di chiedermi come stavo di salute: incredibile.

« Meglio di te, Ahuri, che hai le ore contate » gli dissi. « Se i semidei di Palazzo ti ordineranno di infierire su di me, guardati dall'eseguire l'ordine. In caso contrario nessuno darà una cipolla per la tua pelle di neonato. Ora conducimi da loro. »

Ahuri si ridusse di proporzioni, assicurandomi che mi attendevano con ansia. I semidei? Erano senza grinta. Solo Ipu-Wer si era mantenuto lucido, battagliero come sempre, conscio che il dramma richiedeva l'intervento deciso della sua prestigiosa personalità.

Mentre stavo attraversando il giardino zeppo di donne e bambini, Ahuri mi consigliò di attenderlo nel mio vecchio ufficio: Sua Maestà stava pranzando e il Consiglio dei Dieci era riunito dalla sera prima. Comunque mi avrebbe annunciato subito.

Mai avevo visto il capo delle guardie così gentile e loquace. Prima di infilare due corridoi diversi, mi pregò di ascoltarlo. Mi disse, con il fiato rarefatto di un morente, che capiva la gravità della situazione. Potevo quindi contare sul suo aiuto incondizionato. Lui aveva sempre svolto la sua missione con premurosa onestà, in omaggio alla divina figura del faraone. Se era giunto a insultarmi era perché gli alti funzionari del Consiglio avevano gridato allo scandalo, che ero un ladro e una spia. « Con la tua abilità cominciavi a dare fastidio a troppi notabili, scriba Hanis. Per me il tuo rapido declino era scontato. Sono quindi felice nel vedere che la dea Maat ha fatto giustizia. »

Ahuri cercò di sorridermi. Ne nacque una smorfia che implorava pietà. Era un piccolo uomo.

La reggia era piena di funzionari con famiglie e servi, sacerdoti, scribi, guardie di Menfi sfuggite alla cattura, proprietari terrieri e commercianti. Non si sentivano che lamenti, preghiere, pianti, suppliche. Salii lo scalone anch'esso popolato di donne e bambini e raggiunsi il corridoio che portava al mio ufficio. La fortuna mi fu propizia. Stavo per entrare, quando vidi Digiau. Avanzava storto e zoppicante tra gente accampata alla meglio, mi scorse ed ebbe una smorfia di disappunto. Tentò di nascondersi dietro un funzionario intento a consolare una vecchietta, ma lo raggiunsi e lo afferrai saldamente.

« Vieni un momento con me » gli dissi tranquillo, per non allarmarlo.

« Sono molto occupato, scriba Hanis » mi rispose con il terrore sul volto. « Il nobile Ipu-Wer ha urgente bisogno di me. »

« Devo chiederti alcuni consigli, roba da poco, un solo istante. »

Non parve convinto. Tuttavia, come i cani minuti che camminano con tre gambe per indurre l'aggressore alla pietà, avanzò più storto di prima, spiegandomi che ormai era in attesa di raggiungere Osiride. Già sofferente di gravi malanni, le due batoste l'avevano annientato.

Non mi lasciai impietosire. Lo spinsi nel mio ufficio e chiusi saldamente la porta, posai con calma il rotolo di papiro e lo afferrai mentre stava raggiungendo la finestra; sicuramente si sarebbe buttato giù. Ebbi le mani più veloci del pensiero. Prima che mi rendessi conto di avere davanti una festuca imputridita di liquame, lo colpii con due schiaffi cui fece seguito un pugno teso, massiccio. Lo centrai a uno zigomo e Digiau si piegò in due, rimase sulle ginocchia e supplicò pietà. Spinto da un cieco furore lo sollevai e lo colpii ancora. Il furfante fu proiettato contro la parete, mostrò il bianco degli occhi e si accasciò sui piedi stecchiti, prima di cadere riverso. Il sangue che gli colava dal viso mi pareva scolo di porcile.

Ci volle del tempo perché rinvenisse. Coricato su un fianco, mi guardò terrorizzato e balbettò:

« Pietà... pietà... pietà, scriba Hanis! Sto morendo... non ne ho colpa... ero nelle mani di una pazza. »

Mi sedetti su uno sgabello, a due cubiti da lui, pronto a colpirlo ancora se non mi avesse soddisfatto con una confessione piena. Stava gonfiandosi come una zucca.

« Digiau, » gli dissi « ti lascio una sola possibilità per farmi dimenticare i tuoi vili eroismi di ruffiano: rispondere con sincerità alle mie domande. In caso contrario o ti finisco io, e ci vuole poco, o ti do in pasto agl'insorti. »

Con il sangue, ora gocciolava pietà e sudore. Cercò una posizione comoda, si appoggiò al muro, si palpò con un gemito l'occhio che stava chiudendosi, emise un lamento che pareva di commiato alla vita terrena.

« Non hai che da chiedere, scriba Hanis » balbettò, convinto che non ne sarebbe uscito vivo. « Non ti nasconderò nulla. Ora tutto è finito e posso vuotare il sacco. Ahimè, come sto male! »

« Dove si trovano Nefer e suo zio? »

« Nell'altra ala del Palazzo, liberi di muoversi a volontà. Sono stati trattati bene, sicuro. Se però non interveniva il nobile Ipu-Wer con autorità... Issi li avrebbe fatti sopprimere. »

« E la tua padrona Itis? »

« Non lo so, proprio non lo so. Ero a Palazzo quand'è scoppiata la rivolta... era in corso una seduta del Consiglio che non finiva mai... era notte... urlavano come pazzi... i notabili, sicuro, urlavano furibondi, accusandosi a vicenda. Ci portò la notizia Ahuri proprio mentre il mio nobile padrone stava abbandonando l'aula, insultato da Pepinakht. La nobil donna Itis? Si dice che sia prigioniera nella Casa della Vita, sì, proprio nella Casa della Vita, con tanti altri funzionari sicuramente meno diabolici di lei. »

Digiau non era un uomo da lasciare al mondo. Tuttavia, conoscendo la malvagità della sua padrona, gli si potevano concedere molte attenuanti. Era sempre ai miei piedi, metà viso scavato fino alle ossa e metà imbottito e lacero, una pietà. Mosso da tremiti, pareva stesse tirando le cuoia. Non mi commossi. Se la maggior parte dei notabili barricati a Palazzo contava ormai come un fascio di stoppie, lui era una di quelle pagliuzze che escono con lo sterco dal sedere dei buoi.

Poiché Digiau continuava a supplicarmi di risparmiargli la vita, gli imposi il silenzio e gli ordinai di raccontarmi di Panef e Weni. Non si fece pregare. Venni così a sapere che ambedue erano stati, come me, amanti di Itis, il primo per due anni, il secondo per uno e mezzo. La nobil donna li aveva innalzati agli onori di Palazzo. Panef, giovane fiacco e riflessivo, più adatto a recitare salmi che a soddisfare una donna ardente come Itis, fu la prima vittima. Ormai non le serviva più, aveva paura che parlasse, non ebbe pietà di lui. D'accordo con Issi, Ti-teti e Ahi, ella fu diabolica. Accusato di averla violentata, Panef fu inviato a giudizio con l'accusa di avere anche sottratto dalle casse statali un'ingente quantità d'oro. Evirato e privato della mano destra, gli furono ruotati i piedi di mezzo giro. Fu quindi trasportato in Nubia dove morì. Weni, invece, era un donnaiuolo. Soggetto a passioni improvvise, trovò a Palazzo fanciulle che lo indussero a dimenticare Itis. La sua fine fu rapida. Sempre con false accuse, le stesse che avevano stroncato la mia rapida carriera di funzionario, fu condannato al taglio del naso e delle orecchie, all'evirazione, all'obbligo di lasciare l'Egitto. Di lui non si seppe più nulla. Tui, invece, impazzì da solo, convinto che l'ufficio dell'amministratore capo delle imposte fosse davvero maledetto.

Digiau mi chiese un po' d'acqua. Non ce n'era e non insisté. Mi disse ancora che prima dei miei predecessori in casa Ipu-Wer c'erano state altre vittime di cui ignorava la sorte. I giovani Unamin, Rendu, Theri e Panu avevano avuto una loro storia che neppure il vecchio scriba Abu, al servizio di Ipu-Wer dall'anno settantunesimo di regno del Toro Possente Pepi II, conosceva nei particolari. Essi non avevano raggiunto la dignità di Palazzo, tuttavia erano vissuti in villa con incarichi speciali, primo tra tutti quello di amare intensamente Itis, allora più giovane ed esuberante.

Intuendo che volessi sapere di Kati e di sua figlia, Digiau continuò il racconto. L'allora "nomarca" di Elefantina, giunto improvvisamente dal sud, aveva denunciato a Sua Maestà la corruzione dilagante a Corte e le miserevoli condizioni in cui versava il popolo, chiedendo a gran voce alcune riforme sociali e soprattutto che fosse concesso il culto funerario anche al poveraccio. Accortosi che Itis spadroneggiava a Palazzo, aveva insistito presso Sua Maestà perché fosse aperta un'inchiesta. Fu la sua fine. La nobil donna lo invitò a casa sua per un colloquio chiarificatore e cercò di rimanere sola con lui. Si offerse inutilmente. Delusa e offesa, si sentì apostrofare in malo modo da Kati. Allora corse via urlando. I servi la trovarono nuda che si disperava come una bambina impaurita. Per due giorni ella allarmò i medici, perché proferiva frasi sconnesse, poi si riprese e accusò il "nomarca" di averla costretta a concedersi. « Io e due guardiani giurammo il falso » continuò Digiau. « Piovvero su di lui altre denunce, quelle di essersi appropriato di una intera carovana che trasportava avorio e diaspro rosso dalla Nubia e di non avere versato a Menfi le imposte del suo distretto. Kati affrontò il processo con disinvoltura. Oltre a difendersi, mise a nudo le piaghe destinate a ridurre la Terra di Kemet a un relitto. Poi chiese la pena di morte. "Se non mi uccidete, un giorno dovrete maledire la vostra stolta decisione, pagare i vostri debiti, percorrere la mia stessa strada" andava urlando nella Dimora Venerabile. "Ricordatevi che non avrò pietà per nessuno." Gli risero in faccia e lo condannarono alla mutilazione e alla schiavitù nelle miniere d'oro di Kush. Essi stanno ora accusandosi a vicenda, scriba Hanis. »

Digiau si concesse una pausa. Lo aiutai ad appoggiarsi meglio alla parete e uscii alla ricerca di una brocca d'acqua. Un sacerdote me ne offerse una ciotola, la sua razione. « Scarseggia anche questa » mi disse. « Cerca di farla bastare. Sai qualcosa di ciò che sta succedendo oltre le mura? »

« Rassicura la gente. La reggia sarà risparmiata. » Mi ringraziò.

Il servo di Itis bevve in qualche modo, se ne fece versare un po' nella mano conca e si bagnò la fronte. Dopo un gesto di scoramento prese a parlare di Nefer. La fanciulla lavorava da sei mesi come aiuto scriba alle dipendenze di Weni, quando Pepinakht s'innamorò pazzamente di lei. Itis, malgrado si facesse soddisfare dal giovane scriba, non perdeva di vista la lenta ascesa del generale, per cui, anche se Nefer rimaneva passiva, la paura di vedere naufragare il suo piano la sconvolse. Eliminato il suo amante Weni, cercò di allontanare Nefer da Palazzo. Purtroppo fu costretta a cercare un'altra soluzione, perché la fanciulla era protetta dal sommo Hornifer e dallo stesso faraone. Armata di una sbarra di metallo, attese che fosse sola in archivio e la colpì selvaggiamente. La lasciò solo quando fu convinta che fosse morta.

« E tu hai condotto la tua padrona sul posto e hai fatto in modo di inviare Nefer in archivio, sempre deserto. Sbaglio? » gli chiesi.

« No, non sbagli » confessò, proteggendosi il viso con le mani. « Avrei dovuto ammazzarla io, scriba Hanis. Mi è mancato il coraggio e ho dovuto subire le ire della signora. Quando mi sono accorto che Nefer non era morta l'ho soccorsa... ho chiesto del medico di Palazzo... ho fatto credere che in archivio c'era un uomo, con il viso semicoperto, alla ricerca di documenti. La mia padrona per poco non mi finì a bastonate. Ti sei accorto che è pazza? L'ha detto più volte il medico di famiglia, l'ho sentito origliando. »

Digiau era ormai una maschera di sangue, gonfio da scoppiare e incapace di muoversi. Perdeva bava sanguigna e il respiro gli diventava sempre più roco. L'occhio aperto era spento, con la palpebra che gli calava sopra a tratti, facendo scivolare lacrime stagnanti. La mia ripugnanza era tale che ebbi la tentazione di finirlo. Il furfante se ne accorse e supplicò ancora pietà. « Ti prometto che racconterò tutto al mio padrone » mi promise, facendosi ancora scudo con le mani. « Deve sapere, sicuro, Ipu-Wer deve sapere specialmente di te e di Nefer. Ammesso che sia ancora viva, la signora Itis non ha nessuna possibilità di salvarsi. Nella sua vita non ha fatto altro che infierire su schiavi, servi, contadini, scribi, e cioè su tutti coloro che macchiavano di semplice ombra la sua strada. Perfino Sena, una sacerdotessa che a Corte era una potenza come favorita di Pepi, fu distrutta dalla sua malvagità. Per fortuna la principessa Nitocri ha sempre odiato Pepinakht. In caso contrario avrebbe fatto la stessa fine. L'astuzia della signora Itis non aveva rivali.

Possedeva una scaltrezza selvaggia, raffinata da un'intelligenza non comune. L'ho sentito dire da Neferohu. Non ha esagerato. »

Una pausa. Senza che gli chiedessi altro, Digiau mi raccontò di Meret, la fanciulla che Ipu-Wer mi aveva proposto perché mettessi su casa. Bastò che facesse il suo nome e il padre, modesto funzionario di Palazzo, venne trasferito a Siene, nell'estremo sud, come contabile nelle cave di pietra. Naturalmente s'era portato la famiglia. L'ordine recava il sigillo di Sua Maestà e quello del visir Issi. La mente che aveva eliminato Meret e costretto Ipu-Wer a non tornare mai più sull'argomento era stata di Itis.

Avevo altre cose da chiedere a quel miserabile. Purtroppo Ahuri mi venne a chiamare: Sua Maestà e il Consiglio dei Dieci... si degnavano di ricevermi. Il capo delle guardie guardò Digiau e impallidì. Dalle sue mosse servili mi accorsi che, anche senza l'aiuto di Itis, ero ormai una potenza a Palazzo.

Mi condusse nell'appartamento reale. Non l'avevo mai visto e i soffitti dorati attirarono il mio sguardo. Infine Ahuri m'indicò una porta sorvegliata da sei guardie e, con un gesto, mi fece capire che potevo entrare.

Era una vastissima sala, quella del trono e delle feste, con sei colonne di calcare che sostenevano il soffitto. Enormi tappeti coprivano quasi interamente il pavimento di maiolica rossa.

Il vecchio Pepi, assiso sul trono dorato, portava sul capo la doppia Corona d'Egitto. Le mani incrociate sul petto impugnavano la frusta e il pastorale, simboli di dominio. Un rosso mantello trapuntato d'oro gli copriva il corpo fino ai piedi posati su un'aurea predella. In essa erano scolpiti, in segno di spregio, i nemici della Terra di Kemet.

Era la prima volta che vedevo il faraone, nonostante avessi rivestito una carica importante. Il suo viso, corroso da una vecchiaia che pareva perdersi nella notte dei tempi, presentava macchie bianchicce ed estese desquamazioni, le occhiaie nere e gonfie, la pelle sotto il mento cascante come quella dei vecchi buoi. Il lento palpitare di due flabelli, mossi da servi nubiani, era più decorativo che utile.

La sala era piena di alti dignitari seduti su poltrone in atteggiamenti che non erano certo quelli prescritti dal protocollo. C'era chi aveva le gambe accavallate, il gomito sul ginocchio e il mento sul dorso della mano, il manico del ventaglio in bocca, il corpo semisdraiato e scomposto, girato di scorcio rispetto alla divina Maestà. In prima fila scorsi Issi, Pepinakht, Bunkhaf, Ahi, Ti-teti e Khui. Con una trentina di alti funzionari, essi stavano ascoltando una relazione di Ipu-Wer sulla tragedia che s'era abbattuta sull'Egitto. C'era aria di disfatta. Gli occhi di tutti erano spenti e i visi patibolari. Il tono usato dal mio ex padrone era querulo, inedito per me, sintomo della disperazione che aveva sconvolto anche il guardiano dei cani reali.

« Proprio per la verità » stava dicendo Ipu-Wer al faraone « la Terra di Kemet sta girando in tondo come la ruota del vasaio. Ah, se il dio Ra decretasse la fine del genere umano! Che importanza ha oggi un viaggio a Byblos per acquistare legno da sarcofagi, quando la sepoltura avviene nel Nilo e le Eterne Dimore sono distrutte? »

Per più di un'ora la sua voce dominò la sala. In un silenzio d'attesa tutti stavano ad ascoltare la relazione, nella speranza che Ipu-Wer o il venerando Pepi rivelasse un rimedio efficace per ridare un volto accettabile all'Egitto. Purtroppo per un ammalato in coma non esistevano farmaci efficaci.

Il capo di una nobiltà ormai distrutta disse che i nascituri, una volta attesi con gioia, erano ora maledetti. L'uomo era giunto a uccidere il proprio fratello per una spiga di grano e, se in tre s'incamminavano lungo un sentiero, ben presto rimanevano in due, perché era il più agiato a rimetterci la pelle. Le Sacre Scritture erano distrutte, i segreti templari svelati anche ai mummificatori, le tombe reali spogliate di tutto e le mummie, private dei lini, buttate nel fiume. « Ahimè, che orrore! » continuò, alzando le braccia al cielo. « Proprio per la verità, mio Signore, chi può ancora vantare amici? Con chi si può parlare? Guarda, la nostra Terra è ridotta a un relitto. In ogni città si grida: "Morte ai potenti!" e chi è ritenuto tale finisce sgozzato come un bue da sacrificio. Ma non è il servo più potente del garzone di stalla, il maestro di casa più del servo, lo scriba più del maestro di casa, il funzionario di Palazzo più dello scriba? Allora tutti ammazzano chi ritengono più potente, cosicché la Terra di Kemet sta girando in tondo come la ruota del vasaio. Che cosa dobbiamo fare, Maestà, per salvare l'Egitto dalla catastrofe totale? »

Ipu-Wer aveva rivolto la domanda a un essere che pareva la fiamma spugnosa di un moccolo, allorché danza rossiccia sullo stoppino incenerito.

L'oratore e l'intero uditorio attesero inutilmente la risposta. Pepi, statuario, si limitava a girare gli occhi sui suoi collaboratori, forse per rendersi conto del vero significato di quel discorso. Mi sussurrò infatti Ahuri che il nostro Signore aveva le orecchie totalmente fesse. Il solo che riusciva a farsi comprendere era Pepinakht con la sua voce tonante.

Si attese ancora inutilmente, poi Ipu-Wer si sentì autorizzato a proseguire, accogliendo il suggerimento di alzare la voce. Solo, davanti a Sua Maestà, colorì le parole con ampi gesti. Annunciò che le schiave vestivano ormai di lino, ostentando lapislazzuli e turchesi; nelle Case della Vita gli analfabeti insegnavano l'odio e la violenza; i templi erano diventati postriboli e nella Dimora Venerabile alcuni miserabili della necropoli pretendevano di amministrare la giustizia. Ahimè, l'anarchia stava dilagando a macchia d'olio e anche nella gente un tempo operosa affiorava la schiuma del furfante. « Il Nilo è sangue, mio Signore, e gli avvoltoi sono talmente sazi che non riescono a volare alti. Oggigiorno riesce a sopravvivere solo chi ha la grinta del malfattore. »

Finalmente Ipu-Wer tacque e s'inchinò. Si era accorto che stava parlando a un uomo assente. Per qualche tempo non si udirono che alcuni colpi di tosse su un rumore di fondo da cui affioravano, lontani, i pianti di alcuni bimbi.

Che cosa si poteva fare per salvare la Terra di Kemet dalla distruzione completa? si chiedevano tutti con gli occhi puntati sulla tragica figura del faraone. Nulla. Quando un fiume è in piena e ha rotto gli argini per tutto il corso, è difficile scappare con le masserizie in spalla. Ora era tardi. Quei semidei, un tempo intoccabili, stavano purtroppo spendendo parole vane e tempo prezioso.

L'assenza di Merenrè era diplomatica. Mai egli aveva avallato l'opera nefasta del Consiglio e mai s'era degnato di rendere omaggio alla regale figura paterna. S'era sempre vantato di avere idee innovatrici, e qualcuna poteva essere valida, ma si trattava di un teorico, di un uomo troppo indeciso e privo di personalità. I suoi fratellastri Nitocri e Neferkharè erano invece legati da ideali comuni. La storia della IV Dinastia aveva avuto su di loro un fascino contagioso. Quei faraoni dall'intelligenza tanto audace avevano costruito monumenti che avrebbero dovuto coagulare il tempo. Le Piramidi erano ancora lì, maestose, a dimostrare, con la loro sublime arroganza, la potenza del re-dio, faraone vivente ed eterno di una terra dove tutto doveva essere altrettanto eterno e immutabile. Invece il loro regale genitore, malgrado si fosse vantato di possedere tutti gli attributi dei vari Cheope, Chefren e Micerino, aveva lasciato scivolare l'Egitto in un baratro. Che fare? Nulla. Le loro idee non avevano mai avuto un gran peso sulle decisioni del Consiglio.

Non avendo neppure l'appoggio dei figli o del primo consigliere di Corte Bui, morto il mese prima, Pepi si sentì molto imbarazzato. Tuttavia, quando si accorse che doveva essere lui a rompere l'immobilità dell'attesa, si udì la sua voce, un gorgogliare penoso:

« Ipu-Wer, servo fedele, non ho capito granché del tuo discorso. Ti ho visto gesticolare in modo strano. A quando i preparativi per il mio quarto "sed"? Anche i servi di Palazzo dovranno affogare nel vino di Charu. »

Una ventata di delusione si abbatté sulle già esigue speranze di tutti.

« Mio Signore, » gli rispose Ipu-Wer gridando « non ti ricordi due anni fa? Per la prossima festa "sed" bisognerà attendere trent'anni circa. »

« Certo, certo, che si invitino i principi stranieri e che si onori soprattutto il dio Ptah, Signore di tali feste. »

« Lo ritengo un ordine, Maestà. »

« Perché non invii fin d'ora araldi ad annunciare che sono un grande re, vita, salute e forza di tutti i regni di questa terra a me fedeli? Sono io che ho fatto innalzare il primo obelisco della storia. Dev'essere molto alto, Ipu-Wer, quasi raggiunge il sole. Te lo ricordi? »

« Sicuro che lo ricordo. Tutti i sudditi lo ricordano e lo ammirano. Raggiunge il sole? Quasi, Maestà. È alto sedici cubiti reali... Ha la punta rivestita di elettro... Purtroppo rimarrà come simbolo di una storia, la più crudele e irragionevole che abbia macchiato l'Egitto. »

« Storia? Irragionevole? Non capisco, nobile Ipu-Wer, proprio non capisco. Se fino a ieri il paese era quieto! »

Il poveretto, imperlato di sudore, scosse il capo deluso, gesto che forse in vita sua non s'era mai permesso di fronte al Toro Possente. Alzò ancor più la voce. Disse, deciso:

« Il malcontento s'è purtroppo trasformato in furore, Maestà. Il popolo è in armi e nel Fiume Sacro scorre sangue. Le schiave camminano a testa alta con i guardiani di porci e i mummificatori. La vecchia nobiltà, erede di quella che ha edificato l'Egitto, non esiste più. Perfino i sacerdoti, che rappresentano l'anima di ogni paese, vengono braccati e uccisi senza pietà. Orrore! Le grida di dolore si levano con quelle di giubilo e con brandelli di carne come trofei. Che dobbiamo fare? È una domanda assurda, lo so, com'è assurdo seminare il grano in una palude. Comunque la pongo a te, come suddito in parte responsabile di tanta sciagura. »

Nessuno si aspettava miracoli da un vecchio disfatto, e Pepi non tradì l'attesa. Girò a vuoto gli occhi opachi, abbozzò una frase e non gli venne la voce, ritentò con più fortuna e agitò il pastorale. Come figlio di Ra la sua parola era legge. Cosa si poteva fare? Prima di usare la frusta era meglio quietare la turba con un atto di generosità, un tentativo che sicuramente avrebbe dato i suoi frutti. Secondo lui sarebbe bastato fare distribuire a tutti, schiavi esclusi, una misura di grano come dono del faraone e del Consiglio dei Dieci. Come compenso, ai funzionari di Palazzo e ai "nomarchi" sarebbe stato concesso solo l'inchino davanti alla Sua Maestà e non l'obbligo di baciargli i piedi. Con una legge speciale, poi, avrebbe concesso a tutti i notabili fedeli alla Corona di usare il granito e il calcare bianco per i portali delle loro "mastabe". In più gli avanzi delle cucine reali sarebbero stati devoluti ai "servitori del ka", e cioè ai sacerdoti delle necropoli, perché li bruciassero sulle tavole delle offerte. « Tu, Ipu-Wer, che mi servi da tanti anni, come stimi questo mio atto di generosità, efficace per quietare il popolo? »

« Molto efficace, Maestà » gli rispose con un inchino di commiato.

Delusi, tutti lo imitarono. Ahuri ne approfittò per annunciarmi a Ipu-Wer. Tra i notabili vi fu allora uno scambio di opinioni e la sala si vuotò. Non mi rimase che inchinarmi anch'io a Pepi, faraone senza gloria, e seguire il capo delle guardie.

Mi condusse nella sala grande, quella del Consiglio. I notabili erano già seduti meno Pepinakht, appoggiato a una parete con le braccia conserte. Un pugnale dal manico d'oro gli pendeva dalla cintura.

Quando entrai tutti mi guardarono con il disprezzo che il sacro ibis sente per il verme. Sotto una maschera trasparente avevano però i visi sofferenti. Solo il generale mi fissò con un ghigno che sembrava autentico. Invece era tradito da un'inquietudine fin troppo evidente. Perché non era alla testa di quelle truppe che stimava fedeli? Diramava gli ordini da Palazzo, era vero, ma a chi, ora che le porte erano ermeticamente chiuse?

Pepinakht non attese che parlassi. Mi disse, velenoso:

« Insomma, hanno mandato te. Che posto occupi tra quella feccia? Sei la sua mente? Vi spazzerò via tutti come polvere di sterco. Hanis, nonostante tu abbia appreso a Palazzo come si governa uno stato, sei rimasto uno sporco schiavo, un lurido avventuriero... »

« E tu un inetto che non ha neppure il senso della misura » lo interruppi. « Erano tante le tue capacità di comandante che forse non ti è rimasto fedele neppure il servo personale. Spazzare via? Con che? Con le solite minacce... faraone Pepinakht? »

Trasudava ira e disprezzo. Alzò la voce senza convincere nessuno. Attendeva le solite truppe, soldati fantasmi che solo lui vedeva. Gli ozi di Corte gli erano stati fatali.

Vi fu un acceso scambio verbale tra lui e Bunkhaf, amministratore delle truppe. Costui gli fece presente che l'Egitto non aveva ancora potuto vantare un esercito permanente alle dipendenze dello stato. Ogni distretto costituiva un organismo militare a sé e il "nomarca", in caso di emergenza, inviava i propri soldati in appoggio a quelli di Sua Maestà. Mai Pepinakht si era preoccupato di unificarne il comando. Vergogna! Ora attendeva i nubiani di Mesa, Uauat, Kau, Iam e truppe dalla Libia. Sogni, soltanto sogni per giustificare una condannevole inettitudine. Sebni, invece, era tornato dalla Nubia con truppe fedeli. Il suo piccolo esercito, ben armato e in perfetta efficienza, era diventato una temibile realtà, in quanto aveva fatto causa comune con gl'insorti.

Sommerso da un coro di accuse, Pepinakht sbiancò e si lasciò cadere su una poltrona. Qualcuno rise, altri elogiarono Bunkhaf per il suo coraggio, altri ancora imposero il silenzio indicando il foglio di papiro che tenevo in mano.

In piedi, a tre passi da Ipu-Wer, lo aprii e scorsi con gli occhi la scrittura di Sebni, pesante, ma ordinata, poi alzai il capo e guardai uno per uno tutti i notabili, uomini che, fino a qualche giorno prima, con un solo cenno annientavano la vittima di turno. Solo i pochi onesti avevano il capo eretto e il viso improntato a dignità di casta.

Se il momento non fosse stato tragico e solenne avrei apostrofato in malo modo lo spietato Issi, l'uomo che più di tutti mi aveva trattato con alterigia. Invece di comparirgli davanti in veste di imputato, ora l'avevo di fronte bianco come un cencio. L'altalena degli eventi mi aveva permesso di occupare una posizione di privilegio. Eppure mi sentivo ancora a disagio con quei notabili. Uno stato d'animo timido e logorato da mille avversità mi rendeva incapace di operare con la dovuta fermezza.

Kati e Sebni mi avevano elencato sul foglio le clausole che il Consiglio dei Dieci doveva accettare senza condizioni e alcune altre cose tra cui le sanzioni appositamente studiate per colpire Hornifer e Pepinakht. Oltre alla richiesta verbale perché conducessi fuori Issi e Ti-teti, i due capi mi avevano lasciato la facoltà di scegliere gli altri tre ostaggi, un compito ingrato perché non davo un frutto di carrubo per la loro incolumità. Tuttavia lessi senza indugio il contenuto del foglio. Il faraone Pepi II, in considerazione dell'età veneranda, doveva abdicare a favore del figlio Merenrè II; i sommi sacerdoti avevano l'obbligo di concedere i riti magico-religiosi anche al popolo, schiavi compresi, e di inviare tutti i cadaveri nelle Case della Morte gestite dallo stato. In più essi dovevano lasciare la facoltà, a chi lo desiderava, di fare incidere sul proprio sarcofago i Testi delle Piramidi, e cioè quel complesso di preghiere, scongiuri, invocazioni e formule magiche che avrebbero permesso al defunto di raggiungere senza ostacoli insuperabili i Campi di Yalu. Ciò equivaleva a godere la vita eterna in un regno inondato di luce divina.

Oltre a queste richieste, non negoziabili, doveva essere abolita l'ereditarietà delle cariche ed era necessario tassare con percentuali da definire i funzionari di Corte, gli alti dignitari, i templi e i sacerdoti con rendite private, gli scribi del catasto.

Mi concessi una pausa. Fin qui pareva che tutti fossero d'accordo, anche se le clausole sulla ereditarietà delle cariche e sulle imposte erano bocconi troppo amari da ingoiare. Per quanto riguardava poi i riti magico-religiosi, si trattava di ovviare a una legge assurda. L'abdicazione di Pepi era già stata decisa a Palazzo. Che il nuovo faraone fosse Merenrè in fondo accontentava tutti, insorti e vecchia casta, anche se questa ultima avrebbe preferito la principessa Nitocri o Neferkharè. Il mito Pepinakht aveva illuso solo i suoi fedeli, pochi in verità.

Se queste richieste erano scontate, l'interrogativo che teneva tutti con il fiato sospeso era quello riguardante la scelta dei cinque ostaggi e le sanzioni che Sitra avrebbe fatto cadere sul capo di molti funzionari. Il silenzio era infatti assoluto e i soli Hornifer e Pepinakht osavano guardarmi, ma con sguardi diversi. Mentre il primo era freddo, quasi incredulo, quello del generale appariva bieco e velenoso, non immune da angoscia. Indubbiamente più Pepinakht che il sacerdote temeva di dover pagare di persona.

Mi decisi. Aprii ancora il foglio e lessi lentamente, proprio come faceva il visir nella Dimora Venerabile. Hornifer, primo Profeta di Ra, doveva celebrare, nelle vesti di semplice sacerdote, i riti funerari anche per i cadaveri degli schiavi che avrebbe trovato in Menfi. Dieci soldati con un graduato gli avrebbero fatto da scorta. Tuttavia il comando rivoluzionario non si riteneva responsabile della sua incolumità.

Colui che aveva manovrato a suo piacimento la vita religiosa e politica dell'Egitto per parecchi decenni, sembrava distrutto. Più intelligente di Pepinakht, capì che ogni discussione era inutile. Il suo silenzio e la sua età m'impietosirono. Non era Neferohu, ma era pur sempre un sacerdote e mai mi aveva minacciato o coperto d'insulti.

« Mi spiace per te, Sommo Hornifer » gli dissi. « Hai avuto il torto di avere ereditato le prerogative acquisite dai tuoi predecessori durante la IV Dinastia e di essere rimasto uno strenuo difensore di privilegi che intossicavano la società. Il tuo collega Neferohu è da giorni nelle strade a soccorrere feriti e a celebrare i riti per tutti i morti. Nelle vesti di semplice sacerdote penso che sarai rispettato... anche se finora hai amministrato il dio della nobiltà. »

Attesi un istante. Non mi giunse nessuna risposta. Allora mi rivolsi a Pepinakht, pur senza esultare per la sua condanna. In fondo io avevo salvato la pelle. Sicuramente lui non avrebbe avuto la stessa fortuna.

Kati e Sebni avevano discusso a lungo sulla sua sorte, il primo deciso a sopprimerlo, il generale convinto che un morto in più non avrebbe giovato alla causa della rivoluzione. Erano quindi giunti a un compromesso. Lo lessi in un silenzio sepolcrale. Pepinakht era condannato alla destituzione e all'esilio con i soli panni che indossava. A dorso d'asino, con il viso rivolto verso la coda, doveva partire all'alba dell'indomani, solo, verso oriente, pena la morte.

A mio giudizio, se l'avessero appeso a una corda avrebbe sofferto meno, perché la possibilità di allontanarsi cavalcando un asino alla rovescia avrebbe fatto accorrere anche chi stava godendosi la frescura nelle ville non distrutte.

Stranamente il generale non contestò la condanna. Rimase a capo chino, ostentando dignità e grinta.

Sitra, per mano di Sebni, non aveva scritto altro. A parte le raccomandazioni verbali date a guisa di consigli, spettava a me la scelta di tre dei cinque ostaggi. Costoro dovevano consegnarsi agl'insorti per garantire l'incolumità dei delegati popolari che sarebbero entrati a Palazzo per condurre negoziati. Il comando rivoluzionario, con un atto di generosità che il famigerato Consiglio non aveva mai conosciuto, non chiedeva quindi la resa incondizionata.

Indugiai a scandire i nomi per godermi un insolito spettacolo. Avevo davanti a me solo visi cadaverici imperlati di sudore. Specialmente chi mi aveva sempre insultato e deriso per le mie modestissime origini, stava ora tremando come un albero chiomato al vento di burrasca. Eppure, se le sorti si fossero invertite, ero sicuro che mi avrebbero mutilato e poi condotto nella Terra di Kush, in una miniera.

Quando fui sazio di godermi quel silenzio d'angoscia, aprii lentamente il foglio e finsi di leggere. Annunciai, sillabando le parole:

« Issi, visir dell'Alto e Basso Egitto, uomo che come amministratore della giustizia ha calpestato a suo piacimento la dea Maat. È accusato di furto continuato, di avere condannato innocenti a pene atroci, d'inefficienza amministrativa, d'incapacità, di avere falsificato documenti ponendovi il sigillo faraonico. Tra l'altro deve giustificare le condanne inflitte al "nomarca" di Elefantina, nobile Kati, e agli scribi reali Panef e Weni. »

L'uomo che, fino a qualche istante prima, ben pochi si permettevano di salutare senza un inchino, diventò di colpo una figura minuta, quasi goffa. Con il mento sul petto, teneva le braccia penzoloni, oltre i bracciuoli della poltrona. Mentalmente gli avevo elencato reati gravissimi, i primi che mi erano venuti in mente. La reazione di Issi fu il silenzio, segno quindi che doveva avere la coscienza più lurida di un porcile. Che cosa poteva attendersi da Kati, e cioè dall'uomo che aveva seviziato prima di seppellirlo in una miniera? Forse la voce dell'ex "nomarca" era in lui più viva che mai. « Se non mi uccidete, un giorno dovrete maledire la vostra stolta decisione, pagare i vostri debiti, percorrere la mia stessa strada » aveva urlato nella Dimora Venerabile durante il processo. Ora Issi stava sicuramente maledicendo la sua stolta decisione.

« Ti-teti, prefetto di Palazzo » finsi ancora di leggere. « Come Issi, visir dell'Alto e Basso Egitto, è considerato una nullità e quindi inadatto a condurre negoziati. Inoltre è accusato di appropriazione indebita, di essere un tessitore d'intrighi e di avere allargato la zona d'influenza, a lui spettante, oltre i limiti della sua carica. »

A parte questi due autentici furfanti, non ebbi esitazioni nella scelta degli altri tre, vere canaglie in veste di dignitari. Feci i nomi di Ahi, amministratore del grano e del tesoro; Bunkhaf, direttore delle truppe, e cioè ministro della guerra; Khui, amministratore delle frontiere.

Sembrava che i cinque notabili accettassero rassegnati la loro sorte, quando si levò la voce di Ahi per contestarmi la scelta fatta da Sitra. In un attimo essa si trascinò quelle di Issi, Ti-teti, Khui e Bunkhaf. Un coro disordinato mi annunciò che nessuno di loro aveva intenzione di uscire da Palazzo. Le mie affermazioni miranti a rassicurarli sulla loro incolumità non ebbero fortuna, perché essi m'insultarono chiamandomi sporco schiavo, figlio di una scrofa e aborto vivente, tutte volgarità che stonavano in un'atmosfera impregnata di tragedia.

Non riuscii a rispondere, perché i notabili esclusi dalla lista si scagliarono verbalmente contro i cinque, definendoli vili e irresponsabili, indegni di occupare posti di comando. Il più feroce era Pepinakht, forse sorretto dalla gioia di poter respirare ancora aria di libertà, almeno fino all'indomani. In una bolgia degna della taverna di Iput, affiorarono vecchi rancori e contrasti insanabili, reati da pena capitale e rivelazioni che mi allibirono. Per l'occulta sapienza di Thot! Perché avevo malmenato Digiau? Tra quella turba di sicofanti sarebbe stato un puro di cuore, degno di essere additato al popolo come esempio di rettitudine e di altruismo. Essendo ormai calpestata ogni forma di dignità, gli alti notabili d'Egitto si azzuffarono con ferocia, finché il minuscolo Ahuri, malconcio, riuscì a chiamare le guardie. La scena era disgustosa, meritevole di essere vissuta da un poveraccio come me, reo di essere uscito da un ventre che aveva sollazzato i maschi di mezza Sais per tre decenni.

Con una fatica non indifferente una trentina di guardie isolarono i più scalmanati, sicché tutti dovettero accontentarsi di difendere la propria dignità con reazioni verbali. Il frastuono era assordante. Ipu-Wer, rannicchiato in un angolo, era terreo e Hornifer disgustato. Finalmente, con le guardie che fumavano sudore, la gazzarra si quietò. Per qualche tempo s'incrociarono ancora isolati motteggi, frasi scurrili e accuse che incrinarono l'illibatezza di quasi tutte le nobil donne di Corte. Incredibile! Solo il nome di Itis, la responsabile di tante sciagure, non venne pronunciato.

La voce tonante di Pepinakht impose il silenzio. « Miserabili cani, » ebbe il coraggio di dire « ho accettato la destituzione per il bene del paese e voi vi rinfacciate accuse come vili ladruncoli. Siete dei pavidi, degli untuosi cortigiani, uomini da bassifondi... »

« E tu cosa sei, buffone? » gli urlò Issi, paonazzo.

« Un soldato che ha rischiato cento e mille volte la vita annientando i feroci beduini "amu" e ridotto a sudditi servili i "nomarchi" che avevano mire separatiste. »

« Con il risultato che s'è visto. Se invece di trastullarti negli ozi di Palazzo e di molestare le mogli degli altri, tu avessi fatto il tuo dovere, non saremmo qui, ricattati dal sottoprodotto dell'umanità. Dove sono le tue truppe? Vergogna! Le vedi nelle fanciulle sedicenni a cui fai il cascamorto?»

Il generale mosse per aggredirlo. Furono ancora le guardie e la voce autoritaria di Ipu-Wer a frenarne lo slancio. Il mio ex padrone si eresse sulla persona e con un gesto deciso invitò tutti alla calma. Sembrava una scultura di legno vecchio, ingiallito e roso dal tarlo.

«Miei nobili signori... nobili? Abbiamo dato prova di vergognosa incapacità e dobbiamo pagare» disse con fermezza. Il plurale gli ingigantiva la statura di uomo serio e corretto. «Se i cinque nominativi chiesti dal consiglio rivoluzionario si limiteranno ad abbaiare come vili sciacalli, mi offrirò come ostaggio. Vi faccio presente che abbiamo grano per sei giorni appena, poi dovremo aprire le porte agl'insorti e subire le loro vendette.»

Poiché i cinque notabili non accennavano ad alzare il capo, continuò, visibilmente indignato:

«Signori miei, la Terra di Kemet sta girando in tondo come la ruota del vasaio. Mancano grano, olio, carne, orzo, spezie e ognuno dice: si muore di fame, chi va a lavorare? Nessuno. Chi volete che faccia girare la macina del mulino quando la pietra corrode la pietra? Da questa terra martoriata di orrori e di violenze gli dèi se ne sono andati, perché nessuno offre loro incenso e terebinto, buoi da sacrificio e preci di rito. Ecco, Hanis, conducimi da Sitra, faccia di me la vittima sacrificale, purché il generale Sebni s'impegni a rimettere ordine.»

Le accorate parole scossero tutti, provocando un mormorio di costernazione. Si levarono voci di vecchi notabili pronti a seguire Ipu-Wer, finché i cinque ostaggi si alzarono. Erano cinque ceri senza fiamma. Avanzarono a capo chino, prima Khui e poi gli altri, e si misero al mio fianco. Solo Issi mi si fermò davanti stringendo i pugni. Pensai che mi aggredisse e mi tenni pronto. Invece si reggeva appena.

«Hanis, sei una lurida canaglia, la peggiore che abbia conosciuto, un essere ripugnante che presto o tardi intendo demolire » mi disse con un sibilo da rettile. « Sei stato tu a scegliermi, trascurando funzionari ben più corrotti di me. Pepinakht è un uomo da lasciare al mondo? Se Nefer, la figlia di Kati il "nomarca", è ridotta in quelle condizioni, la colpa è sua. Fatti dire di chi era la mano che l'ha colpita. Fattelo dire, Hanis, così tutti vuoteranno il sacco. »

Se avessi avuto tempo, pazienza e la capacità di mantenere la calma in una discussione in cui odio e rancore stavano togliendo veli a tragiche verità, sarei venuto a conoscere anche i dettagli di una catena di delitti che certamente non avevano come vittime i soli Panef, Weni, Kati e Nefer. Per evitare che emergesse il nome di Itis, Ipu-Wer presente, intervenni d'autorità.

« Sai cos'è che distingue te e Pepinakht da un mucchio di letame? » gli risposi. « I beni che possedevate. So chi l'ha colpita, visir Issi, e so anche che tu, fino a ieri, eri un fantoccio nelle sue mani. Purtroppo hai commesso l'imperdonabile errore di lasciare al mondo Kati, un uomo dalla tempra e dal coraggio indistruttibili. Ora basta. Mentre noi stiamo qui a discutere, fuori si ruba e si uccide. »

Più in fretta si aprivano i negoziati e più possibilità aveva Sebni di soffocare le violenze. Annunciai quindi che Nefer e suo zio dovevano uscire con me e i cinque ostaggi. Nessuno aprì bocca. Se avessi chiesto mille "pezzi" d'oro, ammesso che ci fossero nei forzieri, sicuramente mi sarebbero stati offerti all'istante.

Fu il prode Ahuri, attento e ubbidiente, che filò via a un mio cenno.

Mentre ero in attesa, vi fu un nuovo scambio d'invettive tra Issi e Pepinakht. Con voce da caserma, il generale annunciò poi che i rivoluzionari avevano vinto una battaglia e non la guerra. In previsione di una sommossa egli aveva preparato un piano d'emergenza. I "nomarchi" di Bubastis, Tanis, Adydos ed Eliopoli gli avevano assicurato il loro appoggio e indubbiamente stavano navigando verso Menfi con il meglio delle truppe disponibili. Invitò quindi tutti alla calma e li esortò ad avere fiducia nelle sue possibilità di reazione. Avrebbe agito subito e con il massimo impegno. Poi, come se fosse libero, mi ordinò di riferire a Sitra che lui non era ancora morto. Avrebbe fatto bene quindi a dormire con un occhio solo e ad appellarsi al suo dio. Si prese del buffone.

Riapparve Ahuri. Dietro di lui entrarono Nefer e suo zio. Mentre Peror era di un pallore profondo, rassegnato al peggio, ma senza lesioni evidenti, Nefer zoppicava, aveva un grosso ematoma sulla fronte ed estese sbucciature alle braccia. Il vestito a spalline, di lino bianco, era sporco e lacero, stretto in vita da un pezzo di corda.

Le andai incontro tra una folla di occhi che mi scrutavano, l'afferrai per le braccia e per un istante cullai l'illusione che in lei qualcosa fosse cambiato.

« Nefer, sei contenta di rivedermi? » le chiesi. « Suvvia, dimmi che mi riconosci. »

Le uscì una voce fioca, quella di sempre: « Hanis... Hanis... » disse, toccandomi il viso. Il suo sguardo aveva però la fissità di un tempo.

Deluso, ma felice di averla ritrovata viva, le passai le dita sull'ematoma e sulle escoriazioni, poi mi girai verso i notabili in disarmo, tutti in piedi e fissi.

« Generale Pepinakht, futuro faraone d'Egitto, » gli dissi « la riconosci? E tu, visir Issi, credi che ti sarà ancora possibile coprire d'omertà chi ha cercato di assassinarla? Suo padre ti attende. E a te, sommo Hornifer, un ringraziamento per avere aiutato questa fanciulla. Purtroppo è finita nelle mani di gente senza scrupoli, miserabili cani che stanno ora pagando i loro misfatti. »

M'inchinai al sommo sacerdote e al nobile Ipu-Wer. Solo loro erano degni di un simile gesto. Il mio ex padrone, che aveva visto scorrere gli anni servendo con fedeltà il Toro Possente Pepi II, si alzò e mi si fece accosto. L'amarezza di terminare un'onesta carriera in un Egitto in preda allo sfacelo aveva assunto in lui toni drammatici. Mi afferrò per un braccio e mi condusse fuori, lontano dalle guardie e da orecchie in ascolto.

« Hanis, temo di avere sbagliato nei tuoi confronti » mi sussurrò. « Anche se un terribile sospetto mi tormenta... guarda se puoi fare qualcosa per mia moglie. Se non l'hanno ancora giustiziata dev'essere prigioniera nella Casa della Vita. Andrò a vivere al Papireto ed è l'unica cosa che mi resta in questa terra sconvolta. »

Sia pure a malincuore lo rassicurai: la sua umiltà mi aveva spento ogni sete di vendetta.

Con Nefer sottobraccio, che zoppicava più di quanto pensassi, lasciai la reggia seguito da Peror e dai cinque ostaggi. Nello stesso istante entrarono i delegati del popolo, tre "nomarchi" e due scribi.

La piazza era sempre deserta, delimitata dal doppio cordone di soldati con lancia e scudo. All'imbocco delle strade la folla era però densa e minacciosa, pronta a massacrare i notabili. Al loro apparire si levarono infatti urla ostili e vi furono tafferugli. Soltanto l'intervento deciso di Sebni con cento uomini mi diede la certezza di terminare la missione nel migliore dei modi. Raggiunta la sede del quartier generale, attesi nel giardino nella speranza che Kati desiderasse riabbracciare la figlia. Purtroppo la mia delusione fu amara. Lo stesso Sebni, contrariato, mi consigliò di raggiungere la casa di Peror e di tornare l'indomani, solo, per riferire dettagliatamente i particolari del mio incontro con il Consiglio dei Dieci. Kati era molto impegnato, intendeva sottoporre a interrogatorio gli ostaggi, contestare loro un lungo elenco di reati, anche se, ligio agli accordi pattuiti con gli assediati, non avrebbe torto un capello neppure a Issi. Sua figlia? Non era il momento adatto per un simile incontro. Intendeva vederla prima di lasciare Menfi: incredibile.

Il generale non ci lasciò partire soli. Fece distribuire pagnotte e fichi secchi a dieci soldati e insieme ci avviammo verso la casa dello scultore.

XXI

La dimora di Peror, pur avendo subito notevoli danni, era ancora in piedi. Mi raccontò Miriam che, tornata da Menfi, l'aveva trovata piena di marinai che si facevano servire da alcuni notabili. Armatasi di randello, s'era messa a picchiare come una furia, finché il loro capo, stanco di ammazzare gente, era emigrato altrove con la ciurma, portando via tutto ciò che era asportabile, compresa la porta d'entrata.

La brava cananea si diede da fare e, con paglia e fieno, preparò giacigli per tutti, i soldati sotto il portico, lei e Nefer al piano superiore, io e Peror nel laboratorio. Nell'orto, anch'esso saccheggiato, riuscimmo a disseppellire alcune cipolle, quanto bastava per dare un sapore a una marmitta di acqua e sale, da ore sul fuoco.

Mi raccontò il graduato che in città esisteva solo una decina di forni. Fino al giorno prima essi avevano lavorato ininterrottamente. Ora il grano cominciava a scarseggiare e tre erano spenti. Per mettere fine ai saccheggi, il generale Sebni aveva fatto annunciare da alcuni araldi che era stata istituita la pena di morte per chi avesse rubato derrate alimentari. Il primo esempio, clamoroso, s'era concluso con l'impiccagione di una banda di beduini, venti persone, sorpresi a vuotare i magazzini del tempio di Ptah. Tuttavia i loro corpi, lasciati imputridire alle corde, furono di monito a pochi, perché il giorno dopo delinquenti organizzati avevano soppresso i soldati di guardia e vuotato i silos di stato. Il grano, un'ingente quantità, aveva lasciato Menfi su chiatte. Intercettate da beduini, che ormai spadroneggiavano non solo nel deserto, ne era nata una zuffa e il cereale era finito nel fiume senza vinti né vincitori.

Dopo una giornata di estrema tensione, dormii sodo e mi svegliai che il sole era già alto. Miriam aveva preparato per tutti un'altra zuppa di cipolle. Per Nefer c'era invece una ciotola di latte proveniente dalla cascina che era stata mia. Apui, senza muoversi dal podere, si era trovato padrone di una mandria di mucche chiazzate, in carne, emigrate da chissà dove.

Dovevo andare da Kati per il rapporto, tuttavia presi Nefer sottobraccio e la condussi fino al fiume. Ora zoppicava meno. Miriam le aveva deterso le ferite con acqua e sale e fasciato la caviglia dolente. Il silenzio della fanciulla e i suoi occhi immobili in estatica fissità avevano commosso anche i soldati, bravi giovani che erano ammutoliti dopo averle posto alcune domande.

Mi recai in città nel pomeriggio e trovai Kati molto sereno. Sapeva tutto di sua figlia, mi chiese alcuni particolari e mi ringraziò commosso. Gli feci presente, per aggiungere speranza alla sua serenità, che Nefer aveva fatto notevoli progressi, perché a Palazzo aveva pronunciato il mio nome senza suggerimento.

Dopo una mia dettagliata relazione sui contatti con i notabili di Palazzo, Kati e Sebni decisero di inviarmi ancora a Corte l'indomani, per avere notizie sulle trattative in corso. Si sapeva solo che erano continuate tutta la notte con un Ipu-Wer carico di energia. Grazie alla sua autorità, egli aveva assunto il ruolo di mediatore, cosicché i negoziati erano proseguiti, sia pure con notevoli difficoltà. Comunque dovetti promettere a tutti e due che, a trattative concluse, avrei rioccupato la carica di amministratore capo delle imposte. In cambio chiesi a Kati il permesso di sposare sua figlia. In quel momento il "senza naso" dovette dimenticare la rivoluzione, la sete di vendetta, gli orrori che gli pesavano come un'eterna condanna. Mi ringraziò ancora. Il desiderio di rivedere Nefer doveva essere grande, tuttavia ancora una volta lo soffocò per ragioni incomprensibili. Purtroppo, a ben studiarlo, non era più il Kati pieno di energia e di iniziative del campo di Ra. L'ufficiale Ata aveva avuto ragione. Indeciso e facile all'ira, pieno di rimorsi e rassegnato, il mio ex maestro dava ordini e li disdiceva, chiedeva consigli e faceva di testa sua, sbagliava e incolpava gli altri, diceva che voleva varare leggi che tenessero in giusta considerazione certi princìpi giusti e inviolabili, poi urlava che era necessario cancellare il passato e ispirarsi alla situazione attuale, e cioè consegnare l'Egitto al popolo della rivoluzione. A quale popolo? si chiedeva poi con gli occhi smarriti? Gli egiziani onesti erano isole sterili in un mare di furfanti, prepotenti, analfabeti, opportunisti. Ogni persona di buon senso era ormai convinta che l'Egitto sarebbe rimasto per secoli un paese smarrito, luogo di contese dove avrebbe trionfato la legge del più forte.

Con Kati e Sebni discussi sui problemi da affrontare, primi tra tutti quelli di riorganizzare l'esercito sotto un comando unitario, togliere ai "nomarchi" ogni iniziativa di carattere militare, costringere la gente al lavoro, mettere fine a situazioni abnormi: solo a Menfi c'erano dieci visir. Erano tutti analfabeti. Il più onesto era Shery.

Se questi erano i problemi che assillavano i due capi, io ne avevo uno urgente da risolvere: cercare Itis senza che Kati e Sebni lo venissero a sapere. Purtroppo era un'impresa difficile e rischiosa.. L'idea di consegnare la nobil donna al padre di Nefer, perché facesse giustizia, era in me vivo e dominante e temevo quindi di non riuscire a tenere fede all'accorato appello del mio ex padrone. Tuttavia chiesi ai due capi, con una certa abilità, il permesso di introdurmi nella Casa della Vita, perché tra i prigionieri in attesa di giudizio c'era un ruffiano di Palazzo che sicuramente sapeva che fine aveva fatto Itis. Era riuscita a fuggire? Era morta tra le ceneri della sua villa? L'avevano seviziata e poi buttata nel Nilo? Aveva trovato rifugio altrove? Si era suicidata come avevano fatto molti altri nobili? Erano tutte ipotesi valide.

Kati, che fino a quel momento aveva discusso con calma, diventò scuro in viso e mi trafisse con lo sguardo appena mi lasciai sfuggire il nome della nobil donna. Poi sbraitò, senza controllo, che la voleva viva, in quella stanza, al più presto. Lasciarla al mondo era un insulto a tanti innocenti che avevano perso la vita in quella tragedia. « Hai capito? » mi urlò, inspiegabilmente fuori di sé. « La voglio viva, nelle mie mani. Se non è ancora morta, guai a chi le porge aiuto. Nel Nilo l'acqua è sangue, ma il suo non c'è, ne sono sicuro. Maledetta! »

Gli accennai di sì. Ora che Kati sapeva, stavo rischiando troppo. Sì, ero stato uno sciocco a fare il nome della nobil donna. Comunque il desiderio di conoscere che fine aveva fatto e quello inconscio di comparirle davanti in una posizione di indiscutibile vantaggio era forte come la volontà di insultarla con la stessa cattiveria da lei usata nel chiamarmi sporco schiavo, scolo di porcile, escremento di porco. Mi sembrava impossibile, ammesso che fosse viva, di riuscire a convincerla a confessare le sue nefandezze, prima di accompagnarla da suo marito. Certo, poteva costarmi la testa, ma non mi sentivo di consegnarla a Kati.

Quando uscii trovai Naso Mozzo che mi attendeva. Mi si era affezionato e si era autoeletto mio servo. Anche se era nauseato delle violenze e dei massacri di cui era stato spettatore, non era partito per Bubastis a vendere piume di struzzo. « Mi dai solo da mangiare e un goccio di birra... quando ci sarà, scriba Hanis » mi aveva detto, come contratto. « Se mi bagno il becco due volte al giorno sono forte come un leone. »

Poiché Miriam era occupata con Nefer, il brav'uomo s'era messo a cercare Shery. L'aveva trovato in una lussuosa villa, in riva al Nilo. Il miserabile, che si faceva chiamare visir, aveva tre nobil donne come concubine, alcuni servi di Palazzo, una guardia del corpo. Aveva rubato bene e fatto valere la sua scaltrezza.

« So dove abita, scriba Hanis » aggiunse. « Prima dovresti però recarti al porcile che fu del nobile Ipu-Wer. Vi sono accampati una trentina di saiti, tuoi concittadini. Il loro capo si chiama Iput. Mi hanno chiesto di te, ma io mi sono ben guardato dallo svelare dove ti trovavi. È gente allegra e gioviale, dedita all'ozio, professionista della rissa. Ho raccontato loro di Shery e delle tue peripezie. Eh, sì, devono volerti bene perché sono ammutoliti. Quando li ho lasciati non erano più allegri.»

Un'ora dopo, con Naso Mozzo e un graduato che doveva condurmi alla Casa della Vita, ero al porcile. L'accoglienza fu commovente e grottesca. Ricevetti una dose di pacche che mi scombinò le spalle. Era tanta la felicità dei saiti, che parlarono tutti insieme per raccontarmi le loro avventure, finché Iput fece valere la sua autorità. Come mi aveva promesso, s'era lavato i piedi ed era partito per Menfi seguito da quasi tutti i clienti abituali, gente desiderosa di vedere la reggia. Purtroppo, mentre stavano navigando verso la capitale, era scoppiata la rivoluzione. Casualmente erano sbarcati al porcile. Trovandolo deserto, vi avevano lasciato dieci uomini di guardia, per poi raggiungere il centro della città, ormai macerata di sangue. Tuttavia non avevano sofferto granché, in quanto il loro capo, Iput, era un uomo che considerava il furto come la più legale delle attività. Per un paio di giorni erano rimasti ai margini della rivolta, poi vi si erano tuffati decisi, senza sprecare energie in sterili vendette. Ben sapendo che valeva più una misura di grano che il cadavere di un notabile, avevano razziato tutto ciò che era capitato loro sottomano. Ora stavano concedendosi un meritato riposo. Preso possesso del porcile, lo avevano pulito e si erano divisi i compiti. Alla malora la taverna di Sais! Iput, eletto visir per via della sua esperienza e della mole, era ringiovanito di vent'anni. Aveva due baracche piene di grano, trenta anfore di birra, sacchi di fave e di cipolle, una ventina di porci. Con i... saggi della tribù, egli stava studiando la possibilità di allevare maiali anche se era... visir. Con che autorità li avrebbero mandati via dal porcile? Con la stessa con cui loro ne avevano preso possesso. Ci aveva provato un certo Pana, un tracagnotto che si faceva chiamare "mio signore" da sei ceffi armati di lancia. Ebbene, erano finiti nel Nilo e tenuti sotto, finché i loro corpi avevano preso a galleggiare senza muovere le braccia.

« Tutto qui, Zanzara » mi disse. « Che mi venga un colpo se abbiamo rubato. Forse mi sono espresso male. Noi ci siamo limitati a contestare a delinquenti comuni la roba che essi avevano sottratto ai legittimi proprietari. Come... visir era mio diritto. Mi credi? »

Tutta la tribù assentì con buffi cenni del capo.

Pensando alla Casa della Vita e a Itis, l'incontro con Iput era un intermezzo distensivo. Pieno di vita e di iniziative, il taverniere indossava parrucca e sandali di cuoio, abiti femminili a spalline, indubbiamente di qualche grassona. I suoi compagni non erano meno buffi.

Seduto per terra, con la tribù accoccolata attorno, vidi infine Iput imporre il silenzio: volle sapere da me la storia di Shery. Lo accontentai. Mentre raccontavo avevo una sessantina di occhi fissi che mi studiavano e nei visi di tutti lessi una curiosità irritata e vendicativa. Al termine mi giunse l'illuminato giudizio del taverniere: Shery doveva essere processato, subito. A Sais me l'aveva consigliato perché da tempo pagava le consumazioni e s'era unito a una donna quasi onesta. Purtroppo la schiuma del furfante era peggiore di quella che gli era stata attribuita. Per la malavita di Sais, se così si poteva chiamare gente abituata a furterelli e a truffe occasionali, il tradimento era un reato più grave dell'omicidio.

« Tradimento a parte, » si levò una voce « è un gesto indegno, perché Shery ha venduto Zanzara al prezzo stipulato da sua madre vent'anni fa... e nel frattempo c'è stata l'inflazione. »

L'autorità di Iput era indiscussa. Impose ancora il silenzio e annunciò che aveva deciso di giudicare Shery. S'era macchiato di un infame delitto, era un essere che inquinava la Terra di Kemet, un uomo che rappresentava il disonore di Sais. « Per me va impalato nel deserto e unto di miele » disse con gravità da cerimonia. « Attendo il vostro giudizio, amici. »

Si levò un urlo feroce. Per la vita di Shery non avrei dato un pesce secco.

Cercai di mitigare la sentenza, usando il meglio della mia abilità oratoria. Shery era un essere meschino, insignificante, indegno di attenzione. Il tempo avrebbe fatto giustizia. Fu inutile.

« Senza un morto al nostro attivo non saremmo considerati dei buoni rivoluzionari » concluse Iput. Quel Pana e i suoi uomini armati di lancia? Erano annegati nel tentativo di sottrarsi ad una severa punizione. « Ora tu, Zanzara, mangerai con noi. Se hai bisogno di una guardia del corpo siamo tutti con te. »

Non riuscii a svignarmela. Il pranzo fu lungo e innaffiato da ottima birra. Quando li lasciai era pomeriggio inoltrato.

Dopo avere promesso a Iput che, tornata la calma, lo avrei condotto a Corte con la tribù, salutai tutti. Prima di salire sulla barca m'indussero a giurare sulla dea Maat che avrei mantenuto l'impegno. A Sais tutti avevano fatto dei debiti per raggiungere Menfi. Che bello poter raccontare che erano stati ricevuti da Zanzara il notabile! Che costui li aveva condotti da Sua Maestà!

Lasciato Naso Mozzo al porcile perché conducesse Iput e compagni da Shery, raggiunsi senza fatica la Casa della Vita, la stessa che aveva permesso a Nefer di apprendere l'arte dello scriba.

C'erano circa duecento soldati che pattugliavano le strade adiacenti al fabbricato o accampati nei pressi, una vera fortuna. Il graduato che mi accompagnava si rivelò inutile, perché il comandante mi aveva visto entrare a Palazzo in qualità di ambasciatore e mi salutò come se fossi il capo degl'insorti. Mi affrettai a inviare il graduato al quartier generale. Allontanato un testimone pericoloso, entrai con una certa apprensione. Già il corridoio principale era zeppo di gente cenciosa e macilenta, i cui pianti e lamentazioni stringevano il cuore. Si trattava di persone appartenenti alle classi nobili, sacerdotali, dei funzionari e degli scribi. Le sale avevano il medesimo aspetto. Alcuni preti invitavano i più angosciati ad avere fiducia nell'intervento divino, ma avevano anche loro gli occhi allucinati e i visi scavati fino alle ossa. Se tutta questa gente aveva il privilegio di essere al mondo, le notizie che giungevano sulla ferocia degl'insorti non induceva certo a guardare il futuro con animo sereno. Due assalti all'edificio erano finiti in un bagno di sangue: trentadue morti tra i soldati, un centinaio tra i rivoluzionari, venti arresti, quattro esecuzioni.

Alcuni bimbi mi corsero incontro chiedendomi un pezzo di pane, proprio come facevo io nella Strada delle Prostitute quando appariva un viso straniero. Li accontentai con vaghe promesse e camminai oltre. Lo spettacolo era disarmante. Sdraiate su stracci o straterelli di paglia trita, centinaia di persone stavano languendo di fame e di paura. Molte di esse si coprivano il viso disperate, altre invocavano pietà, altre ancora pregavano in gruppo; una donna stava partorendo e urlava di dolore e di rammarico: « Perché viene al mondo? » si chiedeva la poveretta. « Per finire straziato da una turba di pazzi? » Un sacerdote e due vecchie le erano accanto.

Cercai Itis con la speranza di non trovarla, perché lo spettacolo che stavo contemplando aveva alimentato, passo per passo, la volontà di schiacciarla come un verme di terra. La vecchiaia di Pepi, l'ottusità e l'egoismo del Consiglio dei Dieci, le trame eversive che da decenni scuotevano la già precaria tranquillità del paese, la follia criminale di bande organizzate, l'inettitudine di Pepinakht e la massa di fomentatori stranieri erano state le cause che avevano trascinato l'Egitto alla guerra civile. Se Kati ne era stato il regista e il trascinatore, colui che aveva spinto il popolo alla lotta, chi l'aveva messo nelle condizioni di nuocere al proprio paese? Itis, la sua arte sottile e diabolica, la sete di potere, la sua mente bacata. Comunque, anche se la prima rivoluzione democratica della storia mi aveva visto vittima e spettatore, non potevo certo eleggermi a giudice di contrasti che avevano radici remote e profonde. Itis invece ne era stata la protagonista. Ciò che mi spingeva a essere inflessibile con lei non erano tuttavia le assurde vendette che ella aveva ordinato con il concorso di funzionari corrotti fino al midollo, né la matassa d'intrighi usati per controllare il lavoro del Consiglio dei Dieci, bensì la follia omicida che l'aveva spinta ad aggredire Nefer. Con un atto disumano, meditato e messo in pratica con cinismo criminale, ella aveva infierito su una fanciulla innocua, già duramente colpita dalla stessa mano con la perdita del padre. Solo uno stolto poteva dimenticare queste cose. E io, mentre camminavo per i corridoi ridotti a immondezzai umani, temevo di essere uno stolto. Le immagini di Ipu-Wer e di Nefer si alternavano a ogni passo, lui immerso nell'amarezza di un tramonto senza alba, lei pallida e indifesa, gli occhi in ieratica contemplazione e la voce spenta.

Cercai anche nei giardini, in un magazzino pieno di cadaveri, nei sotterranei zeppi di malati. Di Itis nessuna traccia. Mi decisi allora a chiedere di lei, anche se il suo era un nome pericoloso da pronunciare. Cercai la persona adatta, uno scriba ancora tondo come la palla di sterco che lo scarabeo rotola in un buco per deporvi le uova. Il suo riso cristallino si levò anacronistico in un ambiente che strappava le lacrime.

« La moglie di Ipu-Wer? L'affascinante Itis? Dove vuoi che sia! In fondo a quel corridoio, » m'indicò « c'è una camera, sulla destra. È del sacerdote Mereptah, un porco che ha fatto comunella con gl'insorti. Sicuramente è con lui. »

Ero perplesso... ma non troppo. Guadagnai il corridoio con inspiegabile titubanza e orecchiai all'uscio. Non c'erano dubbi. La voce che udivo era di Itis, il riso anche. Come mai era allegra? Mentre scostavo il battente, la sua voce diventò dolce e carezzevole, la stessa che usava con me quando mi buttava le braccia al collo desiderosa di fare l'amore. Il dubbio che fosse impazzita del tutto ebbe la durata di un "ant", un batter di ciglio.

Poiché si entrava in un minuscolo vestibolo protetto da una tenda, avanzai di un passo trattenendo il fiato. Lo spettacolo che mi si offerse mi lasciò indeciso se esplodere in una risata o se strozzare senza indugio quel serpe velenoso. Itis era coricata su cuscini e tormentava l'infelice alluce con mano nervosa. Il vestito, sporco e lacero, le copriva a malapena il ventre. Il petto era quindi libero, un po' flaccido per l'età e le battaglie, ma sempre appetibile come le cosce ramate, bene in carne. Alcuni lividi e una ferita alla fronte denotavano che ella non era stata condotta alla Casa della Vita con gli onori di casta. Di fronte a lei c'era un sacerdote magro e dinoccolato, vent'anni sì e no. I suoi grandi occhi erano fissi sulle invitanti nudità.

Ben protetto dalla tenda e da canti che s'erano levati dalla strada, potei assistere indisturbato al pietoso dramma. Il giovane oscillava sui lunghi piedi, indeciso se mettere le mani su quel corpo fremente o se battere in ritirata. Si capiva che il suo dilemma non era solo un caso di coscienza o di dignità professionale; gli coinvolgeva il desiderio di sfruttare un'occasione che forse non si sarebbe più presentata. Ebbi l'impressione che le mani gli sarebbero state di troppo, se non le avesse ficcate tra quelle cosce tornite. Tuttavia guadagnò tempo biasciando saliva.

« Mia signora, » belò pietosamente « ti faccio presente che sono un sacerdote-purificatore. Verrei meno al rispetto verso il mio dio se osassi sfiorarti con un dito. Ti rendi conto che vivo di privazioni? »

« Non fare lo sciocco, Mereptah » gli rispose seccata. « Sono di nobile casato, ma voglio godere con te anche se sei timido e inesperto. Privazioni? Sei un uomo o un palo vestito? Muoviti, imbecille! » e gli allungò una mano.

Il poveretto, che gocciolava sudore, si portò appresso il piede rimasto indietro, senza spostare l'altro. Era una pietà vederlo e da criminale non intervenire.

« No, mio dio, non tentarmi, signora » belò ancora tra sospiri mozzi. « Ti faccio presente che la carne non mi attrae. » Tuttavia dovette muovere le gambe di un passo per seguire il corpo piegato ad arco su quello di Itis. Allora fu afferrato saldamente e cadde in ginocchio, risucchiato dall'odore di femmina. Rimase però rigido, gli occhi incollati ai capezzoli e il petto che pompava aria come quello di un torello infuriato.

Itis aveva sicuramente dimenticato la rivoluzione, Kati, suo marito, l'ex schiavo Hanis, il luogo in cui si trovava. Nari dilatate e occhi ardenti, ella tentò di tirarsi il giovane addosso, poi sbuffò:

« Sei un imbecille. Se non ti muovi mi passa la voglia e ti scaravento fuori a pedate. Perché non mi sono cercata un vero uomo? »

Mentre Mereptah, dimenticati il suo dio e le privazioni, partiva deciso alla carica, battei in ritirata, chiusi la porta e vi picchiai le nocche con energia per evitare al disgraziato di subire quella piovra maledetta. L'attesa non fu lunga. Fu proprio il giovane ad aprirmi. Come il cane che addenta l'osso e se lo vede portare via, il giovane era ringhioso, pronto alla rissa.

« Che vuoi? » mi chiese, nella speranza che me ne andassi.

Lo spinsi decisamente da parte ed entrai. Itis, che si era coperta, mi guardò incredula, balzò in piedi e arretrò di un passo. Il suo viso era un compromesso tra il terrore di una punizione e la speranza di avere ritrovato l'Hanis di un tempo. Bastò un abbozzo di sorriso perché ella mi corresse incontro.

« Hanis, amore mio, sei venuto a liberarmi? » mormorò commossa. « Dopo quella deprecabile scenataccia ho avuto paura d'impazzire, tanto era il rimorso di averti fatto del male. Mi vuoi ancora bene? »

L'abbracciai con apparente calore sotto lo sguardo allibito di Mereptah, curvo come un ramo di salice.

« Mia cara, morivo dalla voglia di rivederti e dal timore che ti fosse successo l'irreparabile. Ringraziando Thot ti ho ritrovata proprio quando, ahimè, ero certo di non vederti più. »

Non credeva ai suoi occhi. Continuò ad accarezzarmi, a sussurrarmi paroline dolci, a sorridermi finché scoppiò in singhiozzi.

« Amore mio, » sospirò tra le lacrime « portami con te, non lasciarmi nelle mani di questo maledetto Mereptah. Mi perseguita, Hanis caro, finirà per avermi con il ricatto. Oh, che schifo di uomo! Lo odio. Lo credi che mi viene da vomitare?»

Il giovane, pallido e cadente, era allibito. Con un gesto deciso lo mandai fuori dai piedi e rincuorai Itis. Ce ne saremmo andati dopo il tramonto, con il buio era meglio. Dove? Da suo marito.

Itis alzò il capo e mi guardò con diffidenza. Eppure era così, l'avrei condotta a Corte, da Ipu-Wer, anche se rischiavo grosso. Nonostante che agli occhi del nobile menfita fossi ormai un avventuriero senza scrupoli, gli dovevo molto. Così agendo, tradivo però l'attesa di Kati e la causa della rivoluzione, oltre a lasciare impunito il delitto commesso ai danni di Nefer. Con la nobil donna tra le braccia che liberava sospiri, mi sentivo decisamente stupido. Ma forse no. Ero un povero deficiente, uno smidollato senza carattere. Perché non cercavo un compromesso? Se ad esempio l'avessi lasciata dov'era, mentendo a Ipu-Wer, avrei compiuto un dovere sociale e vendicato Nefer, perché sicuramente Itis non si sarebbe salvata. Invece le accorate parole del vecchio notabile mi avevano condizionato al punto da mettere in pericolo la mia stessa integrità fisica o, comunque, i miei rapporti con il padre della fanciulla che intendevo sposare. I testimoni erano troppi. Bastava pensare allo scriba che mi aveva indicato la stanza in cui si trovava Itis, a Mereptah, al comandante e ai soldati che mi avrebbero visto uscire con una donna. Entrare a Palazzo con lei non era poi facile. Dovevo passare davanti a mille occhi e dentro c'erano i delegati del popolo e sicuramente più di una spia. Sì, mi sentivo più imbecille di Mereptah.

In attesa del buio, condizione essenziale per avere qualche possibilità di far passare Itis per un'altra donna, pregai la mia ex amante di raccontarmi come aveva fatto a salvarsi. Accoccolata di fronte a me, fiduciosa nella mia sincerità, non si fece pregare. Digiau era a Corte con Ipu-Wer, occupato in una seduta fiume ch'era durata da stelle a stelle. Lei dormiva nella villa. Era stato il vecchio Abu, tanto vituperato, a dare l'allarme: Menfi stava bruciando. Gl'insorti erano dappertutto, camminavano lungo il fiume, era una notte di spettri. Itis era fuggita da una porticina, mentre una turba inferocita stava accanendosi ad arraffare i beni di casa per poi incenerirla. La nobil donna era stata però catturata nella villa di un'amica, la moglie di Issi, da alcuni soldati e rinchiusa nella Casa della Vita. S'era spacciata per la consorte di uno scriba al servizio di Ipu-Wer e quindi pochi conoscevano la sua vera identità. D'altra parte chi era al corrente delle sue nefandezze? Io, Kati, Digiau e la cricca di Corte. I suoi servi non avrebbero parlato, c'era da giurarlo; Paniamon e Tensi erano lontani; Neferohu era in giro per salvare gente; Abu era troppo onesto per spendere una parola di condanna. D'altra parte se Kati fosse davvero partito da Menfi senza sapere che ella era viva, chi era in grado di accusarla? Con la sua abilità Itis avrebbe sepolto i vari Issi, Ti-teti, Ahi e soci. Come moglie di Ipu-Wer, e cioè dell'uomo che stava adoperandosi per salvare il salvabile, avrebbe potuto vantare i favori di Sebni. Fatte queste considerazioni mi venne un dubbio sulla validità della massima di Neferohu: « l'onestà e la rettitudine sono beni eterni. Chi li possiede non ha nulla da temere ». Con questi beni i migliori egiziani se n'erano andati nella Terra d'Occidente, quella dei Morti, mentre i furfanti erano vivi e vitali, apparentemente indistruttibili. Itis ne era un esempio.

Mentre la nobil donna mi raccontava le sue peripezie, ero pronto a giurare che, se fosse morto Kati, ella sarebbe diventata l'eroina degl'insorti. Conoscendo la sua scaltrezza, non era un traguardo irraggiungibile.

Appena calarono le tenebre, raggiunsi l'ufficio del comandante. Gli dissi che dovevo condurre con me una donna, Meret, figlia di un anziano funzionario morto senza colpe. Rise, era allegro, mi chiese quanti anni aveva. Beh, né vecchia né giovane, era brutta e malaticcia. Ma sì, potevo condurla fuori, dove volevo, era una bocca in meno da sfamare. Mi chiese della mia missione e dei notabili di Palazzo. Gli raccontai della gazzarra, di Sua Maestà e della sua festa, delle minacce di Pepinakht, generale senza truppe. Ignorai Ipu-Wer per paura che mi chiedesse della moglie.

Mentre trepidavo, con Itis appena fuori dalla porta, venni a sapere che Pepinakht era stato ucciso. Uscito da Palazzo prima dell'alba, con un somaro per la cavezza e uno straccio sulle spalle, aveva sperato nell'impossibile. Purtroppo era atteso. Fatto salire in groppa con il viso verso la coda, aveva divertito tutti. Preso a sassate, non era andato lontano. La sua squallida carriera era finita in riva al Nilo, mentre stava salendo su una barca provvidenzialmente scoperta in un canneto. Raggiunto e malmenato, s'era buttato nel fiume, scomparendo tra i gorghi. Il sommo Hornifer invece s'era recato da Neferohu come un penitente. Con lui aveva subito iniziato a soccorrere feriti e a offrire i riti magico-religiosi anche agli schiavi: massacri a parte, le malattie stavano mietendo vittime a centinaia.

Mezz'ora dopo, con Itis che s'era coperto il viso con un lurido scialle, camminavo nelle vie devastate della capitale. C'erano la luna piena in un cielo pulito, molti fuochi alimentati dagl'insorti, compagnie di soldati che obbligavano uomini e donne a buttare cadaveri nel Nilo. L'odore era nauseabondo e lo spettacolo allucinante.

Non era certo un'ora propizia per girare da solo con una donna che, a ben guardarla, si capiva a quale casta apparteneva. Purtroppo non avevo altra scelta. Per evitare i viali e le piazze dove bivaccavano gli insorti, scelsi vicoli sconosciuti, sicché finii per perdere l'orientamento. D'altra parte ero diretto a Palazzo, ma con una piccola variante. Quasi alla periferia di Menfi ci rifugiammo in una baracca abbandonata in attesa dell'alba. Ci sedemmo su un pugno di paglia e Itis non perse tempo. Come se si trovasse tra le pareti protette della villa, usò la sua raffinatissima arte perché sostituissi Mereptah. Quando si accorse che era tempo perso mi chiese di suo marito.

« Be', » le risposi, convinto di farle piacere « non allarmarti, ma si regge appena. Non penso che abbia vita lunga. »

Forse un lampo di gioia dovette illuminarle gli occhi, perché si aggrappò al mio corpo e mi accarezzò con tenerezza. La sentii ebbra di felicità.

« Mi spiace per lui, Hanis, » mi disse ostentando dolore « ma è vecchio come la fenice, bolso e catarroso, totalmente finito come uomo. Morirà nel rispetto e noi gli faremo un bel funerale. Per la sua santa memoria voglio seppellirlo in un'Eterna Dimora degna di un re. Fratello, mi sposerai? »

« Oh, che domanda! Terminato il lutto, sorella. »

Mi fece sentire il corpo ardente in un abbraccio di gioia. Sapeva di stallatico maturo. Il suo ansimare era già un invito, tuttavia usò le labbra. Me le fece scivolare sulle guance, sul collo, sul petto e giù fin dove ella poté arrivare. Ma io ero di pietra, vincevo la nausea con sforzi eroici.

« Sono sfinito, cara » le dissi, accarezzandole i capelli. « Non dormo da tre giorni, mi sono impegnato in una fatica che per fortuna non è rimasta sterile, perché ti ho ritrovata. Vorrei però che tu fossi sempre la stessa Itis, quella che sa amare. »

Mi prese una mano e se la ficcò nel seno, poi mi avvolse in un abbraccio selvaggio.

« Hanis, tesoro, sarò la tua schiava. Perché mi porti da mio marito? Non possiamo fuggire ora? Non te ne pentirai, fratello. »

Le feci capire che era una proposta sciocca e pericolosa. Dove saremmo andati? Come saremmo vissuti? Dilagava una violenza irragionevole e l'Egitto era un orrore che strappava le lacrime. Non c'era altra soluzione che raggiungere Ipu-Wer. S'era rifugiato nel porcile di sua proprietà con una ventina di notabili. Tra qualche giorno saremmo partiti per il Papireto. Purtroppo bisognava dire addio a Menfi.

Sentii Itis tremare. Forse non si era ancora resa conto delle reali dimensioni della tragedia che tutti, dallo schiavo al faraone, stavamo vivendo. Si staccò da me e si rannicchiò in un angolo. Una macchia di luce bucava l'ombra. Le illuminò il viso rugoso e triste.

« Tu Hanis verrai con noi, nevvero? » mi chiese infine, allarmata.

« Ma certo, cara. Dove vuoi che viva? Lontano da te non mi è più possibile. In caso contrario non ti avrei cercata con tanti rischi e tanto affanno. »

Una pausa di silenzio. Fuori si sentivano stormire le foglie di alcune palme e l'abbaiare insistente di uno sciacallo. Era molto vicino, troppo. Forse era Anubis, il dio che vaga di notte alla ricerca dei morti dispersi. Più che disagio avvertii un senso di paura. In un clima da necropoli si levò la voce di Itis, quella tenera e fioca che ella usava quando si concedeva al suo amore.

« Che tesoro di uomo sei, fratello! Che fine ha fatto Pepinakht? »

Le spiegai che era stato destituito e costretto a lasciare l'Egitto. Purtroppo era finito nelle mani degli insorti ed era morto. Ti-teti, Issi e Ahi erano invece prigionieri di Kati.

Mi si fece accosto e si strinse ancora a me, ultima speranza tra tanta miseria.

« Hanis, amore, Pepinakht se lo meritava » la sentii commentare con le labbra sul collo. « Era un buono a nulla, prepotente con i deboli, subdolo con i notabili, innocuo con le donne, anche se le molestava tutte. Ti-teti e Issi erano due falliti che mi perseguitavano. Che ripugnanza provavo nel vederli strisciare pieni di speranza! Che fiati puzzolenti! Ahi? Uno schifo di uomo. E... quella pazza di Nefer che fine ha fatto? L'hai dimenticata o ti è rimasta una spina nel cuore? »

« Nessuna spina, sorella. È morta. »

« È stata una grazia degli dèi » commentò. « Che ci faceva al mondo? Comunque hai fatto bene ad aiutarla... un'opera di carità che tu solo potevi fare... sì, tu solo, Hanis. Però non mi hai parlato di Kati il "nomarca". Lo sai che ho paura, fratello, paura folle, capisci? Quando Issi l'ha condannato mi sono ribellata e ho convinto mio marito a chiedere la grazia a Sua Maestà. Fu inutile. Non vorrei ora pagare per quello schifo di visir... mi capisci? »

La rassicurai. Kati sapeva tutto, anche della grazia non concessa. Aveva chiesto Issi come ostaggio per potersi vendicare. Venerava il nobile Ipu-Wer e non aveva mai fatto il nome della moglie.

Sfinita, Itis crollò sul terreno nudo. Era soddisfatta, quasi felice. Mi costrinse ad allungarmi accanto a lei. Non perse tempo. Mi guidò una mano sulle cosce, più su, cercò di parlare con il corpo. Delusa, mi chiese di soddisfarla. Finsi di dormire ed ella si rassegnò. Le ultime parole le uscirono che forse stava già sognando: « Hanis, amore, staremo abbracciati nel corso di un'intera luna... un corpo solo... saremo felici. Mi vuoi proprio tutta? ».

C'incamminammo di buon mattino verso il porcile dov'erano accampati Iput e tribù. Li trovai ciarlieri e ridanciani, molto fiduciosi nell'avvenire. Per festeggiare l'elezione del taverniere a visir stavano rosolando due maialini. A Iput, però, non si addiceva la carne di porco. Come alto... notabile gli stavano preparando quelle di toro, antilope e ippopotamo... comperate appositamente a monte del fiume. Esse erano ricche di virtù divine. Dopo una colazione che doveva servire fino a sera, i saiti sarebbero calati su Menfi per catturare Shery; era una questione d'onore. Ormai sapevano dove trovarlo. Visir anche lui, stava oziando in una villa a tre passi dal tempietto di Nefertum, figlio di Sekhmet, il dio che portava sul capo un fiore di loto. Naso Mozzo era in agguato dalla sera prima.

Mentre Itis stava cercando con affanno il marito e i notabili tra le piante della palude, dissi a Iput, che s'era levato scultoreo con attorno la ciurma:

« Ti eleggo responsabile della incolumità di questa donna. Se mi prometti che me la restituirai senza un osso spezzato... te la cedo per un paio d'ore. È sessualmente esuberante. Come dama di Palazzo, abituata a certi riguardi, non è però allenata per soddisfare una tribù di uomini alla buona come la tua. Non siate quindi troppo violenti. »

Itis mi guardò smarrita. Subito cercò di svincolarsi usando unghie, urla e calci, ma la spinsi nel gruppo. Si levò un urlo selvaggio. Fu denudata in un attimo e trascinata in una baracca.

Dopo avere mangiato una fetta di porcellino e mezza pagnotta, attesi più di due ore. Da una cinquantina di passi giungevano grida di gioia e di dolore, bestemmie e invocazioni di aiuto. Finalmente la nobil donna, ridotta ad uno straccio maleodorante, mi fu buttata ai piedi completamente nuda.

« Sei proprio un amico » mi annunciò Iput a nome di tutti. « Se me la lasci ne faccio la moglie di un visir. Mi piace... che mi venga un colpo se non mi piace. »

« Non posso. Devo andare. Rimettetele il vestito ed evitate commenti. »

Nessuno insisté. Itis, più morta che viva, lasciò fare, poi si allontanò vacillando. La raggiunsi e cercai di sostenerla. Appena la toccai diventò feroce. Si mise ad urlare parolacce e mi aggredì a calci, poi usò le unghie e i denti. L'immobilizzai con una certa fatica, minacciando di condurla da Kati. La risposta fu uno sputo sul viso e un morso a un braccio. Bastò un ceffone perché ella crollasse sulla sabbia. Era una scena disgustosa che non mi faceva certo onore. Se l'idea di condurla al porcile mi aveva quasi divertito, perché sapeva di vendetta, dovevo ora convenire che era stata alquanto meschina. Che Itis fosse una criminale ero d'accordo con Kati; che meritasse di essere sottoposta a giudizio anche. Io ero però l'ultima persona che poteva eleggersi a giudice dei suoi reati. Mi sentii amareggiato.

Rimisi in piedi la nobil donna e le ordinai di seguirmi. Non reagì. S'incamminò curva sotto il peso di una vita al tramonto. Certamente non ignorava che la sua stella si era spenta. Lontana da Menfi, che cosa le avrebbe riservato l'avvenire? Nella migliore delle ipotesi, giornate insulse al Papireto, a seviziare il povero Paniamon, una magra vendetta, se si considerava la vita di clausura che avrebbe dovuto condurre, specie durante il periodo dell'inondazione. Com'era naturale, per me ora covava un odio tremendo. Infatti, mentre camminava verso la città, m'insultava a fior di labbra, parolacce da megera. In un vicolo pieno di rifiuti e di insetti, Itis crollò in lacrime. La lasciai sfogare, la sollevai e le posi l'alternativa: o da Kati a pagare debiti da pena capitale o a Corte, da suo marito. Non mi rispose, in quanto la scelta era ovvia. Comunque entrare a Palazzo con lei non era né facile né privo di rischi. Lo spiazzo antistante il fabbricato era sicuramente ancora sgombro e, a parte il doppio cordone di soldati, all'imbocco delle strade bivaccavano gl'insorti. Possibile che tra di loro non ci fossero gli occhi di un servo di casa Ipu-Wer? Ero preoccupato, quasi pentito di avere trascurato Nefer per andare alla ricerca di guai.

« Ora che mi hai data in pasto a quegli escrementi di porco mi consegnerai a Kati? Ho sentito dire che la reggia è circondata. Dimmi, che cosa vuoi fare di me, cane bastardo? » mi chiese disfatta.

« Condurti da tuo marito. Purtroppo non so come fare. Se ti riconoscono, la rivoluzione si arricchirà di un cadavere che non farà versare lacrime a nessuno. »

Se le trattative non erano ancora concluse, nessuno poteva entrare o uscire da Palazzo senza un permesso concordato. L'unica persona che aveva libero accesso ero io. Condurvi Itis era pazzesco. Che fare? Ci avvicinammo alla piazza seguendo vicoli maleodoranti. Sporca e vestita di stracci, Itis sembrava una vecchia da bassifondi.

Purtroppo c'erano ancora folla e soldati e la tensione era quella di prima. Gl'insorti, seduti qua e là, cantavano a gruppi o insultavano le guardie, che di tanto in tanto si affacciavano dalle mura. Erano stanchi di attendere, volevano l'oro dei forzieri reali, le dame e i notabili da sottoporre a giudizio.

Attraversare lo spiazzo in un simile clima era un suicidio. Decisi di optare per una soluzione d'attesa: condurre Itis da Apui e recarmi da solo a Palazzo. Gli ordini di Kati erano che andassi di persona per sapere dei negoziati. Mi allontanai alquanto dalla piazza.

Per fortuna un dio buono, sicuramente Thot, mi venne in aiuto. Dietro di noi, in un incrocio abbastanza ampio, prese improvvisamente fuoco una vecchia casa, l'unica ancora in piedi. Si udì un'invocazione di aiuto, qualcuno gridò che dentro c'erano un vecchio e un gatto. Accorse parte della gente che oziava ai margini della piazza e si diede da fare non per salvare il vecchio, ma il gatto. Di voce in voce la notizia si diffuse e in poco tempo l'intero rione, un ammasso di macerie e di rifiuti, si riempì di folla che seguì con ansia le operazioni di salvataggio.

Il gatto era sacro alla dea Bast e come tale tenuto in alta considerazione. Quando ne moriva uno, i padroni e il parentado vestivano a lutto, e cioè d'azzurro, e si radevano le sopracciglia. Se invece moriva un cane, non un pelo doveva rimanere sul corpo, perché questa era l'usanza. Nel frattempo il cadavere veniva mummificato con i migliori unguenti, fasciato nel lino e sepolto in luoghi sacri. Quest'ultimo rito era adottato soprattutto per il gatto. Era quindi logico e doveroso, per gente che tra l'altro oziava da tempo in attesa di notizie da Palazzo, porgere aiuto alla povera bestiola e poi al vecchio, le cui invocazioni si alternavano a rabbiosi miagolii.

Mentre attorno alle fiamme si faceva un gran chiasso e il via vai era confuso e di poca utilità, vidi sbucare da un vicolo due megere. Pungolavano due mucche al traino di una slitta carica di paglia. Attratte dall'incendio, le due donne si fermarono e chiesero di chi era la casa. Quando seppero del gatto si batterono il petto e si strapparono i cenci che indossavano. « Ecco, » mormorò la più vecchia disperandosi « che la dea Bast salvi la povera bestiola! Ecco, che il castigo divino colpisca chi ha acceso il fuoco! Ecco, sta bruciando la casa di Ursu il vecchio. Che bruci lui, sicuro, ma che si salvi il gatto! »

Un ceffo ordinò loro di allontanarsi con la paglia, un altro le investì con una fiumana di parolacce, tra cui il termine puttana era di tutto rispetto. Brontolando sconcezze, le due donne pungolarono le mucche e si diressero allora verso la piazza grande, tra due ali di curiosi.

Le raggiunsi prima che lasciassero la strada: in vita mia non fui mai così intuitivo.

« Ehi, voi, dove andate con quella slitta? » chiesi.

Mi rispose la più anziana, una vecchia che camminava con il mento per terra.

« Ecco, hanno chiesto paglia per i giacigli dei nobili, e cioè per i maiali chiusi nella reggia. I soldati hanno ordinato a Neperu, mio marito, di portargliene una slitta. Ma lui è sbronzo, il porco. Così ho completato il carico in qualche modo. Vedi che la perdo per strada? »

« Ti daremo una mano noi, sei contenta? »

« Altroché! Ecco, quella è mia figlia » disse indicandomi l'altra donna. « Non voglio che fatichi, perché ha un figlio da fare. »

Ordinai a Itis di raccogliere la paglia che cadeva e di ributtarla via, sulla slitta, di camminare a testa china e di non girarsi. Io l'avrei seguita a notevole distanza.

Le mucche si rimisero in moto. Immobile nel mezzo vicolo in ombra, tra gente che s'interessava del gatto, vidi la slitta scomparire nella piazza. Allora mi mossi anch'io. Quando il portone di Palazzo si chiuse alle mie spalle, sospirai.

Mentre la slitta veniva condotta dalle guardie in un cortile, mandai a chiamare Ahuri e attesi con Itis nei giardini. Mi sentivo libero da un incubo. La nobil donna, seduta sul bordo di una fontanella, aveva i gomiti sulle ginocchia e le mani che le coprivano gli occhi. Incrostata di fango e di sporcizia, era sfinita. Improvvisamente alzò il capo e mi disse:

« Hanis, non so cosa pensare di te. Sei un uomo sconcertante. Comunque posso perdonarti tutto, ma non l'onta di oggi. Se nascerà un figlio cosa dirò a mio marito? »

« Penso che tu non riesca a concepire » le risposi, convinto che la sua età e l'opera devastatrice di Iput e tribù erano fattori negativi per una gravidanza. « Comunque, se dovesse nascere, potrai sempre dirgli ciò che gli hai fatto credere: che è mio. Addio, Itis. D'ora in poi cerca di essere almeno una buona moglie. Tuo marito è vecchio, amareggiato, non certo in buona salute. Ha bisogno di te. »

Scoppiò in singhiozzi. Stava versando lacrime vere e mi fece quasi pena, perché mi resi conto che avevo infierito su una malata di mente.

Ci raggiunse Ahuri. S'inchinò al relitto della nobil donna e v'indugiò con gli occhi, desolato. Poi mi guardò con aria interrogativa. Gli chiesi di Ipu-Wer. Era ancora in seduta, perché più volte le parti si erano arroccate su posizioni che parevano intoccabili. Ora le trattative erano giunte a un punto morto. Non c'era però da allarmarsi, perché sia gl'insorti sia i notabili di Palazzo avevano gli stessi interessi: giungere a un accordo nel minor tempo possibile.

« Devi proprio parlare con lui? » mi chiese.

Certo, dovevo parlargli, subito. Nel frattempo Itis avrebbe dovuto attendere in archivio.

La nobil donna sbiancò. « Perché proprio nell'archivio? » mi chiese, sbarrando gli occhi.

« Perché, se ben guardi, sul pavimento di legno c'è una macchia scura. È dovuta al sangue di Nefer, è bene che tu la veda. Ora vattene. »

Credevo che si allontanasse a capo chino, invece mi fissò con minacciosa ostilità. L'aria della reggia, la presenza di Ahuri e di una cinquantina di guardie che sorvegliavano la porta d'entrata le avevano infuso vitalità e l'autorevole ardire di un tempo. Mi disse, velenosa:

« Hanis, le fortune sono come un arco di luce, specie quelle di un escremento di porco come te. Può essere breve o lungo, ma è sempre soffocato dal buio. Sentirai ancora parlare di me... e dovrai tremare. »

Fu lì lì per sputarmi addosso, me ne accorsi dal movimento delle labbra, invece si girò di scatto e s'incamminò verso la scala, con gli stracci che le dondolavano sulle gambe violacee. Il mezzo guerriero, ostentando un passo virile, la seguì com'era solito fare.

Non ebbi bisogno di Ahuri per raggiungere la sala che un tempo ospitava il Consiglio dei Dieci. I delegati erano ancora al lavoro e nel corridoio mi giunse la voce di Ipu-Wer, ferma e indignata. Scostato il battente, lo vidi in piedi, grondante di sudore. Con l'indice che oscillava ammonitore, stava redarguendo i membri delle delegazioni, rei di anteporre i propri interessi a quelli del paese.

« ... Signori miei, » stava dicendo « la Terra di Kemet sta girando ancora in tondo come la ruota del vasaio. L'uomo virtuoso è in lutto. Chi era sepolto come un falco, trova nella corrente del fiume la sua tomba. Proprio per la verità vi ripeto che da questa insensata rivoluzione sorgeranno cortei di spettri che v'indurranno a calare il capo sulle ginocchia come miserabili peccatori. Illusi! Mentre noi stiamo qui a rinfacciarci accuse, l'anarchia sta dilagando e il Nilo porta sangue alla Grande Verde, e cioè al mare.»

Prese fiato, si rivolse alla delegazione del popolo e quasi l'aggredì. «Avete massacrato scribi di valore, sacerdoti di proverbiale onestà, funzionari integerrimi, donne inermi e bambini rei di appartenere a classi sociali che ritenevate giusto estirpare, come se fosse erba infestante. Ora l'Egitto è in mano a selvaggi e a gente straniera. Badate bene, signori miei, o smussate le vostre richieste o il crollo sarà totale e irreversibile.»

Mentre i delegati, chini su fogli di papiro, stavano segnando appunti, Ipu-Wer mi si fece accosto e m'interrogò con gli occhi. Quando seppe che Itis era nell'archivio, impallidì dall'emozione.

«Intendi... proprio lei, mia moglie?» mi chiese, con il dubbio di avermi frainteso. Mi posò una mano sulla spalla. La sentii fredda e tremante.

Gli accennai di sì, proprio lei, la donna che avrebbe dovuto essere la prima vittima di quel cataclisma, era ancora viva, a Corte, vicino a suo marito.

XXII

Un mese dopo, i negoziati non erano ancora finiti. Com'era prevedibile, avevano dato luogo a dispute feroci, con scambi d'insulti e di minacce. Tuttavia il vecchio Ipu-Wer, depositario dell'atavica saggezza egiziana, evitò che i legami si spezzassero. Dopo estenuanti trattative, gl'insorti avevano comunque strappato alla nobiltà importanti concessioni. Per la prima volta nella storia d'Egitto, al faraone veniva negata l'origine divina. Relegato tra i mortali, i suoi ordini potevano essere discussi e contestati da apposite commissioni, cui era affidato l'incarico di custodire gl'ideali della rivoluzione. Inoltre i sommi sacerdoti s'impegnavano a concedere anche al bifolco i riti magico-religiosi, condizione unica e indispensabile per godere la vita eterna; le Case della Morte erano costrette a mummificare tutti i cadaveri a spese dello stato, esclusi quelli dei furfanti e degli schiavi. Chi però desiderava un'imbalsamazione più completa doveva fare in modo che i parenti o gli amici gliela pagassero. A suo carico erano pure le bende di lino, gli amuleti, il sarcofago, l'Eterna Dimora, gli alimenti per il "ka", e cioè per il "doppio", la sostanza immateriale che si staccava dal corpo al momento della morte e viveva in eterno accanto alla mummia. Altre concessioni strappate alla vecchia classe dirigente riguardavano l'ovvia sostituzione di Pepinakht, ormai defunto, con Sebni, e la riforma fiscale. A eccezione degli scribi, che avrebbero pagato ancora le tasse scrivendo, tutti gli egiziani erano soggetti a imposte proporzionate al reddito. Il minimo tassabile veniva inoltre elevato a trentasei "hekat" di grano, e cioè a oltre due sacchi per ogni membro di una famiglia.

Nella Valle del Nilo le terre rappresentavano la base del sistema di tassazione. Tutte di proprietà del faraone, fin dai tempi di Menes, venivano date in concessione ai notabili e ai contadini. I primi avevano comunque la possibilità di lasciarle ai membri della loro famiglia o di donarle a qualcun altro, previa l'autorizzazione di Sua Maestà. Ebbene, queste concessioni sarebbero state riviste e vagliate con cura da un'apposita commissione.

La controversia, che già durante i primi giorni aveva minacciato di far naufragare i negoziati, era però rappresentata da una massima del saggio Neferohu, che gl'insorti consideravano uno dei pilastri fondamentali della riforma: « Gli uomini non devono distinguersi per nascita o casta, ma per le loro capacità ». Purtroppo era un osso duro da far ingoiare alla vecchia classe dirigente. Ad appianare le cose fu ancora Ipu-Wer. Con un focoso discorso fece notare ai delegati della nobiltà che il glorioso Egitto si era suicidato, perché con la legge sulla ereditarietà delle cariche troppi posti di comando erano finiti nelle mani di imbecilli. Pur essendo stato il capo della nobiltà, lui stesso aveva più volte criticato questa legge assurda, tant'è che con le sue insistenze aveva permesso a uomini di basso lignaggio, e perfino a uno schiavo, di occupare con profitto il posto di amministratore capo delle imposte. Le accuse a loro carico erano tutte da vagliare, in quanto, spezzata l'omertà di una cricca che per decenni aveva spadroneggiato a Palazzo, erano affiorate verità da lasciare sgomenti.

Rimasero così da negoziare clausole marginali, come quelle di non infierire sui prigionieri in modo indiscriminato o comunque senza un normale processo; di inviare, con ogni mezzo, la gente al lavoro; di eleggere i funzionari dei vari dicasteri; di stroncare il movimento migratorio dei popoli stranieri; di rispettare i membri della famiglia reale, compresi i principi Neferkharè e Nitocri, notoriamente odiati dal popolo.

Kati, però, lungi dall'essere soddisfatto delle concessioni strappate a una casta che per secoli aveva tenuto i posti di comando con feroce autorità, criticava apertamente il proprio operato, definendolo biasimevole. Purtroppo la gente di basso ceto e i miserabili che avevano passato la vita a razzolare nelle strade si erano illusi sui poteri taumaturgici della rivoluzione, senza pensare che la Terra di Kemet aveva da secoli una struttura sociale ben delineata. Come si poteva sovvertirla dall'alba al tramonto? Sarebbe bastato il sangue che ristagnava nelle paludi o ce ne voleva dell'altro? Di chi, delle fazioni ormai in lotta? Come accade spesso nei disordini di piazza, gruppi di estremisti avevano formato bande la cui attività non si limitava al furto e al saccheggio. Essi stavano ora aizzando il popolo contro Sitra, Kati e Sebni, rei di proteggere le vecchie istituzioni e i prigionieri rinchiusi nella Casa della Vita. La follia omicida era talmente diffusa che nessuno pensava all'indomani se non per perpetrare altri crimini. Oltre alla scarsità di viveri, mancavano medici, sacerdoti, Maestri Templari, scribi. La voce di Neferohu era soffocata dalla stoltezza collettiva. Il vecchio Profeta non s'era ancora recato al comando rivoluzionario per protesta, ma aveva levato un angoscioso grido di allarme. Tra le malattie che dilagavano a macchia d'olio, ce n'era una epidemica e incurabile, che mai s'era vista in Egitto. Gl'infermi presentavano febbre alta, vomito, rigidità nucale, macule rosso pallido dapprima sulla fronte, poi su tutto il corpo. Queste eruzioni cutanee suppuravano nell'arco di pochi giorni e lasciavano cicatrici deturpanti. La mortalità era altissima. Lo stesso Hornifer, colpito tra i primi, aveva ormai poche possibilità di salvarsi. Che fare? La gente invocava gli dèi. Purtroppo l'Egitto era un paese orfano. Le divinità, inorridite da tanta barbarie, erano diventate insensibili a ogni richiamo. Imperava solo la dea Sekhmet, mai sazia di sangue. Neferohu l'aveva annunciato ai quattro venti e s'era messo a curare i malati con i pochi sacerdoti sopravvissuti. La loro attività si limitava però a frasi di conforto.

La reazione di Kati a questa nuova calamità fu uno sfogo incontrollato contro le forze del male accanitesi contro di lui.

Poi gli venne un dubbio. Forse lo stesso Neter Uat, il Dio Uno, conosciuto solo dalle classi nobili e sacerdotali, aveva ordinato alla dea Sekhmet di infierire senza pietà sui criminali? E cioè su chi aveva sfruttato gli ideali della rivoluzione per sottrarre beni alla comunità o per compiere vendette personali? Una risposta positiva a questo interrogativo gli avrebbe quietato la coscienza. Inviò il quesito a Neferohu e attese con trepidazione. La risposta gli fu portata in un foglio di papiro sporco di sangue. Il Profeta del Ded Venerabile fu inflessibile. No, la dea Sekhmet stava solo colpendo il responsabile di tanto sfacelo. Voleva che vedesse morire la brava gente sopravvissuta al massacro, i sacerdoti, i bambini, le partorienti, tutti in preda a delirio e a convulsioni. Gli spiriti maligni erano calati in massa per fare dell'Egitto un paese di miseria.

Terminata la lettura, Kati si lasciò sfuggire un riso isterico e crollò su una stuoia con il capo sulle ginocchia. Nessuno riuscì a cavargli di bocca una parola. Era distrutto.

Fu il bravo Sebni che diramò tempestivamente un ordine amaro, ma necessario. Tutti gl'infermi che presentavano febbre e pustole dovevano essere rinchiusi nelle cave di pietra inattive e abbandonati nelle mani del dio Min. Purtroppo su di loro il cielo si sarebbe macchiato di nero, con corvi e avvoltoi in attesa dell'ultimo cenno di vita. Il cadavere di Hornifer fu invece portato nel tempio di Ptah. Neferohu lo fece rinchiudere in un ripostiglio, in attesa che la Casa della Morte riprendesse l'attività.

Comunque l'infaticabile vegliardo, preoccupato per questa nuova calamità, decise per l'uscita del dio dal tempio con una processione che, c'era da sperarlo, avrebbe debellato le malattie e fatto rinascere nelle genti della capitale quel senso di responsabilità che era stata loro prerogativa fino alla morte di Merenrè I, padre di Pepi.

A sentire il Profeta del Ded Venerabile, la Terra di Kemet, anche se era ridotta a un relitto, non aveva ancora perso la vitalità che l'aveva animata durante i suoi otto secoli di storia, per cui egli stimava erroneo negare del tutto le possibilità di reazione dei Figli del Nilo. I vecchi ideali di casta e di successo materiale si erano dimostrati effimeri, d'accordo, tuttavia l'egiziano, con la rivoluzione, ne aveva trovato altri più veri e durevoli. Le cose materiali si potevano vedere, toccare con mano, moltiplicare, ignorare, godere a volontà. Erano quindi causali, soggette alla legge del tempo, e cioè alla distruzione. Quelle spirituali invece rappresentavano la sostanza di un'esistenza senza tramonto, quell'immortalità solare un tempo prerogativa solo dei ricchi. Poiché la prima rivoluzione democratica della storia aveva visto il trionfo della dottrina osiriaca, tutti i Figli del Nilo dovevano essere felici. Dopo il decesso, anche il guardiano di porci aveva ora la possibilità di presentarsi al cospetto di Osiride, dio dei morti, e buttare le sue colpe sulla Sacra Bilancia. I quarantadue giudici dell'aula Maaty avrebbero deciso per i Campi di Yalu o per il Lago di Fuoco. Era però un errore pensare che sarebbero bastati i riti magico-religiosi e le formule incise sui sarcofagi per assicurare a tutti un glorioso al di là. Sciagura, grave sciagura fidarsi della benevolenza dei giudici! Per i furfanti c'erano i dèmoni di Set. Ora che la vita terrena era di preparazione per l'al di là, perché non tornare al lavoro paghi delle prerogative acquisite? Certo, ci sarebbe stato da imbrattarsi il viso di fango in segno di lutto e versare lacrime a fontana per le atrocità commesse. Il pentimento e la volontà di rimediare al male con un lavoro operoso avrebbe però posto una forte ipoteca sul giudizio favorevole della Sacra Bilancia.

In giro dall'alba al tramonto, Neferohu si affannava a spiegare queste cose ai sedicenti visir e agli insorti più influenti. Purtroppo il suo ottimismo non era suffragato dai fatti. Gli ideali della ricchezza e della posizione sociale, soffocati nel sangue con l'ondata devastatrice, stavano già riaffiorando e con essi un nuovo odio di classe. La vita terrena era di preparazione a quella eterna, sicuro, però offriva beni allettanti, apportatori di felicità immediata. Dato che con i riti e le formule magiche l'esistenza di un glorioso al di là era pressoché assicurata, perché rinunciare ai beni di questa terra? La vecchia nobiltà non s'era comportata allo stesso modo? Godere i piaceri della vita non significava insudiciarsi la coscienza con gravi colpe.

Queste verità delusero ancora una volta il vecchio Profeta. Tuttavia non si diede per vinto. Sperava in dio e nell'esercito di Sebni, nella vitalità della ormai sparuta classe sacerdotale e nel buon senso della gente di campagna.

Dopo che alcuni araldi ebbero annunciato per tre giorni consecutivi l'uscita del dio Ptah sulla barca sacra sorretta da dodici portatori, la processione indetta per quietare gli animi si diresse verso sud, verso i sobborghi periferici di Menfi, in quanto il dio amministrato da Neferohu, con un atto di umiltà, si recava a fare visita a sua figlia Nebet-Nehet. Appena uscito dal tempio gli furono sacrificati un ippopotamo e un'antilope, rito che aveva lo scopo di distruggere la malvagità di Set e Sekhmet. Con abbondanti aspersioni d'incenso il corteo, preceduto dal focoso Profeta intento a bisbigliare le preci di rito, si avviò verso il Nilo. Tuttavia non fece in tempo a imbarcarsi. La dea Nebet-Nehet s'era mossa per tempo ed era venuta incontro al padre con notevole anticipo. L'accompagnavano alcuni sacerdoti e una folla di adoratori. Come accadeva spesso, anche se la potenza di Ptah era cosmica, i fedeli rivali vantarono i poteri della propria dea, la sola in grado di guarire le piaghe egiziane, sicché vi furono accesi scambi verbali e la festa degenerò in rissa. Con forconi da fieno e randelli, le parti si azzuffarono con ferocia, costringendo i soldati a intervenire. I morti furono undici e i feriti oltre cento. Purtroppo la statua della dea finì nel Nilo e quella di Ptah non la seguì per puro miracolo. Neferohu, disgustato, fece riportare il dio nel sacello e profetizzò altre calamità. Infatti una decina di giorni dopo un'eco significativa giunse dal sud: nubi di locuste stavano devastando i raccolti già menomati. Menfi non fu risparmiata. Al terzo tramonto il Nilo diventò una necropoli di pesci e le acque, limacciose, non servirono a nessuno. Poiché i pozzi erano quasi tutti inquinati, la gente, assetata, inviò una delegazione al comando rivoluzionario.

« Ci avete promesso ogni bene e manca anche l'acqua. Furfanti, traditori, nemici del popolo » andavano urlando i più facinorosi. Una carica di fanteria fece altre vittime.

Da quel giorno Neferohu si limitò ad amministrare il culto del dio nell'intimità del tempio. Prima di chiudere i battenti in segno di lutto per la stoltezza degli uomini, la sua voce tuonò minacciosa nello spiazzo antistante la Dimora di Ptah. Disse:

« Un tempo, malgrado le pecche di una società in declino, l'uomo si rifugiava in dio senza rendere all'aggressore il male che gli aveva fatto. Ora l'umiltà è scomparsa, non si crede più nelle divinità, si insegue come un tempo la ricchezza e si naviga nell'odio. Nel nostro paese serpeggiano la contestazione irrazionale e un atteggiamento ottuso che non tarderanno a produrre effetti negativi sulla vita sociale. L'egiziano ha dimenticato che sulla terra lui era l'uomo e gli altri dei miserabili stranieri. Ora accoglie queste genti come se fossero fratelli. La Terra di Kemet è quindi alla loro mercè. La rivoluzione? Non avevo profetizzato che era la medicina degli stolti? Ebbene, per secoli e secoli, forse per sempre, la nostra terra sarà calpestata da genti che vestono puzzolenti abiti di lana e adorano falsi dèi. Da oggi il Profeta del Ded Venerabile, Gran Maestro degli Artisti e Sommo Sacerdote di Ptah, per voi è morto. »

XXIII

Nonostante la sete di vendetta che gli aveva roso il petto per anni e anni, Kati non era un violento. Molto sensibile a certi richiami della coscienza, ora era succube di un senso di colpa che lo prostrava. Le mete che si era prefisso erano state raggiunte, ma a che prezzo? In modo vergognoso, condannevole, bagnando le strade di sangue fraterno. « Ahimè, che tragedia! » continuava a ripetermi. « Chi semina odio è un miserabile, degno di essere punito in modo esemplare... e io ho seminato odio... Per eliminare un centinaio di funzionari corrotti ho sconvolto il paese, ucciso uomini di valore, illuso una massa di gente che, cambiando volto alla società, si potesse vivere senza lavorare. Per fare di un uomo un bifolco ci vogliono due braccia robuste, per farne uno scriba o un sacerdote ci vogliono talento, anni di sacrificio, intelligenza non comune. Noi dovremo iniziare l'opera di ricostruzione affidandoci al genio dei bifolchi. Per anni vivremo nella miseria e nel caos. »

Cercai di rincuorarlo, facendogli presente che l'uomo della strada aveva dato sfogo agli istinti primordiali senza che lui ne avesse colpa. Era perfettamente inutile piangere sulle atrocità commesse. Poiché il piccolo esercito di Sebni era unito e obbediente, bisognava usarlo per convincere il popolo che, se si era battuto per certi diritti, non doveva dimenticare che aveva dei doveri, in quanto il lavoro e il rispetto delle leggi erano necessità sociali. Per i sordi l'unico rimedio erano la frusta, il carcere, la pena capitale.

Avevo altro da dire, ma Kati m'interruppe. Le sue ultime aspirazioni erano quelle di un uomo disfatto: abbracciare sua figlia e andarsene lontano, da solo, in un luogo dove imperavano il silenzio e la quiete. Alla mia domanda se desiderava rivedere subito Nefer ebbe un deciso gesto di diniego. No, non ancora. Voleva aspettare qualche giorno, perché aveva alcune pratiche da sbrigare, cose urgenti come la nomina dei "nomarchi" di Menfi e di Eliopoli, la scelta dei nominativi per la costituzione di un tribunale speciale che giudicasse i prigionieri con molta indulgenza, la ristrutturazione del corpo delle guardie, il censimento delle derrate alimentari. « Nel frattempo abbi cura di lei » mi pregò. « Nonostante la sua infermità, Nefer ti ricompenserà abbondantemente. »

Kati cambiò argomento. Volle sapere chi era la donna che avevo condotto a Palazzo al seguito della slitta. « C'erano la moglie e la figlia di un certo Neperu. L'altra chi era? » mi chiese trafiggendomi con lo sguardo.

Tremai. Per la saggezza di Thot! L'avevano riconosciuta?

« Che ne so! Ho seguito il carico di paglia per poter entrare senza discutere con i fantocci di guardia tra i merli. L'ufficiale che sorveglia il portone mi conosce. »

« Eri fermo in un vicolo con lei, tra la piazza e la casa che bruciava » insisté. « Hai discusso con la moglie di Neperu ed hai seguito le tre donne a una certa distanza. Cerca di ricordare, Hanis. Chi era? »

« Le tre megere stavano insultandosi con un frasario nuovo per me » gli risposi prontamente, fingendomi seccato. « Ho solo chiesto dov'erano dirette e come avevano fatto a salvare due mucche. Perché t'interessi tanto di quella donna? Se la rivedessi sicuramente non la riconoscerei. »

« M'interesso di tutto, Hanis, anche delle piccole cose. Ata ha fatto male a mandare paglia a Palazzo. Dovrei punirlo. »

« Ci sono vecchi e bambini, malati e donne gravide. »

« Comunque... sono poi uscite due donne sole. La terza,

quella che raccoglieva la paglia con gesti forzati, è rimasta dentro. »

« Stai facendomi un processo? Basta, Kati. Se è rimasta dentro ti sarà facile sapere chi è. E poi mi sai dire perché mi fai sorvegliare? Non ti fidi di me, insomma! »

Cambiò abilmente argomento. Mi raccontò che, a trattative concluse, i reparti rimasti fedeli al defunto Pepinakht e ora assediati nelle fortezze di molte città si sarebbero arresi, lasciando quindi più libertà d'azione a quelli di Sebni. Si dilungò a parlarmi di otto chiatte piene di grano giunte miracolosamente dal sud, poi mi chiese, all'improvviso:

« E... della tua ex amante, la nobil donna Itis, hai saputo qualcosa? »

Preso alla sprovvista, scossi a lungo il capo per timore che mi uscisse una voce falsa. Kati mi guardava fisso, la mascella serrata da un desiderio ostinato, le mani nervose che tastavano uno scarabeo azzurro.

« Maledetta! » digrignò cattivo. « Le ho messo alle calcagna due segugi, spie che non mi hanno mai deluso. Incredibile! Sono scomparsi, volatilizzati. Che ne è di lei? Morta? Non è possibile perché le serpi, specie se velenose, hanno doppia vita. Eppure la troverò, puoi esserne certo, e... guai a chi l'ha protetta. Perché non ho incluso nelle trattative la sua consegna? Che idiota! Hanis, sono stato un idiota o no? »

Fui io a cambiare argomento. Ci riuscii. Poiché Kati non aveva nessuna intenzione di essere incluso nella lista dei nuovi funzionari, stimai opportuno chiedergli il perché. Ah, già, la partenza, il desiderio di solitudine in un luogo remoto... senza sua figlia. Incredibile! Eppure aveva sempre parlato di lei con gli occhi umidi. Gli si era forse spento l'affetto paterno, quando aveva saputo che era incapace di intendere e di volere? Non era possibile. Caso mai si sarebbe decuplicato. Povero Kati! Pareva che in lui fosse scomparsa anche la volontà di vivere. Be', era possibile, perché anche a me era accaduta la stessa cosa. Privo di forza morale e spirituale, in me era affiorata la rinuncia, proprio come stava accadendo al mio ex maestro.

« Pensa, Kati, che fu la mia anima a venirmi in aiuto » gli dissi. « La sentii profumata di pietà e di saggezza, mi fece capire che ero uno stolto e in me riaffiorò la volontà di vivere. Ora che la vita eterna è per tutti il migliore dei beni, bisogna vivere degnamente quella terrena, che è di preparazione. Partire senza tua figlia! Se un giorno ella dovesse riacquistare l'uso della ragione, cosa direbbe di un padre che l'ha abbandonata proprio quando aveva bisogno di lui? »

Sembrava che la domanda avesse colto nel segno, perché Kati rimase per qualche tempo cupo, alquanto imbarazzato, poi inaspettatamente scoppiò in una risata che non mi era affatto familiare. Negato al riso, sempre padrone di un rigido autocontrollo, si capiva che il poveretto era sull'orlo di una crisi morale gravissima. Seduto di fronte a me, su cuscini di crine, riacquistò l'aspetto naturale con una certa fatica, ma notai che tremava tutto, le mani, le labbra, il capo, le gambe.

« Partire non vuol dire abbandonarla » mi disse infine, quasi con distacco. Ora aveva il capo sul petto ed era terreo.

« Ma insomma, cos'è, un segreto di stato? Dove vuoi andare, a Elefantina, in riva al mare, in oriente, tra le genti che vestono puzzolenti abiti di lana? O vuoi morire, dando così prova di viltà? »

Kati non era un vile, me lo disse. La morte di sua moglie, l'infermità della figlia, il viso disgustoso, la rivoluzione e i suoi orrori... voleva dimenticare tutto, non vedere più nessuno e non sentire neppure gli uccelli canori, perché in tanta miseria essi parevano divertirsi a gorgheggiare melodie. Si alzò di scatto e prese a camminare da un angolo all'altro della stanza con le mani dietro la schiena. Era pensoso, lo sguardo fisso sul tappeto di fibra, orribile a vedersi. Piano piano riacquistò colore e i suoi occhi assunsero la luce metallica di sempre. A cosa pensava? Forse ai mille problemi che doveva risolvere? All'Egitto prostrato, colpito al cuore? Non avrei voluto essere al suo posto.

Kati si mosse senza posa. Ne seguii a lungo il passo stanco e pesante, poi decisi di andarmene. Sicuramente desiderava rimanere solo. Non avevo ancora raggiunto la porta che la sua voce m'immobilizzò. Lo sentii urlare:

« Dove vai? Chi ti ha detto di uscire? Voglio vivere nella solitudine e nel silenzio, capisci? Ne ho il diritto. O sei anche tu di parere contrario? Basta, non chiedermi altro. Possa l'uomo scomparire dalla terra! »

Lo vidi stravolto, faceva paura. Era impazzito? Mi raggiunse e mi spinse contro il muro. Pensavo mi aggredisse, invece si limitò ad alzare i pugni e a urlare ancora:

« Ho detto basta, hai capito? Lo sai che gli spettri dei morti mi riempiono la notte? M'insultano e mi seviziano, non mi danno pace. Anche di giorno mi parlano e ridono alle mie spalle. Mi giro e scompaiono. Con loro ho visto anche i dèmoni di Set, sicuro, proprio loro, armati di coltellacci. Maledizione! Sai chi devo maledire? Di Sihuri il figlio Kati, padre di Nefer e marito di Mereset: un pazzo. Solo lui dev'essere maledetto. »

Si allontanò, afferrò lo scarabeo e lo buttò contro la porta, quasi mi colpì. Il colpo secco mutò l'atmosfera. Kati mi guardò perplesso, mi si rifece accosto e mi posò una mano sulla spalla. Ora era il Kati del campo di Ra, il mio maestro. La sua metamorfosi era stata repentina.

« Scusami, Hanis, non avevo nulla contro di te. Non riesco più a controllarmi, sai perché? Ho paura, molta paura. Il ghigno degli spettri è orribile e il loro riso sarcastico, a volte sguaiato. Non abbandonare Nefer. Pensi che un giorno ella potrà ridiventare la fanciulla di prima? » mi chiese, suggerendomi la risposta affermativa.

« Credo di sì... anzi, ne sono certo. »

« È proprio l'immagine di Iside? »

« È Iside, la Grande Maga dei Misteri, che è l'immagine di Nefer. »

« Allora... allora è davvero bella, Hanis. Che voce ha? Un tempo l'aveva dolce e cristallina, come il sorriso. »

« È rimasta tale. »

« Da bambina non avevo bisogno di redarguirla. Bastava

che la fissassi intensamente perché corresse via piangendo. Diceva che il mio sguardo era peggiore dello scudiscio, paralizzante, la scuoteva tutta. Mi riconoscerà? »

« Sicuramente no. È totalmente assente. La vuoi vedere? »

Inspiegabilmente mi disse ancora di no, non era ancora il momento. Si rimise a camminare, a testa china, il viso cupo. Da parte mia speravo solo che mi lasciasse andare, non avevo più nulla da dirgli. Invece giunse Sebni, e Kati mi trattenne con un gesto, indicandomi uno sgabello. Prima di ascoltare il rapporto del generale mi raccontò che quando nacque Nefer sua moglie doveva morire. Tale era stato il responso di medici e maghi. L'unica possibilità di salvezza era quindi l'aiuto divino. Che fare? Dopo avere bruciato incenso e terebinto agli dèi senza risultati apprezzabili, decise di andare a prostrarsi ai piedi della Sfinge, il genio mitico meta di pellegrini e infermi. Dormendo ai suoi piedi si facevano sogni profetici e molte volte ci si sentiva suggerire rimedi di magica potenza. Ebbene, le fece il voto che avrebbe combattuto una dura battaglia per risollevare il popolo dalla sua miserabile condizione ed ebbe una ricetta che stupì anche i Sommi Profeti. Sua moglie guarì. A quei tempi lui era già "nomarca" di Elefantina. Dovette quindi risalire tutto l'Egitto, un'impresa eroica. « Da Menfi la Sfinge è a due passi » mi precisò. « Andrei io, ma ho paura che, dopo gli orrori della rivoluzione, mi ignori. Va' da lei, Hanis. Te lo chiede il padre di Nefer. »

Non mi feci ripetere l'invito. Dovevo recarmi da Neferohu, invece rimandai la visita e mi diressi verso casa con Naso Mozzo, un servo scoperto per caso che non avrei ceduto per venti "pezzi" d'oro sonante.

Per recarmi dalla Sfinge avevo bisogno di un asino e il mio ex carceriere non faticò a trovarlo.

« Eh, sì » mi disse tenendo per la cavezza un somarello bianco e lanuto, inspiegabilmente senza padrone. « Ragliando mi ha detto che è stato rubato almeno venti volte. Lo terremo noi come bottino di guerra. »

Passai la serata lungo il viale di papiro con Nefer. Passeggiammo in silenzio, finché la luna nascente rese le acque del Nilo lucide a specchio. Quando rincasammo la fanciulla dava segni di stanchezza ed era un bene, perché passava la maggior parte del tempo sulla vecchia poltrona.

Con Peror c'era Apui, che mi attendeva con il latte e una commovente notizia. Le trattative di Palazzo erano pressoché finite. Ipu-Wer, dopo avere posto il sigillo sui fogli delle nuove leggi, aveva siglato di sua mano un atto di donazione a mio favore. La terra che mi aveva regalato e poi tolto era ancora mia. Mi raccontò inoltre, con una felicità da lacrime, che il giorno prima un gruppo di libi aveva tentato di rubargli il bestiame. Per fortuna stava transitando una chiatta carica di soldati che erano accorsi in suo aiuto.

« L'atto di donazione è nell'ufficio del nuovo capo del Consiglio dei Dieci, lo scriba Nepri. È venuto Digiau a portarmi la notizia. Com'è invecchiato! Quasi non si regge, ci vede poco ed è sordo come un mattone. Gli ho fatto presente che poteva trovarti qui e quasi si è spaventato. È risalito sulla barca e ha ordinato ai marinai di vogare a tutta forza. Che strano uomo! »

Ero commosso. Non capivo perché l'alto notabile avesse usato tanta generosità dopo le inqualificabili accuse di sua moglie. Forse Itis si era pentita? Una crisi di coscienza, rara in lei, l'aveva costretta a confessare la verità? Era difficile, perché l'aria di Palazzo le aveva fatto drizzare il capo come un cobra in procinto di colpire. Era più probabile che Ipu-Wer, felice di avere ritrovato la consorte, mi avesse perdonato le gravissime colpe in considerazione del rischio che avevo corso. Comunque lasciai tempo al tempo per vagliare le affermazioni di Apui e all'alba salii sul somaro per recarmi dalla Sfinge. Sarei tornato il giorno dopo, lo dissi a Peror.

Presi la strada del deserto e incontrai poca gente. A pomeriggio inoltrato giunsi nei pressi delle grandi Piramidi. Purtroppo anch'esse erano state profanate, perché accanto a mummie sfasciate e a suppellettili inservibili vidi statuette con i sigilli reali. Non c'era anima viva e pareva di camminare in un campo a battaglia conclusa. Solo corvi e avvoltoi planavano a spirale, ma anch'essi dovevano essere sazi come gli sciacalli, perché quei pochi che scendevano beccavano qua e là in modo svogliato. Il pensiero che tra quelle mummie ci fossero quelle di Cheope, Chefren e Micerino mi fece inorridire.

S'era levata una brezza decisa, proveniente dal mare. Sollevava nuvolette di sabbia rossiccia, esili veli che si adagiavano su cubiti e cubiti di bende che sembravano animate, su mummie di re e di notabili, su sarcofagi sfasciati e su ossa umane bianche e pulite. La "mastaba" di Khufu-Onekh, architetto di Cheope, era aperta e un cadavere mutilato giaceva di traverso nel vano della porta. Un avvoltoio gli era accanto, immobile, lo sguardo attento e il becco ricurvo sporco di sangue. Lo spettacolo era un orrore da lasciare sgomenti. Solo allora mi accorsi che ero stato uno stolto. Ormai si uccideva non solo per un somaro, ma per un perizoma o un paio di sandali logori. Perché non avevo chiesto a Sebni una scorta di dieci soldati, quanto bastava per scoraggiare i malfattori? Più avanti dovetti sostare dietro un muro. A parte tre donne intente a razzolare con bastoni alla ricerca del superfluo lasciato dai profanatori di tombe, vidi due uomini con una mummia in spalla diretti al tempio della Sfinge. Camminavano con aria furtiva. Vi entrarono e li rividi che il sole stava scomparendo in una fontana di fuoco. Si avviarono verso il fiume a mani vuote. Sicuramente non erano furfanti, ma persone che avevano compiuto un'opera pietosa.

Quando il cielo si dipinse di luce cinerea, attorno alla Sfinge c'era un incantesimo di silenzio. Più tardi dal mare salì uno spicchio di luna, ma navigò lontano, basso sull'orizzonte, finché si nascose dietro una nube plumbea e nella necropoli la notte diventò più lugubre ancora. Avvolto in una coperta, mi coricai tra le gambe del genio mitico che custodiva l'occulta sapienza e rimasi a guardare i lumi freddi del firmamento, spiriti trasfigurati dei defunti d'Egitto. La distesa delle stelle era immensa, pulsante e maestosa. Mi avvinse lo sguardo con la mente assente, poi chiusi gli occhi e meditai. Scorsi mentalmente le tappe della mia travagliata esistenza e mi chiesi se il futuro aveva un volto accettabile o se era ancora costellato di gioie destinate ad annegare nell'amarezza. Potevo chiederlo alla Sfinge. Ma a che scopo? Solo la guarigione di Nefer avrebbe tracciato le tappe del mio avvenire, di una vita piena, non condizionata dalla ricchezza o dalla miseria, dall'altalena degli eventi. Lei solo poteva donarmi la gioia di vivere e la volontà di operare, il calore di una famiglia, proprio quella da me sognata al campo di Ra. Stremato dalla fatica e rapito da pensieri legati a un'alba diversa dalle altre, mi addormentai.

Immerso in un sonno di pietra vidi, in un'oscurità di pece, un vento gagliardo scindersi in due contro una stele rosata e correre via, luminoso come getti d'acqua cristallina. Soffiava con un penoso lamento e si perdeva lontano in miriadi di faville, lampi di lucciole che il buio soffocava. La fontana di fuoco si fece via via più intensa e m'investì costringendomi ad arretrare. Cozzai contro il basamento della Sfinge e vi posai le mani: era velluto. « Perché il vento è luminoso e modula lamenti? » chiesi con un affannoso mormorio. « Porta con sé una voce da incubo, forse di qualcuno che soffre. Perché il pulviscolo incandescente si spegne sul mio corpo senza che avverta dolore? Sa di mirra e d'incenso, il profumo degli dèi. »

Davanti alla stele apparve una figura di donna. Era trasparente, sfumata d'azzurro, immobile. Portava la parrucca e indossava un velo di biancore stellare. Comunque l'improvvisa apparizione non mi turbò. Anzi, mi fece piacere, perché la sua figura mi era familiare. Per Thot, inventore delle parole divine! Si trattava della figlia di Kati, proprio lei, eterea e luminosa. Com'era invecchiata! Sul viso, atteggiato a serenità ieratica, spiccava l'immagine del tempo, un tessuto di finissime rughe su una cute senza tono, ma gli occhi erano i suoi, come la bocca, il naso, l'ovale del volto, le sopracciglia minute e arcuate.

Vinta la lieta sorpresa, mi accinsi a correrle incontro, quando ella m'immobilizzò con il palmo di una mano.

« Chi sei? » le chiesi allora. Una domanda inutile, perché Nefer non era mai cosciente. Invece mi giunse una voce remota. La sentii lontana e poi vicina, dilatarsi nello spazio e rimbalzare di eco in eco sempre più fioca, come suono di valle.

« Sono Mereset, la madre di Nefer. »

Mereset! Il suo "ka"! Come mai vagava ai piedi della Sfinge? I "ka" consistono in una sostanza immateriale che si stacca dal corpo al momento della morte. Vivono accanto alla mummia, vedono, sentono, ma non parlano. Gli occhi di un mortale, poi, non riescono a delinearne i contorni. Sono come l'aria, diafana e impalpabile, che si sente solo quando c'è vento.

Ero sempre in piedi, con le mani a ventaglio sulla Sfinge, gli occhi sbarrati dallo stupore. Ansimavo. La fontana di fuoco soffiava ancora polvere incandescente. Anche lei immobile, Mereset aveva sempre il palmo della mano disteso verso di me, gli occhi color ambra che mi fissavano, le palpebre ferme. L'espressione era di intensa serenità.

« Chi ti ha mandata? » le chiesi.

« Sapevo che eri qui. »

« Forse me ne andrò con la luce della luna, se la falce riapparirà, o con il primo raggio di sole. Ma prima chiederò alla Sfinge di guarire Nefer. Le dirò: "O Sfinge divina e silenziosa, che scruti l'oriente in attesa di una nuova primavera di luce, perché non illumini la mente della fanciulla che amo? Il tuo pensiero è sapienza e saggezza, presente e futuro, mistero e potenza occulta che tutto può. Perché lasci Nefer con la mente più opaca di un sacello abbandonato?". »

Il "ka" di Mereset mi rassicurò. Non era necessario che mi rivolgessi alla Sfinge. Kati avrebbe ridato la parola a sua figlia. Solo lui era arbitro del destino di Nefer.

Non aggiunse altro. Ondeggiò come un velo investito dal vento e scomparve, la fontana di fuoco soffiò le ultime faville e si spense. La notte ridiventò nera come prima, animata da rumori lontani che esplodevano improvvisi e si spegnevano lentamente, risucchiati dallo spazio.

Ormai sveglio, frugai l'ombra nera, frastornato. Era stato un sogno? Certamente. Lo ricordavo però come una sequenza di immagini vive, colme di profezie che collimavano con le mie speranze. Attesi quindi l'alba animato da un cauto ottimismo.

XXIV

Dopo che alcuni araldi ebbero annunciato il successo delle trattative di Palazzo, gli ultimi avanzi di viveri furono consumati in un'orgia che durò due giorni pieni, poi il malumore si estese, provocando reazioni a catena. Il grano fatto affluire dai centri minori fu severamente razionato e le fruste di Sebni furono solerti a rendere scattanti membra intorpidite dall'ozio e dalla certezza di un avvenire senza problemi. I nobili ormai erano pochi, vecchi e malconci; i poveri una marea, come prima, con la differenza che si credevano ricchi. Il lavoro coatto li rese truci e silenziosi. Anche le botteghe artigiane ripresero l'attività. Ma per chi dovevano lavorare i vasai, i tessitori, i ramai e i ciabattini? Chi era in grado di acquistare mobili, tappeti, monili, suppellettili? Nessuno. I servi e gli stallieri non avevano più padroni e neppure l'alternativa di un mestiere; i tavernieri avevano le anfore vuote, perché nessuno fabbricava birra o vino; i campi offrivano l'immagine della miseria. Aridi e incolti, erano erbaccia o sabbia sterile, con rare bestie al pascolo e singole figure umane rese inattive dalla rinuncia e dalla delusione. La carestia era totale. C'erano da edificare intere città, occorreva ricuperare il bestiame rubato, seppellire le carogne di intere mandrie, riallacciare il commercio con l'estero, ricostruire un esercito degno degli splendori di un tempo, le corti di giustizia, le amministrazioni statali. In più bisognava censire di nuovo i terreni e far capire al popolo superstite che i confini tra il lecito e l'illecito, i diritti e i doveri, il giusto e l'ingiusto erano incerti e sfumati, per cui ogni egiziano doveva affidarsi alla propria coscienza, specie ora che la vita terrena era di preparazione a un glorioso al di là.

Kati, Sebni, Ata e numerosi altri collaboratori, cui si era aggiunto l'intramontabile Neferohu, lavoravano giorno e notte per varare un piano di emergenza atto a riportare ordine e legalità anche nei remoti paesetti.

« Al di là delle leggi non ci sono garanzie per nessuno » continuava a ripetere il Profeta del Ded Venerabile. « Tu Sebni dovrai farle rispettare usando la maniera forte. La pena di morte è una condanna che non fa onore a nessuno. Se però si lascia dilagare la delinquenza, è l'onesto a soccombere e lo stato è colpevole. Kati? Non lo voglio vedere. Se crede, venga lui a trovarmi, esca dalla sua tana, così vedrà cos'è rimasto di Menfi. »

Sordo a ogni mia preghiera, Neferohu collaborava solo con Sebni, uomo che stimava giusto e umano, severo, ma comprensivo. Il giovane generale era infatti rimasto in Nubia per anni come governatore, in un paese che aveva approfittato della vecchiaia di Pepi per cercare l'indipendenza. Dopo avere soffocato moti separatisti più con la diplomazia che con le armi, s'era spinto in zone selvagge alla ricerca del cadavere di suo padre, morto durante una precedente campagna militare. Aggredito da bande rivali era riuscito, con una tattica da consumato condottiero, a sbaragliare forze dieci volte superiori. In Nubia aveva raffinato le già pregevoli doti di comandante. Pepi, come premio, gli aveva donato un appezzamento di terreno con bestie al pascolo. Ora, a rivoluzione conclusa, rappresentava la mente che stava ridando all'Egitto un volto accettabile. Kati, malgrado s'interessasse attivamente dei problemi di fondo, non era più un capo, ma un uomo spento, facile all'ira e alla rinuncia. Allorché gli avevo chiesto il motivo che lo aveva indotto a liberare solo tre ostaggi dei cinque usciti con me da Palazzo, si era irritato al punto da insultarmi. Com'era prevedibile, mancavano proprio Issi e Ti-teti, e la mia domanda aveva peccato d'ingenuità. Comunque, poiché gli accordi da me presi come ambasciatore non erano stati mantenuti, mi diedi da fare per rintracciare i due notabili. Interrogai soldati e servi. Purtroppo nessuno osò spendere una parola in più di « Non so nulla... Non sono tornati tutti e cinque a Palazzo?... Già, il visir Issi e il prefetto Ti-teti! Hanno seguito la sorte degli altri ostaggi ». Quale sorte? Tutti curvavano le spalle e allargavano le braccia: nessuno parlava e pochi osavano guardarmi negli occhi. Non mi rimase che attendere il momento propizio per rivolgermi nuovamente a Kati. Anche Sebni s'era limitato a risposte evasive, con la scusa che aveva cose ben più importanti da sbrigare.

Finalmente m'imbattei in una giornata favorevole e mi rivolsi ancora al mio ex maestro. Ciarliero e disteso come non era mai stato, quasi di buon umore, mi ascoltò con una certa impazienza, poi diventò cupo. Tardò a rispondermi. Mi disse infine, fingendo di essersi dimenticato di loro:

« Oh, sì, il visir Issi e il prefetto Ti-teti! Che stolto! Avevo dimenticato che senza di loro l'Egitto non ha più storia e va quindi alla deriva come una barca senza timone. Per fortuna hanno trovato un uomo generoso che s'interessa di loro. Bravo Hanis. Sei un genio. Chi ti ha mandato, Neferohu? »

Il tono ironico mi diede molto fastidio. Gli feci notare che, anche se la Terra di Kemet poteva fare a meno di loro, gli accordi da me presi dovevano essere rispettati. Se poi lui aveva dei conti personali da regolare, gli sarebbe stato facile farli catturare dopo.

Diventò furioso. Mi raggiunse a passi decisi come se volesse aggredirmi, invece deviò verso la finestra del giardino e urlò:

« Dopo la mia condanna ho ingoiato il tempo come se fosse acqua sporca. Invece di perorare la liberazione di quei due miserabili, avresti dovuto condurmi la mente demoniaca che li ha guidati, e cioè quella Itis che per poco non ha ridotto anche te ad uno spettro. Se non l'hai ancora cercata sei un uomo senza midollo. Ti sei salvato a malapena dal naufragio, ma hai fatto in fretta a dimenticare coloro che sono stati distrutti dalla cricca di Corte. Questo è tutto, Hanis. »

Ero seduto in un angolo della stanza, su uno sgabello nubiano, in attesa di condurlo da Neferohu. S'era deciso dietro le mie insistenze e quelle di Sebni, Ata e Nepri, nuovo capo del Consiglio dei Dieci. Il sommo Profeta godeva del beneficio dell'età. Morto Hornifer, era lui che doveva dare un'impronta nuova alla complessa religione egiziana. Sebbene vecchio e stanco, aveva idee chiare ed innovatrici.

Comunque, deciso a fargli confessare la verità sulla sorte dei due prigionieri, insistei. Alle sue sfuriate mi ero abituato.

« Scusami, Kati, ma è bene che sappia se li hai fatti sopprimere. In caso affermativo devo prepararmi a incassare anche le accuse di ambasciatore falso e corrotto. »

Mi guardò cattivo, stirò le labbra in un falso sorriso e scosse il capo con aria annoiata. « No, Hanis caro » mi rispose ancora ironico. « Volevo far tagliare loro la mano destra, condanna propria per i ladri, invece ho deciso altrimenti. Te li consegno così come sono. Potrai condurli a Corte, nella Terra dei Morti, a casa tua, da Neferohu, dove vuoi, insomma, ma non seccarmi più. »

Chiamò un graduato. Ormai "partita" Sitra, tutti sapevano che il comando nella zona di Menfi era stato assunto da Kati. Gli disse che volevo vedere i due prigionieri. L'indecisione del graduato mi stupì. Il successivo ordine del mio maestro mi anticipò ciò che mi attendevo. Infatti poco dopo Ti-teti fu spinto dentro da alcuni soldati. Orrore! Era privo di naso, orecchie, mani. Le cicatrici, gonfie e violacee, gemevano ancora sangue, nonostante i punti di sutura. Cencioso e puzzolente, con la pelle appesa alle ossa, il disgraziato cadde in ginocchio e strisciò con i gomiti verso la porta.

Non mi ero ancora riavuto dall'emozione, quando il cadavere di Issi mi fu buttato ai piedi, anche lui mutilato. Doveva essere morto da poco, perché il sangue che gli imbrattava il viso non era del tutto coagulato. Gli occhi, sbarrati, si erano spenti con l'immagine del terrore.

Stavo per uscire disgustato, deciso a non rimettere mai più i piedi in quella stanza, quando Kati si mise ad urlare:

« Hanis, perché non mi hai detto che fu Itis a colpire Nefer? Perché Issi, che sapeva, non ha condannato quella belva umana? Non guardarmi con quella faccia! Sei rimbecillito o ti sei schierato con la nobiltà superstite? Fuori, va' via anche tu! Prenditi Ti-teti e conducilo a casa tua, nella Terra di Kush, in quelle di Uauat, Jam, Medya, in un pozzo di porcile, dove credi, ma va' via! Fuori ho detto, farabutto! Perché non ti ho lasciato marcire nel campo di Ra? »

Mai avevo visto Kati in quello stato. Prese a calci il cadavere di Issi e scagliò uno sgabello sul dorso di Ti-teti. Roteò su se stesso in mezzo alla stanza e afferrò un'anforetta, alzò il braccio per lanciarmela, la lasciò cadere e m'indicò la porta. Aveva il viso orribile a vedersi e gli occhi di un luccichio metallico che abbagliava.

« Va' via, Hanis! » mi ordinò con un sibilo. « Sei una carogna che non meritava la mia stima. » Poi urlò: « Fuori, ho detto fuori, capito? Vattene con il cadavere in spalla e che non ti riveda mai più ».

Perfino i soldati erano allibiti. La Terra di Kemet stava sempre girando in tondo come la ruota del vasaio.

Alquanto disgustato da quella scena, me ne andai dopo avere spinto fuori il relitto di Ti-teti. Con una scorta di venti soldati lo condussi a Corte. Vi giunse sorretto da me e da Ata. Quando lo lasciammo vacillò e cadde senza un lamento. Mez-z'ora dopo un sacerdote gli chiuse gli occhi.

Tra le mura di Palazzo la tensione era alquanto scemata. Nonostante le garanzie dei capi rivoluzionari, nessuno aveva osato tornare alla propria casa, anche perché molte di esse erano state incenerite, altre erano abitate da luride canaglie. Solo Ipu-Wer e il servo Digiau, con il permesso degli insorti, che tra l'altro l'avevano acclamato e condotto alla barca, erano partiti da Menfi protetti da venti guardie di Palazzo. Incredibile! La... cuoca che li seguiva, vestita di stracci, era Itis. Me lo disse Ahuri.

Tre giorni dopo Kati mi mandò a chiamare e si scusò. Da parte mia non insistei sull'argomento. Gli chiesi invece se davvero s'era deciso per Neferohu. L'incontro tra i due uomini non poteva più essere rimandato.

Si convinse. Seguiti da una buona scorta, c'incamminammo tra le macerie di quella che era stata la doviziosa Menfi. C'era gente al lavoro: con ceste e asinelli stava sgombrando le strade. Qualche bancarella apparsa qua e là, con frutta e pane, rendeva lo spettacolo meno tragico. Accanto ad un pozzo una lunga fila di donne stava attendendo la razione d'acqua.

Kati era la prima volta che usciva. Avanzava lentamente e con il passo incerto, mentre i suoi occhi giravano senza posa sui ruderi della città. Di tanto in tanto parlava da solo, un bofonchiare querulo che sapeva di lamento. L'odore di cadavere e di bruciato sembrava inquinare la purezza di una luce stupenda.

« Menfi... è tutta così? Distrutta come se fosse uscita da un uragano di fuoco? » mi chiese infine, facendosi accosto.

Stavamo camminando in una zona poco devastata. Tuttavia gli risposi di no. « È il quartiere che ha maggiormente sofferto » lo tranquillizzai.

« Non vedo né morti né feriti, Hanis. »

« Be', li hanno portati via da un pezzo. Credimi, c'è stato più chiasso che danno. Le notizie riportate sono sempre le peggiori. »

« E... l'odore di cadavere? Lo senti? »

« Si tratta di bestie sepolte nelle stalle. »

« Dici sul serio? »

« Perché dovrei mentire? »

Avanzò più saldo sulle gambe. Camminò per un buon tratto in silenzio, guardandomi sottecchi, poi si fermò e mi strinse un braccio. « Scusami ancora per l'altro giorno » mi disse. « Se quei due miserabili mi fossero capitati tra le mani ora, li avrei lasciati liberi. Perché insudiciarsi le mani quando sarebbero scomparsi nel marasma generale? Nefer come sta? »

« Bene. È curata come una regina da Miriam. »

« Me la condurrai a giorni... te lo dirò io... voglio riceverla libero da impegni. Non giudicarmi male, Hanis, cerca di capirmi. Sono perseguitato da orribili spettri e da una paura ossessiva che stupisce anche me. Il mio viso poi... Tu dici che Neferohu potrà aiutarmi a superare la crisi che mi travaglia? »

Gli accennai di sì. Forse proprio il vecchio Profeta poteva ridargli la sicurezza di un tempo. Bastava che ascoltasse una confessione piena, come Kati aveva intenzione di fare, e che lo consigliasse di assumere l'incarico di visir, ancora vacante. Libero da colpe e da pregiudizi, l'ex "nomarca" era il solo che avrebbe potuto occupare degnamente quel posto. Purtroppo Neferohu deluse le mie aspettative.

L'incontro tra i due uomini, in una stanzetta del tempio di Ptah, fu alquanto freddo. Accennai a uscire, ma il sacerdote m'indicò un rozzo sgabello. Lui s'era accoccolato su una stuoia.

Lasciò che Kati si scusasse per averlo fatto attendere giorni e giorni e che si dimostrasse dispiaciuto per l'uragano che, suo malgrado, s'era abbattuto sull'Egitto. Poi quasi lo aggredì. Certo, a Palazzo c'era una cricca di uomini falsi e corrotti, che vivevano di imbrogli, complotti e intrighi. Per loro il potere era tutto e con il popolo non avevano in comune né i sentimenti né le passioni né il linguaggio. Da trent'anni, il Consiglio dei Dieci e i dicasteri più importanti annoveravano i soliti notabili, gente aggrappata ai posti di comando con caparbia perseveranza. Era talmente occupata nei giuochi di potere che neppure lo stato di emergenza chiesto in un Egitto in sfacelo era stato capace di distrarla un solo attimo. E il paese era andato alla deriva.

« Tu gli hai dato il colpo di grazia » continuò Neferohu implacabile. « Con suicida ottusità hai spinto la gente alla lotta quando sapevi che l'esercito era dalla tua parte. Purtroppo il popolo ti ha dato retta. La criminalità responsabile di furfanti, fomentatori stranieri, avanzi di galera e gente dall'intelligenza crepuscolare ha poi trascinato nella guerriglia anche le forze sane del paese. Sei contento? Hai soddisfatto la sete di vendetta? Non dirmi che ti sei lasciato sfuggire di mano la donna che ti ha rovinato, perché come uomo dovrei deriderti e come sacerdote perdonarti parte delle colpe... ciò che non ho intenzione di fare. »

Stavo rodendomi dentro. Purtroppo la veneranda figura del Sommo Profeta m'inibiva. Mi rendevo conto che, se Kati aveva dato il colpo di grazia a un Egitto alla deriva, lui stava facendo altrettanto con l'ex "nomarca". La voce di costui si levò infatti fioca e rassegnata.

« Capisco, » disse « non potevo certo pretendere che tu giustificassi le mie colpe. Sono venuto per renderti omaggio e per ringraziarti della tua opera fattiva e insostituibile. Me ne andrò quanto prima. La coscienza giuoca sempre un ruolo importante nella vita di un uomo. La mia, purtroppo, è ridotta a uno scolo di porcile. Se sei in grado di intercedere presso gli dèi ti prego di aiutarmi. È l'unica cosa che ti chiedo. »

Il pentimento assolve il peccatore, e Neferohu glielo disse. Tuttavia gli pose un'alternativa che non impensierì Kati, in quanto aveva già deciso. O il responsabile della rivoluzione se ne andava da Menfi o lui si sarebbe dimesso da Profeta del Ded Venerabile e da Sommo Sacerdote di Ptah. Il mio intervento fu inutile. Il terribile vecchietto m'impose il silenzio e volle sapere da Kati se le truppe di Sebni controllavano l'intero paese. Con una certa fatica il capo della rivoluzione l'accontentò. A Tanis forze rimaste fedeli al vecchio regime resistevano ancora nella fortezza e in alcuni quartieri; a Tebe il nuovo "nomarca", assoldate truppe mercenarie, stava cercando di fondare uno staterello indipendente; Eliopoli invece era quieta con Sais, Denderah, Bubastis, El Kab e tutte le maggiori città ad eccezione di Abidos, dove i disordini persistevano. Le notizie erano di alcuni giorni prima.

I due uomini discussero a lungo sulla necessità di ridimensionare l'egemonia secolare del sacerdozio di Ra e di controllare con più severità le frontiere.

Poiché la seconda parte del colloquio si era svolta con insperata cordialità, attesi con impazienza che il Sommo Profeta rivedesse con più indulgenza il giudizio con cui aveva condannato Kati. Invece non spese una sola parola per mitigare almeno in parte affermazioni che sapevano di condanna. Com'era suo costume, ci fece poi capire che il colloquio era finito. Purtroppo non avevo né l'autorità né argomenti validi per intervenire. Il saluto tra i due uomini fu così un addio freddo e deciso.

Lungo la strada del ritorno, Kati pareva assente. Poiché prima di recarsi al tempio era già sull'orlo del collasso fisico e morale, cercai di demolire almeno in parte le accuse del sacerdote. Gli dissi che Neferohu aveva ancora il naso e le orecchie, non aveva provato gli orrori della schiavitù e delle miniere nubiane, non s'era ricordato che Nefer era una vittima innocente della cricca di Palazzo.

Kati sorrise. Purtroppo era il sorriso dello sconfitto. Si fermò accanto al pozzo. La fila d'attesa s'era allungata e alcune donne stavano insultando i soldati perché erano lenti a distribuire l'acqua e la razione era scarsa. Ne davano un solo "henu", e cioè una giara, corrispondente a una buona bevuta, ma insufficiente per l'intera giornata. Più in là ci fermammo ancora. La scena che il caso ci offerse sembrava avallare le accuse di Neferohu. Due bambine, tra le macerie di un tempietto, stavano giocando alla mamma. Una di esse, la più grandicella, fingeva di allattare un bambino. Sgomento! Si trattava del cadavere di un neonato. Il graduato della nostra scorta glielo strappò di mano. L'avevano preso più in là, in un magazzino, era il più piccolo che avevano trovato. Si trattava invece di una stalla. C'erano cadaveri di ambo i sessi e di ogni età, nudi, alcuni mutilati, ammucchiati alla rinfusa. Un tessuto di mosche quasi li copriva. Lo spettacolo era un orrore e il lezzo irrespirabile. Fui io a ordinare al graduato di chiudere la porta e di provvedere subito. Kati era assente, in disparte, cadaverico.

C'incamminammo verso la villa, in silenzio. Giunti nei pressi,

Kati mi disse, come se il macabro intermezzo non lo riguardasse:

« A proposito di quanto ha detto Neferohu... ti do ragione. Lui non è stato colpito negli affetti familiari e con mutilazioni fisiche che inorridiscono un uccello da preda. Il vecchio Profeta è un uomo tenace, caparbio, inflessibile con chi sbaglia. Io sono come lui. »

XXV

Due mesi dopo l'ordine nella Terra di Kemet, se così si poteva chiamare la vita di un popolo smarrito e deluso, fu ristabilito grazie al lavoro infaticabile dell'esercito di Sebni e alle parole suadenti dei sacerdoti superstiti, guidati da Neferohu. Solo la brava gente però, felice di poter usufruire dei riti magico-religiosi, aveva ripreso la propria attività con lena, convinta che la rivoluzione aveva lasciato nei campi chi era nato con la zappa in mano e cambiato soltanto i nomi ai funzionari. Purtroppo erano aumentate le tasse, la fame, i furti e i saccheggi, gli omicidi e il malcontento. La brava gente mugugnava, ma s'era messa a frequentare i templi con assiduità, perché sapeva che ormai anche l'uomo della strada faceva parte del ciclo cosmico dell'eternità. Tuttavia per lui il processo di imbalsamazione era molto sommario, in quanto lo stato, privo di mezzi, s'era indebitato fino al collo con i mummificatori e costoro, com'era naturale, usavano unguenti e bende solo per chi era in grado di pagare.

Spentasi l'epidemia mortale, con la rapidità con cui era venuta, furono riaperte le Case della Vita e i fanciulli nuovamente affidati ai Maestri Templari perché imparassero un'arte o un mestiere. Tra la scolaresca i figli dei pochi scribi o nobili superstiti erano però dileggiati e percossi dai compagni di scuola, proprio come avveniva prima con quelli dei poveri, e il clima era sempre teso. Il termine "notabile" equivaleva a furfante, persona senza scrupoli, nemico della rivoluzione.

Menfi, la città che più aveva sofferto, era ancora ingombra di macerie. Il censimento delle case abitabili fu deludente. Erano poche, luride, sovraffollate. Le ville non incenerite si contavano sulle dita, tutte ridotte a bordelli, con nobili fanciulle ancora costrette a prostituirsi. I visir erano almeno venti e comandavano gruppi eversivi in lotta tra di loro. Il compito di Sebni fu quindi difficile e faticoso. Additato come nemico del popolo da chi s'era schierato con le nuove forze reazionarie, e dai vecchi rivoluzionari come l'uomo che aveva protetto troppi furfanti di Palazzo, il generale sembrava avesse le ore contate. Invece camminava per la sua strada con disinvoltura, anche se doveva addossarsi gravissime responsabilità: Kati non collaborava più. Rintanato in quattro stanze, l'ex Sitra era irriconoscibile. Le rughe gli mettevano ancor più in evidenza il pallore cadaverico. Il suo linguaggio era monotono, senza costrutto, da senescenza avanzata. Continuava a ripetere che Sebni poteva fare da solo. In più il Consiglio dei Dieci, ricostituito con cinque notabili di indubbio valore e altrettanti delegati del popolo, tra cui l'ex schiavo Hanis, aveva iniziato un lavoro di ricostruzione fattivo. Il suo compito era quindi finito.

La villa, sede del comando, era di Nepri, nuovo capo del Consiglio, e Kati aveva giustamente deciso di rendergliela. Quando? Non si sapeva con esattezza. Comunque da parte mia vivevo con Naso Mozzo, Miriam e Nefer nella casa di Peror. Vedevo Kati ogni due o tre giorni, una visita rapida per raccontargli del lavoro d'ufficio e null'altro. Da tempo non facevo più il nome di sua figlia né lui mi chiedeva di lei. Il dubbio che non fosse suo padre affiorò in me. Eppure lo era, ne avevo avuto la conferma da Peror. Allora perché continuava a comportarsi in modo tanto vergognoso? Perfino suo fratello era perplesso. « Lo strano è che non ha mai chiesto neppure di me » mi ripeteva amareggiato, tutte le volte che si affrontava l'argomento. « Che cosa gli ho fatto di male? Forse mi odia perché ho mandato sua figlia a Palazzo come aiuto scriba?

In fondo Nefer, giovane com'era, occupava un posto di prestigio e guadagnava bene. Un tempo Kati non era così. Ci siamo sempre voluti bene.»

Nonostante il clima d'attesa pieno d'interrogativi e di perplessità, in casa Peror si viveva bene. Non guadagnavo molto, tuttavia stavo facendo progetti per unire la mia proprietà a quella dello scultore prima di sposare Nefer. Divisi da un campo brullo che sarebbe stato bene comperare, i due poderi erano ricchi di canali e di pascoli, piante da frutto e viti.

A Nefer, il giorno del suo compleanno, avevo regalato due vestiti di lino, a spalline, uno scialle e profumo di loto. L'avevo poi fatta visitare da tre medici e uno stregone. Purtroppo la loro sentenza era stata disarmante. Salvo un intervento divino, la poveretta sarebbe rimasta incapace di intendere e di volere. Comunque se c'era uno che credeva nella grazia degli dèi e specialmente in Thot, patrono del linguaggio, quell'uomo ero io. Mi pareva impossibile che una fanciulla giovane e sana, in possesso di una bellezza superlativa, fosse incapace di pensare, capire, esprimersi a gesti, parlare. La profezia di Mereset, poi, mi aveva aperto nuove speranze.

Finalmente Kati, che non vedevo da quindici giorni, mi mandò a chiamare da un servo. Sempre rintanato nella sua stanza di lavoro, mi accolse con un gesto di saluto. Lo trovai molto dimagrito. M'indicò uno sgabello con la mano scarna e tremante e subito mi chiese cosa stavamo facendo a Palazzo, se il Consiglio dei Dieci aveva idee costruttive e se Nepri sapeva destreggiarsi come capo. Nepri non era Ipu-Wer, tuttavia possedeva autorità e dinamismo. Noi stavamo facendo il censimento delle proprietà per imporre tasse eque, e quello degli stranieri che s'erano stanziati nella Valle del Nilo con mandrie di provenienza oscura. Inoltre la Dimora Venerabile stava giudicando a ritmo serrato non solo i delinquenti, ma anche i fannulloni e coloro che denunciavano malattie inesistenti per andare a pescare o a spasso. Solo la carica di visir, la più prestigiosa perché il funzionario che la rivestiva rappresentava il sostituto del faraone, era occupata da un vecchio notabile in attesa che il Consiglio dei Dieci e Sua Maestà facessero il nome del candidato. Da indiscrezioni trapelate da più parti sembrava che nessuno fosse in grado di contendermi il posto.

Soddisfatte le domande, Kati mi raccontò del campo di Ra subito dopo la mia partenza, della trama cucita e ricucita per portare il popolo alla conquista del potere e della ribellione praticamente incruenta, perché quasi tutte le guardie erano d'accordo con gli schiavi. L'idea di farsi chiamare Sitra era stata del generale Sebni, e Pepinakht era caduto in inganno. Fu poi convenuto che la rivolta sarebbe scoppiata il decimo giorno del primo mese di Chemu, la stagione del raccolto. Gli uomini staffetta, di cui uno era Naso Mozzo, venditore ambulante a Bubastis, avevano tenuto i collegamenti tra i vari comandi periferici con gravi sacrifici di sangue. A rivoluzione conclusa, dopo che i cinque delegati erano usciti da Palazzo, gli insorti avevano circondato la villa con grida e canti, inneggiando a Sitra. Volevano vederla, tributarle gli omaggi doverosi di un popolo che stava iniziando un'era nuova. Fu lo stesso Kati a deluderli. Sitra era partita tre giorni prima per il sud: un'altra importante missione l'attendeva. La gente era ammutolita e se n'era andata a testa china.

Kati mi parlò a lungo degli orrori della rivoluzione popolare, la prima nella storia dei popoli. Si alzò, raggiunse la finestra e mi chiamò con un cenno. C'erano tra le aiuole un tamarindo senza vigore e un sicomoro ancora giovane. Mi disse, indicandomi le piante:

« Quel tamarindo rappresenta il vecchio Egitto, il sicomoro il giovane stato che sta crescendo. Eppure, se guardi bene, ai piedi del tamarindo c'è un virgulto. Tra dieci o cento anni il sicomoro morirà e il virgulto sarà una pianta troneggiante. Così sono le società. Una soffoca l'altra con la propria ombra, poi di ombra muore. Un tempo gli dèi dimoravano sulla terra. Credi che siano stati amministratori perfetti? No, Hanis. Anche tra di loro c'erano l'offeso, il perseguitato di turno, la vittima di ingiustizie, chi stimava le proprie idee le sole giuste. »

Kati si accoccolò su una stuoia e m'invitò a sedere. Mi guardò con un'espressione talmente dura da indurmi ad abbassare gli occhi. Per un attimo ebbi l'impressione che mi chiedesse ancora di Itis. Invece gli uscì una voce accorata.

« Sto per partire, Hanis » mi disse. « Sì, è giunta l'ora che me ne vada perché la mia missione è finita. A voi giovani il compito di ricostruire l'Egitto con un volto nuovo. »

Indugiò a lungo. Mi sembrava molto emozionato e lo ero anch'io, perché sicuramente desiderava rivedere la figlia. Per fortuna non subii un'ennesima delusione. Non solo era giunto il momento di riabbracciare Nefer, ma voleva salutare suo fratello, Naso Mozzo e Miriam, tutti coloro cioè che avevano aiutato la poveretta.

Mi parve doveroso insistere perché non lasciasse Menfi. A Palazzo avevamo bisogno di lui. Aveva esperienza, grinta e cultura, doti necessarie per occupare degnamente il posto di visir. Severo e coraggioso com'era, avrebbe ripulito il paese dalle brutture che ne ostacolavano il cammino.

« Accetta, Kati, e ci sarai di estremo aiuto » insistei. « Durante le riunioni affiora sempre il tuo nome. Non pensi che potrai vivere con tua figlia? »

Fu inutile, non voleva nessuna carica. Aveva estremamente bisogno di riposo, solitudine, oblìo, pace assoluta. Si sentiva vecchio e stanco. Attendeva Nefer l'indomani, nel tardo pomeriggio. L'unico suo dispiacere era di dover partire senza essere riuscito a mettere le mani su Itis. Ne accennò con distacco: forse non lo interessava più.

Avrei voluto parlargli apertamente di questa donna e del suo strano destino. Ella aveva trovato nell'ex schiavo Hanis un giudice troppo generoso, perché l'aveva usata, ignorando i suoi delitti, per premiare l'indiscussa onestà di un vecchio funzionario che aveva passato la vita al servizio del paese. Non ne ebbi il coraggio.

Lasciato Kati con il cuore colmo d'attesa, entrai in un negozio di cosmetici, forse l'unico non saccheggiato di Menfi, e comperai polvere di malachite, nero di galena, rosso henné e profumo del sacro fiore di loto. Pagai tutto con due "pezzi" di rame e ne buttai altri quattro sul banco per una graziosa collana di lapislazzuli, due giri di collo, roba di Sippar, una rarità. Poiché ero il primo cliente che il negoziante vedeva dopo la rivoluzione, mi regalò come ciondolo il nodo di "isi" in ceramica, e cioè l'amuleto in grado di proteggere chi lo porta.

Con una certa fretta mi recai verso casa. Miriam mi disse che la fanciulla si agitava da tempo. L'aveva fatta scendere in giardino con l'intento di condurla al Nilo, ma ella si era opposta. Immobile di fronte alla stradicciuola che si staccava da quella maestra, gli occhi fissi su un'immagine che già vedeva, Nefer aveva più volte pronunciato il mio nome: un miracolo.

Lentamente, raccontandole non più le favole di nonna Merah, bensì i progetti per l'avvenire, la condussi al fiume e poi alla mia terra, da Apui. Le parlai del nostro matrimonio, di suo padre, della mia carriera e del fatto che ella sarebbe diventata la donna più importante d'Egitto dopo la regina, in quanto la mia candidatura a visir era data per certa. Erano parole spese al vento, lo sapevo, eppure mi pareva che nei suoi occhi incantati si accendessero lampi d'interesse. Illusione? Forse.

Tornammo che era quasi buio, senza che fossi riuscito a strapparle una sola parola che non fosse il mio nome. Tuttavia un piccolo particolare mi donò molta gioia. Nefer aveva afferrato l'anforetta colma di latte e se l'era portata fino a casa senza versarsene una goccia.

Il mattino fummo tutti mobilitati per rendere Nefer più graziosa ancora. Io e Miriam le demmo il rosso henné sulle labbra, il verde malachite attorno agli occhi, il nero galena sulle rime palpebrali che poi allungammo sulle tempie, come voleva l'usanza. Naso Mozzo, seduto in un angolo, parlò solo a lavoro finito.

« Eh, sì, l'avete invecchiata di dieci anni » commentò freddamente.

Io e Miriam ci guardammo delusi. Il viso di Nefer a noi pareva più vivo, curato, presentabile. Il successivo commento di Naso Mozzo ci demolì:

« E poi, quelle sono usanze di un tempo. Il mercante che ti ha venduto quei colori, padrone, dovrà attendere un'altra rivoluzione per vedere un altro cliente. »

Aveva ragione, erano vecchie usanze legate a una casta che non osava più mettersi in evidenza. Dopo un rapido consulto, Miriam le lavò il viso e tutti e due lavorammo di pettine. Le acconciammo i capelli a trecce e la solita voce ci giunse ancora disarmante:

« Eh, sì, stava meglio prima. Quando un fiore è bello, che bisogno c'è di alterarne l'aspetto? Padrone, le pitture che hai comperato andranno bene per Naso Mozzo quando sarà eletto faraone. Allora gli farai anche le trecce, se per l'emozione gli spunteranno i capelli. »

Lo guardai cattivo, ma gli diedi ancora retta, così Nefer rimase con l'aspetto di tutti i giorni. A metà pomeriggio salimmo su una barca e ci avviammo verso la città.

La villa che ospitava Kati era stranamente silenziosa. Solo due soldati passeggiavano in giardino. Per fortuna c'era Sebni che stava uscendo. Ne approfittai per fargli conoscere la fanciulla. Dopo averle sorriso e rivolto alcune domande, cercò di mascherare lo stupore dando ordini a un servo, poi mi consigliò di attendere ed entrò con la lieta notizia. Quando uscì notai sul suo viso perplessità e stupore.

« Vuole vedere prima suo fratello » annunciò scuotendo il capo.

Peror rimase da Kati più di un'ora. Quando uscì aveva il mento sul petto e una maschera angosciosa. Si isolò in un angolo, si lasciò cadere su un sedile di pietra e chinò il capo sulle ginocchia: piangeva.

Fu la volta di Miriam e questa irragionevole scelta mi rese perplesso. Per la sapienza di Thot, forse la rivoluzione gli aveva davvero alterato le facoltà mentali? Ero talmente deluso che, se non fosse stato per Peror, avrei accompagnato Nefer a casa. La condotta di Kati era senza giustificazione. Aveva lasciato la famiglia oltre dodici anni prima e ora dava la precedenza a una donna che neppure conosceva: incredibile. Eppure più tardi dovetti constatare che il mio maestro aveva tutto studiato con una freddezza allucinante.

Miriam riapparve quasi subito, anch'essa commossa. Entrò Naso Mozzo, vi rimase poco, uscì e si isolò senza alzare gli occhi. Lo sentii bofonchiare: « Eh, sì, tra poco cambierà parere. Partire? Non ha ancora visto sua figlia ».

Finalmente Sebni m'invitò a entrare con la fanciulla. Sentii un tuffo al cuore. Presi comunque Nefer sotto braccio e infilai il corridoio penetrato da una profonda commozione. Sebni ci seguì. Aveva ragione Naso Mozzo. Dopo avere visto la figlia, Kati non sarebbe più partito.

Seduto su una poltroncina a bracciuoli, dietro un rozzo tavolino a gambe incrociate, l'ex "nomarca" portava sul capo una folta parrucca e con tre dita si copriva i fori del naso. Una schiuma di sudore gli colava dalla fronte e gli occhi erano acuti, venati di rosso. Il labbro inferiore, tormentato dai denti, lasciava intendere che il poveretto faticava a mantenere il controllo. Era terreo. Doveva essere un momento terribile per lui e capii perché l'aveva sempre rimandato: il trauma non gli avrebbe permesso di occuparsi con il dovuto impegno della rivoluzione.

« Ecco, Kati, tua figlia Nefer » gli annunciai con fatica.

Immobili, in mezzo alla stanza, io ero molto emozionato e Sebni teso.

Vi fu un silenzio interminabile, con la fanciulla accanto a me, lo sguardo puntato sul viso del padre, una mano nella mia. La sentivo tremare e intanto le sue unghie mi penetravano nella pelle.

L'ex "nomarca" impallidiva sempre più. Mi girai verso Nefer per sussurrarle qualcosa, il nome del padre o una frase affettuosa, e notai che il suo sguardo non era più caratterizzato dalla solita, vacua fissità. Vi era in esso uno scintillìo nuovo, come se ella stesse frugando nel sottofondo della memoria alla ricerca di un'immagine uguale o quasi a quella che aveva davanti. Qualcosa era davvero cambiato in lei. Forse la profezia di Mereset stava avverandosi. Ma anche in Kati molto stava cambiando. Teso allo spasimo, aveva gli occhi sbarrati in cerca di luce e le mani scosse da ampi tremiti.

Era un momento angoscioso per tutti, specialmente per Nefer. Stranamente ella aveva allungato un braccio verso il padre, balbettando qualcosa di incomprensibile. Non c'erano dubbi. Nonostante il tempo e le cicatrici del naso malamente coperte, la fanciulla aveva sentito qualcosa agitarsi in lei. Ne approfittai per venirle in aiuto.

« Sei di fronte a tuo padre, Nefer. Non lo riconosci? Cerca di ricordare. L'hai lasciato che eri una bambina. »

Le sequenze della scena che seguì furono brevi e drammatiche. Kati si alzò di scatto, vacillò e si tenne allo schienale della poltrona. Ansimava. Lo sguardo, fisso sulla figlia, era la sola cosa che mi ricordava il Kati del campo di Ra. Che occhi! Mettevano a disagio come quelli di fiamma del dio Ptah, nel buio del sacello.

« Sì, Nefer, sono tuo padre » disse. « Ecco come mi hanno ridotto! »

Si tolse la mano dal naso e gettò lontano la parrucca: un orrore di spettacolo. Sulla parete di fondo, bianca e uniforme, il viso dell'ex Sitra sembrava la scultura di un dèmone scaturito dal Lago di Fuoco.

A parte la scena che strappava le lacrime, mi accorsi che Kati stava male. Con uno sforzo eroico cercò di raggiungere la figlia, brancolando come un cieco. Purtroppo non compì che due passi, poi annaspò in cerca di un appiglio, si portò una mano al petto e urlò, con voce roca:

« No, no, non voglio morire! Nefer... Nefer... Hanis... aiutami! Oh... cos'ho mai fatto! Nefer, figlia mia... perdonami... »

Prima che io e Sebni, impietriti dalla sorpresa, riuscissimo a sostenerlo, il poveretto stramazzò sul tappeto e si contorse in un'agonia spasmodica. Un grido agghiacciante ruppe il silenzio. Era di Nefer. Ella corse verso il padre urlando: « Padre, padre mio, perché? ». Non disse altro. Si portò una mano sugli occhi e vacillò: mi cadde svenuta nelle braccia.

Mentre Sebni soccorreva Kati, portai la fanciulla in un'altra stanza e l'adagiai su un divano, chiamai Miriam e Peror e raggiunsi il generale. Purtroppo l'ex "nomarca" ebbe alcuni sussulti e spirò con filacce di bava verdastra alla bocca. Sul tavolino, accanto a una tavolozza da scriba, c'erano alcune bacche simili a quelle che Naso Mozzo mi aveva offerto alla "mastaba". Kati era davvero partito verso il luogo dove il sonno non poteva essere che dolce e riposante.

Ci volle del tempo prima che Nefer rinvenisse. Mi prodigai con la cananea, intenta a spruzzarle acqua fredda sul viso. Quando aprì gli occhi, ella vagò a lungo con lo sguardo prima di guardarmi. Sembrava mi evitasse di proposito. Invece poi mi fissò a lungo, ma come un'immagine strana, mai vista.

« Nefer, » le dissi vincendo l'emozione « cerca di farti coraggio. Come ti senti? »

Il desiderio di riudire la sua voce era angoscioso. Ricordava ancora il dramma di poco prima o la sua mente era tornata abulica, priva di facoltà intellettive? Nefer non mi deluse. Purtroppo mi lasciò pieno di amarezza.

« Chi sei? » mi chiese.

Intervenne Miriam. « È Hanis, non lo riconosci? »

« Hanis? No, non so chi sia. Era davvero mio padre? » chiese ignorandomi. « Gli occhi erano i suoi. Perché l'hanno ridotto così? S'è sentito male? Voglio andare da lui. »

« Più tardi, Nefer: è morto » le confessò la cananea. « È morto perché desiderava chiudere una vita di sofferenze. Forse ha sentito le tue parole ed è spirato felice. Il resto è una lunga storia che Hanis o tuo zio Peror ti racconterà. »

Sempre coricata sul divano, con Miriam che le dondolava un ventaglio a una spanna dal viso, Nefer pianse. Peror, in un angolo, non aveva il coraggio di avvicinarsi. Per lui il silenzio non aveva prezzo.

« E mia madre Mereset? » chiese infine la fanciulla. « Dov'è? È tutto strano, irreale, un sogno. Perché ho dormito tanto? E tu, chi sei? »

Aveva dormito per anni ed era stato un bene, altrimenti Itis non l'avrebbe risparmiata. Ora la lunga notte era finita. Davanti a lei si schiudeva una vita nata sulle macerie di un passato da cancellare.

« Anche tua madre è morta » le rispose Miriam con dolcezza. « Non hai che tuo zio. Lo ricordi? »

Lo ricordava, certo, ma quando se lo vide davanti faticò a riconoscerlo. Una carezza di Peror le liberò altre lacrime. Tentai di consolarla. Purtroppo il dispiacere di essere uno sconosciuto ai suoi occhi attenuò non poco la mia carica affettiva, così le mie parole di conforto furono generiche, anonime come quelle di Sebni o Naso Mozzo. Per la testa di ibis del saggio Thot! Ero tanto amareggiato che lasciai la fanciulla alle cure di Miriam e raggiunsi la stanza di Kati. Il cadavere era stato disteso su un divano e due servi gli erano accanto in lugubri lamentazioni. Sebni aveva diramato ordini ai soldati, uno si era recato da Neferohu, l'altro a Palazzo. A me consegnò un minuscolo rotolo di papiro sigillato. "Per Hanis", c'era scritto. Il carattere ieratico era di Kati, minuto e scorrevole.

Attesi a lungo prima di leggerne il contenuto. Mi decisi solo a sera tarda, mentre parte del Consiglio dei Dieci e molti capi rivoluzionari vegliavano la salma in attesa dei mummificatori. Mi recai nell'altra stanza, più illuminata, dove c'erano ancora Miriam e Peror, Naso Mozzo e un servo accanto a Neferohu, intento a consolare Nefer. « Tuo padre è stato un grande condottiero, » lo sentii dire « un uomo d'una onestà esemplare. Purtroppo aveva alcuni debiti con Maat, contratti per dare un volto accettabile a una società in declino. Li ha pagati. »

In quel momento lo odiai.

Mentre il Profeta si dilungava ad esaltare la figura di Sitra, mi avvicinai ad una lucerna e lessi:

Caro Hanis. Così ti parla Kati, un tempo "nomarca" della Terra di Satis e tuo maestro. Se ti verrà offerto il posto di visir non accettarlo, perché non sarai mai in grado di colpire il malvagio con la dovuta severità. Possiedi molte virtù, ma sei troppo emotivo e alquanto sentimentale, negato quindi ai posti di comando. La terza donna dietro la slitta! L'hai camuf-

fata bene. Hai donato una larva di felicità ad Ipu-Wer, l'uomo che ha visto più degli altri gli splendori e le miserie di questa terra. Purtroppo hai offeso chi è stato distrutto dalla mente demoniaca di una criminale. Avrei dovuto colpirti in modo esemplare, ma già ti dovevo molto e avrei punito me stesso e mia figlia. Abbi cura di Nefer. Malgrado la sua infermità, ella ti ricompenserà ampiamente. È la supplica di un padre che ha cercato nella morte la serenità che il destino gli ha negato.
Comportati bene.

Di Sihuri, il figlio Kati

Dunque sapeva di Itis. Perché non l'aveva fatta catturare? Gli sarebbe stato facile a Palazzo e anche al Papireto. Forse gli orrori di un disastro destinato a coinvolgere anche le generazioni future gli aveva spento ogni sete di vendetta.

XXVI

Il corpo di Kati rimase nella Casa della Morte quasi due mesi, per il trattamento di mummificazione, e per tutto quel periodo Nefer e Peror s'imbrattarono il viso di fango e si batterono il petto al calar del sole, come voleva l'usanza. Da parte mia presi parte al lutto non radendomi più.

Dopo l'allucinante incontro che aveva ridato la parola a Nefer, mi recai una sola volta alla casa di Peror. Mi attendevo un'accoglienza particolare, come se fossi della famiglia, invece trovai lo scultore più silenzioso del solito e la fanciulla in conversazione con due sacerdoti della necropoli. Forse per la presenza dei sacerdoti, forse perché mi conosceva appena, la sua cortesia fu piuttosto generica, quella dovuta a un ospite qualunque. Già turbato dalla delusione subita appena le si era illuminata la mente, non mi trovai certo a mio agio. Si stava parlando del funerale e della Eterna Dimora in costruzione, totalmente a spese del Consiglio di Palazzo. Poiché avevo visto il progetto, mi limitai ad assicurare tutti che si trattava di un'opera notevole, con annesso il tempietto e un piccolo giardino.

Quasi non udii la voce di Nefer. I nostri sguardi s'incrociarono un paio di volte ed ella mi sorrise appena, forse per gratitudine, poi me ne andai, prima dei sacerdoti, per impegni indilazionabili. A Miriam, che mi accompagnò fino al fiume, promisi che sarei tornato il giorno dopo, in quanto mi rendevo conto che dovevo essere io ad avvicinarmi a Nefer e a rimanerle accanto in un momento così doloroso. Purtroppo, frenato da una stolta indecisione e dagli impegni di Palazzo, rimandai sempre il mio ritorno alla casetta dei papiri, finché, rimasto vacante, dovetti occupare il posto di visir con il voto unanime del Consiglio dei Dieci: l'Egitto aveva bisogno del contributo di tutti, specie dei pochi scribi sopravvissuti. Così il mio lavoro diventò frenetico. Oltre al controllo dell'amministrazione, dell'ordine pubblico, dei rapporti con l'estero, dell'esercito, escluse le operazioni militari, avevo anche lo sgradito compito di giudicare i furfanti rei di gravi colpe.

Seguii il funerale, imponente, e offrii alla mummia, come corredo funerario, alcuni oggetti di valore. Terminato il rito officiato da Neferohu, salutai Peror e m'intrattenni con Nefer. Accanto a Miriam, ella mi parve impacciata e confusa. Si limitò a guardarmi, poi pianse in silenzio. Dalle poche frasi che le uscirono capii che sapeva tutto di me. Tuttavia non seppi dirle che parole vaghe e frasi messe insieme con fatica. Avevo un lungo discorso da farle, purtroppo non era né il momento né il luogo adatto. Meglio in riva al Nilo, al termine del pittoresco viale di papiri. Le chiesi se ricordava il passato. Sì, con molte lacune che per fortuna il tempo stava colmando. Stranamente aveva riconosciuto facilmente più il volto mutilato del padre che quello dello zio, uomo con cui era vissuta cosciente fino al giorno dell'aggressione. A scuoterla erano stati gli occhi, d'uno scintillìo infuocato, intenso come lampo di folgore. Subito un senso di vuoto le aveva rimescolato le immagini, poi s'era sentita cadere in una voragine, giù fino in fondo. L'urto le aveva dischiuso un mondo di luce, non nuovo, ma vissuto fino a ieri.

« Insomma di me non hai proprio ricordato nulla? » mi azzardai a chiederle.

Indugiò a rispondermi, forse per il desiderio di non deludermi.

« Subito il tuo nome non mi è parso nuovo » si decise. « Più tardi, quando lo sentivo pronunciare, lo associavo al latte e al viale di papiri. Miriam mi ha poi spiegato il perché. »

« Ti ha detto che questo Hanis ti accompagnava a passeggio fino al Nilo e alla casa di Apui? »

« Sì, più di una volta. Ho faticato a credere che fosse vero. »

« Perché? »

« È un atto di generosità non molto comune. »

« Non è mai generoso chi va alla ricerca di un piacere. E dei proverbi che costui ti raccontava, ne ricordi qualcuno? »

La vidi arrossire e chinare il capo. No, non li ricordava.

Nefer non disse altro. Mi ringraziò per il mio interessamento e ammutolì, più impacciata di prima. Notai il suo disagio e non mi stupii. Dietro di me c'erano venti guardie di Palazzo, e cioè la mia scorta, quattro servi nubiani con la portantina, due notabili. Povera Nefer! Non sapeva che sotto le vesti pieghettate c'erano ancora lo schiavo Hanis e lo scriba che tutte le sere le raccontava i proverbi di nonna Merah!

Ebbi la tentazione di invitarla a Palazzo. Purtroppo mi si avvicinarono il "nomarca" di Menfi e Neferohu. Allora la salutai.

Nel tardo pomeriggio, mentre ero in seduta con il Consiglio dei Dieci, entrò Renu, nuovo capo delle guardie, e mi sussurrò alcune frasi che mi fecero sobbalzare. Lo seguii nel corridoio perché mi spiegasse meglio.

Una trentina di uomini, vestiti in modo grottesco, si erano accampati all'ingresso della reggia e il loro capo, un certo Iput, aveva annunciato alle pattuglie di turno che erano attesi dal visir Hanis, loro amico. Poiché né le minacce né la frusta erano riusciti ad allontanarli, Renu si era sentito in dovere di chiedermi ordini. Doveva imprigionarli? Farli buttare nel Nilo? Usare ancora la frusta?

« Mi hanno detto in coro che non partiranno per Sais se non avranno parlato con te e con il faraone. In più vogliono visitare la reggia: incredibile! Credi che con trenta morti in più i posteri condanneranno la rivoluzione? » mi chiese. « Vogliono regalarti una mucca e tre capre, un asino e un vitellino da latte. Li hanno per la cavezza. »

La situazione era imbarazzante. Finché Iput mi dava pacche nella sua taverna o nel porcile non c'era nulla di male. A Palazzo, con il posto che occupavo, tali confidenze non sarebbero state positive per la mia reputazione. Tuttavia non avevo possibilità di scelta. Iput mi aveva fatto da padre e da madre, tanti vecchi del suo seguito erano uomini che ben conoscevo, gli altri mi avevano accolto con simpatia sia a Sais sia al porcile. Non ebbi quindi bisogno di meditare. Sfornati dalla rivoluzione, c'erano a Palazzo funzionari con la coscienza colma di malefatte ingombranti, tuttavia essi camminavano a testa alta atteggiandosi a eroi. I miei... amici di Sais erano invece ladruncoli con qualche fagotto di misfatti sulle spalle, roba da scudiscio e non da carcere duro, perciò la mia decisione dileguò rapidamente. Ordinai a Renu di condurli nel mio ufficio e mi recai in tutta fretta dal faraone.

Merenrè stava discutendo con il primo scultore di Corte. Poiché le bugie mi nascevano spontanee, gli feci presente che un gruppo di saiti, di estrazione umilissima, era giunto a Menfi per visitare la città e si era trovato coinvolto nei moti insurrezionali. Con uno spirito di abnegazione non comune, questi uomini non si erano uniti ai furfanti. Per qualche giorno essi avevano tergiversato per studiare la situazione, poi si erano schierati con Sebni, vale a dire con l'ordine e la giustizia. Come premio mi avevano chiesto di rendere omaggio alla divina Maestà del faraone. Era gente rozza, forse abituata a modesti furterelli, molto religiosa. Nessuno di loro s'era quindi macchiato di catastrofiche mancanze né aveva l'animo sudicio.

Merenrè aveva molta simpatia per il suo visir. Si mise quindi a mia disposizione e mi ordinò di offrire ai saiti una cena nella caserma delle guardie.

Iput e compagni avevano già invaso il mio ufficio. Tutti vollero abbracciarmi, per cui alla fine puzzavo più di loro, un odore ibrido che ricordava lo sterco suino e lo stallatico maturo. Mi lacrimarono gli occhi e tutti si commossero.

« Non piangere, Zanzara » mi sussurrò Iput paterno. « Capisco, la gioia di vederci ti ha fatto venire le lacrime. Sono venute anche a noi, credimi. Che mi venga un colpo se non ho gli occhi a bagno. Stiamo per partire e ci spiace. Giù ci sono alcune bestie per te. Il vitellino da latte si chiama Nekhti, e cioè il forte, perché diventerà un torello.»

Poiché il vociferare dei saiti non accennava a diminuire, Iput impose la sua autorità e parlò a nome di tutti. Erano riusciti ad acciuffare Shery dopo giorni e giorni di ricerche, perché il furfante aveva venduto la villa a un mummificatore e s'era rifugiato alla periferia della città, con sei "schiave" di nobile casato, in attesa di partire per il sud con un carico d'oro degno di un principe. Trascinato nel porcile, l'avevano costretto a confessare con due tagli nelle chiappe piene di sale.

Shery aveva già subito una condanna in contumacia. Tuttavia Iput, pieno di scrupoli, s'era sentito in dovere di istituire un vero e proprio tribunale. Non era visir? Sapeva com'era composta la Corte della Dimora Venerabile, tutto il suo seguito lo sapeva. Chi di loro non c'era stato almeno una volta come... testimone? Eletti cinque Uditori e cinque scribi (senza calamo, perché non lo sapevano usare), gli altri s'erano schierati dietro l'imputato con il cipiglio delle guardie.

La seduta non era stata lunga. In nome della divina Maestà del faraone e delle leggi imperanti nella Strada delle Prostitute, Iput aveva elencato le imputazioni. Shery, troppo sicuro di sé, gli aveva sputato addosso per poi insultare tutti con volgarità inaccettabili per una Corte di Giustizia. Pasu e Randi lo strabico, i più robusti della tribù, gli avevano allora torto i piedi di mezzo giro abbondante. Già al primo scricchiolìo le urla di Shery s'erano levate furibonde. Tuttavia non avevano alterato di un soffio la grinta dei saiti. Impassibile, alla Corte era bastato un dito di birra per confermare la condanna: impalamento nel deserto. A nulla erano valse le suppliche del furfante. Anzi, poiché s'era rimesso a urlare, gli avevano tappato la bocca con paglia di orzo.

Legato a un palo e spalmato di miele, Shery aveva dato spettacolo. Già al crepuscolo era tappezzato d'insetti e il giorno dopo un corvo era sceso a beccargli gli occhi. Hetep, della tribù, specialista in furti sacri, aveva annunziato con gravità sacerdotale che il corvo era un messaggero della dea Sekhmet.

Comunque, morto Shery, le "schiave" erano state rimesse in libertà. L'oro? Non era poi molto, una miseria.

Iput mi parlò quindi della vita che lui e i suoi amici intendevano condurre a Sais, giornate dedicate al lavoro e notti in oneste meditazioni. Il porcile non era di loro proprietà e l'avevano abbandonato. « Nessuno voleva tornare a casa, » mi spiegò « perché hanno mogli più puzzolenti delle capre. Io li ho convinti... »

« Già, perché tu hai sepolto la tua Sata trent'anni fa » gli rammentò Hetep.

« Sta' ai patti » lo redarguì Iput con la grinta del capo. « Sono sicuro che... con la poca roba racimolata a Menfi riuscirai a far mummificare la tua donna mentre dorme. Noi ti daremo una mano e vedrai che nel rione ci sarà festa. Hanis, » soggiunse « tu ci conosci, vero? Siamo gente alla buona, però la nostra parola vale la piuma della dea Maat. Sentirai, cambieremo volto alla nostra strada e l'onestà sarà un obbligo per tutti. »

Finsi di credergli e fui io a dargli una manata sulla spalla. Il brav'uomo dilatò le nari e si guardò attorno con orgoglio: i visi dei suoi amici erano sorridenti e fieri.

Non mi rimaneva che condurli da Sua Maestà. Tuttavia tentennai non poco sulle gambe, indeciso se accompagnarli alla mensa dei soldati, donare loro qualcosa e metterli alla porta. Erano di una comicità che cozzava contro il buon senso. C'era chi indossava abiti femminili, chi sacerdotali, con pelli di leopardo sulle spalle, chi veli artistici da salotto, parrucche dai riccioli disfatti, tappeti a guisa di mantelli, monili in abbondanza. Un vecchietto sdentato teneva un bastone sulla spalla con appeso un grappolo di sandali. Erano nuovi, in fibra di papiro, troppo lunghi per lui, roba da nobiltà di Corte. « Soffro ai piedi, » si giustificò, conscio che lo stavo osservando « ho il ditone snodato e la pelle tenera. Meee... li hanno regalati. Ne vuoi un paio, visir Hanis? »

Gli dissi di no.

Tenere per buona l'affermazione che non avevano rubato, specie per un amministratore della giustizia come il visir, era un'offesa alla dea Maat. Comunque ordinai a Renu di istruirli alla meglio. Dovevano entrare nella sala del trono in silenzio e in fila per uno, inchinarsi e baciare i piedi a Sua Maestà, e rimanere in ginocchio se non ricevevano l'invito ad alzarsi. Per uscire bisognava camminare all'indietro, con grazia. Renu sillabò loro il rituale. Il tono era da ordine. Quando terminò, la quasi totalità delle teste imparruccate annuì in silenzio. Solo Iput, infagottato in un tappeto rosso, chiese una variante. Aveva un discorso da fare. « Che mi venga un colpo se non lo faccio, visir Hanis! L'ho studiato con la mia tribù da un quarto di luna all'altro. Lo so a memoria, è pulito, lavato con acqua e cenere e velato d'incenso. Potrei farlo a un neonato. »

Nel silenzio d'attesa decine di occhi supplicarono la mia comprensione.

Capitolai. Iput doveva solo dire tre o quattro parole di ringraziamento, a bassa voce, da suddito conscio di avere la dea Maat in ascolto.

Un coro di voci mi consigliò di stare tranquillo.

Con Renu e tre guardie che mi scrutavano con espressioni di sconcerto, m'incamminai per i dorati corridoi. La turba, festosa, ci seguì.

Sua Maestà era solo. Seduto su una poltrona incrostata d'avorio, stava consultando documenti. Poiché non aveva accanto l'imbuto che di solito usava per convogliare i rumori nelle orecchie fesse, sospirai.

Iput e la sua tribù, come la chiamava lui, avanzarono con timore, crollarono in ginocchio e baciarono il pavimento. Senza muovere il capo rimasero con gli occhi fissi, ruotati in alto, sulla regale figura di Merenrè. Non li avrei mai creduti così disciplinati. Per loro doveva essere tutto favoloso, una realtà che avevano sognato di vivere dal giorno in cui ero tornato a Sais nelle vesti di funzionario.

Fu Iput il primo a baciare i piedi al faraone. Si udì uno

schiocco, pareva di una frusta, e tutti lo imitarono. Rimasero quindi in ginocchio con il capo ritto e lo sguardo fiero: era il momento del discorso.

Vidi Iput molto emozionato. Schiumava sudore. Dopo un ennesimo colpo di tosse, il poveretto mi guardò con occhi bovini balbettando:

« Non ricordo niente, proprio niente. Che mi venga un colpo se mi viene su una parola. Temo di averle digerite tutte e che siano uscite di dietro. Devo dire qualcosa lo stesso? »

Gli accennai di no. Purtroppo l'indice di un suo amico lo pungolò e una voce lo avvertì:

« Sputa fuori qualcosa, Iput, o facciamo brutta figura. Raschia un po' e il discorso verrà a galla. Perché non ti sei bagnato il becco con un dito di birra? »

Il taverniere si decise prima che intervenissi. Disse, con Merenrè che lo stava osservando con curiosa attenzione:

« Maestà, siamo tutti di Sais. Abitiamo nella Strada delle Prostitute, un luogo che è stato definito un cesso e un postribolo. Sì, ci sono donne di mondo che mollano tutto anche per poco, ma c'è anche gente di talento come Zanzara... che vi è nato. Poiché egli è l'onore di Sais, così noi chiameremo la nostra strada Viale Zanzara. Due palme ci sono, un po' secche perché gli uomini vi pisciano contro... le donne no. Che mi venga un colpo se non ne pianteremo due file. Vero, amici? »

Si levò un mormorìo di consenso. Per fortuna Merenrè, sordo come il padre, non aveva udito granché, anche se con una mano aveva fatto tromba all'orecchio. Infatti la sua espressione era ancora d'attesa, in quanto Iput, insicuro nell'imbastire le frasi, aveva usato una voce bianca molto simile a quella di Ahuri, ora degradato a capo giardiniere.

« Maestà, » continuò il taverniere alzando il tono « siamo tutte persone oneste e rispettose. Odiamo l'acqua, ci fa schifo, eppure ci siamo lavati i piedi per portarti i nostri omaggi. Hampu, l'unico che voleva lavarseli con la birra, è finito nel Nilo... figlio di un cane. Noi tutti ti preghiamo di concedere a Zanzara, onore di Sais, tre secoli di vita. Non ci pare vero di vederlo nelle vesti di notabile. Lo sai che l'abbiamo allevato noi? Un giorno gli ho infilato in bocca la tetta della mia serva nubiana e gliel'ha asciugata anche se era nera. Possa rivedermi davanti quella santa donna di mia moglie Sata se non ho detto il vero! Nega la put... ».

Intervenni d'autorità. Ordinai a tutti d'inchinarsi ancora e di uscire. I cuochi reali li attendevano per la cena che il Toro Possente, Figlio di Ptah, si degnava di concedere a tutti.

Nessuno fece obiezione. Forse si erano davvero allenati al porcile, perché sfilarono in ordine e raggiunsero la porta senza girare le spalle alla Maestà del faraone.

Merenrè era allegro. Mentre stavo per seguire i saiti, mi chiese:

« Hanis, servo fedele, conosci questo Zanzara, onore di Sais? »

« Mai sentito, Maestà. »

« Era tuo dovere farti spiegare. »

« È stata un'imperdonabile mancanza, mio signore. Tuttavia sono ancora in tempo. »

« Sì, devono essere sudditi fedeli, un po' rozzi e grotteschi, ma piacevoli nei momenti di ozio. Che strano modo di vestire! Mi è parso che l'oratore abbia proferito qualche parolaccia. Sbaglio? »

« Sbagli, mio signore. Ha usato un linguaggio rude, è vero, tuttavia era accettabile. Ti saprò dire di Zanzara. »

Iput e amici avevano ancora invaso il mio ufficio. Sorridente, ma molto impacciato, il taverniere mi annunciò che la tribù aveva deciso di rinunciare alla cena. Soddisfatta di avere visto la reggia, il faraone, il visir, un mondo di fiaba, essa era piena di scrupoli e non intendeva quindi arrecare ulteriore disturbo. Non insistei. Avevano tutti molta fretta, forse per raggiungere Sais e raccontare ad amici e parenti di avere vissuto momenti di viva commozione.

Con Renu sospettoso e due guardie che ruotavano gli occhi senza posa sui saiti, li accompagnai fino al portone. Nella storia d'Egitto nessun visir aveva mai usato tale cortesia a un notabile. Figuriamoci con gente di basso ceto! Iput lo sapeva e mi ringraziò commosso. Il mio era stato un atto di generosità che non avrebbe dimenticato. Prima di salutarmi mi sorrise ancora con gratitudine e m'invitò a casa sua.

« Spero di potermi sdebitare. Se vieni a Sais ti farò camminare sui fiori, Hanis. Che mi venga un colpo se non mantengo la promessa » barbugliò in fretta. Poi si allontanò quasi di corsa per raggiungere i suoi amici, diretti al Nilo.

Sospirai. Raggiunsi il giardino e di qui il mio ufficio. Sgomento! Ebbi l'impressione di avere sbagliato stanza. Mancavano cuscini, tappeti, statuette, calami e tavolozze da scriba, rotoli di fogli, fiori, sgabelli e perfino la piccola sfinge di alabastro.

Mentre il mio umore era ancora indeciso se esplodere in una sfuriata o se ridere divertito, entrò Renu furente. Si guardò attorno e quasi gli mancò la voce. Mi elencò ciò che era sparito dai corridoi: una nube di cavallette in un orto sarebbe stata più generosa. Lui stesso ci aveva rimesso uno stupendo pugnale, dono di Sua Maestà.

« Incredibile! » esclamò mortificato. « Come hanno fatto a sfilarmelo è un mistero. Li faccio inseguire? Sono reati punibili con il taglio della mano destra. »

Immobile sui due piedi pronti a scattare, Renu tremava d'attesa: come capo delle guardie non s'era certo fatto onore.

Gli ordinai di lasciarli in pace. Con le suppellettili sottratte essi sarebbero rimasti quieti nella taverna di Iput. E poi, con quale spirito li avrei giudicati? Per loro ero sempre Zanzara, figlio di Nega la Puttana. Me l'avrebbero rinfacciato nella Dimora Venerabile, accusandomi altresì di avere ripagato in malo modo l'aiuto che molti di essi mi avevano dato durante la mia infanzia. In più ero certo che nessuno di loro avrebbe barattato la roba "prelevata" dalla reggia con altri beni. Rappresentava un trofeo impagabile, dono del Toro Possente Merenrè II.

A pensarci bene, Iput era entrato con il tappeto rosso sulle spalle, mi aveva elargito pacche su pacche, era tornato nel mio ufficio gesticolando, l'aveva visto Renu. Quand'era uscito aveva le mani occupate sotto il tappeto, gonfio da scoppiare.

XXVII

Passavano i giorni e la volontà di riavvicinarmi a Nefer si faceva sempre più tormentosa. Tuttavia rimanevo inspiegabilmente passivo, in attesa di un suo gesto o di un incontro con Peror. Un'attesa assurda, in quanto capivo che dovevo essere io a studiare le modalità di un colloquio. Ella era la nipote di un artigiano dello scalpello, io visir, il sostituto del faraone. Come potevo quindi pretendere che Nefer venisse a Palazzo? Con quale scusa avrebbe chiesto di me? E poi, ricambiava i miei sentimenti? Il fatto che avevo espresso a suo padre e a suo zio il desiderio di eleggerla signora della mia casa non era vincolante per lei, perché in quel momento era incapace di intendere e di volere. Che cosa aveva pensato quando era venuta a saperlo? Suo zio doveva averglielo detto. Sicuramente si era convinta che la carica di visir mi aveva esaltato al punto da dimenticare la casetta dei papiri. A Palazzo c'erano molte fanciulle, figlie dei nuovi funzionari, desiderose di mettere su casa. Il diversivo doveva essere stato determinante per dimenticare la figlia del defunto Kati. Poiché stupidamente non mi ero più interessato di lei, era indubbio che l'avevo relegata nei ricordi della rivoluzione, una storia patetica, ma via via sempre meno viva.

Naso Mozzo si recava spesso da Peror. Tuttavia sui suoi colloqui con la fanciulla era ermetico, né io avevo il coraggio di fargli domande. Mi parlava di tutti, anche di lei. Mai però mi aveva riferito qualcosa che mi facesse piacere. Mi diceva solo che Nefer non era come suo zio. Aveva una conversazione facile e piacevole, gli chiedeva spesso di suo padre e qualche volta di me, ma con timore riverenziale. Il fatto però che Naso Mozzo mi esortasse a prendere l'iniziativa senza indugio mi induceva a sperare che per Nefer non ero un estraneo.

« Né lei né suo zio verranno mai a Palazzo. Ti rendi conto che sei visir? » mi ripeteva spesso. « Sono stato da Peror. Eh, sì, Miriam non ha affatto le labbra cucite. Proprio ieri mi ha detto: "La nuova carica gli ha dato alla testa. Peccato! Era così un bravo giovane! Pareva innamorato pazzo di Nefer. Invece... come sono gli uomini!". »

« Sono soltanto supposizioni tue » gli ripetevo, ben sapendo che dovevo essere io a prendere l'iniziativa. « Comunque cosa ti fa credere che la figlia di Kati ricambi i miei sentimenti? Per lei sono un estraneo che l'ha aiutata forse per compassione o, meglio, per pagare il debito che aveva con suo padre. »

« Lascia perdere, padrone, che qualche arietta te la dai » si permetteva, sapendo che mi era impossibile redarguirlo. « In caso contrario perché tergiversi con questo assurdo atteggiamento? O vai da lei o mandala a chiamare. Eh, sì, anche se sei visir te la porteranno via. A me sembra che, con la posizione che occupi, tu debba mettere su casa. In caso contrario fai come quei sacerdoti che predicano bene e razzolano male. Pensaci, ma in fretta. »

Ci pensavo, sicuro, molto di più di quanto Naso Mozzo credesse. Ma non volevo che Nefer mi sposasse per pagare un debito di riconoscenza. Debito di riconoscenza? Per Thot, nelle vesti di cinocefalo! Ero diventato l'uomo più potente d'Egitto dopo Sua Maestà e certo non avrebbe potuto dirmi: "Be', se proprio ci tieni ti sposo per ricambiare ciò che hai fatto per me".

La situazione in cui mi trovavo era strana e imbarazzante. Forse aveva ragione Naso Mozzo: Zanzara non si sentiva più, con la sua carica, di recarsi alla modesta casa di Peror. C'era però una giustificazione, anche se era di dubbia validità. Il posto che ricoprivo non mi lasciava più la libertà di un tempo.

Quando uscivo da Palazzo dovevo usare la portantina dorata, un tempo di Issi. Sulle spalle di quattro servi nubiani, era scortata da venti guardie in divisa da parata e da alcuni funzionari. Si sarebbe parlato di scandalo.

Sì, c'era da ridere... e forse da piangere. Perché non ero rimasto accanto a Nefer subito dopo la perdita del padre? Allora a Palazzo avevo un incarico modesto, potevo vivere dove volevo. E perché Peror, al corrente dei sentimenti che mi legavano alla nipote, aveva ignorato i nostri rapporti scossi dalla morte di Kati e dall'avverarsi della profezia di Mereset? Era un timido, rassegnato, un uomo negato alle iniziative non legate al suo mestiere. Evitava con ostinazione il colloquio. Forse avevo conversato più a lungo con Digiau. S'era sempre limitato a usare monosillabi, cenni, a guardarmi con la solita maschera di tristezza venata di simpatia, a isolarsi. Pessimista per natura, Peror doveva avere pensato che nelle vesti di visir mi fossi allontanato dalla nipote, non ritenendola idonea a essere eletta signora della mia casa.

Dopo che la fanciulla aveva riacquistato l'uso della ragione, lo scultore doveva però essere considerato una figura a sé. La cosa più ovvia da fare, come visir, sarebbe stata quella di invitare Nefer a Palazzo e sondare i suoi sentimenti. Mi sarebbe stato facile. Perfino Neferohu, al termine di riunioni impegnative che ci vedevano occupati dall'alba al tramonto e poi ancora, mi aveva chiesto più volte di lei, come stava di salute e se aveva superato completamente il trauma dell'aggressione. Gli rispondevo evasivamente, sempre teso e indaffarato, interrogandolo con gli occhi. Lui ne sapeva più di me, in quanto, a detta di Naso Mozzo, l'aveva invitata più volte al tempio. Perché allora quelle domande? Perché anche lui era evasivo e poco sincero? Non poteva chiedermi se ricordavo che nella mia vita c'era stata una fanciulla chiamata Nefer, il cui viso era eternato nel calcare? Mi aveva solo detto e ripetuto che il lavoro è un dovere molto importante. Gli affetti, però, lo sono di più. L'allusione ai miei rapporti con la figlia di Kati era evidente, e in me il travaglio si faceva sempre più angoscioso.

Comunque, nonostante avessi pochissimo tempo per pensare al mio avvenire, non intendevo perdere Nefer, la donna che mi aveva fatto sognare al campo di Ra e lungo il viale di papiri menfita. Eppure tergiversavo, soffocando la trepidazione e la volontà di risolvere una situazione tormentosa.

Finalmente mi accorsi di avere perduto il buon senso e cercai di ragionare. Se fossi stato al posto di Nefer o di Peror, avrei chiesto udienza al visir per motivi sentimentali? Ella mi aveva già ringraziato al funerale di suo padre e io, a pensarci bene, ero stato molto freddo o, comunque, non l'avevo certo incoraggiata a ricordarsi che esisteva il visir Hanis, un uomo che nel suo ufficio, quando entrava la guardia di turno, sperava sempre che gli annunciasse che c'era, di Kati, la figlia Nefer.

Come tutte le cose importanti che si trascinano a lungo e poi richiedono soluzioni immediate, così sentii la necessità di risolvere questo problema, ormai indilazionabile. Naso Mozzo era sincero quando mi avvertiva che c'era chi corteggiava Nefer? Si trattava di un funzionario di Palazzo, di uno scriba, di un artigiano? Le domande mi resero talmente inquieto che passai la notte a camminare su e giù per la camera, in attesa dell'alba. Di buon mattino avvertii il capo scriba della Dimora Venerabile che avrei rimandato gl'impegni della giornata e feci chiamare Naso Mozzo perché mi combinasse, prima di sera, un incontro con Nefer. Ero talmente deciso che piuttosto sarei andato a casa di Peror a piedi, di notte, calandomi dalle mura con una corda o infilando la porticina secondaria imparruccato e storpio come Tenu, il ruffiano da me pagato perché mi riferisse ciò che si diceva nelle taverne e nelle piazze: le trame eversive nascevano in questi posti. Per fortuna il fedele servo ci pensò da solo. Mentre stavo domandandomi dove si fosse cacciato, entrò e si guardò i piedi.

« Mio signore, » mi disse, ingoiando una smorfia « la figlia di Kati... che tu hai mandato a chiamare, è fuori in attesa. Da quanto ho capito accetterebbe volentieri il posto di aiuto scriba che le hai promesso. Credo, però, che ella preferisca quello di "nebet-per", e cioè di signora della tua casa. Eh, sì, pensaci intanto che è qui, perché te la porteranno via anche se sei visir. »

L'avrei abbracciato, anche se era uno sgorbio di uomo. Sgusciò fuori senza attendere ordini, lasciandomi con il cuore che pulsava anche nella pianta dei piedi. Non mi sentivo più visir. Mi guardai attorno. Tutto era a posto. Chiusi una porta leggermente scostata, mi assestai la tunica e presi a camminare su e giù con affanno. Già dopo pochi passi mi parve che fosse trascorso un intero arco di luce. Perché non giungeva? Era stata una burla di Naso Mozzo? No, era un uomo serio ed educato, anche se qualche volta si prendeva confidenze da scudiscio.

Finalmente avvertii un indeciso rumore di passi. Mi lasciai cadere su una poltrona, era più dignitoso, e finsi di consultare un rapporto che già sapevo a memoria. Con l'orecchio che selezionava i rumori, sentii qualcuno bisbigliare oltre la porta, la voce di Nefer, quella di Naso Mozzo, poi silenzio. Il mio respiro cessò di essere spontaneo.

Poco dopo entrò il servo. Aveva il viso da autentico briccone. Si inchinò e mi disse che c'era, di Kati, la figlia Nefer. A un mio cenno scomparve e sul vano della porta apparve la fanciulla. Con manifesto imbarazzo ella si guardò attorno, mi sfiorò con gli occhi e chinò il capo. Era meravigliosa. Mi sembrava più alta e i suoi occhi neri, leggermente a mandorla, erano vivi e luminosi. Indossava ancora il vestito a spalline che le avevo regalato e la collana di lapislazzuli le avvolgeva il collo, due giri, con appeso il nodo di "isi", l'amuleto che la proteggeva dagli influssi malefici.

Posai il foglio e guadagnai tempo con qualche colpetto di tosse. Che cosa dovevo dirle? Che mi ero comportato da imbecille? Per fortuna non ci fu bisogno di parlare. Ci guardammo in silenzio, ci scambiammo due timidi sorrisi, poi qualcosa ci spinse l'uno nelle braccia dell'altra.

« Hanis, sei sicuro di volermi sposare e che io sia una moglie all'altezza della carica che ricopri? » mi sussurrò, stringendomi con disperata ansietà. Naso Mozzo era stato un artista. E pensare che mi aveva messo in mano le bacche velenose!

« E tu, mia cara, sei sicura che io possa vivere senza di te? » le risposi tra i capelli odorosi di loto.

« Ma Hanis, sei il visir d'Egitto, qualcosa come il sostituto del faraone! »

« E tu sarai la moglie del visir d'Egitto, la sostituta della regina. O vuoi che elegga un'altra fanciulla a signora della mia casa? Sarebbe assurdo, ridicolo, un'offesa alla dea Hathor. »

« Oh, Hanis, mio zio mi ha raccontato tutto e io morivo dalla voglia di abbracciarti. Perché l'hai fatto? Perché ora ti sei ricordato di me? Chissà, mio zio e Miriam come saranno contenti. »

Abituato al suo silenzio, la sua voce mi sembrava ancora più morbida, dolce, armonica.

« Perché mi sono interessato di te? Be', prima per ricambiare un debito: a tuo padre dovevo molto. Quando poi ho visto che eri una bella fanciulla... Bella? Stupenda, l'incarnazione della sorella e moglie di Osiride. Ti ha detto tuo zio che ti ha presa come modella per scolpire i lineamenti di Iside? »

« Sì. Ha però usato la sua fantasia, che è illimitata » mi sussurrò con piacevole modestia.

Il nostro colloquio era stato fin troppo lungo e nessuno di noi aveva altro da dire, almeno con la voce. La strinsi a me come se temessi che mi sfuggisse. Per il dio lunare Thot! Con gli occhi chiusi mi pareva proprio di essere al termine del viale di papiri, al chiaro di luna, con la differenza che allora sognavo e ora stavo vivendo una realtà. Che importanza aveva il posto di visir senza Nefer? Meno di una foglia ingiallita in balia del vento.

XXVIII

Quattro anni dopo, la situazione nel paese non si era ancora normalizzata. Sovvertiti i rapporti sociali, si erano accumulate correnti nocive che intossicavano la società. I vilipesi di ieri, diventati potenti, erano egoisti e ambiziosi come i loro predecessori; la burocrazia statale era proliferata in modo anomalo e dove c'era un funzionario capace ce n'erano altri tre impreparati. Merenrè II, abulico e malaticcio, si era dimostrato una figura solo rappresentativa e il governo era praticamente nelle mani del visir e di Sebni. Il generale era però quasi sempre lontano, più occupato a difendere le interminabili frontiere che l'ordine interno. Per fortuna l'ufficiale Ata, sveglio e coraggioso, faceva miracoli per indurre ottusi e ribelli al rispetto delle leggi.

Dopo il primo anno di attesa, tutti si aspettavano miracoli dalle conquiste, invece l'Egitto era un paese che doveva essere ricostruito partendo da zero. Purtroppo mancava la collaborazione. Bastava che si aumentasse la paga di una misura di grano ai lavoratori della necropoli perché tutti urlassero minacciosi che morivano di fame, avanzando rivendicazioni che lo stato, privo di mezzi, non riusciva a soddisfare. L'assenteismo al lavoro aveva raggiunto proporzioni allarmanti. Architetti e ispettori, proprietari terrieri e allevatori di bestiame vedevano costantemente i loro progetti fallire nell'indifferenza e nella derisione. Nelle cave di pietra e nei cantieri mancava sempre un terzo della manodopera, perché l'ozio era assurto a legge. Le Corti di Giustizia, presiedute da un giudice coadiuvato da scribi e uditori, dovevano giudicare anche i simulatori, che denunciavano malattie inesistenti, ma né la frusta né il carcere duro erano temuti. Per i reati maggiori entrava in funzione la Dimora Venerabile, con una Corte presieduta dal visir.

In un clima di indifferenza per il lavoro, primo dei doveri che ogni membro di una società deve rispettare, era naturale che dilagasse la miseria, in quanto il prezzo selvaggio pagato dalla rivoluzione richiedeva uno sforzo collettivo per ridare vitalità al paese. Da una statistica da me promossa risultò che un solo egiziano su cinque lavorava sodo, due vivacchiavano, gli altri vivevano di espedienti. Poiché non era possibile colpire tutti coloro che si facevano beffe delle leggi in nome della rivoluzione, convinsi i muratori di un cantiere a eleggere un comitato con il compito di giudicare i fannulloni, invece di rivolgersi alle autorità. Questi operai dovevano costruire un tempietto per la dea Hathor e come premio, se l'avessero finito entro tre anni, avrebbero avuto in regalo un "pezzo" d'oro a testa, due sacchi di grano, un asino, un viaggio fino alla Grande Verde, e cioè al mare. « Se andiamo avanti di questo passo perdiamo anche il posto di lavoro » si lamentò il capo.

Il mio consiglio fu attuato, i parassiti allontanati e in poco tempo, almeno in quel cantiere, le cose si normalizzarono.

In un simile clima, la prestigiosa carica di visir mi sottoponeva a traumi fisici e mentali notevoli. Il mio lavoro aveva inizio con una visita al faraone, simbolo vivente dell'Egitto. Dopo essermi interessato della sua salute, parlavamo a lungo degli affari di stato. Io rappresentavo il "sapiente tra i sapienti", la vista, l'udito, il pensiero del Sovrano e come tale dovevo amministrare la giustizia, reclutare l'esercito, interessarmi delle finanze, riunire i "nomarchi" ogni quattro mesi, occuparmi dei rapporti con il clero, emettere leggi con la collaborazione del Consiglio dei Dieci, nominare i membri dei vari dicasteri, sorvegliare i beni regi, giudicare chi commetteva reati di particolare gravità o anche lievi, se le sentenze servivano di orientamento per le altre Corti di Giustizia. Oltre a questi compiti ero tenuto a redigere testamenti importanti e a ricevere delegazioni popolari in base a ciò che avevano concordato i delegati delle due parti ai tempi di Sitra. Sulla mia tunica c'era l'effigie della dea Maat, simbolo di giustizia e di verità.

Chi rivestiva questa carica era proprio l'ombra del faraone e rappresentava un traguardo sognato da molti funzionari. Da parte mia l'avrei ceduta volentieri, perché, se era un posto di prestigio, presentava notevoli lati negativi, primi tra tutti la grave responsabilità e il lavoro incessante, quasi frenetico. Avevo collaboratori che m'illustravano giornalmente la vita spicciola di questo o di quel distretto. Purtroppo non tutti erano attendibili. Comunque il popolo vedeva in me un visir comprensivo e generoso (forse troppo), che s'interessava da vicino dei suoi problemi. Io, però, avrei voluto una maggiore collaborazione da parte sua, perché l'opera di ricostruzione richiedeva da tutti buona volontà e spirito di sacrificio. Invece le masse lavoratrici vantavano solo diritti e da parte dei tribunali periferici c'era un'eccessiva indulgenza verso chi si atteggiava a eroe per motivi rivoluzionari. Solo chi aveva creduto veramente negli ideali della rivoluzione s'era messo a lavorare con lena, felice delle conquiste strappate a un regime che sembrava indistruttibile. Ma si trattava di una minoranza, di gente piuttosto anziana, uomini saggi che biasimavano l'eccessiva indulgenza delle autorità verso una gioventù non ligia ai propri doveri. Infatti la mentalità faziosa che si andava diffondendo in certi ambienti richiedeva una risposta pronta e severa da parte delle autorità centrali. Invece io, purtroppo, ero il primo a essere tollerante, in omaggio a massime sacerdotali di dubbia validità: « Chi sbaglia non ne ha colpa, non è un peccatore, ma uno stolto che non è in armonia con la dea Maat. È semplicemente un ignorante che dev'essere educato ».

Dopo la conquista dei riti magico-religiosi, gli egiziani erano diventati ottimisti, perché avevano la certezza che la morte non era più la negazione integrale della vita. Si godevano pienamente le giornate buone, sempre sorretti dal pensiero che nell'al di là avrebbero vissuto quelle capaci di renderli veramente felici. I campi inondati di luce, il lavoro reso piacevole dal suono dei sistri e dei flauti rappresentavano il regno della vera vita, un tempo prerogativa della nobiltà. Nella Valle del Nilo il termine morte non esisteva più nel linguaggio quotidiano, neppure per completare una bestemmia. Tuttavia quando Sheba, nuovo amministratore capo delle imposte, mandava in giro gli scribi del fisco a riscuotere le tasse, gli egiziani assumevano l'atteggiamento del perseguitato. Con il viso da donna prezzolata per strillare in omaggio al defunto, essi piangevano miseria e chiedevano del visir: era un diritto, tutti avevano fatto la rivoluzione. "La vista e l'udito" di Sua Maestà, il funzionario Hanis, era uno di loro, proveniva da un campo di schiavitù, li avrebbe compresi. Le delegazioni si recavano a Palazzo e chiedevano di me seguendo la procedura in uso. Dopo un'attesa più o meno lunga si presentavano ben preparati, con capi istruiti a dovere. Purtroppo nove volte su dieci si trattava di simulatori, gente che bisognava mettere alla porta a suon di scudisciate. Invece, con pazienza sacerdotale, ascoltavo le loro bugie.

« Mio signore, » mi ripetevano alla noia « i tuoi scribi sono venuti a spogliare poveretti incapaci di sfamare la famiglia. Il verme s'è preso un terzo del raccolto, gli ippopotami la metà di quello rimasto, i topi sono insaziabili e i passeri rubano. La locusta, poi, è giunta puntuale a prendersi la sua parte. Sventura per il contadino! Quel poco che è rimasto è servito ai ladri. »

« Allora, » chiedevo io « se vi hanno spogliato di tutto come vivete, con il furto? Raccontatemi la verità. »

« Rubare? Oh, mio signore, » rispondeva stridulo il capo della delegazione « siamo gente onesta che adora Maat. Non vedi le nostre ossa? Quasi bucano la pelle. Viviamo con le briciole del raccolto. Sventura, sventura per il contadino! »

Non m'inquietavo che raramente, mentre al mio fianco Uditori e scribi davano segni d'impazienza: la bugia, in Egitto, è punibile con severità.

« Bene, bene, » rispondevo, imponendomi la calma « insulterei la dea Maat se nelle funzioni di giudice supremo vi credessi sulla parola. Vi terrò in ostaggio e invierò nelle vostre terre scribi e guardie per accertamenti. Se mi avete mentito vi farò torcere i piedi di mezzo giro e vi metterò alle macine. »

I farabutti si prostravano supplicando clemenza. Avevano mentito, cercato di evadere le imposte nascondendo il raccolto nei luoghi più impensati.

Al contadino faceva eco l'artigiano. A chi poteva vendere i vasi, la stoffa di lino, la mobilia, i monili e i sarcofagi di pregio in un Egitto di diseredati? I superstiti della vecchia nobiltà vivacchiavano, i nuovi ricchi erano avari, privi di buon gusto e non pagavano. Ahimè, quanta sventura!

Erano menzogne e io le ascoltavo con pazienza, anche se il lavoro si accumulava nel mio ufficio. Le pene, inoltre, non erano mai proporzionate alle bugie e alle imposte evase. Il più delle volte mi limitavo a distribuire qualche bastonata e molti avvertimenti. In un Egitto che viveva nell'allegria e nella spensieratezza ci voleva invece un visir deciso e inflessibile. Purtroppo ero giunto a dare ragione a Kati. Mi sentivo un debole, negato ai posti di comando. La scaltrezza del furfante mi coglieva spesso di sorpresa, mettendomi in imbarazzo, e la paura di condannare un innocente m'induceva ad assolvere l'imputato reticente. Poche erano state le volte che avevo seguito la procedura in uso da sempre, la sola capace di strappare la verità anche al più coriaceo dei furfanti: l'uso del bastone, dono del cielo. La mia severità, costruita con artifici faticosi, rimaneva epidermica, era la risultante di sforzi logoranti che mi prostravano e le mie sentenze, giudicate sempre troppo miti, sollevavano negli ambienti di Palazzo commenti di disapprovazione. Me li riferiva il primo scriba della Dimora Venerabile, un omarino dall'udito finissimo. « Ha idee chiare e costruttive come amministratore, è estroso e convincente come diplomatico e l'onestà è la sua arma migliore. Purtroppo come giudice non ha grinta e i furfanti lo sanno » dicevano di me.

Perfino la scoperta di un complotto ai danni dello stato non mi lasciò indenne da critiche: il clima di Palazzo stava degenerando sempre più e mi ricordava quello corrotto dei tempi di Issi.

« Iriner, » dissi un mattino all'ultimo dei tredici imputati inviati a giudizio « in tre mesi ti sei assentato dal lavoro ben quarantun giorni, adducendo scuse varie. Ho qui il rapporto del tuo ispettore. Perché non ti sei presentato al cantiere il terzo giorno del primo mese di Perit? Ti avverto che poco fa hai giurato di non dire bugie. »

« Ecco, sono un eroe della rivoluzione e tu devi credermi sulla parola » mi rispose con alterigia. « I motivi erano validi, tant'è che il mio capo ne ha preso atto senza commenti. »

« Eroe della rivoluzione! A quei tempi eri in prigione per furto a Tiro, ben distante quindi dalla Valle del Nilo. Allora? »

« È falso » insisté. « Con Sitra ho versato il mio contributo di sangue. Per poco non ci ho rimesso la vita. »

« Di questa menzogna terrò conto al momento della sentenza. Dimmi perché non sei andato al lavoro. »

« Ho portato l'asino dal veterinario. »

« Ci sono voluti tre giorni, insomma! »

« Ho fiducia solo in Hasen. Abita lontano, molto. Ecco, per raggiungere la sua casa ci vuole un'intera giornata. »

« Molto bene. Allora tu hai costretto un somaro zoppo e diarroico a camminare per due giorni, tanti ce ne vogliono, secondo te, per recarti da Hasen e tornare. »

« Esatto, mio signore. L'asino non ha affatto sofferto. »

« Non sei stato invece nella taverna di Sedi il Guercio e in altre a svolgere attività sovversiva ai danni dell'autorità costituita? Guarda che ne ho le prove » l'avvertii. « Non fidarti delle dicerie perché non sono affatto un visir generoso, specie con chi mente. »

Fu inutile. Sorrise e non abbassò neppure gli occhi. Avevo davanti un uomo scaltro e sicuro di sé.

« È falso » mi rispose. « Sono un suddito ligio ai miei doveri. Potrei sedere al tuo fianco come Uditore, tant'è pulita la mia coscienza. »

« Tra poco ti farò udire io qualcosa di spiacevole, Iriner. Ora parlami dei nonni. Ne hai fatto morire cinque in due mesi.

Non ti paiono troppi? Per ogni nonno defunto ti sei preso sei giorni di vacanza. »

« Due erano i miei, » si giustificò prontamente « due di mia moglie e il quinto di un amico tanto caro da considerarlo un fratello. »

« Basta, Iriner! Non sei sposato e i tuoi nonni sono di là, Piankhi e sua moglie, gli unici che hai. Raccontami dei denti. Insomma il guaritore Buthi te ne ha strappati tre in sei giorni! »

« Proprio tre » mi rispose con sicurezza. « Ecco, il primo non aveva nulla: s'è sbagliato Buthi. Il secondo ci ha tratti in inganno tutti e due. Il terzo era invece cariato sul serio, tanto dolente da indurmi a invocare la morte. »

« Mi spiace che gli dèi non abbiano accolto la tua invocazione, Iriner, perché mi sa che dovrò accontentarti io. »

Ordinai a due guardie di aprirgli la bocca e a uno scriba di contargli i denti. Non gliene mancava uno, erano saldi e ben allineati, da buon mangiatore. Subito il furfante si giustificò: ne aveva trentacinque.

Alle calcagna di questo Iriner avevo messo da tempo due agenti. Il dubbio che lavorasse nel cantiere per mascherare una seconda attività si dimostrò fondato.

« Iriner, » gli dissi infine « ti ho chiesto dell'asino, dei nonni e dei denti per conoscere la tua scaltrezza. Ora fa' bene attenzione. O mi rispondi con sincerità o ti faccio impalare prima di sera. Tu sei un ufficiale del defunto generale Pepinakht, ora al servizio del "nomarca" tebano Ibi. Mi risulta che costui stia preparando un colpo di stato. Dimmi quindi i nomi dei tuoi compari senza divagare. Ti avverto che la tua è solo una conferma, perché li conosco già. »

Negò del complotto con un sorriso di sfida. Questa volta la posta in giuoco era troppo alta perché io potessi essere indulgente. Lo feci frustare, sei colpi sulla schiena. Iriner negò ancora, ma senza sorriso. Fu cambiata la frusta. Usata da un roccioso nubiano, quella a cinque code gli strappò grida e imprecazioni.

« Basta... basta... parlerò » lo sentimmo urlare, bagnato di sangue.

Le sue rivelazioni mi permisero di sventare un complotto ben organizzato. Tre ore dopo undici funzionari di Palazzo e ventitré guardie erano in carcere. La città fu subito rastrellata dall'ufficiale Ata, taverna per taverna, e un centinaio tra congiurati ed elementi sospetti finirono in prigione. Sebni, per fortuna a Menfi, partì subito per Tebe con un intero corpo di fanteria.

Iriner doveva essere condannato senza esitazione a morte. Gonfio e con la pelle a brandelli, gemeva e supplicava clemenza. Aveva trent'anni. Era membro di una vasta organizzazione sovversiva con a capo Ibi.

Prima di emettere la sentenza tergiversai. I cinque Uditori erano concordi nel condannarlo alla pena capitale per impalamento. Anche se per simili delitti le leggi non si prestavano a controversie, mi sentii svuotato di energia. Sarebbe stata la mia prima condanna a morte e mi ripugnava emettere una simile sentenza, anche se Iriner non meritava indulgenza. Discussi quindi con gli Uditori. Non era meglio condannarlo ai colpi di bastone necessari per procurargli cinque fratture e, a guarigione avvenuta, a sei anni di lavoro coatto in una cava di pietra? Nessuno mi rispose. Dovetti solo subire lo sguardo frastornato dell'Uditore anziano. Mi fece capire che la responsabilità era tutta mia, avrei alimentato le trame eversive. Decisi quindi per l'impalamento. Purtroppo la mia indecisione fu aspramente criticata a Palazzo e lo stesso faraone mi fece intendere che con gli altri agenti di Ibi avrei dovuto dimostrarmi più severo.

Fu comunque un processo a carico di profanatori di tombe che m'indusse a prendere in seria considerazione i consigli di mia moglie Nefer: lasciare al più presto la carica di visir.

Uno dei delitti che più offendeva gli egiziani era quello perpetrato ai danni dei morti. La mummia, tumulata con il corredo funerario, era sacra e inviolabile. Le pene per i profanatori di tombe, vecchie di secoli e rispettate dalla delegazione rivoluzionaria, erano severissime. Sugl'imputati gravava la pena capitale, non tanto per gli oggetti asportati, quanto per l'offesa al defunto. Dopo i disordini della rivoluzione, che aveva portato furfanti abituali ed elementi stranieri a saccheggiare anche i sepolcri reali, nelle necropoli erano stati ricostituiti i corpi di guardia con ispettori, impiegati, sacerdoti e lavoratori manuali.

Il delitto era stato commesso durante il quarto anno di regno del faraone Merenrè II, il sesto giorno del secondo mese di Perit, la stagione della semina. Purtroppo la tomba violata era di Pepinakht. Il suo corpo, ripescato dal Nilo, era stato sottoposto a mummificazione e tumulato a rivoluzione conclusa dai superstiti della vecchia nobiltà.

Iniziato il processo, gruppi di facinorosi s'erano messi a urlare di fronte alla Dimora Venerabile perché i colpevoli fossero rimessi in libertà. Una carica di fanteria aveva ristabilito l'ordine.

Gli imputati erano parecchi e la sala gremita di curiosi. Il capo della banda, Pasen, era noto a tutti noi come delinquente abituale. Anche se non esisteva, per legge, la possibilità di farsi difendere da un esperto addentro in quelle cose, l'imputato poteva citare testimoni a discarico o dimostrare la propria innocenza con prove valide.

« Pasen, » gli annunciai « sei accusato da questa Corte di avere profanato la tomba di Pepinakht, ex generale dell'esercito egiziano. Hai asportato undici vasi di rame, venti di terracotta, tre pugnali e sei vestiti di lino, una parrucca, otto statuette di pietra dura, bende e amuleti. In più, sempre con il concorso dei tuoi compari, hai assassinato il sacerdote Benu con tre pugnalate alla schiena. Cos'hai da dirmi? Ti avverto che ci sono cinque testimoni a carico e nessuno che ti discolpi. »

Sembrava gli avessi suggerito la risposta.

« È tutto falso, mio signore. Passavo di lì per caso e ho trovato la roba da te elencata e il morto. E poi, Pepinakht era un nemico del popolo e come tale non doveva essere sepolto. »

« Come generale era nemico del popolo. Come defunto era protetto dalle leggi in uso nella necropoli e dalla dea Amentit. Allora? »

« Ripeto che è tutto falso, una montatura per farmi cadere in disgrazia » insisté con alterigia.

« Hai detto la verità? »

« Giuro su Maat, mio signore. »

Ordinai alle guardie di colpirlo con dieci scudisciate sulla schiena nuda. Negò ancora. Portai le scudisciate a trenta. Pasen aveva la pelle coriacea. Non perse sangue, non si lamentò e non mutò atteggiamento. Allora gli feci torcere un piede di un quarto di giro. Si decise.

« Basta, mio signore, parlerò » disse soffocando smorfie di dolore. Raccontò i fatti cercando di scaricare le colpe sui suoi compagni, in attesa nell'anticamera.

Era stato Penemu, capo scriba della necropoli, a studiare l'impresa; lo scalpellino Peherer e le guardie Hupi e Neshi avevano aperto la tomba; l'artigiano del pennello Turi aveva sfasciato il sarcofago; il marinaio Khufu era rimasto in attesa con le barche; l'araldo Kher aveva fatto da palo al chiaro di luna; l'ispettore Khafra li aveva colti sul fatto e aveva chiuso un occhio in cambio di un "pezzo" d'argento sonante: il sacerdote Benu, terrorizzato dall'abbaiare di Anubis, nelle sembianze di sciacallo, era fuggito rinunciando all'impresa. Il mummificatore Isi gli aveva chiuso la bocca a colpi di pugnale.

Messi a confronto, i furfanti si accusarono a vicenda e affiorò un delitto particolarmente doloroso per me: anche l'Eterna Dimora di Kati aveva subito la profanazione.

« In questa tomba c'era poco » mi confessò Pasen rassegnato. « Asportammo solo tre "pezzi" d'oro, vasi e stoffe, alcune suppellettili. A me sono toccati due miserabili vasi di rame. Fui io a ordinare che si rispettasse la mummia. »

Li condannai tutti a morte. L'impalamento, voluto dalla legge, era per gli egiziani una fine ignominiosa. La mancanza di sepoltura toglieva a Pasen e ai suoi compari il beneficio della vita eterna.

Dopo questo processo, che mi tenne impegnato per un mese, ordinai che fosse ricomposta la mummia di Pepinakht. A quella di Kati m'interessai personalmente, senza dire nulla a Nefer, poi chiesi al faraone e al Consiglio dei Dieci di sostituirmi, denunciando motivi di salute. Non era una bugia. Costantemente teso e pieno di scrupoli, ero notevolmente dimagrito, irascibile, sofferente d'insonnia e di cefalea. Purtroppo nessuno volle prendere in considerazione la mia richiesta, perché solo io, vissuto in tutti gli strati sociali, dal più infimo al più prestigioso, avevo un'esperienza piena che ben si adattava alla nuova società. Eppure dovevo andarmene, lo sentivo, ritirarmi dalla vita d'ufficio. Sarei vissuto nel mio podere ad allevare bestiame. Purtroppo era piccolo e non mi avrebbe permesso di donare ai miei figli la vita che avevo sognato. Oh, non nel lusso e nell'abbondanza! Desideravo solo che crescessero in un ambiente dignitoso, senza provare l'abbrutimento fisico e morale che aveva accompagnato la mia gioventù.

Nonostante l'alta carica, nei primi tre anni avevo guadagnato poco. In un Egitto uscito stremato da un diluvio, c'era chi moriva di fame. Gli altri, visir compreso, erano vissuti in qualche modo. D'accordo con il faraone avevo abolito le feste, i ricevimenti a Palazzo, le cose inutili. Più tardi ero riuscito a mettere da parte qualcosa e la mia terra si era arricchita di altri capi di bestiame e si era unita a quella di Peror. I prezzi erano però lievitati in modo preoccupante. Una casetta di due stanze, tetto di stoppie e pavimento in terra battuta, era passata da dieci a trenta "pezzi" d'argento; un bue da uno a tre, un perizoma da mezzo a uno. Avevo perciò bisogno di rimanere in carica ancora per qualche tempo. Dovevo sistemare la casa di Apui, la migliore delle due, e aumentare l'estensione del terreno. Due volte tanto sarebbe bastato per poter vivere senza scialare, ma senza problemi. Era possibile resistere ancora in quell'ufficio? Ne avevo la forza? Per il saggio Thot! Avevo dato nuove leggi all'Egitto e dovevo rimetterci la vita per farle rispettare? Malgrado l'aiuto solerte dei miei collaboratori e di un Sebni dinamico e accorto, le strade erano ancora malsicure; elementi sovversivi della vecchia società compivano atti di sabotaggio, avvelenando il bestiame e distruggendo i vigneti; il decentramento della vita politica, con la tendenza a rendere ancora ereditarie le cariche, era una piaga che non si riusciva a estirpare; il movimento migratorio verso la Valle del Nilo, a causa delle frontiere troppo estese, era ancora notevole. Cananei, nubiani, libi, semiti laceri e affamati venivano a cercare fortuna in un relitto di stato che stava ancora lavandosi le piaghe della rivoluzione. Delusi, si votavano al furto e al saccheggio.

Sommerso da problemi sempre urgenti e gravi, ero il solo a rendermi conto che l'Egitto aveva bisogno di un altro visir. Occorrevano piani di emergenza, funzionari che li facessero rispettare e che eliminassero con decisione i rami nocivi della società, senza confondere gli ideali della rivoluzione con la delinquenza comune. Invece la sferza del campo di Ra non mi aveva solo rigato la schiena. Era penetrata dentro, facendo di me un uomo incerto e pieno di scrupoli, che riusciva a mantenere l'equilibrio con sforzi logoranti. Solo il "nomarca" Kati o quello del campo di Ra sarebbe riuscito a rimettere in sesto i frammenti di un Egitto che solo alcuni decenni prima era ancora uno stato fiorente.

Vivevo ormai a Palazzo con mia moglie Nefer e i miei figli Hori e Sadhè, i servi Naso Mozzo e Miriam, due schiavi che godevano di completa libertà.

Nei giorni festivi ci recavamo tutti da Peror. Lungo il viale dove un tempo avevo condotto a passeggio una fanciulla muta e inespressiva, m'incamminavo ora con i miei bambini che mi ronzavano attorno come due... zanzare. Su un'altura accanto al fiume, nel posto in cui avevo abbracciato Nefer per la prima volta, era sorto un tempietto. Dentro c'era una nuova statua di Iside uscita l'anno prima dalle prestigiose mani di Peror. Naturalmente la modella era stata ancora la nipote. Anche sul basamento di questa scultura di calcare bianco c'era la scritta:

Io sono lo ieri, l'oggi, il domani. Nessun mortale riuscirà mai a togliermi il velo. Il mio nome è Mistero.

Presunzione a parte, mi consideravo il solo mortale che fosse riuscito a sollevarle il velo, in quanto ero sempre più convinto, ora che l'avevo conosciuta come essere pensante, che la divina Iside s'era incarnata in Nefer.

Da tempo ero alla ricerca di tranquillità. Invece il lavoro incessante mi allontanava sempre più dalla famiglia e gli anni passavano con una Nefer restìa a legare con le altre signore di Palazzo. In più ella era preoccupata per la mia salute. Purtroppo Neferohu era morto e mi era così venuta a mancare la sua parola saggia e amica. Ultimamente, malato e deluso, al carattere combattivo era subentrata in lui la rassegnazione. Mi aveva più volte ripetuto che il conservatorismo e la voracità della vecchia classe dirigente, uniti alle barbarie commesse dagl'insorti, avevano rivelato una completa negazione della intelligenza umana. Il creato, secondo la concezione egiziana, non era opera di dio, ma dio stesso, per cui sulla terra tutto era divino. Distruggere qualcosa equivaleva quindi ad accanirsi contro il Neter Uat, l'Essere Supremo. Chi era immune da questo reato? Pochi, o forse nessuno. Mai però aveva visto, nella sua lunga carriera di Profeta, l'uomo calpestare con tanta furia tutto ciò che fino all'inizio della rivoluzione era considerato sacro. Vivace assertore della presenza dell'anima anche nel corpo dei poveracci, in Neferohu s'era fatto strada il dubbio che tutti gli uomini indistintamente ne fossero privi, perché, se essa rappresentava una favilla di vita divina, non poteva macchiarsi di certe brutture. Le sue ultime parole furono l'avvertimento di un uomo che aveva creduto molto in me. Mi erano rimaste di monito.

« Forse non ti pare vero di avere razzolato per anni come uno sciacallo alla ricerca di un pezzo di pane e della libertà. Ti sei lasciato alle spalle una landa acquitrinosa, che il tempo ha disseccato come se fosse fango di porcile. Ahimè, la rivoluzione ti ha portato a occupare un posto che solo uno stolto poteva sognare. Ebbene, non tergiversare, Hanis, lascia in fretta la carica di visir a chi è più spregiudicato di te. Gli onori e la ricchezza non valgono la tranquillità e il calore di una famiglia. Poiché nella società gli onesti, se si mettono in evidenza, sono destinati a soccombere, cercati un'altra occupazione. Ora che Thot ha ridato le facoltà mentali a Nefer, perché la trascuri come se fosse un'estranea? La sofferenza purifica e voi due avete sofferto abbastanza. Che gli dèi possano guidare i vostri passi! »

Da parte sua Nefer, pur essendo un'adorabile moglie, non perdeva l'occasione per ripetermi alla noia che preferiva condurre una vita modesta nel nostro piccolo podere, piuttosto che vedermi sempre teso, preoccupato allo spasimo e negato al riso.

Rinunciare a una così alta carica non era però né facile né dignitoso. Eppure sentivo il bisogno di dimettermi al più presto, perché, tra l'altro, la manipolazione demente della nuova società da parte delle vecchie forze rivoluzionarie e le correnti eversive che godevano nel vedere un Egitto incapace di trovare la concentrazione necessaria per risollevarsi dal collasso, rendevano l'opera del visir troppo faticosa, a volte inutile e criticabile. Che fare? Molto spesso lasciavo Nefer e i bambini dallo zio e mi recavo al tempietto in riva al Nilo, mi accoccolavo ai piedi di Iside, proprio come facevo al campo di Ra, sperando che la dea mi venisse in aiuto. Le ammiravo estatico i marmorei occhi trasognati, il volto ben lontano dalla rigida gravità menfita e il sorriso smorzato da un impenetrabile mistero, poi le chiedevo di indicarmi il modo di lasciare la carica di visir senza il volto dello sconfitto. E Iside, nel suo silenzioso conversare, mi portava l'antica parola divina che fino a poco tempo prima era uscita dalla bocca di Neferohu. La sentivo dentro di me, soave e melodiosa, che mi esortava a pazientare.

Il prestigio e la gloria, se chi li conquista è un essere meditativo, danno quasi sempre delusioni e amarezze. Passava il tempo e mi trascinavo ancora, oltre al dispiacere di trascurare Nefer e i miei figli, il rimorso per il dolore che avevo arrecato a Ipu-Wer e l'avvilimento per aver dovuto ingoiare accuse infamanti senza potermi difendere. Che ne era del vecchio saggio e di Itis? Indaffarato com'ero, avevo chiesto di loro poche volte. Era stato Ahuri a parlarmi della disarmonica coppia. La nobil donna non riusciva ad adattarsi alla vita di clausura e a sua volta la rendeva difficile a tutti, specie a Paniamon; Ipu-Wer era malaticcio e preoccupato per il comportamento della moglie. Il sereno riposo che aveva sognato nella quiete del Papireto non aveva superato i due mesi, poi Itis l'aveva costretto a isolarsi nei luoghi più impensati per non subire vere e proprie aggressioni.

« Sei un vecchio rimbecillito » gli gridava fuori di sé. « Ti sei lasciato degradare ad allevatore di bestiame da una turba di straccioni. Lo sporco Hanis nelle vesti di visir! E tu andavi dicendo che l'Egitto è l'immagine del cielo! È l'immagine di un porcile. Se c'è un uomo degno di portare la Corona della Terra di Kemet sei tu. Non ti chiamano Ipu - il Principe? Scuotiti, fa' qualcosa. O sei rincitrullito davvero? Questa vita di schiavitù mi fa impazzire. »

Con la morte di Kati e la partenza di Ipu-Wer s'erano chiusi per me ventisette anni di vita travagliata. La parola di Nefer mi aveva aperto un'era nuova che intendevo vivere e non consumare. Purtroppo avevo accettato quasi con entusiasmo una carica che distruggeva giorni e anni con deludente rapidità. Finalmente, proprio quando la disperazione di non trovare un'alternativa al posto di visir mi aveva reso ancora più angosciato, mi giunse una lettera dal Papireto. Diceva:

Il nobile Ipu-Wer, ex capo dei notabili d'Egitto e custode del Sigillo Reale, al visir Hanis. Così ti parla un vecchio funzionario che ha creduto molto in te. Itis, la signora della mia casa, è morta. La vita al Papireto non era fatta per lei, donna incapace di amare la natura, la meditazione, la famiglia. Chi pareva possedere una vitalità indistruttibile ha quindi raggiunto il regno di Osiride; chi invece rimandava sempre di un giorno la partenza per l'al di là si gode finalmente la pace tanto sognata. Mai ho gustato come ora il soffio odoroso di mirra che accompagna il barbaglio serale, la voce sapiente e canterina degli uccelli, il pulsare dei lumi appesi nel cielo notturno, spiriti trasfigurati dei nostri defunti. Caro Hanis, un tempo la solitudine mi spaventava, poi mi sono accorto che se un uomo stima se stesso essa può diventare piacevole. Quando vieni a trovarmi? Forse succube di una crisi di coscienza, Itis mi ha confidato molte cose tristi prima di morire. Digiau è poi sceso nei particolari, anche se erano molto dolorosi. Ti attendo quindi con la tua famiglia, molto presto perché ho qualcosa per i tuoi figli. Sta' bene.

Di Hapio, il figlio Ipu-Wer

Ci recammo da lui. Il Papireto non era Menfi. Qui la luce era di una sclarità pura, in più non c'era aria di potenza distrutta, con pietre bruciacchiate o sanguigne. Il clima inebriava. I canali, pieni di acqua impigrita su cui oscillavano isolotti di loto, il fiore sacro agli dèi, si snodavano tra macchie di verde pulito e piante espanse, chiome a ragnatela di papiri e strami di paglia e di canne. L'occhio del sole, lontano e basso, inteneriva i colori, specie quelli dei fiori che scendevano a cascata dal terrazzo della villa. Gli odori erano compositi, di terra vergine e di muschio, di vita e di pace.

Il mio ufficio c'era ancora, con le assi mature spruzzate di muffa e il tetto di stoppie cotto e spettinato. Erano sorte altre costruzioni, molte, di legno e di fango coagulato dal caldo, ma dal pontile sul dorsale dell'argine si vedevano ancora i pascoli ondulati con le bestie disseminate a spaglio e i confini nitidi che separavano la terra nera, ricca di vegetazione, dalla sabbia rossiccia del deserto.

Le oche del Nilo, più sveglie dei cani, ci accolsero starnazzando, mentre voci remote ci giungevano a frammenti, spinte altrove da una brezza decisa.

Tensi, amministratore provvisorio, ci corse incontro con il viso illuminato da un sorriso in parte velato dalla sorpresa. Infatti ci attendeva due giorni più tardi. S'inchinò e roteò l'occhio buono sul mio seguito. Era molto invecchiato. Il volto cotto dal sole portava sulla fronte i solchi decisi di chi avverte il peso di gravi responsabilità. Una cicatrice di modesta entità gli deturpava lo zigomo sinistro. Seppi più tardi che era dovuta alla famigerata statuetta di Bes. Morto Paniamon, Tensi era diventato il bersaglio numero uno della nobil donna Itis.

« Che tu sia il benvenuto, visir Hanis » mi disse, mentre alle sue spalle alcuni contadini mi guardavano con riverente timore.

« Come sta il nobile Ipu-Wer? »

« Così, così. Andrò subito ad annunciargli il tuo arrivo. Sta dormendo... il pisolino pomeridiano... un'abitudine. Sarà felice di rivederti. Chiamerò Digiau. »

Gli ordinai di non svegliarlo e di sistemare i miei soldati di scorta, una trentina, più lo scriba personale, Naso Mozzo e Miriam.

Dopo avere ossequiato Nefer, Tensi promise ai miei figli di condurli a vedere alcune scimmie appena giunte dalla terra di Kush, ci guidò verso il soggiorno della villa e scomparve alla ricerca di Digiau.

Non era più l'ambiente che mi aveva visto protagonista e vittima. Oltre alla mobilia, tutto era stato sostituito, tappeti, tinteggiatura alle pareti, lucerne, suppellettili e tendaggi. Perfino lo sgabuzzino che mi aveva tenuto prigioniero tra vasetti in bilico e vapori da starnuto era scomparso dietro a un muro decorato a bassorilievi raffiguranti divinità. Indubbiamente Itis aveva inteso cancellare tutto ciò che le ricordava i suoi tragici amori.

Ci sedemmo in attesa. A Nefer avevo raccontato solo qualcosa della nobil donna, una storia addomesticata. Ero però convinto che ella ne sapesse molto di più, in quanto, nel giardino di Palazzo, si intratteneva spesso con Ahuri in lunghi colloqui. Mai però mi aveva chiesto di Itis o aveva avuto parole dure per lei, anche se non ignorava di chi era la mano che l'aveva costretta a vegetare per anni e anni. Le dissi, seduto su una poltrona intarsiata d'avorio:

« Ricordo ancora il giorno in cui sono sbarcato in questo podere nelle vesti di schiavo. Oggi, con la carica di visir, ho provato lo stesso disagio di allora. Non mi sembra vero di avere fatto tanta strada. Vorrei che tu vedessi il mio ufficio e... »

« Se Ipu-Wer ti offre un posto qui al Papireto, lo accetti? » m'interruppe molto seria.

La domanda era semplicemente assurda. Anche se il mio ex padrone mi avesse assicurato la carica di ispettore capo, il contrasto con quella ambitissima di visir sarebbe stato troppo violento, sapeva di resa ingloriosa, oltre a offendere ogni forma di orgoglio.

« Dipende dal posto che mi offre » le risposi, con la speranza che cambiasse argomento. Che dovessi deporre le vesti di visir ero convinto e deciso; strapparmele di dosso proprio no.

« Devi accettarlo, Hanis. »

« E se mi offre il posto di bifolco? »

« Non dire sciocchezze. Lo sai che per lui sei come un figlio. »

« Ti rendi conto che stai ragionando per assurdo? »

« Sei tu che stai conducendo una vita totalmente assurda, per non dire suicida. Di Itis so più di quanto tu creda. Lei ti ha permesso di salire molto in alto. Ebbene, io desidero che tu scenda dal piedestallo senza mendicare scuse, tergiversare, promettere o cercare di convincermi che sei orgoglioso della tua carica per il prestigio che offre a me e ai nostri figli. »

« Ti chiedo ancora un po' di pazienza, Nefer. Cerca di ragionare. Ti pare un argomento da affrontare in questo momento? »

Si fece aggressiva. « Ho ragionato abbastanza, Hanis. Ora non ne posso più » mi rispose fissandomi con un'intensità sconosciuta. « Io e i tuoi figli abbiamo un visir tra le pareti domestiche e non un marito e un padre. Hori e Sadhè ti guardano con orgoglio, è vero, però non osano rivolgerti la parola prima di avermi chiesto se è loro permesso. Ti pare giusto? »

Nefer aveva ragione. Avrei voluto lasciare un Egitto ordinato e in netta ripresa, per potermi dedicare senza ombre alla mia famiglia. Le premesse c'erano e mi facevano ben sperare. Ero un visir più amato del faraone. Le poche voci di biasimo mi giungevano frammentarie e remote, quasi ad avallare il prestigio che mi ero costruito con anni di lavoro onesto e ininterrotto. Eppure mi accorgevo che presto o tardi sarei caduto in disgrazia. Se l'arte del compromesso, in cui dicevano che ero maestro, poteva essere utile in un Egitto tranquillo e in piena prosperità economica, mal si adattava a un paese che non riusciva a risollevarsi dal collasso subito. Di fronte al completo fallimento dei valori sociali, anche la coscienza individuale era rimasta minata e noi di Palazzo eravamo impotenti a combattere con efficacia il dilagare della delinquenza, dell'assenteismo al lavoro, della prostituzione, delle migrazioni straniere e delle contestazioni gratuite. « Ci vuole più polso, Hanis » mi ripeteva spesso Sebni con la bonarietà di un amico. « Se non colpisci con decisione ti chiameranno il visir dei rappezzi e in seguito cadrai in disgrazia. » La voce di Neferohu era sempre viva nella mia memoria: « La carica di visir è più amara del fiele, Hanis. Lasciala, non ti accorgi che per te è una seconda schiavitù? Kati ti ha scongiurato di avere cura di sua figlia e non di roderti dentro per rimettere in sesto ciò che egli ha distrutto, spingendo alla lotta masse amorfe votate all'anarchia e al delitto. Lui stesso non ha avuto il coraggio di occupare il posto che era stato di Issi ».

Mentre queste verità si sovrapponevano, affollandomi la mente, lo sguardo di Nefer era fisso, decisamente severo. Pareva quello di suo padre quando, al campo di Ra, mi redarguiva perché, affranto dalla fatica, non seguivo con sufficiente attenzione le sue lezioni. Mai avevo visto mia moglie così risoluta.

« Ne parleremo più tardi, cara » le promisi. « Ti assicuro che entro un paio di mesi diventerò il marito che ti meriti. Vedi, rinunciare ad una carica così importante per un posto di ispettore è umiliante, sa di sconfitta e mi lascerebbe nel corpo gli stessi solchi della frusta provata nel campo di schiavitù. Se invece mi ritiro nella nostra poca terra ad allevare bestiame, il contrasto non è così vivo. Ipu-Wer, come allevatore al Papireto, è rimasto una persona stimata. Ti chiedo quindi un po' di pazienza. »

Scosse il capo senza esitazione. No, neanche un giorno. Ero invecchiato di vent'anni da quando il Consiglio dei Dieci mi aveva eletto visir. Dopo un solo mese di matrimonio, tra le pareti domestiche mi comportavo già da estraneo. Da allora ero andato via via peggiorando. Dopo uno scarno saluto, accompagnato da un sorriso costruito tra solchi scavati dalla preoccupazione, ci voleva la pazienza di un sacerdote per cavarmi di bocca una parola. Rispetto a me lo zio Peror parlava a torrente.

Mi sedei accanto a lei, sul divano, l'afferrai per le spalle e la scossi. Il suo viso crucciato quasi mi divertì. « Ascolta, piccola ribelle, non costringermi a sculacciarti, perché può entrare Digiau o Ipu-Wer. Godiamoci le vacanze. Ne riparleremo al ritorno con più calma. Ti assicuro che sono decisissimo a darti retta. Sei contenta? »

Si svincolò e scosse ancora il capo: non intendeva cedere. A Menfi avrei tergiversato ancora, me lo disse respingendomi.

Non c'erano leggi urgenti da varare, processi importanti da concludere, le difficoltà per trovare un sostituto, gli scambi commerciali con l'estero da seguire e il fatto che dovevo guadagnare ancora per allargare la nostra proprietà? Scuse vecchie e monotone, che si trascinavano da tempo. No, dovevo decidere al Papireto, giurare solennemente sulla dea Maat che avrei rinunciato alla carica di visir appena rientrati. In caso contrario, tra le mura di casa avrei trovato una governante e non più una moglie. « Hai capito, Hanis? Non ne posso più. Sarebbe stato meglio se fossi rimasta muta. » Mi appoggiò il viso sul petto e pianse. Aveva ragione Neferohu: gli onori e la gloria non valevano il calore di una famiglia. Purtroppo gli anni passavano e io e Nefer ci allontanavamo sempre più l'uno dall'altra. Il suo non era egoismo. Ella non amava né il lusso né gli sdolcinati ossequi dei funzionari di Palazzo; non le interessava avvicinare la Maestà del faraone come non gliene importava delle feste, dell'invidia delle dame di Corte, delle premure che la vecchia regina Pepiankhenes aveva per tutti noi. Era proprio la moglie che avevo sognato, eppure la trascuravo al pari della servitù anonima che si affannava attorno alla mia persona. Mi desisi a darle retta. Ebbi l'impressione che mi stesse cadendo un macigno dalle spalle. Lo sentii bagnato di bile e di sudore, ma lo buttai giù e solo allora mi accorsi del suo peso. Di colpo la carica di visir mi sembrò insulsa e senza senso, fatta per un uomo diverso dall'ex schiavo Hanis. La voglia di passeggiare con mia moglie tra le ombre dilatate che a quell'ora macchiavano il Papireto si fece imperiosa. L'aria di libertà aveva un sapore dolce, mai provato prima di quel momento. Asciugai le lacrime a Nefer.

« Non piangere » le dissi commosso. « Appena avremo salutato Ipu-Wer ti porterò a vedere il giardino e il mio vecchio ufficio. Da questo momento non considerarmi più il visir dell'Alto e Basso Egitto. »

Fu irriducibile. « Non hai ancora giurato, Hanis. La tua parola ha il valore di tante altre. Mio padre ti diceva che eri un emotivo ed un sentimentale, l'ha scritto anche nelle sue ultime volontà. Ebbene, s'è dimenticato di aggiungere che le bugie ti escono con una certa facilità. O giuri o non avrai più una moglie. »

L'accontentai. « Possa la dea Maat colpirmi negli affetti più cari se al nostro ritorno non lascerò ogni incarico a Palazzo » dissi quasi sillabando le parole. « Sei contenta? »

« E me lo chiedi? »

« Il nobile Ipu-Wer mi aiuterà a convincere il faraone e il Consiglio dei Dieci. Inoltre ha qualcosa per i nostri figli. Che cosa? »

« Un padre, Hanis. È deciso a farli vivere con un padre e non con Naso Mozzo e lo zio Peror. »

« Gliel'hai chiesto tu? »

« Sì, tramite Ahuri. Senza il suo aiuto non sarei mai stata in grado di allontanarti da Palazzo. Tra qualche anno avresti fatto la fine di mio padre. Se davvero consideri i tuoi figli e tua moglie le cose più care che hai nella vita, ricordati del giuramento fatto alla dea Maat. »

In quel momento entrò Digiau. Era un vecchio claudicante, con la schiena curva. S'inchinò servile e mi guardò con aria di supplica. Il mio sorriso dovette liberargli la coscienza.

« Che tu sia il benvenuto, mio signore » mi disse rauco. « Se permetti, ti dico che tua moglie sembra un fiore di primo mattino, quand'è imperlato di rugiada. Perché ha pianto? »

« Non sai perché piangono le donne? »

« No. Per anni ho solo visto una signora della nobiltà versare lacrime asciutte. È stata una triste esperienza. Perché piangono? »

« È la loro arma migliore, Digiau. Ottengono l'impossibile anche dal visir. Il tuo padrone? »

« Vi attende. Se volete seguirmi vi faccio strada. Che il faraone gli conceda ancora cento anni di vita! » disse incamminandosi lungo il corridoio.

Sdraiato su un letto con poggiatesta, il nobile menfita sembrava in attesa che qualcuno gli chiudesse gli occhi. Il sorriso, diretto a Nefer, gli accartocciò la cute lisa e incolore. Accanto a lui c'era un sacerdote piuttosto anziano, dal cranio rasato e lucido d'olio. Le sopracciglia da pensatore, folte e brizzolate, gli ombreggiavano i piccoli occhi, fissi su di me. Seppi più tardi che si trattava del Maestro Templare Thari, di Eliopoli.

Ipu-Wer ci mostrò due sgabelli, lasciò uscire il servo ed ebbe parole paterne per me e commoventi per mia moglie. Ci raccontò dei suoi malanni, molti e non tutti del corpo, di Osiride che lo stava attendendo da tempo e della "mastaba" fatta costruire da un valente architetto nella Contrada dell'Ovest, ossia nella Terra d'Occidente, quella dei morti. Qui, protetta dalla dea Amentit, la sua mummia avrebbe goduto un tranquillo riposo con accanto il proprio "ka". Il progetto, elaborato molti anni prima, era di farsi edificare una "mastaba" molto più ampia, in grado di ospitare, a suo tempo, anche la mummia di Itis. Purtroppo erano successi fatti incresciosi che l'avevano costretto a rivedere i suoi legami affettivi. Ne parlò a mezza voce, con angosciosa amarezza. Piegò infine il capo verso Nefer, seduta al suo fianco, e le afferrò un braccio dopo alcuni tentativi: quasi non ci vedeva.

« Come ti senti? » le chiese.

« Abbastanza bene. Tensi mi ha detto che stai riacquistando le forze con una certa rapidità » gli mentì molto commossa. « La notizia mi ha fatto molto piacere. »

« Volevo solo sentire la tua voce, Nefer... e ti ringrazio per la bugia. Comunque, il fatto che tu e Hanis siate qui, accanto a me, mi è di conforto. » Subito il nobil uomo mi cercò con gli occhi, poi usò la severità del padre che redarguisce il figlio reo di non tenere in giusta considerazione i suoi consigli.

« Rallegra il cuore di tua moglie, Hanis » mi disse. « Le pietre preziose sono rare e troppe volte difettano in purezza. Tu ne possiedi una più pura dell'acqua di fonte. Non rimandare quindi a domani ciò che puoi fare oggi: ogni alba nasce con un volto nuovo e può quindi nascondere sorprese. Ricordati che è meglio mangiare pane ammuffito accanto a una moglie come la tua, che portare sul capo la doppia Corona d'Egitto. Ci rivedremo a cena. »

XXIX

Ipu-Wer ci ospitò per un mese ed ebbe per noi premure commoventi. Aveva qualcosa per i miei figli? Per il verbo divino di Thot, patrono del linguaggio! La sua generosità mi mise in imbarazzo. L'età veneranda e una grave malattia l'avevano costretto all'immobilità o quasi. Sentiva vicino il giorno in cui avrebbe dovuto presentarsi al cospetto di Osiride e dei quarantadue giudici, nella Sala delle due Verità, accanto alla Sacra Bilancia. Convinto che le sue colpe non avevano peso, era sicuro di godere un piacevole al di là nei luminosi Campi di Yalu. Purtroppo non aveva parenti e diffidava dei sacerdoti addetti alla cura e alla protezione della Eterna Dimora. Desiderava quindi affidare il proprio sepolcro alla sorveglianza delle sole persone che stimava. Chi l'avrebbe detto? Quelle persone eravamo io e Nefer. Ipu-Wer sapeva tutto di me, della mia famiglia e della infelicità di mia moglie. A tenerlo informato era stato proprio il capo giardiniere Ahuri, che riferiva a Digiau, a Menfi, una volta al mese.

Il mio ex padrone mi pose quindi un'alternativa, ignorando che appena giunti Nefer mi aveva costretto a giurare chiamando in causa la dea Maat. Se avessi rinunciato alla carica di visir, mi avrebbe lasciato in eredità il Papireto, unico bene concessogli dalle nuove leggi. Oltre a rendergli ancora piacevole la permanenza tra i mortali, avrei evitato di rodermi dentro e di isolarmi sempre più dalla mia famiglia. L'Egitto avrebbe perso il visir, d'accordo, ma cento altri funzionari erano pronti a occupare questa carica, senza sapere che essa divorava i giorni, gli anni e la vita stessa. In compenso Hori e Shadè sarebbero finalmente vissuti con il proprio padre e Nefer con un marito e non con "il sapiente tra i sapienti, la vista, l'udito e il pensiero di Sua Maestà".

« Per l'istruzione dei vostri figli... ho fatto venire da Eliopoli il Maestro Templare Thari, uomo saggio e di tutto affidamento » aggiunse. « Allora, Hanis, accetti? »

Lo sapevo generoso, ma non al punto da lasciarmi l'immensa proprietà. La presenza del Maestro Templare era però sospetta. Come poteva essere tanto sicuro che accettassi? Aveva combinato tutto con Nefer? Più tardi ella mi assicurò che non sapeva nulla dell'eredità. Aveva solo scongiurato il nobil uomo, con una lettera, di togliermi da Palazzo a qualsiasi prezzo.

« Allora, Hanis, sono in attesa della tua decisione » insisté. « Tua moglie ha già detto di sì. » E m'indicò Nefer, a testa china, che non aveva neppure mosso le ciglia. « Ti chiedo solo comprensione per Digiau. Era nelle mani di una pazza. »

Non mi rimase che ringraziarlo. Comunque gli feci presente che avevo già tentato più di una volta di dimettermi non solo da visir, ma da qualsiasi incarico di Palazzo, compreso quello meno impegnativo di primo consigliere di Sua Maestà. Purtroppo mi avevano sempre convinto a restare, con la scusa che le piaghe d'Egitto erano ancora troppe e io ero il solo, con Sebni, a saper usare l'arte del negoziato con profitto. Purtroppo si riaccendevano ancora, a focolai, moti insurrezionali, in quanto erano ormai di moda l'anarchia e il separatismo. Troppi "nomarchi" pretendevano di governare indipendentemente dal governo centrale. Scendevano in lotta contro i colleghi rivali, per allargare la loro zona d'influenza, e Sebni doveva accorrere per evitare che lo stato egiziano si frantumasse a vantaggio delle genti straniere. Era perciò necessario promuovere alleanze con la maggior parte dei "nomarchi" moderati, per poi distruggere la potenza di quelli ribelli. Questo lavoro, da me iniziato due anni prima, stava dando i suoi frutti.

Ipu-Wer sapeva anche queste cose, in più godeva ancora di molto prestigio a Corte. Mi avrebbe quindi aiutato a disimpegnarmi dai miei obblighi. Il sostituto c'era. Si trattava del "nomarca" Oner, di Eliopoli, un uomo che non s'era compromesso durante i moti insurrezionali. Non era un genio come amministratore, tuttavia aveva grinta e carattere.

« Hanis, perché tu non abbia dei ripensamenti, sappi che chi occupa posti di comando deve stare molto attento ai giorni che debbono venire » mi disse il nobil uomo. « Lascia quindi in fretta la carica a un altro. I tempi sono calamitosi e domani potrebbe essere tardi. La rivoluzione ha solo cambiato i nomi agli ambiziosi. Purtroppo per decenni e decenni la Terra di Kemet camminerà curva sotto un carico di miserie che potrebbe esserle fatale. »

Malgrado le insistenze del faraone e dei funzionari di Palazzo, lasciai la carica di visir e mi trasferii al Papireto. Anche Peror ci seguì con attrezzi e pietra calcarea, sei chiatte piene. Ad Apui il compito di coltivare anche la sua terra.

Già dopo pochi giorni la vita nel vecchio podere non mi fece rimpiangere quella di Palazzo. Era piacevole, distensiva, interessante. Mai avevo visto mia moglie così serena. I servi e i contadini erano pieni di premure. Morta Itis erano diventati ciarlieri e allegri e lavoravano con lena.

Furono le rivelazioni di Digiau e di Tensi che mi permisero di ricostruire con una certa fedeltà la travagliata esistenza della nobil donna. In un primo tempo era stata una buona moglie, grata al marito che l'aveva salvata dalla miseria e dalla prostituzione. La nascita del figlio le aveva poi donato la felicità in tutta la sua pienezza. Purtroppo, con la morte del piccolo, Itis s'era chiusa in se stessa per mesi e mesi, senza che nessuno riuscisse a distrarla dalla sua angoscia. Strana e abulica, vagava per la casa come un'allucinata, lo sguardo fisso al suo dolore senza fondo. Poi, improvvisa, la reazione. Nell'aiutare il marito a sbrigare pratiche d'ufficio, sentì affiorare la vocazione per la vita politica. L'ambiente di Palazzo l'accolse con simpatia. Forte di un'intelligenza non comune e di un fascino ostentato con scaltrezza, ella non tardò a diventare un personaggio di primo piano. Ebbe un amante, poi un secondo. Fu comunque un certo Uripisin che fece di Itis la donna che distrusse Kati e che io conobbi al Papireto. Uripisin importava legname da Byblos, argento dall'oriente e pietre dure da Sippar. Stanco forse di un amore troppo possessivo, aveva lasciato l'Egitto all'improvviso. Nella casa dei loro incontri Itis aveva trovato solo un servo ad attenderla. Le aveva consegnato un cofanetto di legno con una statuetta oscena, in oro massiccio, una beffa che l'aveva ammutolita. Si trattava di Bes, una divinità pressoché sconosciuta in Egitto. Dove l'importatore l'avesse presa era un mistero. Lo stesso Hornifer, dopo averla esaminata, s'era convinto che il potere di questo dio si limitava a proteggere gli ubriaconi e forse il sonno. Si trattava di una statuetta raffigurante un nano deforme, con gli organi genitali bene in vista e la lingua fuori in segno di scherno. A parte la struttura in oro massiccio, valore che in casa Ipu-Wer era trascurabile, lei l'aveva tenuta, sperando di poterla usare, un giorno, per spaccare il cranio a Uripisin. Il pensiero di aver fatto la fine di una volgare prostituta, sia pure pagata con metallo pregiato, la spinse sull'orlo della pazzia. Divenne arrogante, incontrollata, crudele, e si dedicò ad altri amori, alla politica e alla vita di Corte. La rivoluzione l'aveva poi degradata a donna del popolo. Giunta al Papireto per passarvi gli ultimi anni della vita, s'era rintanata nella propria camera. Fuori l'avevano vista poche volte. Camminava sempre in zone deserte, sull'argine del fiume o ai margini del bosco, gesticolando spesso per colorire frasi pronunciate con solennità o con livore. Di solito passava però le giornate tra le mura della sua stanza a piangere e a urlare, a discutere con ombre che la sua mente le proiettava davanti, a maltrattare i servi e a distruggere tutto ciò che le capitava sotto mano. Digiau e Tensi, a turno, la sorvegliavano attraverso uno spioncino praticato nella porta: l'ordine era di Ipu-Wer. Solo Paniamon, entrato nelle sue grazie, riusciva a quietarla. In poco tempo ella ne fece il suo amante. Purtroppo l'ispettore era un essere fragile e indeciso, troppo servile, così Itis si stancò di lui e gli rese la vita impossibile. In preda a continue allucinazioni, ella vedeva costantemente lo spettro di Kati che stava per ghermirla, quelli di Panef e di Weni che la insultavano, la figura di Nefer rossa di sangue, la mia che la schiaffeggiava e quelle di Iput e compagni in convivio sessuale. Lo spettro nefasto della sacerdotessa Sana era poi di un cinismo irritante. Le appariva anche di giorno, appena chiudeva gli occhi, in compagnia dei dèmoni di Ṣet. Mentre costoro, rossi come il fuoco, le danzavano attorno per evitarle la fuga, Sana le porgeva le bacche velenose su un vassoio.

« Ero la favorita di Sua Maestà » le diceva. « Tu hai demolito la mia reputazione costringendomi a suicidarmi. Prendi, è lo stesso veleno da me ingoiato per sottrarmi alla vergogna di un miserabile avvenire. Il tuo inutile tergiversare mi diverte. Maledetta! Morirai tra poco tempo e sarai sepolta tra i furfanti. »

La vita di Itis era quindi un supplizio. A volte si confidava con Digiau, altre con Tensi, altre ancora con la prima ancella di casa, e sempre li insultava perché non le suggerivano il mezzo per liberarla da queste aggressioni. Il buio la terrorizzava. Coricata su una stuoia, dormiva poco, al lume di molte lucerne e con servi pronti ad accorrere. Durante un'ennesima crisi di follia centrò il capo di Paniamon con la statuetta di Bes, un lancio teso, da tre passi. Colpito alla tempia il poveretto era caduto battendo il capo su uno spigolo di pietra. Al medico non rimase che emettere una prognosi infausta: « Ha una ferita contro cui lotterò ». Incosciente e con il sangue che gli colava dalle orecchie, Paniamon aveva ormai il respiro roco e il viso cadaverico. Tuttavia due giorni dopo parve riprendersi, aprì gli occhi e balbettò qualcosa, che aveva sognato cocomeri e si attendeva quindi una disputa. Il medico, con martello e scalpello, decise allora di aprirgli il cranio per introdurvi polvere di mirra. Invece Paniamon se ne andò prima. Disse: « Bene, bene, ottimamente » e spirò soddisfatto. Un altro spettro rese così le notti di Itis più terribili ancora.

« Servi! Servi! Prendetelo! » urlava fuori di sé. « L'avete

visto fuggire? Era lui, Paniamon, maledetto! Ha cercato di strozzarmi. Ecco che mi insulta! È un escremento di porco, un cane bastardo. »

Nonostante le profezie della sacerdotessa Sana, fu Ipu-Wer che fece pensare al peggio. Già sofferente, era caduto fratturandosi una gamba. Il medico gliel'aveva immobilizzata con due stecche di corteccia di betulla e bende di lino. Purtroppo erano subentrate febbre, tosse e una completa astenia.

Fu curato proprio dalla moglie. Ma il vegliardo era stanco di vivere, roso da terribili sospetti. Durante una crisi si sentì mancare e scongiurò Itis di raccontargli la verità: voleva sapere di me e di Nefer. Non le cavò di bocca che parole vaghe. La nobil donna non aveva una sola possibilità di tornare a Menfi. Tuttavia passava le giornate a rodersi dentro e a sognare i fastosi ozi di Palazzo, i dorati intrighi di corridoio e il mezzo per ridurre l'ex schiavo Hanis a uno spettro vivente. Come poteva l'Egitto privarsi di Ipu-Wer, l'uomo che per tre decenni aveva messo in ombra faraone e visir? si chiedeva ad alta voce. Quando una barca attraccava al Papireto, ella ordinava ai servi di prepararle i bagagli: sicuramente erano i funzionari del faraone venuti a supplicare suo marito perché riprendesse il posto a Corte. Ipu-Wer era momentaneamente malato, ma sarebbe guarito, doveva guarire. Sorda alla voce della logica, Itis era sicura di tornare a Menfi. Le delusioni si susseguivano senza che una scintilla di luce illuminasse le tenebre dell'avvenire. Purtroppo la vita di suo marito, in rapido declino, finì per spegnerle le ultime illusioni. Le idee fisse e deliranti, caratterizzate da mania di persecuzione e di grandezza, non lasciarono alla sua mente che un margine sempre più esiguo di comportamento ragionato. Le crisi si fecero sempre più gravi e al Papireto tutti vissero in un clima di crescente apprensione. Malgrado la rivoluzione, la nobil donna era sempre la padrona e i suoi ordini non ammettevano obiezioni.

« Perché dovrei finire nel Lago di Fuoco seviziata dai dèmoni di Set? » la sentivano urlare anche le sguattere delle cucine. « No, no, il tribunale di Osiride dirà che sono "giusta di voce", si renderà conto che ho agito per salvare il mio onore di nobil donna e lo stesso Egitto. Non sono pazza... non sono pazza... non sono pazza... che mi sentano i giudici dell'aula "Maaty"... che mi ascoltino Osiride, Thot, Anubis, Maat e Neftis, la Signora del Castello! Ahimè, gli spettri di coloro che ho colpito, rei di congiurare ai danni dello stato, mi tormentano giorno e notte. Eccoli! Eccoli! Aiuto! Aiuto! »

La sentenza di un collegio di medici-sacerdoti eliopolani diede ad Itis il colpo di grazia: Ipu-Wer non aveva che due o tre giorni di vita. Non era quindi male preparargli il corredo funerario e prendere accordi con i mummificatori. La loro sicurezza fu tale che Itis, in un momento di cupa disperazione, si sedé al capezzale del marito e gli raccontò tutto. Le parole le uscirono senza fatica, come se stesse narrando una storia qualunque con altri protagonisti. Gli parlò delle cause che l'avevano spinta a una vita dissoluta, e poi a lungo di Uripisin, l'uomo che aveva amato alla follia. Per colpirlo a distanza ella aveva usato gli influssi malefici di alcuni maghi babilonesi in visita a Menfi. E il commerciante, raggiunto dalla magia nera, era morto a Gerico di un orribile male. Kati giunse a Menfi molti anni dopo. Prima di lui c'erano state altre vittime. Le elencò in fretta, si trattava di funzionari di poco rilievo, non tutti avevano diviso il letto con lei. Su Panef e Weni fece con calma una confessione piena e si soffermò infine sull'unico uomo che le era sfuggito, non il più scaltro, ma il più fortunato: l'ex schiavo Hanis. Nefer? Era stata la sola vittima innocente, coinvolta per caso negli intrighi di Palazzo. L'aveva colpita per non perdere Pepinakht, una posta importante. Ridotta a un essere silenzioso, Nefer era stata tenuta sotto controllo per paura che, riacquistata la ragione, ricordasse il volto dell'aggressore. La sua fortuna si chiamava quindi incapacità di intendere e di volere. Dal giorno in cui ella aveva ripreso a parlare, non s'era stancata di maledirla e di odiarla, perché aveva donato ad Hanis una felicità che lui non meritava.

« A questo punto, » mi raccontò Tensi, che con Digiau aveva spiato l'infelice coppia dalla finestra, attraverso le foglie di una persea « la mia padrona pianse a lungo. La confessione doveva averle alleggerito di molto la coscienza, anche se l'ultimo delitto, maturato nella solitudine del Papireto, gliel'aveva macchiata in modo irreparabile. Ne parlava spesso con noi, a volte esultando, altre chinando il capo sulle ginocchia con gli occhi umidi. Per fortuna il delitto non era stato commesso, ma lei non lo sapeva e lo confessò. Disse ad Ipu-Wer che dieci giorni prima aveva fatto sopprimere Nefer a colpi di pugnale e che Hanis era impazzito. »

Itis aveva lasciato il marito con le mani stecchite incrociate sul petto e gli occhi chiusi, sconvolto dalla vergogna e dall'angoscia. Lo credette morto e si barricò nella sua camera. Per tre giorni rimase al buio, senza cibo, minacciando chi bussava. Di tanto in tanto le sue urla giungevano anche al povero Ipu-Wer, che mormorava, con il medico al fianco:

« Che Ammit, colei che annienta i colpevoli, le distrugga anche gli alluci. Che disonore! »

Al termine di una notte particolarmente agitata, Itis si rivide davanti la sacerdotessa Sana con le bacche. Accanto a lei Anubis le pose una strana alternativa: o il suicidio con il beneficio dei riti magico-religiosi e della sepoltura, o la morte nel deserto, con il cadavere abbandonato a sciacalli e avvoltoi. Nel primo caso, in via del tutto eccezionale, ella sarebbe uscita sicuramente dal tribunale osiriano "maa kerew" (giusta di voce), e cioè giustificata. Le possibilità di godersi in eterno i Campi di Yalu erano molte. La morte nel deserto rappresentava invece la fine di tutto, il nulla. Itis, dopo avere convinto Anubis ad alterare il responso della Sacra Bilancia durante il giudizio, non ebbe esitazioni. Ingoiò una decina di bacche che il solerte Digiau le aveva procurato da tempo, con la speranza di comporne il cadavere. Il mattino fu trovata supina in un angolo, le mascelle serrate e il mento spruzzato di bava verdastra. Nessuno pianse.

Ipu-Wer non la seguì. Ancora una volta ingannò maghi e medici, si riprese e pensò di aiutare le vittime della defunta consorte. La confessione tardiva di due servi lo liberarono in parte dall'angoscia: Nefer era ancora viva e Hanis non era affatto impazzito. Il piano diabolico di Itis non aveva trovato i sicari adatti.

Fu Digiau che mi portò a vedere il modesto sepolcro che ospitava la mummia di Itis. Lontano un'ora di barca dal Papireto, era situato in una misera necropoli, a tre tiri d'arco da un villaggio di furfanti. Attorno c'erano tombe abbandonate e la distesa allucinante del deserto. Solo una palma, gialla e spoglia, segnava con l'ombra il cammino del sole. I mattoni divelti e la sabbia, intenta a cancellare dalla memoria dei vivi la squallida necropoli, testimoniavano la volontà di Ipu-Wer di infliggere alla propria consorte un duro castigo. Per questi morti, abbandonati alla pietà di nessuno, non esisteva eternità solare. Cucite in una pelle di vacca o chiuse in casse disadorne, queste mummie non avevano corredo funerario, per cui i loro "ka" erano costretti a mendicare offerte ai viandanti. Purtroppo non si vedevano transitare che asinai solitari, di estrema povertà. Se ne andavano in fretta, senza degnare di uno sguardo i miseri sepolcri. Solo al calar del sole una vecchia civetta si posava sull'albero ingiallito e scandiva il tempo con lugubri grida. Era la stessa, mi assicurò Digiau, che per anni aveva passato le notti sul terrazzo della villa, negando a Itis i pochi istanti di tranquillità offerti dalle pozioni soporifere.

« Sono mal ridotto, scriba Hanis, ma meritavo di peggio » mi confessò mentre, lasciata la necropoli sfolgorante di sole, stavamo raggiungendo la barca. Alle prime due aggressioni era sopravvissuto per miracolo. Dopo la batosta subita nel mio ufficio gli era calata sensibilmente la memoria e vedeva le cose punteggiate di nero. Essendo nelle mani di Itis dal giorno in cui ella aveva sposato Ipu-Wer, non gli era mai stato possibile discutere ordini o fuggire: l'avrebbe stanato anche in una grotta dei monti tebani. « Se però tua moglie è ancora viva, lo devi a me, sicuro, il merito è mio e in parte di Tensi » aggiunse convinto.

Oltre a essersi rifiutato a suo tempo di assassinarla nell'archivio di Palazzo, Digiau aveva ignorato un ordine abbastanza recente, conscio che ormai Itis era una donna distrutta. Il delitto era poi orrendo e non l'avrebbe comunque consumato, anche se rischiava di fare la fine di Paniamon. Lui e Tensi, inviati a Menfi tre mesi prima dalla loro padrona, avrebbero dovuto assassinare Nefer. Il compenso rappresentava una fortuna: sei "pezzi" d'oro sonante a testa. Giunti alla capitale, vi si erano fermati per una decina di giorni, ospiti di Ahuri. Al ritorno avevano donato alla nobil donna l'insperata felicità. Nefer, colpita alla gola da quattro pugnalate, era morta all'istante. Nessuno aveva visto o sentito, tant'è che si parlava di delitto misterioso, perpetrato da forze reazionarie per punire il visir. Hanis, sconvolto dal dolore, era impazzito.

Per qualche tempo dalla camera di Itis erano usciti risa, urla di gioia e lunghi discorsi rivolti alla nobiltà di Corte prostrata ai piedi di Ipu-Wer. Poi tutto era tornato come prima, peggio di prima. Lo spettro di Nefer s'era unito a quello della sacerdotessa Sana. Macchiato di sangue, teneva costantemente l'indice puntato sul vassoio dell'ex favorita, per indicare le bacche. Erano lì, rosse come il fuoco, da ingoiare tutte.

Ricevuto il compenso, i due servi l'avevano nascosto in attesa di poterlo versare senza rischi a Ipu-Wer, confessandogli che rappresentava il prezzo di un ennesimo delitto. Infatti, dopo la morte di Itis, essi si erano affrettati a disfarsi dei "pezzi" d'oro. Per la prima volta avevano visto il loro padrone singhiozzare. Li aveva lasciati ai servi, un atto di generosità non raro in lui. Anche se Digiau e Tensi erano stati dei semplici strumenti nelle mani di una pazza, essi avevano molte colpe da farsi perdonare. Quest'atto di onestà, in una terra intrisa di sangue e piena di furfanti, li aveva riabilitati anche agli occhi di Maat, la dea simboleggiante la Giustizia e la Verità.

Tre giorni dopo la nostra visita alla necropoli, da una barca giunta da Menfi scese un ometto, a cui la parrucca ombreggiava un viso minuto. Era Ahuri, ex capo delle guardie regie e poi primo giardiniere di Corte. Anche se il nuovo incarico non gli creava problemi, le umiliazioni che subiva l'avevano ridotto ad un uomo stanco della vita. I figli dei nuovi funzionari non gli risparmiavano risa e motteggi, e i pochi notabili rimasti a Palazzo lo disprezzavano al punto da insultarlo con pesanti epiteti. Ahuri mi aveva quindi chiesto di affidargli un'altra mansione, possibilmente lontano da Menfi. Era ormai un poveretto. Dalla rivoluzione era uscito moralmente ed economicamente malconcio. Non ci aveva rimesso la pelle, d'accordo, tuttavia non aveva avuto altrettanta fortuna con la villa, il podere, il bestiame, le barche, l'oro. Attualmente viveva con il magro stipendio. Dal giorno in cui ero stato eletto visir, mai aveva lasciato mancare i fiori a Nefer. Questo premuroso interessamento mi aveva indotto a perdonargli certi suoi atteggiamenti. Esaudendo così il suo desiderio, l'avevo assunto al Papireto come consigliere del corpo di guardia comandato da Uni, un roccioso soldato cresciuto al seguito di Sebni durante la campagna nubiana. Era felice, e sua moglie in lacrime.

Appena sceso, Ahuri mi raggiunse nel mio ufficio e si scusò per il ritardo: l'avevano lasciato uscire da Palazzo solo tre giorni prima, al termine di serrate indagini condotte dal visir Oner e da Renu. Purtroppo non aveva notizie confortanti da darmi. Pepi II, novantaseienne, stava spegnendosi come un lume senz'olio e suo figlio Merenrè era stato ucciso da due sicari al servizio di un gruppo di "nomarchi" separatisti del sud. Sua sorella Nitocri, incoronata faraone a tempo di primato, aveva fatto sopprimere assassini e spie nel cortile della reggia, uno spettacolo senza precedenti nella storia d'Egitto. Subito erano partiti trenta araldi per annunciare le esecuzioni e le gravi rappresaglie che Sua Maestà Nitocri intendeva condurre contro i "nomarchi" responsabili e tutte le forze ostili all'unità del paese. Due giorni più tardi ella fu trovata cadavere proprio nell'ufficio dell'amministratore capo delle imposte, quello maledetto. Inspiegabilmente si era suicidata. Ora sul trono c'era Neferkharè II, figlio di Pepi e della sua quarta moglie Pepiankhenes. Lo stesso Sebni era sfuggito per puro miracolo a un attentato. Tre beduini "amu", introdottisi a Palazzo al seguito di una carovana carica di farina, l'avevano aggredito alle spalle. Il pronto intervento di alcune guardie l'aveva salvato da morte sicura. Questi fatti erano successi in meno di quindici giorni. La Terra di Kemet stava quindi girando ancora in tondo come la ruota del vasaio.

Mentre Ahuri stava ripetendo le notizie al sacerdote Thari entrato poco prima con Tensi, un bassorilievo raffigurante un ibis, appeso alla parete, m'indusse a pensare che l'antica saggezza, un tempo prerogativa anche del mendicante abituato a stendere la mano con un gesto istintivo, la si notava ancora nella sacrale maestà di questi uccelli simboleggianti Thot. Con un remeggiare d'ali ampio e deciso, essi si posavano ora sulle poche terre triturate dall'aratro e vi sostavano pensosi. Forse i più vecchi ricordavano il Nilo che tutti gli anni, con la generosità di un padre, distribuiva con equità il fertile limo alle campagne, e la gente che cantava calando la zappa o pungolando i buoi. Attualmente la scacchiera delle terre coltivate si misurava a spanne. Il resto era spazzatura di derelitti che ostentavano ricchezze prive di valore. Non erano né grano né olio, né carne né incenso per gli dèi, né virtù né volontà al lavoro. L'Egitto era ormai un paese imbevuto di odio, violenza e rassegnazione. Gli orientali dalle barbe incolte, i beduini e i libi dai visi affilati erano erba infestante che l'egiziano, disorientato, accoglieva come se avesse messo la semente a dimora. Agli occhi di un ibis questa degenerazione di valori umani doveva sembrare sacrilega. La rivoluzione democratica aveva bensì aperto il regno di Osiride a tutti i sudditi del faraone, ma aveva consegnato il paese allo straniero. Eppure, a pensarci bene, il Nilo era l'Egitto e l'eternità, il dio Hapi che purificava. Anche se ora rifiutava i colori del cielo e il nitore dell'acqua sorgiva, un giorno avrebbe portato le sozzure al mare e la Terra di Kemet sarebbe risorta, doveva risorgere. Non era essa l'immagine del firmamento, il tempio stesso delle divinità sublimi, il luogo dove, per volontà del Neter Uat, l'uomo era sorto dal fango modellato dal dio Ptah?

Ahuri mi distolse dalle mie meditazioni. Attese che sua moglie lo raggiungesse con un gran mazzo di fiori, e mi disse:

« La signora Nefer è stata molto saggia a insistere perché tu lasciassi la carica di visir. Nella reggia c'è molta confusione, perché vi è tornata la dea Sekhmet. Qualsiasi mano può ora colpire alla schiena. Il cuore di Sua Maestà Neferkharè è infelice e il visir Oner ha rassegnato le dimissioni. Il Papireto è invece un'isola di pace. Comunque mi metterò subito al lavoro per organizzarti un corpo di guardia efficiente. Questi fiori sono per la signora della tua casa. Dove possiamo trovarla? »

Mentre Ahuri e consorte si allontanavano verso la villa al seguito di Tensi, mi corse incontro mio figlio Hori, tre anni e mezzo, una birba che già sapeva tirare d'arco. Velato di polvere e incrostato di fango, era... armato di lancia e scudo.

« Papà, » mi chiese sulla porta dell'ufficio « hai fatto venire Ahuri perché porti i fiori alla mamma quando piange? »

« Credo che non ce ne sia più bisogno. Sbaglio? »

« Volevo dirtelo io. Allora giocherà con me alla rivoluzione? »

« Non è un gioco per bambini e neppure per adulti. »

« Perché? È così bello, sai? Sadhè comanda il gruppo di rivoltosi, il nemico. L'abbiamo sconfitto mentre stava incendiando la capanna di Pibutikh lo zoppo. »

Al mio fianco c'era il Maestro Templare Thari, giunto al Papireto per educare i miei figli e, con loro, tutti i bambini del podere. Aveva sentito la domanda. Gli rispose lui.

« Perché intingere il pane nel sangue del proprio fratello è un atto di empietà che solo un senza dio può commettere. Purtroppo la prima rivoluzione democratica che la storia ha segnato nei suoi annali ha dimostrato che troppi uomini sono orfani... orfani degli dèi, s'intende. Un giorno capirai. »